Arnold Gehlen · Urmensch und Spätkultur

Arnold Gehlen

Urmensch und Spätkultur
Philosophische
Ergebnisse und
Aussagen

KlostermannRoteReihe

Herausgegeben von Karl-Siegbert Rehberg

Diese Ausgabe ist text- und seitengleich mit der Fassung in dem später erscheinenden Band 5 der Arnold Gehlen Gesamtausgabe:
Urmensch und Spätkultur und andere Schriften zur Philosophie der Institutionen

Bibliographische Information der Deutschen Nationalbibliothek

Die Deutsche Nationalbibliothek verzeichnet diese Publikation in der Deutschen Nationalbibliographie; detaillierte bibliographische Daten sind im Internet über *http://dnb.dnb.de* abrufbar.

7. Auflage 2016
6., erweiterte Auflage 2004

1.–2. Auflage Verlag Athenäum, Frankfurt am Main/Bonn.
3.–4. Auflage Akademische Verlagsgesellschaft Athenaion, Frankfurt am Main. 5. Auflage Aula-Verlag, Wiesbaden
© Vittorio Klostermann GmbH · Frankfurt am Main · 2004
Alle Rechte vorbehalten, insbesondere die des Nachdrucks und der Übersetzung. Ohne Genehmigung des Verlages ist es nicht gestattet, dieses Werk oder Teile in einem photomechanischen oder sonstigen Reproduktionsverfahren oder unter Verwendung elektronischer Systeme zu verarbeiten, zu vervielfältigen und zu verbreiten.
Gedruckt auf alterungsbeständigem Papier. ∞ ISO 9706
Satz: Mirjam Loch, Frankfurt am Main
Druck: betz-Druck GmbH, Darmstadt
Printed in Germany
ISSN 1865-7095
ISBN 978-3-465-04272-3

INHALT

Vorwort zur 6. Auflage — IX
Vorwort — 3

Teil I: Institutionen

1. Einleitendes Kapitel — 5
2. Werkzeuge — 9
3. Experimentierende Handlung — 11
4. Transzendenzen — 13
5. Gewohnheiten, Außenhalt von Gewohnheiten — 19
6. Handlungen — 26
7. Handeln als Selbstzweck — 31
8. Arbeitsteilung, Institutionen — 35
9. Institutionen. Auswirkung nach innen — 40
10. Innenstabilisierung des Menschen durch Institutionen — 46
11. Gegenseitigkeit — 49
12. Hintergrundserfüllung — 55
13. Außenwelt-Stabilisierung in der Darstellung — 60
14. Verpflichtungsgehalt der Institutionen — 66
15. Versachlichung der Triebe — 74
16. Produktivität innerer Normen — 79
17. Bedürfnisorientierung — 82
18. Stabilisierte Spannung — 88
19. Kulturbedingte Selbstverständlichkeiten — 96
20. Geist Betreffendes — 100
21. Produktivität — 107

22. Natur, Faktenaußenwelt 110
23. Fakteninnenwelt, Subjektivität 122
24. Fremdheit des Archaischen 133

Teil II: Probleme archaischer Kulturen

25. Problemstellung 139
26. Echte (tierische) Instinkte 143
27. Instinktives im Menschen 147
28. Unwahrscheinliche Wahrnehmungen 152
29. Unbestimmte Verpflichtungen 156
30. Verpflichtende Benennungen 163
31. Darstellende Riten 166
32. Weitere Kategorien im Ritus. Imperative 180
33. Drei mögliche Weltbilder 189
34. Außenwelt-Beseelung 197
35. Urtümliche Seelenbegriffe 204
36. Kultische Tierhege 213
37. Blutsverbands-Ordnungen 224
38. Totemismus 231
39. Institutionelle Fiktionen I 238
40. Institutionelle Fiktionen II 245
41. Mythos 251
42. Mythos und historisches Bewußtsein 264
43. Magie 269
44. Ekstase, Rausch, Askese 275
45. Magie in Hochkulturen 283

Teil III: Drei Handlungsarten und drei Weltansichten

46. Naturreligion	291
47. Aufgabe der Philosophie	296
48. Zusammenfassung. Ausblick	302
Personenregister	309
Sachregister	313

VORWORT ZUR 6. AUFLAGE*
von Karl-Siegbert Rehberg

I. Philosophische Anthropologie und Ordnungslehre

Arnold Gehlens Buch *Urmensch und Spätkultur* (1956) ist als Philosophie der Institutionen vor allem ein soziologisches Grundlagenwerk. Seine methodische Basis ist eine philosophisch-anthropologische *Kategorienforschung*, die sich auf kultur- und sozialanthropologische Materialien stützt. Die Grundzüge dieser Institutionenlehre hatte Gehlen erstmals 1950 in der grundlegend umgearbeiteten 4. Auflage seines anthropologischen Hauptwerkes *Der Mensch. Seine Natur und seine Stellung in der Welt* (zuerst 1940; jetzt in *GA3*) skizziert. Er sah beide Bücher so eng verzahnt, dass er sein Institutionenbuch ursprünglich »Der Mensch. Zweiter Teil« nennen wollte; der prägnantere, implizit geschichtsphilosophische Titel *Urmensch und Spätkultur* stammt von seinem damaligen Verleger Wolfgang Metzner.

Das (auch ins Japanische und Italienische übersetzte) Buch *Urmensch und Spätkultur* ist bis heute eine der anregendsten Quellen für eine soziologische Institutionenanalyse.[1] Niemand hat die sym-

---

* Im Text verwendete Abkürzungen:

GA3: Arnold Gehlen Gesamtausgabe. Bd. 3: Der Mensch. Seine Natur und seine Stellung in der Welt. Textkrit. Edition unter Einbeziehung des gesamten Textes der 1. Aufl. von 1940. 2 Teilbde. Hrsg. v. Karl-Siegbert Rehberg. Frankfurt a. M.: Klostermann 1993.

GA4: Arnold Gehlen Gesamtausgabe. Bd. 4: Philosophische Anthropologie und Handlungslehre. Hrsg. v. Karl-Siegbert Rehberg. Frankfurt a. M.: Klostermann 1983.

GA6: Arnold Gehlen Gesamtausgabe. Bd. 6: Die Seele im technischen Zeitalter und andere sozialpsychologische, soziologische und kulturanalytische Schriften. Hrsg. v. Karl-Siegbert Rehberg. Frankfurt a.M.: Klostermann 2004.

GA7: Arnold Gehlen Gesamtausgabe. Bd. 7: Einblicke. Hrsg. v. Karl-Siegbert Rehberg. Frankfurt a. M.: Klostermann 1978.

US: Arnold Gehlen: Urmensch und Spätkultur. Philosophische Ergebnisse und Aussagen [zuerst 1956]. Hrsg. v. Karl-Siegbert Rehberg. Frankfurt a.M.: Klostermann 2004.

[1] Vgl. Karl-Siegbert Rehberg: Eine Grundlagentheorie der Institutionen: Arnold Gehlen. Mit systematischen Schlußfolgerungen für eine kritische Institu-

bolische Struktur der aus dem Zusammenhandeln von Menschen sich ergeben könnenden Stabilisierungen durch rituelle Vergegenwärtigung und normative Überhöhung besser herausgearbeitet als Gehlen. Übrigens war dessen einstiger Schüler und (fast) lebenslanger Freund, der Soziologe Helmut Schelsky, an der Entstehung des Buches insofern beteiligt, als er nach 1945 gemeinsam mit Gehlen englischsprachige kulturanthropologische Literatur las, exzerpierte und diskutierte. Seit jener Zeit schon entwickelte sich aber auch eine grundlegende Meinungsverschiedenheit zwischen beiden, denn Schelsky kritisierte Gehlens Institutionentheorie als zu starr und wollte im Subjektivismus und in der Reflexion nicht bloß die Quelle einer Auflösung institutioneller Verbindlichkeiten und Verpflichtungsgehalte sehen. Vielmehr beharrte er darauf, dass sogar die in der Moderne chronisch gewordene »Dauerreflexion« institutionalisierbar sei, was man am Beispiel des Rechts oder der Religionen demonstrieren könne, ebenso aber an modernen Massenmedien oder einer (universitären) Diskussionskultur.[2] Gehlen blieb demgegenüber ein konservativer »Institutionalist« in dem Sinne, dass er den institutionellen Sicherungen vor allen individuellen Interessen den Vorrang – sozusagen um jeden Preis – gab, dass er die institutionelle Entlastung über jede institutionell erzeugte Belastung stellte und somit zu einer »hobbistischen« Lösung des Ordnungsproblems kam. Zugleich entwickelte er aber eine handlungsbezogene und dynamische Theorie der Kreation des Institutionellen, denn es handele sich dabei um überprägnante Formen von Handlungsvollzügen, an die man wieder anknüpfen kann oder sogar muss. Diese Einrichtungen sichern das *indirekte* Verhältnis, das der Mensch zu anderen und zu sich selbst aufzubauen gezwungen ist. Gehlen sah in

---

tionentheorie. In: Gerhard Göhler, Kurt Lenk und Rainer Schmalz-Bruns (Hrsg.): Die Rationalität politischer Institutionen. Interdisziplinäre Perspektiven. Wiesbaden: Nomos 1990, S. 115–144.

[2] Vgl. Helmut Schelsky: Über die Stabilität von Institutionen, besonders Verfassungen. Kulturanthropologische Gedanken zu einem rechtssoziologischen Thema [zuerst 1949]. In: Ders.: Auf der Suche nach Wirklichkeit. Gesammelte Aufsätze. Düsseldorf/Köln: Diederichs 1965, S. 33–55 und Ders.: Zur soziologischen Theorie der Institution [zuerst 1970]. In: Ders.: Die Soziologen und das Recht, Abhandlungen und Vorträge zur Soziologie von Recht, Institution und Planung. Opladen: Westdeutscher Verlag 1980, S. 215–231.

diesen »Sozialregulationen«, wie er das in *Moral und Hypermoral* (1969, jetzt Frankfurt a. M.: Klostermann 2004) nannte, unwahrscheinliche und mühsam erreichte Stabilisierungen, deren geschichtlich legitimierte Ordnungsleistungen er seit der Aufklärung, den großen Revolutionen und spätestens seit dem 20. Jahrhundert in Auflösung sah. Dabei ahnte er, dass die eigene affirmative, aber durchdringende Analyse dieser von den Menschen gemachten Ordnungen – die eigentlich auf einer unbefragten und unreflektierten Geltung beruhen sollen – ebenso zu einer Relativierung und Bedrohung beiträgt, wie die von ihm verabscheute Institutionen-Kritik (besonders von »links«).

Die von der elementaren Anthropologie her entwickelte und hier ausgeführte Gehlensche Ordnungstheorie der Institutionen hat zwei Entwicklungsstufen: 1940 formulierte er – in zeitgemäßer Anpassung an die NS-Ideologie – eine Theorie der Einpassung des Menschen in die Gemeinschaft durch »oberste Führungssysteme«, besonders Weltanschauungen, welche dem Menschen einen Halt im Chaos seiner Antriebe geben sollten (vgl. *GA3*, bes. S. 709–743). Zehn Jahre später, in der vierten Auflage von *Der Mensch*, wurde daraus eine kulturanthropologisch argumentierende Theorie der Institutionen, zu der Gehlen auch durch das Konzept einer »idée directrice« angeregt wurde, wie der französische Verwaltungs- und Staatsrechtler Maurice Hauriou (1856–1929), ein Zeitgenosse Emile Durkheims, sie entwickelt hatte.[3] Dessen Formel war 1934 von Carl Schmitt im Kontext des »konkreten Ordnungsdenkens« in die staatsrechtliche Diskussion in Deutschland eingeführt worden.[4] Indem Gehlen nun die überindividuellen Ordnungsgefüge »Institutionen« nannte, gestand er zugleich ein, in der früheren Fassung »den Fehler eines zu engen Ansatzes« gemacht zu haben (*GA3*, S. 453). Beide Varianten der Ordnungslehre waren jedoch gleichermaßen fundiert in Gehlens Bild vom Menschen als einem »Mängelwesen«. Das meint die durch Antriebsüberschüsse auf der einen und Antriebsblockaden auf der an-

---

[3] Vgl. Maurice Hauriou: Die Theorie der Institutionen und zwei andere Aufsätze. Hrsg. v. Roman Schnur. Berlin: Duncker & Humblot 1965.

[4] Vgl. Carl Schmitt: Über die drei Arten des rechtswissenschaftlichen Denkens. Hamburg: Hanseatische Verlagsanstalt 1934, S. 54–58, sowie Roman Schnur: Einführung. In: Hauriou: Theorie [wie Anm. 3], S. 23, sowie *GA3*, S. 453f.

deren Seite destabilisierte Existenzbasis des Menschen, dessen Verhalten – im Unterschied zu den Tieren – nicht durch Instinkte gesichert ist.[5] Verbunden mit einer spezifischen »Plastizität« ist der Mensch deshalb angewiesen auf Sublimierung, also auf die Umformung von Antrieben in »Dauerinteressen« und höher entwickelte Motive. So entstehen eine »Interessenarchitektur« und der Zwang des Menschen zur »Selbstzucht« (*GA3*, S. 62).

II. Vom Werkzeughandeln zum Selbstzweck

Wie in *Der Mensch* setzt Gehlen auch in *Urmensch und Spätkultur* zur Analyse der Institutionen bei der Handlung an und beim elementarsten Mittel allen rational-praktischen Verhaltens, beim Werkzeug (man denkt daran, dass Karl Marx das Wort Benjamin Franklins vom Menschen als einem »toolmaking animal« zitierte[6]). Gehlen will die gesellschaftlichen Einrichtungen nicht aus dem instrumentellen Handeln ableiten, beginnt aber gleichwohl mit diesem Handlungstypus, also dem intelligenten und praktischen Weltumgang des Menschen, denn auch diese elementare Ebene ist schon mit Aspekten des Schöpferischen verbunden, mit Phantasie und einer von den Sachen ausgehenden Verwendungssuggestion. Das weltverändernde Verhalten tritt zwischen Antrieb und Erfüllungssituation, und dieser *Hiatus* wird durch das ganz in die Sachebene gerückte Werkzeug vermittelt. Daraus entstehen konzeptionelle Entwürfe der Situationsveränderung, die immer mitbedingt sind durch die eingesetzten Mittel. So ist der Gebrauch eines Messers mit der Vorstellung des »Schneidens überhaupt« verbunden (*US*, S. 10), zugleich stellen sich Möglichkeiten und Einschränkungen einer adäquaten Benutzung ein – man kann mit einem Messer beunruhigend Verschiedenes tun, aber eben nicht alles. Das beeinflusst nun seinerseits künftige Handlungsentwürfe und -realisationen. In diesem Sinne nennt Gehlen die paläolithischen Werkzeuge »steinerne Begriffe«, sie »schließen die Bedürfnisse und Gedanken der Menschen mit den Sachbedin-

---

[5] Vgl. auch Karl-Siegbert Rehberg: Nachwort. In: *GA3*, bes. S. 765ff.
[6] Vgl. Karl Marx: Das Kapital. Kritik der politischen Ökonomie. Bd. 1. Marx-Engels-Werke (MEW). Berlin: Dietz 1972, S. 194.

gungen zusammen« (*US*, S. 11). Es können »Primärbedürfnisse« den Ausgangspunkt für die Herausbildung von Geräten bilden, aber auch freiere und entlastete, sozusagen experimentierende Interessen. Wie beim Spiel zeigt sich dann, dass es eine gegenseitige Verstärkung von Wahrnehmungen, Handlungen, Sacherfolgen und Misserfolgen gibt, die zu einem autonomen und aus sich selbst heraus angereicherten Verhalten führen, so dass Handlungen insofern einer »Eigenlogik« folgen und nicht nur Bedürfnissen. Aus dem einfachen Werkzeuggebrauch ergibt sich die Möglichkeit eines ›Spezialistentums‹, woran Gehlen Überlegungen zur Arbeitsteilung anknüpft, deren »primitivste« Form die geschlechtliche sei. Mit dieser Kategorie sind bei ihm virtuelle Bedürfniserfüllungen ebenso verbunden wie die – von Adam Smith und Karl Marx beschriebene – entfremdende Vereinseitigung, nicht nur der Arbeit, sondern auch der damit zusammenhängenden Bedürfnisse. Bei Gehlen geht es jedoch darum, dass es zum »Umschlagen der Arbeit in eine eigenwertgesättigte Gewohnheitsbildung« kommen kann, woraus wiederum neue Motive sich ergeben. Zwar kann die »rationale äußere Zweckmäßigkeit« der Arbeitsteilung, also die Vermehrung der Produktion, nicht übersehen werden. Es liegt darin aber nicht der alleinige Entstehungsgrund für Spezialisierungen. Da sich die funktionalen Folgen von den Ausgangsbedingungen weit entfernen können (vgl. *US*, S. 36), sind Institutionen als Zwecktransformationen zu verstehen und zwar mit Kategorien, die vom »einsamen Werkstück« aus entwickelbar sind. Es kommt zur »Verselbständigung, Habitualisierung von Motivgruppen und Handlungsvollzügen« (*US*, S. 38).

Diese Autonomisierung und Versachlichung von Handlungsvollzügen zeigt, dass Werkzeughandeln zu neuen Lösungen führt – bis hin zur modernen Technik, die »erfinderisch Mittel bereit[stellt] für noch nicht vorhandene Zwecke« (*US*, S. 12). Aber Gehlen sieht nicht nur die Richtung einer Perfektionierung der instrumentellen Weltbewältigung, sondern vor allem die darin liegenden situationsüberschreitenden Rückwirkungen auf die Handelnden und ihre Handlungsroutinen. Diese können, wie Dinge und (selbst bloß gedachte) Inhalte jeder Art, einen eigentümlichen »Selbstwert« entfalten. Daraus folgt die prinzipielle Möglichkeit einer »Trennung von Motiv und Zweck«, so dass Handeln zum Selbstzweck werden und in seiner Produktivität weit über alle ursprünglichen Absichten hinausgehen kann. So entstehen sekundäre, d.h. ursprünglich gar nicht gewusste oder intendierte Zweckmäßigkeiten (*US*, Kap. 1–8). Sind diese zu Institutionen verfestigt, schaffen sie vor allem eine »Hintergrundserfüllung« (*US*, Kap. 12), also eine verlässliche Sicherheit, etwa beim Kinde, wenn es sich auf die liebende Zuwendung seiner Mutter verlassen kann, obwohl diese (zuerst) nicht sichtbar oder (später sogar) nicht anwesend ist.

Gehlen wollte die Institutionen schon in seiner elementaren Anthropologie nicht funktionalistisch verstehen, sondern in ihnen ein Produkt »ideativen« Bewusstseins sehen, das er dem »instrumentell-technischen« und dem »historisch-psychologischen« an die Seite stellte[7]: »Es ist der gemeinsame Wesenszug des instrumentellen und des historischen Bewußtseins, daß sie *keine Endzwecke* setzen können, und daß aus ihnen heraus keine Verhaltensweisen folgen, in denen Endzwecke *festgehalten* werden« (*GA3*, S. 465). Aber Gehlen glaubte, dass diese Betrachtungsweise die Entstehung von Institutionen und damit auch deren Geltungskraft nicht wirklich aufschließen könne. Zwar habe das »empirische oder versachlichte Bewußtsein der Menschen, besser gesagt: die instrumentelle Seite ihres Geistes« sich überall durchgesetzt und geradezu »eine Art Wucherung angetreten, die der Wucherung des Besitz- und Konsumtriebes parallel geht«, aber die wesentlichsten Garantien von Stabilität seien von hier aus nicht zu erfassen. Im Bereich des menschlichen Geistes nämlich ist die Funktion des instrumentellen Bewusstseins nicht ausreichend, weshalb eine schöpferische, Endzwecke setzen könnende, und in diesem Sinne »ideative« Form der Weltauffassung und des Verhaltens eingeführt werden müsse, deren »Schöpferkraft« sich in der Gründung der Institutionen zeige.

Auch in der ausgearbeiteten Form seiner Institutionentheorie in *Urmensch und Spätkultur* unterscheidet Gehlen drei Verhaltensklas-

---

[7] Auch Jürgen Habermas machte die für seine Theorie grundlegende Unterscheidung von »instrumentellem Handeln« (bzw. Arbeit) auf der einen und – mit vielen weiteren Ausdifferenzierungen – »kommunikativem Handeln« (symbolisch vermittelte Interaktion) auf der anderen Seite; vgl. Ders.: Erkenntnis und Interesse. Frankfurt a.M: Suhrkamp 1968, bes. S. 39ff. u. 58f. sowie Ders.: Theorie des kommunikativen Handelns. Bd. 1. Frankfurt a.M: Suhrkamp 1981, bes. Kap. I.1 (S. 13–24). Diese Unterscheidungen fundieren auch noch die Entgegensetzung von »System« und »Lebenswelt« in: ebd. Bd. 2, Kap. VI (S. 171–293).

sen, allerdings in etwas anderer Akzentuierung: Erstens gebe es die Werkpraxis eines *verlagernden, kombinierenden oder umkonstruierenden Handelns* (also ganz entsprechend dem instrumentell-technischen). Allerdings gelte das nicht nur mit Bezug auf die physische Manipulation der Außenwelt, sondern auch für die kognitive und deutende Welt-»Bearbeitung«. Es ist dies der Grund, warum Gehlen dieser Verhaltensklasse die Reflexion nicht zuordnet und damit die daran immer geknüpften Möglichkeiten der Ich-Betonung und des »subjektiven Vorbehalts«. Dieser Verhaltensklasse gegenüber gebe es zweitens ein *rituell-darstellendes Verhalten* (vgl. bes. *US*, Kap. 31 und 43) und schließlich die *Umkehr der Antriebsrichtung* (vgl. *US*, Kap. 44), d. h. ein »Verhalten, das die Veränderung des eigenen Innenzustandes, der eigenen Bewußtseins- oder Antriebslage erstrebt« und das durchaus zweckorientiert sein kann, aber eben nach innen gerichtet ist (vgl. *US*, 106).

Die *Entstehung* institutioneller Geltungen hat Gehlen aus dem »darstellenden Verhalten« abgeleitet. Schon Emile Durkheim (1858–1917) hatte die Genese von Institutionen aus der »Urinstitution« des Totemismus hergeleitet.[8] Und auch Gehlen, der das Werk dieses soziologischen Klassikers weitgehend über die Vermittlung von Maurice Pradines (1874–1958)[9] wahrgenommen hat, sieht die »Gründung« einer Institution aufs engste mit »imitatorischen Riten« verbunden, also aus einer Vergegenständlichung von Glaubensinhalten in gemeinschaftlichen Handlungsvollzügen. Die elementarsten Formen solchen Verhaltens findet er in den »Riten der Primitiven«, in der »bloßen Rhythmisierung irgendeiner Bewegungsform«, welche das Handeln nachahmbar und symbolisch besetzbar werden lassen – es entstehen überprägnante Formen des gemeinsamen Handlungsvollzuges, an die man wieder anknüpfen kann oder sogar muss (*US*, bes. Kap. 31). Daraus erst entwickeln sich Zeichensysteme, etwa malerische und plastische Darstellungen. In gemeinschaftlichen Interaktionen (z. B. Ritualtänzen) vollziehe sich immer eine »Transzendenz ins Diesseits«, also die Vergegenständlichung des sonst Unsichtbaren (*US*, Kap. 12 u. 31). Interessant, dass Jürgen Habermas bei aller Skepsis, die

---

[8] Vgl. Emile Durkheim: Les formes élémentaires de la vie religieuse. Le Système totémique en Australie, Paris 1912 (bes. III. Buch).
[9] Vgl. Maurice Pradines: Esprit de la Religion. Paris 1941.

er dem Institutionenbegriff gegenüber zeigt[10], diese Durkheim-Gehlensche Ursprungsdeutung in seinem handlungstheoretischen Hauptwerk übernahm, denn anders als aus diesen ursprünglichsten magischrituellen und eben praktisch vollzogenen Bindungen könne man sich den Ursprung von überindividueller Geltung nicht erklären.[11]

Ein weiterer Lehrmeister für Gehlens Verankerung der Institutionen in ursprünglichen Praktiken war Claude Lévi-Strauss (geb. 1908), der neben dem rituellen Ursprung der komplizierten Blutsverbands-Ordnungen in frühen Gesellschaften auch den Zusammenhang mit dem Mythos herausgearbeitet hat. Mythisch wird die »Gründung« einer Institution vergegenwärtigt, werden »Selbstinterpretationen« institutioneller Ordnungen produziert (vgl. *US*, Kap. 41). Allerdings kenne diese Form der erzählenden Überlieferung noch kein »historisches Bewusstsein«, welches erst mit den Schriftkulturen entstehe und vielleicht erst in der von Gehlen prognostizierten *post-histoire* endgültig wieder verschwindet (vgl. *GA6*, S. 352).

Eine diese Perspektive vertiefende Annäherung an die interaktive Gründung von Institutionen versucht Gehlen durch die – in der deutschen Philosophie und Sozialtheorie erstmalige – Übernahme der Analyse des Gruppenspiels bei George Herbert Mead zu eröffnen.[12] Spiele enthalten, wenn man sie vom sichtbaren Verhalten her analysiert, jeweils eine »Serie von Antworten«, aus denen geradezu ein System aufeinander bezogener Handlungen entsteht, welches wiederum in (z. B. rechtlich kodifizierten) Spiel*regeln* festgehalten werden kann. Gehlen ist die daraus sich ergebende Entwicklungsreihe wichtig, dass sich nämlich aus dem Zusammenhandeln der

---

[10] Das gilt auch bei und nach seinem Dresdner Vortrag beim DFG-Sonderforschungsbereich 537 »Institutionalität und Geschichtlichkeit«; vgl. Jürgen Habermas: Symbolischer Ausdruck und rituelles Verhalten. Ein Rückblick auf Cassirer und Gehlen. In: Gert Melville (Hrsg.): Institutionalität und Symbolisierung. Verstetigungen kultureller Ordnungsmuster in Vergangenheit und Gegenwart. Köln/Weimar/Wien: Böhlau 2001, S. 53–67.

[11] Vgl. Habermas: Theorie. Bd. 2 [wie Anm. 7], Kap. V.2 (bes. S. 69–99).

[12] Vgl. *GA3*, bes. S. 306ff. und Karl-Siegbert Rehberg: Die Theorie der Intersubjektivität als eine Lehre vom Menschen. George Herbert Mead und die deutsche Tradition der »Philosophischen Anthropologie«. In: Hans Joas (Hrsg.): Das Problem der Intersubjektivität. Beiträge zum Werk G. H. Meads. Frankfurt a. M.: Suhrkamp 1985, S. 60–92.

Spielenden und »von der Sache her« Sollgeltungen entwickeln, die
– einmal wahrgenommen – orientierend wirken und ihrerseits wieder in verschiedenen Zeremonialisierungen zur Darstellung kommen können. Institutionalisierungsprozesse machen durch Formalisierungen Situationen transportabel: so sei »der Formalismus der politischen Demokratie über die halbe Welt gewandert« (*US*, S. 43), wenn auch mit sehr verschiedenen inhaltlichen Besetzungen. Für die jeweiligen Institutionen gilt aber – wie für Begriffe – eine Verschmelzung von Form und Inhalt, denn die Inhalte erscheinen ja gerade in einer bestimmten durchgearbeiteten, stereotypisierten Weise, also als *Form*. Dabei sind die Beziehungen zwischen diesen beiden Schichten der Realität variabel, gewissermaßen »zufällig« (die Strukturalisten nannten dies »arbiträr«) und erst durch die jeweils gefundene Verbindung »notwendig«.

III. Kategorienforschung

Gehlen wollte seine Institutionenlehre als Kategorienforschung verstanden wissen. Das erinnert an das Programm von Nicolai Hartmann, zuvor jedoch an Aristoteles und in gewisser Weise auch an Vilfredo Pareto.[13] Es soll sich dabei um »Begriffe von den nicht weiter zurückführbaren Wesenseigenschaften des Menschen« handeln, also um »nicht weiter auflösbare Rückstände einer eindringlichen Analyse« (*US*, S. 5). Das erinnert an die phänomenologischen Quellen des Gehlenschen Philosophierens und ist die methodologische Basis seiner »empirischen Philosophie« (*US*, S. 5). Weder erscheinen die Institutionen als gottgewollt, noch als von den Individuen unableitbare »soziale Tatsachen«. Vielmehr ist »der Stoff, aus dem die Institutionen sich erheben, [...] die ineinander verschränkten, regulierten, obligatorisch gewordenen wirklichen Handlungen selbst« (*US*, S. 7). Die fünf wichtigsten der von Gehlen gefundenen Kategorien für die den Menschen stabilisierenden und entlastenden Institutionen sind:

---

[13] Vgl. Arnold Gehlen: Vilfredo Pareto und seine »neue Wissenschaft« [zuerst 1941]. In: *GA4*, S. 261–305 und Karl-Siegbert Rehberg: Nachwort. In: ebd., bes. S. 398ff.

1. *Gegenseitigkeit* (*US*, Kap. 11), 2. *Hintergrundserfüllung* (*US*, Kap. 12), 3. *Verpflichtung* (*US*, Kap. 14), 4. *Versachlichung der Triebe* (*US*, Kap. 15) und 5. *stabilisierte Spannung* (*US*, Kap. 18). Während die neuere Institutionenforschung vor allem an Gehlens grundsätzliche Einsicht anknüpft, dass in Institutionen Spannungen nicht vernichtet, sondern widerspruchsvoll stabilisiert werden[14], hat der Soziologe Dieter Claessens die Kategorie Hintergrundserfüllung aufgenommen, indem er anthropologisch die aus dem Fluchtantrieb freigesetzte Energie beschrieb. Distanz-Phänomene erweisen sich überhaupt als grundlegend für die Analyse der Angst- und Gefahrenbewältigung im Laufe der Gattungsgeschichte – und dies nicht nur bei Gehlen, sondern in derselben Weise bei Helmuth Plessner.[15] Claessens jedenfalls leitete von daher die Phänomene einer »Absicherung des Gruppenzusammenhanges als eines Produktionszusammenhanges« ab, die er als *ökonomische Insulation* nach der *ökologischen Insulation* verstand.[16]

IV. Der Preis der Entlastung

Institutionelle Ordnungen werden von Menschen produziert, weil – wie Gehlen in seinem anthropologischen Hauptwerk *Der Mensch* in Nachfolge Max Schelers (1874–1928) und Helmuth Plessners (1892–1985) gezeigt hat – der Mensch »von Natur aus ein Kulturwesen« ist (*GA4*, S. 209f.). Entscheidend ist für Gehlen das »Umschlagen von Handlungsverläufen und Gewohnheiten in die Eigengesetzlichkeit«,

---

[14] Vgl. zu Institutionen als Spannungsbalancen: Karl-Siegbert Rehberg: Weltrepräsentanz und Verkörperung. Institutionelle Analyse und Symboltheorien. Eine Einführung in systematischer Absicht. In: Melville: Institutionalität [wie Anm. 10], S. 3–49, bes. 13–17.

[15] Vgl. zu Affinitäten zwischen Gehlen und Plessner: Karl-Siegbert Rehberg: Verwandte Antipoden. Helmuth Plessner und Arnold Gehlen. Eine Portraitskizze. In: Heinrich Pfusterschmid-Hardenstein (Hrsg.): Was ist der Mensch? Menschenbilder im Wandel. Europäisches Forum Alpbach 1993. Wien: Ibera 1994, S. 122–138 und Ders.: Das Werk Helmuth Plessners. Zum Erscheinen der Edition seiner »Gesammelten Schriften». In: Kölner Zeitschrift für Soziologie und Sozialpsychologie 36 (1984), S. 799–811.

[16] Dieter Claessens: Das Konkrete und das Abstrakte. Soziologische Skizzen zur Anthropologie. Frankfurt a. M.: Suhrkamp 1980, S. 109.

Vorwort zur 6. Auflage XIX

die daraus entstehende »eigenauthentische Gültigkeit«, die über alle Nutzenerwägungen hinausgeht, obwohl Sacherfolge für Institutionen nicht unwichtig sind (*US*, Kap. 14). Gewohnheitsbildung, Habitualisierung und die Suspendierung der Sinnfrage können stabilisierend wirken, sind zugleich aber ihrerseits Produkte einer institutionellen Stabilität. Das anthropologische Fundament liegt in der »Versachlichung der Triebe« (etwa in der »Domestizierung« der Sexualität, überhaupt in der Überwindung des selbstbezogenen »Triebhanges«).

Institutionen werden als Entlastung des triebüberlasteten Menschen und deshalb unter dem Gesichtspunkt ihres Verpflichtungsgehaltes diskutiert. Freiheit liegt eben – wie bei Hegel – in der Notwendigkeit. Dann stellt sich aber die Frage, wie solche Geltungen zustande kommen und wie es möglich ist, dass der Mensch »sich von den historisch gewachsenen Wirklichkeiten konsumieren lassen muß«. In einem, alle Motive seiner Institutionenlehre pointierenden Schlüsselaufsatz *Die Geburt der Freiheit aus der Entfremdung* hat Gehlen das zugespitzt ausgedrückt:

»es wäre ebenso falsch, direkt mit der Kleinheit der Menschen zu rechnen, wie mit ihrer Größe, oder mit ihrer Gemeinheit, oder damit, daß jeder aus krummem Holze geschnitzt ist. Das *direkte* Ausspielen der Subjektivität ist daher immer falsch, und schließlich ist es stets so, wie im Verhältnis der Geschlechter: es läßt sich zwischen Mann und Frau das leidenschaftlichste, reichste und belebendste Verhältnis direkt und allein, als seelisches Pathos, nur unter allerseltensten Bedingungen durchhalten, es läßt sich darauf allein nichts gründen. Das Biologische, das Ökonomische, die nächste Generation, die Nahrung und Notdurft sind stärker, und das Verhältnis muß sich objektivieren, versachlichen, aus der Ausschließlichkeit dieser einzelnen heraus, verallgemeinern, mit einem Worte: zur Institution (der Ehe) entfremden, gerade wenn diese Menschen sich nicht gegenseitig verlieren und fremd werden sollen. Der Mensch kann zu sich und seinesgleichen ein *dauerndes* Verhältnis nur *indirekt* festhalten. Er muß sich auf einem Umwege, sich entäußernd, wiederfinden, und da liegen die Institutionen.«

Gehlen läßt dem in schärfster Zusammenfassung die institutionalistische, auf die Geltungssouveränität der Ordnung abzielende Formulierung folgen:

»So werden wenigstens die Menschen von ihren eigenen Schöpfungen verbrannt und konsumiert und nicht von der rohen Natur, wie Tiere. Die Institutionen sind die großen bewahrenden und verzehrenden, uns weit überdauernden Ordnungen und Verhängnisse, in die die Menschen sich sehenden Auges hineinbegeben, mit einer für den, der wagt, vielleicht höheren Art von Freiheit als der, die in ›Selbstbetätigung‹ bestünde« (*GA4*, S. 378f.).

V. Ein Ende der Institutionen und der Geschichte?

Die philosophische Auswertung seiner Argumente hat Gehlen mit einer Zeitdeutung verbunden, welche in der Intellektualisierung der modernen, »vom Handeln abgefilterten Kultur« eine wahrscheinliche unumkehrbare Bedrohung aller dauerhaften Formen des Soziallebens sah (*US*, Kap. 47). Diese Perspektive bestimmte auch seine, durch die Studentenrevolte der späten 1960er Jahre herausgeforderte Zeitkritik (z. B. in *Moral und Hypermoral*). Was im Titel des Buches als »Spätkultur« bezeichnet wird, meint vor allem einen zunehmenden Subjektivismus (wie Gehlen ihn für die technische Zivilisation schon 1949, besonders dann aber in dem 1957 erschienenen Buch *Die Seele im technischen Zeitalter* [*GA6*] eingehend analysiert hatte). Die folgenreichste Relativierung der Institutionen verband er mit dem Aufstieg der Intellektuellen (vgl. *GA7*, bes. S. 239–347). Auch habe die vor 200 Jahren datierbare »absolute Kulturschwelle« der Industrialisierung mit dem »Übergang zur Industriekultur« und mit der »Beherrschung des Anorganischen und zumal seiner Kernkräfte, ein neues Kapitel in der Geschichte der Menschheit aufgeschlagen« (*GA6*, S. 97). Diese Revolutionierung der menschlichen Lebensgrundlagen wird von Gehlen zugleich mit dem »Ende der Geschichte« verbunden, mit einem stationären Zustand, in dem die Gleichzeitigkeit von modernen Ereignisbeschleunigungen und frühesten Formen eines vorgeschichtlichen Lebens beobachtbar sei: »Es ist ein sonderbarer, surrealistischer, doch naheliegender Gedanke, daß dieser Erdball seinen Weg weiterstürmt, umkreist von den neuen Monden, nämlich den Paketen des giftigen Atommülls, die man in die Stratosphäre hinausschießt, während irgendwo immer noch die Indianer den Tanz des roten Felsenhahns aufführen« (*US*, Kap. 48, S. 307). Dass alle grundlegenden Möglichkeiten der Kultur- und Ideenproduktion ausgeschöpft und nur noch rekombinierbar seien, dass in der *post-histoire* keine neue »große Schüsselattitüde« der Weltdeutung mehr folgen werde, hat Gehlen vor allem am Beispiel der Kunst zu illustrieren gesucht, die nach den innovativen Destruktionsleistungen und prinzipiellen Neuschöpfungen der klassischen Moderne nur noch auf »Repristinationen« angewiesen sei (*Zeit-Bilder* [zuerst 1960]. Frankfurt a. M.: Klostermann ³1986).

URMENSCH UND SPÄTKULTUR

VORWORT

Wenn hier ein im Jahre 1956 zuerst erschienenes Buch sich in dritter Auflage vorstellt, dann darf man ein stetiges Interesse an den Zielen und Methoden des Autors vermuten. Sie gelten der Suche nach Wesenseigenschaften des Menschen, die er nicht weiter zurückzuführen vermag, und deren gegenseitigen Verflechtungen. Die entsprechenden Begriffe wurden jeweils so gewählt, daß sie »psychophysisch neutral« sind, d. h. sowohl biologische als psychologische Bedeutung haben.

Zur Erleichterung der Lektüre sei gesagt, daß hier eine anthropologische Ableitung der Frühformen der Religion versucht wurde, wobei sich dieselben Zusammenhänge ergaben, die Max Weber erwähnte (Ges. Aufsätze zur Religions-Soziologie III, 1921). Er sprach da von dem aus Orgiastik und mimischem Dämonenzauber geborenen Kult als der normalen Quelle aller Mythensysteme. Hier setzt unsere Theorie der *Institutionen* an.

Dieses Thema läßt sich in einen weiteren Zusammenhang einbauen. In der Geschichte der Menschheit gab es drei große »Kulturschwellen«, nämlich den Übergang aus dem Jäger- und Sammlerleben zur Seßhaftigkeit und zur Agrarkultur. Er erfolgte im Neolithikum (Jungsteinzeit). Dann kam der Durchbruch monotheistischer Religionen, des unsichtbaren Gottes, mit der eminenten Folge einer kultischen Neutralisierung der Außenwelt. Und endlich begann vor etwa 250 Jahren die industrietechnische Kultur. In jedem Falle änderten sich auch die Bewußtseins-Strukturen der Menschheit.

Nur wenige Ergänzungen zu Sachaussagen mögen nachgetragen sein. Die im Kapitel 25 als selten erwähnten darstellenden Gebilde aus der Altsteinzeit kamen in deren Spätphase häufiger vor. Funde aus Dolni Vestonice und Pavlov (Südmähren) ergaben Frauenstatuetten und Tierfiguren aus Ton und sogar die Kleinplastik eines Menschengesichts (Spät-Aurignacien, ca. 26000–23000 v. Chr.).

Zum Kapitel 37 wird als weiterführende Lektüre auf das Buch von James Mellaart »Çatal Hüyük« (dt. 1967) hingewiesen, es gibt eine annähernde Datierung der jetzt als sehr früh erscheinenden anatolischen Kulturen. Danach hätte man eine protoneolithische Periode in das 9. und 8. Jahrtausend zu setzen. Bei Hacilar fanden sich

Behälter mit Weizen, Gerste, Erbsen und Linsen als angebaute Pflanzen vor 7000 v. Chr. Hacilar war ein akeramisches neolithisches Dorf. Bei Zawi Chemi und Shanidar (West-Iran) sind um 8900 Schafe als früheste Domestikation nachgewiesen. Çatal Hüyuk war eine echte frühneolithische Stadt aus dem 8.–6. Jahrtausend mit Stierkult, Jagdbildern, den üblichen plumpen Frauenidolen, mit Tongefäßen, Wandmalereien und einer Fabrikation von Werkzeugen, Waffen und Schmuck aus Obsidian.

Im übrigen ist es wahrscheinlich, daß sich noch frühere Bodenkulturen finden werden und daß die Domestikation von Pflanzen und Tieren in verschiedenen, voneinander unabhängigen Gebieten erfolgte.

Der Verfasser dankt dem Verlag für die sorgsame Betreuung seiner Schriften.

Aachen, im Januar 1975   Arnold Gehlen

TEIL I
INSTITUTIONEN

1. Einleitendes Kapitel

Die anthropologischen Studien des Verfassers führten notwendig weiter in sozialphilosophische Fragen, mit ihnen auf das Feld der Geschichte hinaus und schließlich, da dieses seine eigenen, unwiderstehlichen Kraftlinien hat, zurück zu Ursprungsproblemen. Der Ertrag dieser vieljährigen Arbeit wird hier vorgelegt.

Im Laufe derselben trat natürlich eine zunächst verwirrende, ja überwältigende Fülle von Tatsachen und Fragestellungen, die miteinander verflochten waren, zutage, ein jeder Faden, an dem man angriff, erhob ein dichtes Geflecht, und schon die Stellen zu finden, an denen es verknotet war, erschien oftmals als hoffnungslos. Vor allem dann, als sich herausstellte, daß mit den schon formulierten kulturphilosophischen Begriffen meist nicht auszukommen war und sie selber noch als kritisch zu durchdenkende sich ergaben. Die außerordentliche Schwierigkeit philosophischer Forschungen, wenn sie die Wirklichkeit und nicht bloß Begriffe erreichen wollen, liegt überhaupt in folgendem: jede andere Wissenschaft kann sich auf vorgegebene, im großen und ganzen schon bereitliegende Tatsachen stützen, aber die Philosophie muß die Realitäten, von denen sie aussagen will, selbst erst freilegen, sie muß Phänomene ans Licht heben und die Begriffe dafür bereitstellen, und erst dann kann sie zu größeren theoretischen Zusammenhängen fortschreiten. Diese Begriffe müssen »kritisch« sein, d. h. sie dürfen nichts Subjektives, Zeitgebundenes oder harmlos Selbstverständliches enthalten.

Kategorien heißen in diesem Buche die Begriffe von den nicht weiter zurückführbaren Wesenseigenschaften des Menschen, der hier unter dem kulturellen, gesellschaftlichen und historischen Aspekt betrachtet wird. Sie sind die nicht weiter auflösbaren Rückstände einer eindringlichen Analyse. Der naive Anspruch, »sämtliche« Kategorien erhoben, also den Menschen ausdefiniert zu haben, wird nicht erhoben, er wäre von einer *empirischen* Philosophie aus, wie sie der Verfasser vertritt, ganz sinnlos. Aber der Leser kann sich davon überzeugen, daß es gerade in heutiger Zeit möglich ist, neue und nichtgesehene Kategorien des Menschen in den Begriff zu heben.

Ohne gewisse Voraussetzungen wäre es überhaupt unmöglich gewesen, weiterzukommen, und zwei von ihnen sollen besonders hervorgehoben werden, sie sind übrigens selbst Befunde und nicht etwa nur Hypothesen. Die eine besteht in dem schon früher gewählten Ansatz, den Menschen als *handelndes* Wesen aufzufassen. Dieser Ansatz ist sachaufschließender als jeder andere, denn im Begriff der Handlung ist die denkende, erkennende, wollende Seite des Menschen ebenso enthalten wie seine physische, aber so, daß beide uno actu als gegenseitig sich voraussetzend, als ineinander enthalten gedacht werden. Die entleerten Kontroversen zwischen biologischen, dualistischen und spiritualistischen Abstraktionen werden dabei von vornherein ausgegrenzt. Sehr groß ist andererseits der Vorteil, auf diese Weise die Soziologie in die Philosophie hineinziehen zu können, und das ist möglich, weil die Soziologie neuerdings selber den Formen und Typen des Verhaltens erhöhte Aufmerksamkeit zuwendet. In einem wesentlichen Schwerpunkt ist daher hier die kulturanthropologische Forschung als *Handlungslehre* entwickelt worden.

Eine zweite Voraussetzung ist ebenso prinzipieller Art. Schon bei mehreren Gelegenheiten haben wir die außerordentliche Wichtigkeit der *Institutionen* für das Selbstverständnis des Menschen zur Sprache gebracht. Sie haben angesichts der unwahrscheinlichen Plastizität, Formbarkeit und Versehrbarkeit eines Wesens, das jeder Impuls außerhalb der Bindungen sehr leicht deformiert, eine geradezu fundamentale Bedeutung. Alle Stabilität bis in das Herz der Antriebe hinein, jede Dauer und Kontinuität des Höheren im Menschen hängt zuletzt von ihnen ab. Daß der Mensch ein geschichtliches Wesen ist, hat umgekehrt die Folge, daß er sich von den historisch gewachsenen Wirklichkeiten konsumieren lassen muß, und das sind wieder die Institutionen: der Staat, die Familie, die wirtschaftlichen, rechtlichen Gewalten usw. Sieht man das klar, dann steht man vor der neuartigen Aufgabe, die Verselbständigung und Autonomie, welche die Institutionen gegenüber dem Einzelnen gewinnen, aus der Natur des Menschen abzuleiten, und zwar auf einem realistischeren Niveau als dem, das Hegel, denselben Sachverhalt meinend, mit dem Begriff des »objektiven Geistes« betrat. Dieselben Einrichtungen also, die die Menschen in ihrem Denken und Handeln untereinander hervorgehen lassen, verselbständigen sich ihnen zu einer Macht, die ihre eigenen Gesetze wiederum bis in ihr Herz hinein geltend macht; dann war aber auch die Autonomie des institutions-bedingten Seelenlebens gegenüber dem »subjektiven« darzustellen, eine Autonomie, die sich nun wiederum mit den Begriffen der Psychologie überhaupt nicht fassen läßt und die ihre eigenen Kategorien hat. Denn die Psychologie hat sich an dieser Stelle in die Poesie der »Archetypen« verwickelt und eingesponnen. Schließlich noch wird alles, was der nun abgelebte und konventionell gewordene Idealismus unter »Idee« verstand, nur dann von bloßen Meinungen unterscheidbar, wenn man es auf die zugeordneten Institutionen bezieht, die allein eine »Idee« verkörpern und in der Welt festmachen, so wie die Institutionen ihrerseits die in sie eingegangenen Leitideen umgekehrt erst präzisieren, stabilisieren, in den Zustand der Geltung erheben und über die Zeit hinweg retten. Mit einem Begriff vom Menschen, der im Grunde nur die Selbstverklärung des Gelehrtenstandes enthält, ist da nicht zu arbeiten, denn der Stoff, aus dem die Institutionen sich erheben, sind wiederum die ineinander verschränkten, regulierten, obligatorisch gewordenen wirklichen Handlungen selbst. Unter diesen Hinsichten ist also das vorliegende Buch eine *Philosophie der Institutionen* – einschließlich der Frage ihrer Ursprünge und Primärformen.

Wie schon angedeutet, wurde damit die Untersuchung notwendig bis zu den Problemen zurückgeschickt, welche die frühesten, eigentlich archaischen Zustände der Kultur stellen. Das Interesse an diesen Vorzeiten ist jetzt recht rege, aber wieder erwies sich, daß die ethnologischen oder kulturgeschichtlichen Vorstellungen hierüber keineswegs ohne weiteres zu verwenden waren. Denn hier stellte sich ein bemerkenswertes Dilemma heraus: ebendieselben modernen Fähigkeiten und Künste des Anempfindens, Sich-vorstellen-könnens, der subjektiven Fühlsamkeit und der normentbundenen Beweglichkeit geistiger Interessen, welche den Zugang zu allen denkbaren Früh- und Fernkulturen eröffnen, decken zugleich alles Eigentliche, Substanzielle und Ursprüngliche ab. Der moderne Kulturinteressent findet, in den Schacht der Vergangenheit hinabsteigend, schließlich nur seinen eigenen Schatten. In diesem Sinne sind uns die Großwildjäger der Eiszeit mit ihren Höhlenbildern sozusagen als Vorläufer Picassos vorgestellt worden.

Erst als es gelungen war, das spezifisch archaische, nämlich das rituelldarstellende Verhalten (Teil II) in seinen eigenen Kategorien zu entziffern, wurde die ungeheure Entfernung zu den neuzeitlichen Erlebnis- und Verhaltensformen deutlich, und diese traten unter das allgemeine Merkmal der *Subjektivität*, die man ihrerseits wieder als das Stigma des Menschen in einer Zeit des Institutionen-Abbaus verstehen muß. So ergab sich die weithin benutzte Möglichkeit, die Komplementärfarben sichtbar werden zu lassen, in denen die Gegenwart erscheint, wenn man die Vergangenheit ans Licht zieht. Im Zusammenhang der Aussagen, welche hier über den archaischen Menschen, über die Entstehung der fundamentalen Institutionen und ihren Zusammenhang mit urtümlichen Riten und Kulten gemacht werden, ergaben sich damit auf Schritt und Tritt Anwendungen auf die gegenwärtige Kultur und den Menschen in ihr. Sie können oft das Überraschungsmoment für sich geltend machen. Diese Seite des ganzen Gedankenganges hätte sich unter die Oberschrift »Urkultur und Gegenwart« stellen lassen.

Wenn nun der Verfasser beansprucht, eine Reihe von Wesensmerkmalen (Kategorien) des archaischen Menschen und seiner Kultur beschreiben zu können, so muß der Beweis dafür in erster Linie in der Fülle der *ableitbaren* Einsichten gesucht werden, die am Material sich bewähren konnten. So bedeutende Erscheinungen wie die Magie und die Mythologie konnten abgeleitet, aus ihren Voraussetzungen im Menschen jener Zeit einsichtig gemacht werden, sie wurden nicht, von der Gegenwart aus zurückschreitend, »verstanden«. Die Leichtigkeit und Scheinergiebigkeit, mit der heutzutage die Denkmäler der grauesten Vorzeit oder auch die Verhaltensweisen noch lebender Primitiver interpretiert werden, hat für den Philosophen etwas Verdächtiges. Sie enthebt von vornherein der außerordentlichen Mühe der Kategorienforschung. Als eines ihrer Ergebnisse soll noch bemerkt werden, daß es über den Gang der Menschheitsgeschichte hinweg eine Änderung der *Bewußtseinsstrukturen* selber, nicht bloß natürlich unendliche Änderungen der Inhalte des Bewußtseins gegeben hat. Mit dieser Behauptung, die bewiesen wird, stellt sich aber der Verfasser, wie er bemerken konnte, in Gegensatz zur zeitgenössischen Philosophie mit ihrer selbstverständlichen Voraussetzung, daß das heutzutage für denkbar Gefundene für »die Welt« oder »den Menschen« gültig sei.

Die Versatilität des Vorstellens ist ein wesentliches Merkmal gerade der gegenwärtigen Bewußtseinsstruktur, ähnlich der Subjektivität der Innenwelt mit ihrer sog. »psychischen Realität«: das alles werden Selbstverständlichkeiten nur unter der Voraussetzung, daß Bewußtsein und Handeln bis zur Beziehungslosigkeit auseinanderlaufen können. Was in den Sog dieser Bewußtseinsform gerät, wird in *Vorstellungen* eines möglichen und nie wirklichen Lebens übersetzt und erfährt sofort eine Denaturierung, die einmal Jhering (Der Zweck im Recht, II, p. 100) gut formulierte: »An die Stelle der Norm tritt das Sein des Begriffs, die Normen streifen die Imperativische Form ab und schlagen nieder zu Momenten des Begriffs.« Das ist diejenige Art der Kulturphilosophie, die hier sorgsam vermieden wurde, und die zu dem modernen Polytheismus der Kulturwerte geführt hat. Von da aus ist die Wucht und die dichte, bewältigte Fülle der Institutionen, in denen die Steigerung des Menschen zu sich selbst gelang, nicht zu begreifen.

Endlich ist versucht worden, alles Platonische, Pädagogisch-Agitatorische auszuschalten. Auch teilt der Verfasser nicht die neue Form magischen Aberglaubens, daß das gedruckte Wort eine unsichtbargewaltige Fernwirkung habe. Das Buch ist ein Stück freier Forschung und soll an deren Schicksal teilnehmen.

2. *Werkzeuge*

Wir wollen von der nicht zu bezweifelnden Tatsache ausgehen, daß menschliche Bedürfnisse jeder Art, angeborene und neuentstehende, durch gesellschaftliche Arbeit erfüllt werden, welche, allgemein gesagt, darin besteht, die unmittelbar vorfindbaren Dinge soweit zu verändern, daß jene mannigfaltigen Bedürfnisse sich an ihnen orientieren und erfüllen können. Eine Außenorientierung scharf umschriebener Antriebe ist also nicht, wie bei Tieren, selbst schon naturhaft vorgegeben, so daß die auftauchenden Naturdaten in eine schematische Wahrnehmungs- und Aktionsbereitschaft nur einzurücken brauchten, derart als »Auslöser« eines angeboren zweckmäßigen Verhaltens wirkend, das seinerseits in einer »consummatory action«, einer einfachen Triebbefriedigung endete. Zwischen die menschlichen Bedürfnisse und Antriebe jeder Art und ihre Erfüllungssituationen tritt also ein intelligentes, praktisches Verhalten, ein Handeln.

Dieses die urwüchsige Natur verändernde Handeln bedient sich der Werkzeuge. Eine gelegentliche Verwendung vorgefundener Dinge als Mittel kommt zwar schon bei Anthropoiden vor, doch kennzeichnet die Herstellung von Werkzeugen recht scharf die Grenze tierischer und menschlicher Fähigkeiten. An der Stelle, da man nicht mehr weiß, ob die Deformationen an Steinen Schlagmarken sind, oder von zufälliger physikalischer Herkunft, verdunkelt sich die Entwicklungsgeschichte des Menschen.

Das bearbeitete Werkzeug rückt bei der Herstellung ganz in die Sachebene, während die unmittelbare Verwendung des Aufgegriffenen diesem die Eigenschaft des Werkzeugs nur im Vollzuge des Handelns erteilt, und nur, solange dieses dauert. Wird dagegen ein Stein behauen, so wird seine Eignung zu einer bestimmten Verwendung herausgeholt. Dabei sind schon gewisse Prozesse der Abstraktion im Spiel, die mindestens vorschweben müssen, gleichgültig, ob sie wortfähig sind oder nicht. Nämlich gesetzt, man wolle aus dem Feuerstein eine Klinge absprengen, so muß konzipiert sein: der Vorgang oder das Entwurfs- oder Wirkungsschema des »Schneidens überhaupt«, der »Schneidewirkung überhaupt«. Es muß ferner ein künftiges Interesse oder Bedürfnis nach diesem Arbeitsgang bewußt sein und an dem, was dabei herauskommt: Etwa an der Ablösung eines Felles vom Tierkadaver. Dies alles tritt zwischen das Primärbedürfnis, z. B. dem nach Nahrung, und seine Erfüllung.

Bemerkenswert ist hierbei, daß das abstrakte Phantasma »Schneidewirkung überhaupt« präzise gegeben sein muß, sonst kommt keine Klinge zustande. Dieses »überhaupt« bedeutet zugleich: in allen Verwendungsfällen, in jedem Vollzugsvorgang. Gleichgültig, in welchem Grade begrifflich oder in bloß anschaulicher Verallgemeinerung dies vorschwebt, der Verwendungsfall ist nicht in der Zeit lokalisiert. Dem kommt objektiv im Werkzeug selbst der einfache Umstand entgegen, daß es aus Stein ist, also real dauert. Und ebenso ist das Primärbedürfnis der Nahrung »chronisch«.

Das Handlungsphantasma des Schneidens enthält nicht einmal den Zwang zur Vorstellung, daß ich es bin, der schneidet. Der Ausdruck »man kann ...« würde die Neutralität des Phantasmas auch in dieser Hinsicht wiedergeben; dem kommt wiederum in der Klinge als materiellem Ding die Tatsache entgegen, daß es als solches völlig gleichgültig dagegen ist, wer es benutzt. Es ist da für jeden Menschen, der zu irgendeiner Zeit in das vorausgesetzte Interesse eintritt.

Schon die paläolithischen Werkzeuge sind daher »steinerne Begriffe«, sie schließen die Bedürfnisse und Gedanken der Menschen mit den Sachbedingungen zusammen. Die Wirtschaft ist von Anbeginn an der »Nährboden der Logik« (Schumpeter), der Austauschbarkeit der Interessen und der Rechte. Auch den höchsten und überrationalsten Entwürfen des Menschen nötigt sie eine Anpassung an die Vernünftigkeit und an die Hartnäckigkeit der Realität ab, wenn sie bestehen sollen. Und zugleich ist sie der Schraubstock der ewigen Notlagen, das Bleigewicht aller ungelebten Möglichkeiten. Andererseits: je mehr man sich von ihr entfernt, um so mehr tritt die Freiheit in ihr Recht, mit dieser die Einmaligkeit der Individuen, der Gelegenheiten, der nur jetzt möglichen Schöpfungen, die nur Einem gelingen konnten – und der uferlose Bereich der Narrheiten des entlasteten Subjektiven.

3. Experimentierende Handlung

Das Sosein des fertigen Gerätes ist das Ergebnis einer mühsamen Bearbeitung. Ein solches Tätigwerden kann, wie im Beispiel, von einem Primärbedürfnis motiviert sein, es kann aber auch frei und in Entlastung von diesem erfolgen, es heißt dann »experimentierendes Verhalten«. Die gegenseitige Auseinandersetzung von Wahrnehmung, Handlung, Dingreaktion, Sacherfolg oder Sachmißerfolg umschreibt einen autonomen, aus sich selbst lebenden Bereich menschlichen Handelns – er ist schon im Spiel angelegt.

Es gibt also eine »connaissance pratique sans être intéressée« (M. Pradines), eine uninteressiert praktische Erfahrung, nämlich uninteressiert im Sinne eines Primärbedürfnisses, interessiert jedoch am Resultat. Jeder Sacherfolg, gleichgültig, ob er noch für ein vorausgehendes Bedürfnis wichtig ist oder nicht, jedes aus der Handlung entwickelte Sosein eines Dinges hat selbst einen Erfüllungswert für dieses ursprüngliche praktisch-intellektuelle Interesse. Das aus dem Umgang mit Sachen »herausgestellte« Resultat ist immer bedeutsam. Ein Handeln kann durch Bedürfnisse getragen, ein »Appetenzverhalten« sein, es ist dennoch von vornherein einer *zusätzlichen* Motivation unterstellt, welche auf die Fakten geht, in denen es endet. Und je mehr die affektive Veranlassung von seiten des Bedürfnisses zurücktritt, gehemmt oder aufgeschoben wird, je mehr das Verhalten von diesem entlastet wird, um so deutlicher gerät es unter die Steuerung von der Sache her, um so offener wird das Interesse am Sosein des herausgestellten Resultates.

Die Motive des Handelns können also aus der Sache entnommen und von ihr weitergetrieben werden, statt aus dem Bedürfnis, das sozusagen eingeklammert wird. Der Sacherfolg wird damit virtuell aus der Antriebssphäre herausgehoben, denn das Handeln ist nicht mehr Mittelhandeln zu antriebsgesetzten Zwecken, sondern es startet bei Sachverhalten und endet in herausgestellten veränderten Sachverhalten.

Es ist dies der Weg, auf dem die elementaren Erfindungen gemacht wurden, wie das Rad, die Wurflanze, Pfeil und Bogen, schon das Messer: sie müssen mindestens als Rohentwurf im Experimentieren gefunden worden sein, ihre Brauchbarkeit zu Zwecken sich erst nachher herausgestellt haben. Soweit sie »zufällig« entdeckt wurden, setzt das Bemerken, Aufgreifen und Ausbauen eines Zufallserfolges gerade jenes Sachinteresse voraus, von dem hier die Rede ist.

So verfährt die Technik auch heute: sie stellt erfinderisch Mittel bereit für noch nicht vorhandene Zwecke oder für Bedürfnisse, die sie selbst erst miterzeugt, weil sie noch niemand fühlt.

Die beschriebenen Verhältnisse haben anthropologisch keine geringe Bedeutung. Sekundäre, bedingte und abgeleitete Bedürfnisse werden nämlich selbst triebhaft, sie können als selbstverständlich, d.h. natürlich erscheinen. So z.B. das theoretisch-wissenschaftliche Interesse, ein seltenes und spätes Kulturprodukt, das man »dem Menschen« schlechthin nicht zuschreiben kann. Und ferner werden die Primärbedürfnisse in die Bahnen genötigt und an diejenigen Sachverhalte und Ziele gefesselt, die ihnen die je zur Verfügung stehenden Mittel und Handlungsweisen vorschreiben – für das Bedürfnis nach Schutz und Sicherheit galten einmal Höhlen als selbstverständlich. Dies ist das Thema der »Bedürfnisorientierung« (Kap. 17).

Eine experimentierende oder herstellende Handlung, die auf Hindernisse, auf Sachwiderstand stößt und gehemmt wird, entlastet sich ihrerseits durch das jetzt vorspringende Überlegen, das man als

Probehandeln auffassen kann. Es erfolgt eine geführte Phantasiebewegung des »Sichversetzens«, in der die ganz nach außen gewendete praktische Intelligenz mögliche Handlungen und mögliche Dingantworten vor sich hin entwirft. Das Verfahren besteht in eingebildeten Verlagerungen des Angriffspunktes der Handlung, in eingebildeten Verlagerungen der Dinge selbst, in Vorentwürfen von Dekompositionen, Umlagerungen und Neuzusammensetzungen. Es ist bemerkenswert, daß dieses instrumentelle Bewußtsein seine aus der Außenwelt entlehnten Modellvorstellungen neuerdings erfolgreich auf die Innenwelt anwendet: der Psychotherapeut entwirft ein sachhaftes Schema von den bewußten und unbewußten Mechanismen im Anderen, und erstrebt deren Neuverteilung und Umkombination.

Wir haben jetzt eine Sequenz von Bedürfnis, praktischem Verhalten und rational instrumentellem Denken aufgestellt derart, daß jeweils die folgende Stufe in der Entlastung von der Aktualität der vorhergehenden sich entfaltete und in ihre Möglichkeiten freigesetzt wurde. Von außen gesehen: die jeweils vorhergehende Instanz hört auf, handlungsbestimmend zu sein. Dabei bleibt aber um den Preis des Lebens der Vorrang der Daseinsdringlichkeit der je früheren gewahrt.

4. Transzendenzen

Die Wahrnehmung und das rationale Denken sind nun diejenigen Instanzen, in denen uns objektive Wirklichkeit erkennbar wird. Wir können jetzt dem schwierigen Begriff der Transzendenz eine Auslegung geben, die mit anthropologischen Begriffen arbeitet.

1) In der Wahrnehmung ist ein Ding oder Sachverhalt *selbst* gegeben, d.h. er transzendiert (übersteigt) als wahrgenommener unmittelbar die Zuwendung, die sich in seinem Eigensein vergißt. Ebenso heißt denken: etwas als seiend denken, das Denken erlebt ursprünglich und unmittelbar die Inhalte als unabhängig von sich selbst, man denkt »an etwas«. Diese *Objektivität* kommt dem Wahrgenommenen oder Gedachten schlechthin zu, sie bedeutet, daß das Wahrgenommene oder Gedachte jederzeit Gegenstand irgendeiner Zuwendung, eines Bemerkens, Interesses oder Bedürfnisses werden kann, ohne aber darin aufzugehen. Ein nicht wahrnehmbares oder nicht in sei-

ner Bestimmtheit denkbares Seiendes kann nur als Leerstelle negativ gedacht werden.

Ein wahrgenommenes oder gedachtes Ding »transzendiert« heißt ferner: es ist unausgesprochen selbstverständlich, daß es »uns« als dasselbe gegeben ist; es ist außerhalb meines Wahrnehmens und Denkens auch möglicher Gegenstand eines anderen Wahrnehmens und Denkens, in denen es wiederum nicht aufgeht.

Darin eben besteht die reale Objektivität: daß sie inhaltlich jeweils nur in den Zuwendungen des Wahrnehmens, Denkens, Handelns usw. gegeben ist, zugleich aber mit der Gewißheit, daß sie diese alle transzendiert und damit neuen, virtuellen Zuwendungen offensteht.

2) *Daseinswert* haben *objektive* Dinge und Inhalte jeder Art (auch u. U. bloß als seiend gedachte) als Gegenstücke aktueller oder potentieller Bedürfnisse jeder Art, von den ursprünglichen bis zu hoch bedingten oder intellektuellen. Also Wasser für den Durstenden, oder, als Beispiel für potentielle Bedürfnisse, ein Gegenstand, den man vorfindet und von dem man sagt: das hebe ich auf, das kann ich noch einmal brauchen. Oder ein Gerät, ein Buch, ein Kunstwerk, das für ein potentielles Bedürfnis bereitsteht. In einem wichtigen Spezialfall kommt Daseinswert allen objektiven Dingen und Inhalten zu, die in die »Hintergrundserfüllung« einrücken, nämlich als Erfüllungen chronisch abgesättigter und eben deswegen gar nicht mehr aktualisierter Bedürfnisse. So läßt »meine Wohnung« das Bedürfnis nach Geborgensein gar nicht mehr aktuell werden, oder das Leben in der Familie rückt ein Bedürfnis nach der Gegenwart anderer Menschen in die Hintergrundserfüllung, das jemand in Einzelhaft sehr stark als unerfülltes erlebt. Ähnlich die »große Heimat«, das »Weltnest« einer primitiven Gruppe, das sich von den Hütten und dem Territorium bis zu den fernen Bergen – den Geisterwohnungen – oder bis zu den Sternen erstreckt, den »Lagerfeuern der Verstorbenen« (Australien).

Der Daseinswert eines Dinges ist um so größer, je mehr sein objektives Dasein jede aktuelle Bedürfnisbefriedigung überdauert, d.h. je weniger es in dieser »verbraucht« wird, also für weitere potentielle Bedürfnislagen zur Verfügung steht. Es gibt Kunstwerke, die unser Bedürfnis nach Schönheit unerschöpflich befriedigen. Der Zauberer einer primitiven Gruppe hat für diese einen sehr hohen Daseinswert, solange auch Abhilfe künftiger Notlagen erwartet werden kann, d.h. solange er nicht versagt.

4. Transzendenzen

3) *Selbstwert im Dasein* haben Dinge, Lebewesen jeder Art usw. dann, wenn ihr Daseinswert vorausgesetzt wird, aber sozusagen eingeklammert bleibt und nicht zum Thema des Verhaltens wird. Dieses Verhalten kann also nur darin bestehen, daß es an ihrem Sosein ausgerichtet wird, d.h. *daß man von ihnen her handelt*. Unter dieser Bedingung transzendieren diese Dinge ihren Daseinswert, sie haben Selbstwert im Dasein.

Schon indem man ein Haustier ernährt und pflegt oder den Acker bestellt, verhält man sich zum Selbstwert im Dasein dieser Pflanzen und Tiere, gerade auch wenn sie, zu einem späteren Zeitpunkt, als Nahrung dienen. Doch bleibt diese Beziehung auf die eigenen Bedürfnisse zurückgestellt. Das hier definierte Verhalten ist also bedürfnisentlastet und verselbständigt, es erfolgt von den Gegenständen her, indem deren Daseinsbedingungen entwickelt, veredelt, gepflegt, kultiviert werden, oder indem der Gegenstand angereichert wird, seine optimale Eigenschaftlichkeit entwickelt wird usw. Dabei werden die eigenen Bedürfnisse unter Hemmung gesetzt, in den Hintergrund geschoben (sei es nur auf Zeit), oder virtualisiert – sie bleiben jedoch vorausgesetzt. Der Selbstwert transzendiert den Daseinswert, indem er ihn als möglichen einschließt.

Das Opfer an Geister, Götter, Dämonen usw. kann unter primitiven Verhältnissen sehr wohl den Sinn haben, daß man sie stark machen und ernähren müsse, wenn sie helfen sollen. In einem hethitischen Text aus Boghazköi (A. Lesky: Hethitische Texte und griechischer Mythos, Anzeiger österr. Akad. d. Wiss. 1950) klagt Ea im Götterrat über die Unsinnigkeit, die Menschen zu vernichten. Geben sie doch den Göttern Opfer und würden diese nach Vertilgung der Menschen durch Mangel an Versorgung leiden müssen. Dennoch ist im Vollzug des Opfers der Gott verselbständigt, dieses gilt seinem Selbstwert im Dasein, die Bedürfnisfrage des Nutzens ist virtualisiert. Es besteht eine sehr hohe schöpferische Leistung darin, die Kategorie des Selbstwertes bei Belebtem zu entwickeln, das zuerst auslöserhaft, stark emotional und affektprovokativ auftritt, wie z.B. im Tierkult. Diese Leistung ist schon moralisch, sofern man etwas, das man triebhaft auf die eigenen Affekte und Bedürfnisse bezieht (auch die der Angst), dennoch in seinem verselbständigten Dasein anerkennt. Eben in dieser doppelten Beziehung entsteht der Selbstwert im Dasein. Anders gesagt: die Hemmung, Einklammerung, Rückstellung oder Virtualisierung der Bedürfnisse und Affekte, die auf ein objektiv Daseiendes bezogen sind, oder ihre Setzung unter Vorbehalt, ist in demselben Akt eine *Entscheidung* zu seinem *Eigendasein* und der Entschluß, von diesem her zu handeln. So entsteht der Selbstwert im Dasein, der den Daseinswert transzendiert.

Wenn das hier abgeleitete, vom Gegenstand her bestimmte Verhalten an der *Wirklichkeit* desselben schlechthin orientiert ist, dann sprechen wir von *Transzendenz ins Diesseits*. Diese sehr bedeutende und ursprüngliche *Verhaltensform* besteht in der *Darstellung*, die Darstellung erfolgt zuerst als Nachahmung, als imitatorischer Ritus. Das rituell darstellende Verhalten geht *nicht* mehr, wie sonst jedes menschliche Handeln, auf eine *Veränderung* des Gegenstandes, gerade weil sein Inhalt das Sein desselben ist. Es geht also nicht mehr um ein Verbessern, Veredeln, Anreichern des Gegenstandes dieses Verhaltens, um irgendeine Veränderung, und es ist einsichtig, daß *allein ein solches nichtveränderndes Handeln die Vorstellung eines dauernden, zeitüberlegenen Daseins zu tragen vermag*. Es ist dies die Stufe daseiender, sichtbarer und doch transzendenter Wesenheiten, welche eine archaische Kultur geradezu charakterisiert.

Man kann den »Utilitarismus« primitiver Religionen durchaus mißverstehen, der doch selbst außer Zweifel steht. Ein so tiefer Kenner wie K. Th. Preuß (Glaube und Mystik im Schatten des höchsten Wesens, 1926) betont sehr nachdrücklich, daß die Naturvölker, im Gegensatz zu den Erlösungsreligionen, vollständig auf dem Boden des Diesseits stehen, daß sich ihr Glaube im wesentlichen auf das Diesseits bezieht (p. 19, 24). Dennoch ist die von Bergson verbreitete Vorstellung falsch, daß die Götter, Dämonen, Spirits, Wesenheiten usw. sozusagen nur verlängerte Werkzeuge des Handelns im Dienste der Lebensnotwendigkeiten sind. Immer gilt der Kult ihrem Eigendasein, aber ihr Daseinswert für virtuelle Bedürfnisse bleibt vorausgesetzt, und diese sind unter riskierten und harten Lebensbedingungen meist solche »erster Hand«. Gerade deswegen kann die »Transzendenz ins Diesseits« an den Brennpunkten des Lebenskampfes angreifen, die ersten »Wesenheiten« waren die großen, gefährlichen Jagdtiere oder die Totengeister, deren Bedrohlichkeit instinktgegeben ist.

Von großer Bedeutung ist nun die erwähnte Tatsache, daß die Entscheidung zum Selbstwert im Dasein von Etwas die Bedürfnisseite zwar vorbehält, aber virtualisiert, einklammert oder zurückstellt. Im einfachsten Falle ist dies ein bloßes Vertagen, so in der cultura agri, bei der man von den Früchten des Vorjahres lebt. In diesem Beispiel rückt das Nahrungsbedürfnis in die »Hintergrundserfüllung«, es wird nicht virulent, und gerade deswegen kann man sich der cultura agri hingeben, als ob sie um ihrer selbst willen geschähe. Für diese Form der Hintergrundserfüllung gab es einen der ältesten römischen Götter, Consus, den Hüter der geborgenen Ernte.

In anderen Fällen erfordert das am Selbstwert von Etwas orientierte Verhalten sehr viel drastischere Hemmungen auf der Antriebsseite, die Einklammerung oder Rückstellung kann gradweise bis zur bewußten Reduktion der Bedürfnisse und von da bis zu aktiven Verzichten fortschreiten. Der Aufopferungswille oder die Askesebereitschaft – der Mutter für das Kind, des Soldaten für die Fahne, des schöpferisch Besessenen für sein Werk, des Gläubigen für seine Überzeugung – kann sich dann bis zum Verzicht auf die bisher vorausgesetzte eigene Bedürfniserfüllung steigern:

4.) *Selbstwert im absoluten Sinne* haben diejenigen Dinge, Wesenheiten, Institutionen usw., auf die ein Verhalten bezogen ist, das ihrem Eigendasein und ihrer Wirklichkeit selbst und als solcher gilt, und zwar virtuell bis zur Aufgabe jedes Daseinswertes (für die eigenen Bedürfnisse). Im Grenzfalle fällt also dieses Verhalten mit der Aufgabe des eigenen Lebenswillens zusammen.

Diese Kategorien sind aufgestellt worden, weil man die Gewalt der kulturellen Schöpfungen des Menschen gerade unter urtümlichen Verhältnissen ohne sie nicht verstehen kann. Sie sind jedoch gegen Mißverständnisse durch eine Reihe zusätzlicher Bemerkungen zu sichern.

Transzendenz ins *Jenseits* kann erst möglich sein, wenn der Eine, unsichtbare, also geistige Gott konzipiert ist – Monotheismus. Dies bezeichnet eine absolute Kulturschwelle: alle inneren und äußeren Bedingungen des Daseins ändern sich in der Folge. Das Wort Glauben erhält auch jetzt erst den uns bekannten Sinn, der auf archaische Verhältnisse nicht anwendbar ist.

Von diesen Folgen seien besonders zwei herausgehoben. »Negative Wesenheiten«, nämlich »Dämonen«, welche die Nacht- und Schrekkenseiten des Daseins verkörperten, wurden dann unmöglich, ebenso die ihnen gewidmeten Greuelkulte. Umgekehrt entstand natürlich das Problem der Theodizee. Von unserem Standpunkt aus ist nichts schwerer zu verstehen als die primitive »Ethik im Grauenvollen«. Kannibalismus z. B. an Leichen konnte so zustandekommen, daß die Lebenden den Tod des Verstorbenen auf sich nahmen. Volhard (Kannibalismus, 1939) betont dies an mehreren Stellen (p. 420, 455): die Toten wurden nicht der Lebenden wegen, sondern um ihrer selbst willen verzehrt. Kannibalismus in Verbindung mit dem Götterkult kam gerade bei hochentwickelten Primitiven vor, so bei den Mangbettu, Basoka, Tangale in Afrika, in Polynesien. Wir sind bestürzt angesichts der unheimlichen Wucht, mit der die Menschen einmal die Konsequenzen ihrer vermeinten Verantwortlichkeit bis ins Grauenhafte hinein an sich gezogen haben. Wir werden uns mit diesen Erscheinungen in diesem Buche nicht weiter befassen, doch bleibt der Hinweis unentbehrlich.

Eine weitere entscheidende Folge des Monotheismus war die, daß die *Institutionen* seither ihre eigentlich theogonische, göttererzeugende Kraft verloren haben. Institutionen waren ursprünglich Transzendenzen ins Diesseits im Vollsinne. Der Totemismus hatte einen tiefen Zusammenhang mit der Herausbildung von Blutslinien und Verwandtschaftszuordnungen; es gab Stammesahnen und -heroen als kultfähige Wesenheiten, Dämonen der Feldfrüchte, vergottete Herrscher und Stadtgötter.

Alle Institutionen der Arbeit, der Herrschaft, der Familie usw. haben heute so wie stets einen direkten Erfüllungswert für menschliche Primärbedürfnisse, aber sie verselbständigen sich gegenüber dem Menschen und man handelt von ihnen her, im Sinne ihrer Erhaltung, ihrer Eigenforderungen, ihrer Gesetze. Zugleich unterwirft man sich damit sehr drastischen Regulationen, Einschränkungen und Limitierungen im eigenen Antriebsbereich. Sie hatten also in dem oben beschriebenen Sinne Selbstwert im Dasein bis zum Grenzfall des absoluten Selbstwertes hin, im Umkreise des christlichen Denkens und der Transzendenz ins Jenseits verloren sie jedoch diese theogonische Kraft. Dies war, wie gesagt, früher anders. Seither sind sie in einem merkwürdigen Zustande der »Halbtranszendenz«, den Hegel mit dem Begriff des »objektiven Geistes« fassen wollte, und dessen begriffliche Fassung z. B. der Staatslehre fast unüberwindliche Schwierigkeiten macht. An diesem Problem ist das vorliegende Buch entstanden, wir suchen die anthropologischen Kategorien der Institutionen. Die Epheser, welche den Tempel ihrer Stadtgöttin Artemis mit einem Seil an der Stadtmauer festbanden (Herod. 1, 26), hatten es einfacher.

Die durchgreifende Ästhetisierung der gegenwärtigen Geisteskultur nötigt uns, auf Begriffe wie das »Numinose« oder ähnliche zu verzichten. Das Ästhetische ist vielmehr das Folgenlose, aus bloßen Erlebnissen folgt nichts. Es kommt aber auf das Handeln an. Da unsere Überlegungen sich mit *archaischen* Verhaltensformen beschäftigen, also die Stufe der Transzendenz ins Jenseits gar nicht erreichen, genügen die oben gegebenen Kriterien der Orientierung des *Handelns* an der *Wirklichkeit* eines Gegenstandes und der gradweisen *Hemmung* der Bedürfnisse bis zum Grenzfall des Bedürfnisverzichts, der Askese. Wir haben nicht die Mittel, zu entscheiden, ob primitive Kulte ein Göttliches erreichen oder nicht, aber sie werden unter diesen Kriterien moralisch glaubwürdig. Die Bemerkung über das »Numinose« hat den Sinn, zu warnen: als ob man durch die Anbiederung ästhetischen Verstehens sich Kulturen nähern könne, deren Kraft gerade in der Drastik der Übersetzung jeder Vorstellung in die Konsequenzen, d.h. in offene Handlungen, bestand.

Wie man weiter sieht, ist hier auf eine inhaltliche Wertskala verzichtet worden: in die angegebenen Kategorien können also die verschiedensten Gegenstände einrücken. Einer empirischen Anthropologie ist kein anderes Verfahren möglich, sie bewegt sich selbst in der ersten Sphäre der bloßen Objektivität. Man muß diesen Standpunkt einnehmen, wenn man die in diesem Buche entwickelten Kategorien finden will, die von jeder Kultur und Zeit in den mannigfachsten Ausprägungen gelebt und realisiert, aber nicht erkannt werden. Auch machen wir nicht den Unterschied von Gütern und Werten. Werte, die nicht einem Wirklichen aufliegen, können nicht in Handlungen übersetzt werden, sie sind bloß Wertvorstellungen.

5. *Gewohnheiten, Außenhalt von Gewohnheiten*

Wir kehren nunmehr zu der Analyse des Werkzeuges zurück. In seiner Spezialisiertheit auf bestimmte, einseitige Funktionen spiegelt jedes Werkzeug oder Gerät die Tatsache wider, daß sich chronische Bedürfnisse oder Interessen über wiederkehrende, eingewöhnte Arbeitsgänge auf typische, ebenfalls wiederkehrende Sachlagen und Sachumstände beziehen.

Alle Kulturen ruhen, von der Seite der sie tragenden lebensnotwendigen Arbeit her gesehen, auf Systemen stereotypisierter und stabilisierter *Gewohnheiten*. Diese sind jeweils *vereinseitigt*, weil eindeutige Verlaufsformen an umschriebenen Sachlagen angreifen. Jederlei *Dauer* und Zeitresistenz kultureller Schöpfungen ist bezogen auf die Vereinseitigung der Handlungsverläufe – ihre Spezialisierung – und damit auf die Vereinseitigung der Sachaspekte. Umgekehrt: eine Gesellschaft stabilisieren heißt, sie auf dauernde Institutionen bringen, und das bedeutet eine Selektion der Verhaltensweisen und Situationen, untrennbar von ihrer Vereinseitigung. Jede Weiterentwicklung erfolgt dann innerhalb der so festgelegten Ausgangsbedingungen, von ihnen kanalisiert.

Eine beliebige Kultur oder Gesellschaft hat und hatte z. B. definierte, umschriebene und vereinseitigte – wenn auch darin oft sehr komplexe – politische und wirtschaftliche Vereigenschaftungen. Diese grenzen nun nicht das *Dasein* und in sehr vielen Fällen nicht einmal den *Inhalt* höherer geistiger Produktionen ein, wohl aber oft genug die vereinseitigte Bestimmtheit dieses Inhalts. Wir geben dafür Beispiele.

In Ägypten muß die (totemistische) Sippenordnung durch die Bürokratie des Bewässerungs-Fronstaates schon in vordynastischer Zeit gebrochen worden sein. Es konnte sich also kein Ahnenkult entwickeln, wohl aber ein Totenkult überhaupt, der denn auch über 3000 Jahre stabilisiert war.

Mit anderen Worten: das Bedürfnis nach einem rituellen Verhalten gegenüber dem Komplex Tod – Toter (Leiche) – Totengeist ist weltverbreitet gewesen und unabhängig von wirtschaftlichen Voraussetzungen, also in diesem Sinne primär. Die zu findende Form dieses Verhaltens mußte aber, wenn sie dauern sollte, bestimmte Aspekte vereinseitigen und mit den anderen Aspekten des Lebens in Übereinstimmung bringen. Mit den gegebenen politischen und wirtschaftlichen Umständen war aber nur ein um den König zentralisierter Totenkult, kein feudalistischer Ahnenkult verträglich. In ähnlichem Sinne ist es zu verstehen, wenn es von den altorientalischen Hochkulturen heißt (H. Schrade, Der verborgene Gott, 1949, p. 16): »An dem bedeutenden Einfluß des Königtums auf die Vermenschlichung der Göttervorstellungen können jedenfalls kaum Zweifel bestehen.«

Ein anderes Beispiel: in unserer Kultur und Religion hätte ein »heiliger Hain« keinerlei Sinn. Bei den Munda und anderen Primitivstämmen in Nordost-Vorderindien sind solche Haine die einzigen Tempel. Dalton (1872) sah in ihnen die Reste des gerodeten Urwaldes — es handelt sich also um ein sehr tiefsinniges Sich-Präsenthalten der Daseins-Elemente, eine Art der Transzendenz ins Diesseits, die wir noch oft treffen werden (vgl. R. Rahmann, Gottheiten der Primitivstämme im nordöstl. Vorderindien, Ztsch. Anthropos 31, 1936, p. 69). Neben diesem Kulte stehen andere, dem Sonnengott, den Ahnengeistern, Dorfgeistern usw. gewidmete, und alle bilden einen Zusammenhang mit der Lebenspraxis, den Erfahrungen und Sitten dieser Stämme.

Dies ist die »Integration« einer Gesellschaft: das System aufeinander bezogener, je vereinseitigter Aspekte der Welt und des Verhaltens darin. Eine Kultur wäre chaotisch, in der die konstitutionelle Plastizität der menschlichen Antriebe, die Variabilität der Handlungen und die Unerschöpflichkeit der Dingansichten zur Geltung kämen. Sie wäre im höchsten Grade unstabil.

Um den größeren Zusammenhang anzudeuten, in dem diese Erörterung steht, sei darauf hingewiesen, daß der Begriff »Plastizität der Antriebe« unter einem biologischen Gesichtspunkt gedacht ist. Dann ergibt sich eine Beziehung dieser höchst charakteristischen Eigenschaft zur *Instinktreduktion*. Das Nähere ist in dem Buche »Der Mensch« ausgeführt worden, hier genügt die Erläuterung, daß man unter Instinktreduktion die spezifisch menschliche Entbindung oder Abschaltung auch elementarer biologischer Bedürfnisse von der physischen Motorik versteht, die kaum mehr über erblich festgelegte, angeboren zweckmäßige Verlaufsformen — eben instinktive — verfügt und deswegen »menschlich« ist, d.h. unendlich variabel und reizoffen. Wir beziehen uns der Kürze halber auf die Formulierungen von O. Storch. Dieser stellte (Anzeiger der österr. Akad. d. Wissensch., math.-naturw. Kl. 1949/1) die »Erbmotorik« der Tiere der »Erwerbmotorik« des Menschen gegenüber und hob heraus (Die Sonderstellung des Menschen in Lebensabspiel und Vererbung, 1948), wie die Funktionskreise, welche beim Tier die Sinnesorgane in Bann halten und in den scharf eingeschränkten Dienst der Aufgaben der spezifischen Umweltbereiche stellen, beim Menschen zerbrechen, so daß nun auch die Sinnesorgane »frei geworden« (entlastet) sind zu anderer, eigenwilliger Betätigung.

Ähnlich nun kann man sich die innenbehaltenen, frei und beweglich gewordenen Antriebsquanten vorstellen, man kommt dann auf die Lehre vom Triebüberschuß (Max Scheler) oder Antriebsüberschuß, nämlich einer durch Reduktion der Instinkte und ihrer Umweltfesselung entlasteten, freiwerdenden Triebkraft, die in Leistungsenergie umsetzbar ist und der chronischen Dauerbedürftigkeit des Menschen zur Verfügung steht, wie sie wiederum nur einem instinktarmen, vom Grund her verunsicherten Wesen zukommt.

Der Überschuß plastischer Antriebe, die Wandelbarkeit erlernbarer Bewegungen und die »Weltoffenheit« der Sinne wie der Intelligenz bilden mithin *einen* Zusammenhang, der selbst wieder zu bewältigen ist, den es gilt zu stabilisieren, ihm Dauer abzunötigen.

Man könnte daran verzweifeln, klar zu machen, daß der Zerrbild-Biologismus des »Brockens und Beißens« zu seiner Widerlegung nicht auf die Geisteswissenschaften angewiesen ist, sondern von der Biologie des Menschen selbst schon widerlegt wird. Bereits die Wahrnehmung geht nämlich in ihrer Überschußleistung weit über das hinaus, was im elementaren Sinne lebensnotwendig oder überhaupt brauchbar wäre – es hat keinerlei physischen Nutzen, Sterne oder Schatten zu sehen. Noch weit mehr gilt dies vom Denken, selbst soweit es nur als praktisches Denken beschrieben würde, das also beliebige Inhalte verlagert, umkombiniert, neu zuordnet und in Beziehungen setzt. Gerade weil dieser Mechanismus so formal ist, wie er hier beschrieben wird, kann er mit einer Unendlichkeit von Inhalten erfüllt werden. Bergson hat (Schöpferische Entwicklung, dt. 1921, p. 156) dies gut gesehen: »Jede bloße Form kann sich, gerade weil sie leer ist, nach und nach frei mit einer Unendlichkeit von Dingen erfüllen, selbst mit denen sogar, die keinerlei Dienst leisten.« Er hat darüber hinaus auch gesehen, daß die Komplizierung der Handlung mit sich selbst, das Ringen von Handlung mit Handlung und mit Dingen, das »eingekerkerte Bewußtsein« freisetzt, also ihm Inhalte, Phantasmen und Motive zuströmen läßt (p. 187). Wenn man daher das Bewußtsein und die Handlung im Sinne von Kreisprozessen beschreibt, so kann man das Bewußtsein als Werkzeug des Handelns ansehen, aber ebenso die Handlung als ein Werkzeug des Bewußtseins: es ist schließlich die Handlung, die uns kenntnisreich, erfahren, wissend macht, und man trifft damit nichts anderes, als was wir schon erwähnten: die aus dem experimentierenden Handeln herausspringende Erfindung.

Hinter die Überschußleistungen des Bewußtseins setzt sich also die Überschußenergie der Antriebe und baut sie aus. Das gilt im Sinne Bergsons auch für die Handlungen: wenn diese und die Sachen sich aneinander entwickeln, wird das Bewußtsein angereichert und wirft sich auf die Verarbeitung der Neuerfahrungen. Man sieht es bei unseren Kindern und darf es für die prähistorischen Anfänge der Kunst annehmen, wie bedeutungslose und aus bloßer freier Lebendigkeit vollzogene Handlungen – wie Kritzeleien und Formungen in plastischem Ton – von ungeahnten, ihren Ansatz weit überschreitenden Energien erfüllt werden. Diese Neuerfahrungen im inneren und äußeren Bereich gilt es dann zu stabilisieren, in das schon vorhandene Dauergefüge einzuarbeiten.

Die »Weltanschauung« primitiver Gesellschaften hat stets eine großartige Geschlossenheit, man kann ihre Gesellschaftsordnung, das System des sozialen Status, die Wirtschaftsweise, ihre Entscheidungen zu den Lebenselementen stets sehr weitgehend auf ihre Riten und ihren Götterhimmel abbilden und umgekehrt. Diese Geschlossenheit ist nur erreichbar, wenn alle Einzelinhalte auf scharfe Profile und definierte Charakteristiken abgestellt in sie eingehen – die Unendlichkeit des bloß Subjektiven hat keine öffentliche Bedeutung und selbst keinen Status. Alle Rechtsformen, Gewohnheiten, Sitten, die Arbeitsgänge, Riten und Kulte, die Götter und Dämonen haben »intolerante« Qualitäten, und können deshalb in einem Gesamtsystem Dauer behaupten.

Eine Kultur der Subjektivität ist ihrem Wesen nach nicht stabilisierbar, sie muß in einer massenhaften ephemeren Überschußproduktion enden.

Anthropologisch ist das Thema der Bildung von Gewohnheiten von großer Bedeutung, schon weil alle Institutionen als Systeme verteilter Gewohnheiten gelebt werden. Gewohnheiten gibt es auf jeder Höhenlage, natürlich auch im Geistigen und Moralischen, sie sind also nicht »unbewußt«, oder nicht notwendig unbewußt, ihre Pointe ist vielmehr die Entlastung vom Aufwand improvisierter Motivbildung. Diese Entlastung geschieht nun in sehr wichtigen Fällen so, daß die Motivbildung an umschriebenen Bestandstücken der *Außenwelt* festgemacht wird, so daß das Verhalten von der Stabilität der Außenwelt her seine Dauergarantie bezieht. Objektive Gegenstände als »Symbole« können daher auch sehr hochgetriebenen und komplexen Entscheidungslagen eine Außenstütze gewähren. Ursprünglich ist z. B. der Status des Herrschers für ihn selbst und für die Beherrschten untrennbar von seinen Emblemen – in Ägypten z. b. der Krummstock des Hirten und die Geißel –, und diese Embleme steuern die Kontinuität des Verhaltens zu ihm.

Dieselbe Ansicht läßt sich an jedes habitualisierte und eindeutige Handeln herantragen, um also im Fall unseres ersten Beispiels zu bleiben: die Bewegung des Schneidens und das dazugehörige Werkzeug bilden *einen* Zusammenhang. Es ist legitim, diesen in Gedanken zu zerlegen: in die innere Absicht, die physische Handlung und das äußere Werkzeug. Aber es ist ebenso legitim, ihn als stabiles Gefüge zu beschreiben, ähnlich wie ein Instinktverhalten, in dessen Definition der Außenwelt-Auslöser mit eingehen muß. Die zweite Methode ist anthropologisch ergiebiger, denn die erste analytische kann nicht zu der Einsicht vordringen, daß ein solches praktisches *Gewohnheitsverhalten beim Menschen an der Stelle steht, wo wir beim Tier die Instinktreaktion finden.* Denn ein präzises, eindeutiges, voraussehbares, auf die Dauer gestelltes Tun, über das sich der soziale Kontakt abwickkelt, das sich also im Gegeneinander stabilisiert, finden wir in erster Linie hier, und zwar in jeder Höhenlage. Mit anderen Worten: das gestaltete und (vereinseitigt) charakterisierte Werkzeug, Gerät oder Sachsymbol hat eine Art Auslöserwirkung auf die ebenso bestimmte Handlungsgewohnheit doch in dem Sinne, daß der sichtbar und dauernd daliegende Gegenstand eine bereitgestellte Gewohnheit sozusagen an der Vollzugsschwelle, im Ansatzzustand festhält. Eine Gewohnheit ist in eigenartigem Sinne verselbständigt, funktionalisiert, und das sichtbare Gerät ist nicht nur »behavior Support«, Verhaltensstütze, sondern eine Art chronischer Aktualisator. *Diesen* Sachverhalt kann die Trennung von Innenwelt und Außenwelt ebensowenig beschreiben, wie den wirklichen, aktuellen Vollzug des Handelns. Der beschriebene Zusammenhang selbst ist eigenstabil und aus dem Spiel weiterer, zusätzlicher Motive von innen und außen her ausgeklammert, er wird überhaupt nicht als subjektiver, sondern in der Außenlage erlebt. Wer morgens in seine Werkstatt oder an seinen Schreibtisch tritt, erlebt von da her aktualisiert und schon über die Entscheidungsschwelle gehoben die Kontinuität seines spezialisierten Verhaltens. Auch sehnt sich z.b. der pensionierte Beamte nicht nach dem Abstraktum »Beschäftigung«, sondern nach Dienstzimmer, Schreibtisch und Akten. Die Verselbständigung des Gewohnheitsgefüges, seine Eigenstabilität und die Anreicherung der Motive, die Chancen des Schöpferischen nur in seiner Fortsetzung, sind, von außen erlebt, die Auslöserwirkung des Gerätes, seine Sollsuggestion, seine Menschlichkeit.

Hiervon ist die gesamte Kooperation jeder Gesellschaft abhängig. Der Bestand einer jeden Institution ist nur dann gesichert, wenn ein solcher Unterbau gewohnheitsmäßigen, auf Außensteuerung abgestellten Verhaltens vorhanden ist, auch wenn dieses damit notwendig formalisiert wird. Diese Wahrheit ist dem modernen Subjektivismus in seiner Erlebnisgier anstößig, aber gerade er bedroht das Dasein der Institutionen selbst. *Kultur* ist ihrem Wesen nach ein über Jahrhunderte gehendes Herausarbeiten von hohen Gedanken und Entscheidungen, aber auch ein Umgießen dieser Inhalte zu festen Formen, so daß sie jetzt, gleichgültig gegen die geringe Kapazität der kleinen Seelen, weitergereicht werden können, um nicht nur die Zeit, sondern auch die Menschen zu überstehen. Über lange Zeiten und große Zahlen hin können gerade die hohen und verdichteten Inhalte nur in den Formalismus eingewickelt überleben: Forms are the food of faith, und es finden sich schon wieder Geister, die ihre mögliche Ergiebigkeit entwickeln. Natürlich muß auch das religiöse Verhalten zum großen Teil auf derart stabilisierten Gewohnheiten ruhen, wenn es nicht zum tatenlosen Vorbehalt werden soll. Wenn die am opus operatum orientierte Disziplin der gelernten Arbeiter und der beruflichen Körperschaften zerfällt, der Juristen, Gelehrten, Beamten, der Regierungen und Kirchen, wenn das Ideologische und Humanitäre sich verselbständigt und diese Formen von außen her aufweicht, dann ist die Kultur am Ende, dann beginnt man das, was nicht mehr in Form ist, zu »gestalten«.

Hier liegt der gesamte Unterbau an Stabilität und Kontinuität, auf den alles ankommt, und dasselbe gilt für primitive Verhältnisse. Die allverbreitet gewesenen magischen Praktiken machen meist den Eindruck trockener Arbeitsgänge, und grundsätzlich wurden selbst die Ausbrüche aus dem allmächtigen Zwang der Regulationen, die

Triebenthemmungen, Orgien und Ekstasen auf Formen gezogen und ritualisiert.

Unter diesem Gesichtspunkt läßt sich verstehen, daß es sehr verschiedene Wurzeln von Sollenssituationen und Verpflichtungsgeltungen gibt. Schon die bloße Präzision und Geformtheit einer Sache oder eines Verhaltens im sozialen Umfeld läßt diesen Inhalten die Qualität eines Imperativs zuwachsen. In einem hochstilisierten Barocksaal bewegt sich niemand unbefangen; seinerzeit war dieser Stil auf ebenso barocke Verhaltensformen abgestimmt, die jetzt verschwunden sind, aber die Sollsuggestion ist geblieben – sie setzt sich in Gehemmtheit um, die modernen Besucher stecken die Hände in die Hosentaschen.

6. Handlungen

Noch näherliegende Beispiele für solche Sollsuggestionen lassen sich überall finden. Die Artikulationen der vorgesprochenen Worte werden vom Kinde als Sollgeltungen aufgefaßt, von denen man nicht abweichen darf. Ein dilettantisches Hantieren mit Werkzeugen oder Bildungsmaterien wird unabhängig von der Frage des Mißerfolges als anstößig empfunden, weil die Vereigenschaftungen der Sachen selbst vorschreiben, wie man mit ihnen umgehen »soll«.

Die Handlungsform einer Gewohnheit als erlebter, wirklicher Verlauf kann am besten beschrieben werden, wenn man die geläufigen Trennungen von »Subjekt« und »Objekt«, von »physisch« und »psychisch« gar nicht verwendet. Wir wollen, um dies klar zu machen, deshalb vorübergehend ein Kunstwort einführen: ein »Tatsachenverhalt« sei die Beziehung eindeutiger Handlungen zu eindeutigen Gegenständen, als ganzer Komplex verstanden. Wenn jemand mit dem Schlüssel an einem Schloß herumprobiert, so schiebt sich in die Serie seiner Handlungsveränderungen laufend eine Serie reagierender Sachvorgänge und -hemmungen ein, und die Teilphasen der einen Serie antworten jeweils auf die der anderen. Dabei schwebt der Entwurf des stimmenden Verlaufes des Ganzen jeweils als »Sollform« vor, er führt jeweils die Handlungsansätze, die auf ihn bezogen bleiben. Der ganze Prozeß ist im Vollzuge verselbständigt, trotzdem es hier um ein sehr nahe zweckbestimmtes Handeln geht.

Im Alltagsleben fällt daher die Motivbildung unseres Verhaltens größtenteils aus dem inneren Felde der Bedürfnisspannungen, Motivkonflikte und »Entscheidungen« heraus ins Äußere. Die ungemeine Entlastungswirkung ist offensichtlich: unsere Motivationen sind angelehnt an die Gleichförmigkeiten der Außenwelt, unser Handeln von daher gesteuert. Bürger-Prinz (Motiv und Motivation, 1950, p. 21) spricht hier in exakter Beschreibung von einer »Verlagerung der Antriebsmomente in den Gegenstand«. Damit ist zugleich gesagt, daß Tiefenentscheidungen, bei denen es um mehr geht, als um die Abschätzung von Vordringlichkeiten, im menschlichen Leben selten sind.

Die Bedeutung des Phänomens der »Verlagerung der Antriebsmomente in den Gegenstand« geht weit über die Gewohnheitsbildung hinaus. Im Grunde handelt es sich ja um die Wiederherstellung des fundamentalen Verhältnisses von Instinkt und Auslöser auf der höheren Ebene der willkürlichen, erlernbaren, aber zu stabilisierenden Verhaltensformen. Das »Nachaußenlegen« höherer, komplexer Interessen, die Herstellung eines sichtbaren Gegenhaltes ist eine kulturell kapitale Form der *Motivbewahrung*. Der Sinn eines »Denkmals« z. B. ist ursprünglich keineswegs der, daß dieser oder jener eine subjektive Erinnerung produzieren soll. Das sichtbare Denkmal ist vielmehr die urtümliche Form, wie gemeinsame Handlungen oder Entscheidungen im Zustande des Vollzugsansatzes auf Dauer gestellt werden. So wird der Bund zwischen Laban und Jakob (1. Mose 31, 43f.) so besiegelt, daß ein Steinhaufen errichtet wird, auf dem man ißt. Die Mahlzeit ist der Ritus der Verbrüderung, aber der Steinhaufen soll diese Verbrüderung zugleich öffentlich kenntlich machen und in der Spannung festhalten.

Ein großer Reiz des Studiums primitiver Kulturen liegt darin, ihre plastische Kraft und innere Wahrheit zu erkennen, der Reiz ist ein moralischer. Nichts lag ihnen ferner, als handlungslose Gesinnungen durch oratorischen Aufwand glaubhaft zu machen. Die entscheidenden Motive werden sofort in Handlungen übersetzt, diese Handlungen in der wirklichen, sinnlichen Gestaltung von Tatsachen erkennbar gemacht und von diesen Tatsachen her durchgehalten. Es gibt eben keine unsinnlichen, abstrakten Institutionen, das gegenseitige Verhalten wird, sofern es sich auf Dauer einspielen muß, durchaus über Außenstabilisatoren gelenkt. Wenn die Initiation z.B. den jungen Menschen in einem scharf betonten Übergang aus der engen Familie herausbricht und in einen neuen Verband einteilt, etwa eine Altersklasse, so erhält er einen neuen Namen, andere Kleidungs- und Schmuckstücke, eine neue Haartracht, Tätowierungen – was immer; neue, definierte Verhaltensformen werden ihm freigegeben, die alten tabuiert. Die Einstellung der Anderen, Jüngerer und Älterer, orientiert sich an diesen sichtbaren Emblemen, ihr Verhalten wird von daher in den tradierten Formen an der Aktualitätsschwelle stabi-lisiert. Das ist *Status*. Jedes Würdegefühl, jede Bindung an eine Vorstellung von sich selbst hängt davon ab. Die noch intakte große Autorität der Richter und Ärzte beruht sehr wesentlich auf ihrer Amtstracht. Forms are the food of faith.

An dieser Stelle wird es sich empfehlen, eine Einschaltung erkenntnistheoretischer Art über die Handlung folgen zu lassen, um unser Verfahren zu rechtfertigen.

In dem völlig unproblematischen Erlebnis des Vollzuges einer Handlung ist jede Reflexion ausgehängt, man kann nicht gleichzeitig handeln und reflektieren, sondern nur sein Handeln anschauen. Die Handlungen Anderer versteht man ursprünglich und noch in früher Kindheit durch Nachvollzug, durch ein reales oder phantasiemäßiges Sichversetzen in dessen Verhalten, man versteht sie in der Folge abgeleitet und funktionalisiert mit Hilfe der Sprache, die dafür Verben zur Verfügung stellt. Im Erlebnis des Vollzuges selbst sind innere oder äußere Motive dynamisch »darin«, werden als Inhalte der Gesamtsituation erlebt, die Motivbildung ist schon die Initialphase der Handlung. Diese Aktivität fühlt sich als frei, d.h. die Situation genügt sich selbst, und nichts in ihr weist auf Bestandstücke hin, die nicht in ihr zur Geltung kämen.

Man kann nun zweitens Handlungen objektiv und analytisch, also in der Ebene der Außenvorgänge untersuchen. Dann aber verschwindet die Handlung unrettbar. Man denkt nämlich dann notwendig an Beziehungen von Prozessen und Dingen, die im Verhältnis von Ursache und Wirkung stehen. Wenn wir z.B. die tierische Instinkthandlung beschreiben, dann reden wir etwa von innerer Reizakkumulation, vom Hinzukommen eines »Auslösers«, von einer Enthemmungswirkung desselben, einem jetzt ablaufenden angeborenen motorischen Mechanismus, von dazwischen geschalteten Orientierungs-Taxien usw. Durch alle diese völlig korrekten Begriffe fällt die

Handlung wie durch ein Sieb hindurch. Ebenso, wenn man von sensorischen Reizen, sensorischen Leitungsbahnen, motorischen Zentren und Leitungsbahnen, Muskelinnervationen spricht, von Reflexen, bedingten Reflexen usw. In allen diesen denknotwendigen Begriffen werden Prozesse und Kausalitäten, Einwirkungen und Reaktionen gedacht, aber keine Handlungen.

Beide Ansichten stehen, in Schärfe gefaßt, beziehungslos nebeneinander. Man kann die zweite Ansicht auf sich selbst anwenden, wenn man in der Reflexion, also solange man nicht handelt, sagt, das eigene vergangene Handeln sei ein Reflexketten-Mechanismus gewesen. Im Handeln selbst kann man sich das nicht sagen, dann würde die Handlung gestört. In diesem Sinne ist der Satz von W. Grebe (Der tätige Mensch, 1937, p. 89) tief und richtig, daß vergegenständlichtes Tun dasselbe ist wie vergangenes Tun. In diesen Zusammenhang gehört die feine Bemerkung Hofstätters (Einführung in die Sozialpsychologie, 1954, p. 123), daß im gegenwartsnahen Theater die Konfliktstoffe der Gegenwart zur Vergangenheit werden.

Die populäre Rede findet einen Kompromiß, indem sie die erlebte Situation in Ursache und Wirkung aufteilt. Man sagt dann, das Motiv »bewirke« die Handlung, oder Gefühle, Antriebe usw. »wirken sich im Handeln aus«. Dies genügt zur Verständigung, ist aber inkorrekt. Denn das Bedürfnis, der Antrieb, die Motivüberlegung als *vollzogene* Impulse oder Akte (nicht als gedachte) sind schon Initialstadien des Handelns selbst.

Aus diesem Sachverhalt folgt zunächst, daß das Problem der Willensfreiheit rational-analytisch unlösbar ist. Im Grunde wird nämlich dabei gefragt, ob es überhaupt Handeln gibt oder nicht. Nachdem eine vollständig sachkausal determinierte Reaktion denkbar geworden war, entstand das Bedürfnis, die erlebbare Handlung selbst *in dieser Ebene* zu denken, und das ist, wie eben gezeigt wurde, unmöglich. Denkt man das Problem in der Objektebene durch, so findet man nur Ursachen und Wirkungen, wogegen sich eine andere Erfahrung sträubt, die man wieder mit jenen Begriffen nicht denken kann. Das Problem führte schon bei Epikur zur Einsicht in eine Antinomie und bei ihm zur Aufhebung des Satzes vom Widerspruch, indem er sagte, der Satz »ich werde heute schreiben« könne gestern weder wahr noch falsch gewesen sein (dazu Leibniz, Theodizee § 169f.; Bayle, Dict. Art. Epikur lit. T.). Eine ähnliche Paradoxie ergibt sich übrigens in der Psychologie im Verhältnis des vorgestellten (objektivierten) Seelenlebens zum gelebten. Jede Leidenschaft schwemmt die Modelle der Selbstinterpretation hinweg, die die Psychologie zur Verfügung stellt.

Für unsere Zwecke folgt einiges andere. Einmal wollen wir am Phänomen bleiben und sind daher genötigt, in unserer Beschreibung zwischen den Bestandteilen der Handlung hin- und herzugehen, sie einmal von dem aus eingrenzend, was in der Sachebene geschieht, dann wieder von den Interessen, Bedürfnissen und Motiven her argumentierend, deren Orientierung an den Sachumständen ja gerade ein anthropologisches Problem ersten Ranges ist, das wir nicht aus den Augen verlieren dürfen. Das orientierte Bedürfnis ist aber seinerseits wieder ein Rückstand von Handlungen. Bei dieser Sachlage bleibt kaum etwas anderes übrig, als mit Pareto gelegentlich im Zirkel zu beschreiben, der (Traité de sociologie générale, Bd. 1, 1917, § 1013, 1014) darauf hinweist, daß das »Residuum«, d.h. ein umschriebener Bedürfniskomplex, aus der Permanenz gewisser Tatsachen, Umstände und Handlungen folgt, und seinerseits diese Tatsachen stabilisiert: »En réalité, les faits renforcent les résidus et les résidus renforcent les faits.«

Wir haben noch einen besonderen Grund, die Handlung in ihrer Einheit, also vom Antrieb oder Motiv über das Verhalten zum Gegenstand, als stabiles Element einzusetzen und dieses Ganze unter den Begriff der »verselbständigten Gewohnheiten« zu fassen, nämlich den, daß gerade sie die Elemente der Institutionen sind, die sich als Beziehungsnetze solcher Gewohnheiten ebenfalls verselbständigen. Gerade hier liegt, wie sich zeigen wird, die Chance unmittelbar erlebbarer Freiheit, nämlich in dem Motivzuwachs, der Motivanreicherung und Sachanreicherung, die sich unter dieser Voraussetzung der »Entlastung durch Stabilität« erst herstellen. Dies kommt natürlich auf den alten Satz heraus, daß man nur im Rahmen seiner Pflicht frei werden kann, aber gerade das lohnt sich zu wiederholen, wenn überall in Erscheinung tritt: das arbiträr Subjektive, das sei die Freiheit.

Dann zeigt sich schließlich, daß es noch eine dritte Form gibt, die Handlung zu denken: den Imperativ. Der Imperativ formuliert Sitten, Rechtsvorschriften, ethische Gebote, praktische Sachanweisungen usw. – d.h. er setzt immer eine Instanz voraus, die zu Anweisungen berechtigt ist, letzten Endes also Institutionen, die solche Instanzen definieren. Weiter ist ein Imperativ nur als ausgesagter vorstellbar, er ist selbst eine Handlung und er setzt sich in Handlungen fort, indem er sie auslöst. Endlich ist nur etwas, das dauernd gelten soll, oder unter typischen Umständen, Inhalt eines Imperativs. Daraus folgt, daß der Imperativ die einzige Form ist, eine Handlung zu denken, die von dieser selbst gefordert wird, wenn sie bei sich *bleiben* will.

7. Handeln als Selbstzweck

Ein rationales, einen Zweck anstrebendes Handeln kann in einer charakteristischen Weise eine Sinnänderung erfahren, indem es nämlich zum *Selbstzweck* wird oder, nach einer oben gebrauchten Formel, zum »Selbstwert im Dasein« transzendiert. Damit wird es, unbeschadet seiner Tauglichkeit zum Endzweck, in sich selbst Inhalt eines Erfüllungserlebnisses, und zwar zunächst im Grade seiner Perfektionierung als »Können« und natürlich gleichzeitig im Grade der Perfektionierung des Gegenstandes, an dem sich das Können ausweist.

Man kann z. B. die Steingeräte von den primitiven altpaläolithischen Formen bis zu den sehr eleganten »Lorbeerblättern« des Solutreén (letzte Eiszeit) in eine Reihe zunehmender Vollendung ordnen und diese Reihe mit den wunderbar geschliffenen Steinwerkzeugen der Polynesier enden lassen. Aus der außerordentlichen Geduld, die dabei nötig war, kann man auf das Maß der vorschwebenden Befriedigung an dem geglückten Stück und dem eigenen Können schließen. Der »Endzweck«, die Eignung des Gerätes zum Schneiden, Spalten usw., rückt dabei in immer größere Distanz von der Arbeit am Mittel, die ihrerseits zur Verselbständigung, zur Absättigung in sich selbst strebt, und schließlich kann sogar jener Endzweck im Mittel untergehen: das sind schon die Schmuck- und Paradewaffen archaischer und neuerer Kulturen. Wir kommen so in lückenlosem Übergang vom Werkzeug zum Kunstwerk.

Dies ist möglich, weil es im Menschen einen »unbesiegbaren Impuls zu Erfahrungen gibt, die in sich selbst lustvoll sind«, und weil »die Werke der Künste Qualitäten idealisieren, die in der gewöhnlichen Erfahrung gefunden werden« (Dewey, Art as Experience, 1934, p. 6, 11).

Die Verfeinerung des Könnens, die sich in der steigenden Vollendung des Werkstückes niederschlägt, sich von ihm her wieder anreichernd, führt also dazu, daß dieser Kreisprozeß eigenwertig, sozusagen eigenauthentisch werden kann, wobei der eigentliche Zweck oder die Zweckverwendung sich herausschiebt, zur Randbedingung wird. Aber eben damit wird der Gegenstand offen für neu zuwachsende Bedeutungen oder für eine Verschiebung der ursprünglichen Zweckbestimmung: die Paradewaffe wird Herrschaftssymbol.

Hier liegt eine ursprüngliche Wurzel der Kunst im Erfüllungswert der sinnlichen, aber motivschöpferischen Werktätigkeit selbst. »Es gibt keine Grenze in der Kapazität der unmittelbaren sinnlichen Erfahrung, in sich selbst Bedeutungen und Werte hineinzunehmen, die abstrakt gesehen als ›ideell‹ oder ›geistig‹ bezeichnet werden würden« (Dewey, p. 29). Im durchdachten, arbeitsteiligen industriellen Fertigungsprozeß gibt es natürlich keine Möglichkeit, das Mittelhandeln zum Selbstzweck auszubauen, es gibt wenig »experiences enjoyable in themselves«, und schon hieraus läßt sich das sozialpsychologische Merkmal der Industriegesellschaft verstehen, die aus dem Arbeitsprozeß hinausverlegten Erfüllungserlebnisse von der Zukunft zu erwarten, sie aber zugleich vorwegnehmen zu wollen.

Auch in die intellektuelle Arbeit gehen die beschriebenen Erscheinungen ein. Der Gelehrte, sagt Guilleaume (La Formation des Habitudes, 1947, p. 147f.), stellt sich Probleme, um das Vergnügen zu haben, die Lösungen zu suchen und zu finden. Nun ist leider bloß der Erwerb, nicht der Besitz von Wissen lustbetont und belebend. Das Bekannte kann die Freuden der Entdeckung nicht wieder verschaffen. Die ungemeine Schnelligkeit und Breite der Entwicklung der Wissenschaften, sobald einmal Maßstäbe gültiger Lösungen feststanden, muß hiermit zusammenhängen. Entsprechend ist die Frage nach ihrem Nutzen nie zureichend zu beantworten: von konkreten Bedürfnissen ausgegangen, verselbständigen sie sich und transzendieren zum Selbstwert im Dasein – dabei, nach oben gegebenem Beispiel, sich heterogener Zwecksetzung darbietend.

Die Interessen und Gefühle der Menschen, die auf dem direkten Wege zum Zweck liegen, werden durch den beschriebenen Vorgang der »Verselbständigung des Mittelhandelns« in den Hintergrund gerückt, und in den »Hiatus« treten neuartige, andere Motive. Indem die im Werkstück angedeuteten Qualitäten herausgearbeitet werden, geht etwa ein Formdetail in ein Ornament, eine Figur über, die aus ganz anderen Zusammenhängen heraus gefühlsnahe sind – dies war im vorindustriellen Handwerk durchaus die Regel.

De Maday (La Psychologie des Mobiles, Fondement de la Methode Sociologique, in: Verhandlungsberichte des 14. Int. Kongr. f. Soziologie, Bd. III, 1951) hat den hier gemeinten Vorgang als »passage des moyens aux buts« beschrieben (p. 535), er gibt als Beispiele ebenfalls »l'amour du métier«, die »Schönheit des menschlichen Werks« und die »Befriedigung, die durch das Gelingen und das Vergnügen der wissenschaftlichen Arbeit verursacht wird«. Howard P. Becker (Gegenwartsprobleme der Soziologie, Festschr. f. A. Vierkandt, 1949) kommt in dem Aufsatz »Werte als Werkzeuge« auf dasselbe Problem: »Bräuche, die ehemals einen streng utilitaristischen Charakter trugen, werden zur Höhe von Zeremonien und Ritualien erhoben.«

Wir haben unser Beispiel an der Vollendbarkeit eines bearbeiteten Werkzeuges entwickelt, aber es ist stellvertretend für jedes an irgendeinem Sachthema sich entäußernde Können in jedem Bereiche menschlichen Handelns. Doch ist die Habitualisierung eigenstabilen Verhaltens immer die Voraussetzung. Gerade um dies in den Griff zu bekommen, haben wir oben die Gewohnheit, vom definierten Bedürfnis zur definierten Sache laufend, herauspräpariert. Sie kann sich, wie wir jetzt sehen, gegenüber der ursprünglichen Zweckbindung soweit verselbständigen, daß der Bedürfnisdruck oder das Primärinteresse überhaupt in den Hintergrund tritt. Das jetzt *entlastete* Verhalten gibt Raum für eine Fülle zusätzlicher Motive, die sich in ihm bewegen können, die es in eigener Ebene anreichern und künftig das auf höherer Ebene habitualisierte Verhalten ihrerseits auf dem Rücken tragen.

Um diesen sehr wichtigen Sachverhalt auf Kategorien zu bringen, muß man ihn als *Trennung des Motivs vom Zweck* formulieren.

Die Motive, welche subjektiv bei einer Handlungsreihe vorschweben, können mit dem Zweck des Verhaltens zusammenfallen, so bei den rein rationalen Zweckhandlungen, wenn man z. B. rauchen will und Zigarren kauft. So auch bei echten Instinkthandlungen, wo die »consummatory action« zugleich Motiv und nächster Zweck ist.

In anderen Verhaltensarten treten Motiv und Zweck auseinander, wenigstens virtuell. So nämlich bei allen eigenauthentisch gewordenen Handlungskreisen, bei denen es gleichgültig ist, ob man sie von der beherrschten Sache, von dem spezialisierten Handeln oder von dem Motiv- und Gesinnungskomplex her ansieht: das Gesamtgefüge kann sich sehr weit, im Grenzfall völlig, von der ursprünglichen Zweckbeziehung und den ursprünglichen Bedürfnissen trennen, die es aufbauten. Diese Einsicht ist anthropologisch sehr wichtig, wie wir gleich an einigen Beispielen zeigen.

Ein selbstwertgesättigtes Handeln dieser Art, das eigenauthentisch und Eigenbedürfnis geworden ist, kann nämlich zu unmittelbaren Zwecken Anderer dienen. So in dem gedachten Fall, wenn die Glanzstücke des Kunsthandwerkes vom Herrscher zur Daseinserhöhung, zur Prestige-Prätention verwendet werden. Man sieht gleich, wie diese Kategorie der Trennung von Motiv und Zweck in das Problem der Arbeitsteilung hineinführt, auf das wir im nächsten Abschnitt kommen.

Von der Ethik ist unser Sachverhalt in klassischer Weise auf Alternativen gebracht worden. Der Utilitarismus behauptete, daß ethisches Verhalten zweckbestimmt sein müsse, daß ein letzter Nutzen dabei in Erscheinung zu treten habe, etwa das Gemeinwohl. Der entgegengesetzte Standpunkt fordert, daß sittliches Handeln »um seiner selbst willen« zu erfolgen habe. Die virtuelle Trennbarkeit des Motivs vom Zweck erscheint hier klar. Ebenso löst sich die logische Schwierigkeit auf, die darin besteht, daß man auch bei altruistischen Handlungen auf seine Kosten kommen kann: das Motiv des Verhaltens kann selbstlos sein, der Erfolg dennoch zweckmäßig für einen selbst. Anders liegt es bei den dramatischen Motivkonflikten, die in Schärfe entstehen, wenn Institutionen mit je eigenem Ethos im Menschen zusammenstoßen. Dann kann es unvermeidlich werden, das Schuldigwerden zu wählen.

Die sekundäre Zweckbesetzung von Handlungsformen, die sich die Eigenwertsättigung und den Selbstwert im Dasein errungen haben, wird in bedeutender Weise bei der Freiheit der Wissenschaften und Künste zum Problem. Das Pathos ihrer Eigengeltung wird anscheinend, soziologisch gesehen, nur in sehr differenzierten Gesellschaften und nur in deren Gleichgewichtslagen entwickelt, es ist also immer sehr prekär. Es tritt nicht auf, wenn in einer schwer beschreibbaren Weise eine Zeit und Gesellschaft das Gefühl hat, in die offenen Arme der Zukunft hineinzuleben: dann »blühen« die Künste und Wissenschaften, und die Frage ihres sozialen Nutzens wird gar nicht zum Problem, sie sind nicht in der Defensive. Es ist doch klar, daß die Formel »l'art pour l'art« erst entstehen konnte, als die Selbstverständlichkeit des Auftrages entfiel. Denn vorher hieß es: L'art pour le roi, pour l'église. Der »autonom« gewordenen Kunst wiederum bemächtigt sich der Kapitalismus.

Heute wehrt sich die Wissenschaft gegen die sekundäre Zweckbesetzung durch andere Mächte und Gewalten, und das mit Recht, sofern sie die Wirklichkeit selbst zur Aussage bringen will. Ob die belebten, reichen und freien Daseinsformen noch auf ihrer Seite liegen, ist allerdings eine andere Frage: das Pathos der Eigengeltung kann hohl klingen. Doch bietet sich auch dann eine moralisch zwingende Möglichkeit: der große, weiträumige und strenge geistige Aufwand für den kleinen Nutzen, wofür die Medizin, die Chemie täglich Beispiele bieten. Wenn es die allmächtige Zeit nicht anders zuläßt, kann es die größte Würde haben, mit Polybios (32, 16, 1–2) zu bedenken, daß die Geschichtsschreibung für jüngere Leser belehrend, für ältere unterhaltend sein solle.

8. *Arbeitsteilung, Institutionen*

Um unser schon etwas strapaziertes Beispiel mit dem Steinmesser ein letztes Mal aufzugreifen: es muß individuelle Verschiedenheiten in der Geschicklichkeit und Kunstfertigkeit stets gegeben haben. Der Gedanke wird dann zwingend, jemand Geeigneten ausschließlich mit der Herstellung solcher Geräte für alle zu beschäftigen, aber dann muß der »Spezialist« von denen, die nunmehr von dieser Arbeit entlastet sind, unterhalten werden. Spezialisten dieser Art müssen schon die Hersteller der gewaltigen Höhlenmalereien gewesen sein, wie Heichelheim annimmt (Wirtschaftsgesch. des Altertums Bd. I, 1938, p. 29). Nach Menghin (Weltgeschichte der Steinzeit, 1931, p. 199) gab es im Acheuléen regelrechte Werkstätten von Steingeräten. Aus einer der Hütten von Timonovka (Südrußland, jungpaläolithisch) stammen 25 000 Geräte, darunter 3253 Stichel (Kraft, Der Urmensch als Schöpfer, 1948, p. 173).

Die primitivste Form der Arbeitsteilung ist die geschlechtliche:

bei den Ammassalik-Eskimos geht der Mann auf die Jagd und stellt auch sein Jagdgerät selbst her, die Frauen enthäuten die Tiere, bereiten das Leder für die Kleidung, Zeltdecken und Boote und nähen die Kleider – ein Paar ist eine selbstgenügsame Einheit (Jeannette Mirsky in: M. Mead, (Kooperation and Competition among Primitive Peoples, 1937). Hochentwickelte soziale Arbeitsteilung gibt es jedoch durchaus schon in primitiven Kulturen. Ruth Benedict (Patterns of Culture, dt. Kulturen prim. Völker, 1949, p. 141) beschreibt die »internationalen« Tauschveranstaltungen in Melanesien, wo ein Volk Diorit poliert, ein anderes Kanus baut, eines erzeugt Töpferwaren, das andere Holzschnitzereien usw., und alle stehen in einem überseeischen Tauschring.

Hiermit erweitert sich unsere bisherige Betrachtung in den gesellschaftlichen Zusammenhang, und man sieht, wie die vorher unter individuellem Aspekt untersuchte Bedürfnisentlastung, Gewohnheitsbildung und Motivanreicherung des Handelns auf diesen Zusammenhang bezogen ist, wie beides sich gegenseitig voraussetzt. Bei dem einfachen Fall einer Gesellschaft, in der einige Spezialisten (Schmiede, Töpfer oder was immer) für alle produzieren, von jenen aber ernährt werden, entsteht, anthropologisch gesehen, der Zustand der gegenseitigen Bedürfnisentlastung. Das Nahrungsbedürfnis der »Spezialisten« rückt in den Zustand der »Hintergrundserfüllung«, der Gewißheit des dauernden virtuellen Erfülltseins. Ebenso bei den anderen die sehr viel indirekteren Bedürfnisse, jene Produkte zu besitzen.

Jetzt sind mehrere Kategorien zu beachten. Unter triebdynamischem Gesichtspunkt nämlich muß die stationäre Erfüllung der Bedürfnisse und die so eintretende Affektentlastung und Trivialisierung derselben, wenn sie ohne eigenes Handlungsrisiko der Erfüllung sicher sein können und daher aus dem Motivationsfeld zurücktreten, Antriebsenergie entbinden. Daher auch der erstaunliche Aufschwung der Kultur, sobald Pflanzenbau und Tierzucht den Menschen von der Nahrungssuche freisetzten, und zwar in doppelter Richtung: zur Intensivierung der inneren Mannigfaltigkeit der nunmehr sich spezialisierenden Arbeit und zur Entwicklung neuer Bedürfnisse bei Dauerabsättigung der primären. Es ist dieser Zusammenhang, den Marx in die Worte zusammenzog: »Die gesellschaftliche Teilung der Arbeit macht seine Arbeit ebenso einseitig, als seine Bedürfnisse vielseitig« (Das Kapital, I, 3).

8. Arbeitsteilung, Institutionen

Der Vorgang der Arbeitsteilung hat eine rationale äußere Zweckmäßigkeit, die sich einfach in dem Mehr an Produktion ausweist. Diese erklärt jedoch nicht das Entstehen dieses Vorganges, sondern nur die Unmöglichkeit, ihn wieder zurückzudrehen: die Entstehungsgründe einer Institution sind in der Regel sehr andere als diejenigen, warum man sie konserviert.

Die inneren, anthropologischen Motive, aus denen es zur Arbeitsteilung kommt, sind von ihrer Funktion zu unterscheiden, die sich als zweckmäßig herausstellen und aufgegriffen werden kann, wie auch Piddington (An Introduction to Social Anthropology, 1950, p. 239) vorschlägt. Hier begegnen wir wieder der Trennung von Motiv und Zweck, es ist dies eine für die gesamte Kulturtheorie deswegen grundlegende Unterscheidung, weil wir uns heute die Entstehung von Institutionen kaum anders vorstellen können, denn als rationale Vereinbarungen. Dieser Gesichtspunkt versagt aber bei jenen elementaren Institutionen, wie der Arbeitsteilung, die deshalb rätselhaft bleiben.

Anthropologisch erklärend sind die bisher beschriebenen Figuren, die wir nur aus Gründen der Deutlichkeit auseinanderziehen: das Umschlagen der Arbeit in eine eigenwertgesättigte Gewohnheitsbildung, der dann mögliche Zufluß neuer, vom Gegenstand selbst oder von der gesellschaftlichen Erfahrung angeregter Motive, die der Arbeitende übernimmt und investiert, und die Wegentwicklung dieses Verhaltens von unmittelbar nächsten Bedürfnissen. Jetzt können an diese Tätigkeit die Interessen Anderer anknüpfen, und der Arbeitende bedient diese Interessen, ein Vorgang, der in Gegenseitigkeit voraussetzt, daß die Anderen die seinen bedienen.

Das so im Kreise entstehende Produktions- und Verteilungsgefüge verselbständigt sich nun auch objektiv, als ein Prozeß, in den die Einzelnen eintreten und aus dem sie wegsterben, und es verselbständigt sich subjektiv, im Bewußtsein der Beteiligten vom Bestehen einer geltenden Ordnung. So sagt der Bauer mit einem Blick auf die Felder: die Arbeit muß getan werden. Auf die Frage »warum eigentlich?« wüßte er mit Recht keine Antwort – das ist selbstverständlich im Sinne von verselbständigt. Wenn er sagte: die Menschen müssen zu essen haben, so beschriebe er die Funktion des Gefüges, aber nicht sein eigenes Motiv. Die Gewohnheit liefert ihren eigenen Antrieb. Vielleicht antwortet er auch mit einer Theorie, z.B. der vom größten

Glück der größten Zahl, die aber niemals das leisten würde, ihn zum Arbeiten zu veranlassen.

Zur Beschreibung jeder Institution, nicht nur der wirtschaftenden, brauchen wir die oben, am »einsamen« Werkstück entwickelten Kategorien: die Verselbständigung, Habitualisierung von Motivgruppen und Handlungsvollzügen; ihre virtuelle Zweckverlagerung durch neu hinzutretende Zwecke; der stationäre Erfüllungszustand primärer Bedürfnisse, die aus dem Motivationsfeld herausrücken; die Verlagerung der Antriebsmomente in den Gegenstand des Verhaltens und die von ihm ausgehende Appell- oder Sollfunktion – alles das sind Momente, die auch in nichtökonomischen Institutionen aufzeigbar sind.

Ein arbeitsgeteilter Betrieb kann seiner Entstehung nach oft aus den rationalen Zwecken der Einzelnen erklärt werden, etwa aus dem Interesse der Aktionäre am Gewinn durch die Auswertung eines neuartigen Verfahrens; auch die Mitarbeit der Beamten, Arbeiter und Angestellten aus dem primären Interesse an ihrem Lebensunterhalt. Die ganze laufende Organisation aber schlägt dann um in diejenige selbstzweckhafte Eigengesetzlichkeit, die das Wort »Betrieb« meint. Er gerät im Zuge des Funktionierens in Berührung mit unvorhersehbaren Serien objektiver Daten, die er nur so koordinieren kann, daß er sie auf sich selbst und sein eigenes dauerndes Dasein bezieht, daß er sich also als Selbstzweck setzt. Man muß dann die Verhaltensweisen und Interessen der im Betriebe Beschäftigten zum großen Teil aus dieser Eigengesetzlichkeit ableiten, wie bei jeder Institution. Denn das ganze laufende System ist objektiv, aber auch im Bewußtsein der Beteiligten ein überpersönliches Gefüge, das seinerseits die Einstellungen und Verhaltensweisen der Beteiligten als Sollgeltung bestimmt, diese Einstellungen habitualisiert und von außen abstützt, an der Initialschwelle hält. Deshalb ist das »Erwerbsstreben«, wie schon Max Weber betonte, gar kein psychologischer Begriff und kein selbständiger psychischer Antrieb, sondern eine den Verantwortlichen aufgenötigte Einstellung, wenn sie für das Überleben eines Betriebes unter Konkurrenzbedingungen zu sorgen haben. Ähnlich rückt bei allen Angehörigen der ursprüngliche Zweck der Arbeit, der Lebensunterhalt, zur Randbedingung heraus, zu einer unbewußt-selbstverständlichen Voraussetzung, er scheidet aus den auffindbaren Motivationen des Verhaltens im konkreten gegenseitigen Arbeitszusammenhang aus. Diese sind vielmehr in den Arbeitsvorgängen selbst und ihren sachlichen Zuordnungen zu suchen. Die ganze laufende und gut funktionierende Organisation hat einen »Selbstwert im Dasein« erreicht, sie bestimmt ihrerseits die Einstellungen und Handlungsweisen der darin Tätigen, und zwar in Hinsicht ihrer Verpflichtung unter diese Eigengesetzlichkeit an konkreter Stelle, also auch moralisch. Dann kommt es zu dem, was T. Parsons (The Structure of Social Action, 1937, p. 163) die »uninteressierte Hingabe an den technischen Prozeß der ökonomischen Produktion um ihrer selbst willen« nannte. Sombart (Kapitalismus Bd. III, 1927, p. 35) erwähnte ebenfalls die »Verselbständigung des Betriebes«, der »den lebendigen Menschen in seinen Bann zwingt und mit fortreißt« – ohne aber zu sehen, daß hier ein *allen* Institutionen eigenes Merkmal nur zu besonderer Schärfe profiliert ist. Sie alle sind, in irgendeinem Grade, »selfsustaining by virtue of its compulsive power over individuals« (Parsons, p. 510). Vom Staat und vom Recht gilt dasselbe. Und sogar, uns sehr fern liegend, von den scharf definierten, unbeugsamen Institutionen der Ehe-Zuordnung bei so vielen Primitiven. Ein Mythos der Andamaner beschreibt das Paradies des künftigen Lebens: Es ist eine Wiederholung des irdischen Lebens, aber alle Menschen bleiben jung, Krankheit und Tod sind unbekannt, niemand wird sich verheiraten und niemand in die Ehe gegeben (Lévi-Strauss, Les structures elémentaires de la parenté, 1949, p. 567): ein Leben ohne »compulsive power«.

Aber auch die rationalsten Institutionen zeigen, über lange Zeiten betrachtet, einen unaufhaltsamen Vorgang der Zwecktransformation. Ein großes Industriewerk kann sich genötigt sehen, eigene innenpolitische und sogar außenpolitische Konzeptionen zu entwickeln; die Rentabilität, früher im Mittelpunkt der Zwecksetzung, kann sich dabei zur Grenzbedingung für ganz neue Zielsetzungen verschieben und die Motive, weshalb Rentabilität erstrebt wird, können sich verlagern. Es gibt heute Industriewerke mit so großzügigen »freiwilligen« Sozialleistungen, daß eine neue, bewußte Tendenz zum autonomen Gesamt-Wohlstandskörper deutlich greifbar wird. Auch kann ein unrentabel gewordenes Unternehmen, mit öffentlichen Mitteln unterstützt, deshalb weiteroperieren, um die Arbeiter in Beschäftigung zu halten.

Wir sagten oben, daß keineswegs alle Institutionen einem rationalen, zweckbewußten Handeln ihre Entstehung verdanken, obgleich sie Zwecke adoptieren können. Regierungssysteme werden zwar heute sehr bewußt unter Einrechnung gemachter Erfahrungen konstruiert. Andererseits ist es ein Fehler, wenn man Institutionen, die früher einmal als Interessenverbände mit klar definierten, rationalen Absichten gegründet wurden, dauernd unter demselben ausschließlichen Gesichtspunkt ansieht. Infolge ihres Umschlagens in die Eigengesetzlichkeit und Eigenwertsättigung kann der ursprüngliche Zweck längst zur Randbedingung geworden sein, das System sich für ganz neue Motivreihen geöffnet haben. Dies gilt für viele Verbände z. B. infolge der ihnen inzwischen zugewachsenen Größe, der akkumulierten Sachkontakte und des wachsenden Grades ihrer Kontrolle über die Zugehörigen, ihrer »Machtdichte« (B. Russell) – so beim Staate selbst, dem die unglaubliche Vielheit der entwickelten Folgefunktionen sich längst als Bedingung seines eigenen Daseins unter die Füße geschoben hat. Die Frage nach dem Zweck oder »Wesen« des Staates ist daher nur noch ideologisch zu beantworten.

Wir sprachen oben davon, daß man die Verhaltensweisen und Interessen der Menschen zum großen Teil aus der Eigengesetzlichkeit der Institutionen ableiten muß, in denen sie verfaßt sind. Diese je ganz konkreten Einstellungen, Gesinnungen, Handlungsarten und Sachbereiche werden jeweils von innen und außen her als verpflichtend erlebt, und dies ist eine Funktion der Institution selbst. Wichtig ist hier der Grenzfall, daß sogar die *Primärbedürfnisse* in den Dienst derselben treten: Man ißt und trinkt, schläft, und sorgt für seine Gesundheit, *um* in einem bestimmten Sinne handlungsfähig zu bleiben. Die Trennung von Motiv und Zweck geht dann so weit, daß der primäre Zweck (die Bedürfnisbefriedigung erster Hand) selbst zu einem der Mittel wird, deren sich das Handeln bedient, das am Dasein und an der Dauer der Institution sein Motiv findet.

9. *Institutionen. Auswirkung nach innen*

Um einmal einen Fall einer nichtökonomischen Institution zu durchdenken, wollen wir das Gruppenspiel wählen. In dem sehr bedeutenden Buche »Mind, Self and Society« (1947) hat G. H. Mead gezeigt, daß ein Gruppenspiel, vom Verhalten aus analysiert, eine »Serie von

Antworten« ist, so organisiert, daß das Verhalten eines jeden Spielers jeweils darauf bezogene Handlungen Anderer hervorruft. Man kann von der Seite der Partner wie der Gegner bestimmte Antworten erwarten und verlangen, und jeder rechnet jeweils in sein Handeln die virtuellen Antworten der Anderen schon hinein, die ihrerseits in derselben Art reagieren. Das ganze Gruppenspiel (game) ist ein System aufeinander bezogener, an einer bestimmten Aufgabe orientierter Handlungen, wobei jede derselben sich auf die vorweggenommenen Antworten definierter Anderer schon einstellt. Dieses geordnete System möglicher Reaktionen von Partnern und Gegnern wird in Form der »Spielregeln« abgehoben. Sie sind es, die das Netz von Möglichkeiten des Verhaltens organisieren, und innerhalb dieses Netzes wird die freie Ausnützung der Zufälle erst reizvoll. Die Einhaltung der Regeln untersteht beim Fußball, Tennis usw. einer besonderen »Rechtsprechung« des Schiedsrichters, gegen den es keinen Appell geben darf.

Jedes Spiel geht um eine Sache, die allerdings innerhalb aller anderen Zusammenhänge gleichgültig wäre, z. B. darum, einen Ball über die Torlinie zu schieben. Dieser Sachverhalt ist zu realisieren, und jedes Verhalten, das nicht im Hinblick auf ihn zweckmäßig ist, wird verworfen. Andererseits darf der Sachverhalt nicht mit allen Mitteln erreicht werden, sondern nur innerhalb gegenseitig festgelegter Verhaltensformen. Die Sollgeltung der Regeln bezieht ihre Kraft aus beiden Quellen: von der Sache her, und von der Rücksicht auf die Mitwirkung und Gegenwirkung der Anderen. Insofern ist das Spiel ein »Kleinmodell institutionalisierter gesellschaftlicher Kooperation zu Zwecken überhaupt, nur daß sich Affekte und Fähigkeiten ausleben können, die beim »Ernst der Arbeit« unter Hemmung gesetzt sind. Mead betont mit Recht, daß für die Entwicklung der Kinder in einem gewissen Alter Gruppenspiele wichtiger sind, als ihr Leben in der eigenen Familie. Für ihr Bewußtsein sind dabei die Regeln geradezu die Hauptsache: sie können beliebig sein, sind sie aber paktiert, so gelten sie unverbrüchlich. Es ist die »Gruppendisziplin zu Zwecken überhaupt«, die von spielenden Kindern geradezu triebhaft erstrebt wird.

Während des Spieles schlägt die ganze Struktur im vollen Sinne zum Selbstzweck um, die Institution erreicht einen hohen Grad von Eigenwertsättigung, und diese ist ganz unabtrennbar von dem Normgehalt, der Regelbestimmtheit, die dem Verhalten zuwächst. Und gerade weil die Institution sich zum Selbstzweck heraushebt, kann die »Trennung von Motiv und Zweck« eintreten; die allerverschiedensten Motive finden jetzt den Spielraum ihrer Entfaltung: Bewegungsfreude, Kampflust, Prestigeinteressen, Geselligkeit usw. können sich ausleben.

Das Beispiel ist sogar soweit ergiebig, daß man die Zwecktransformation von Institutionen aufzeigen kann. Gewisse Spiele werden zu Massenaufführungen, zu nationalen Demonstrationen mit Fahnen, zu großen kommerziellen Unternehmungen und Profitchancen oder zu echten soziologischen Bedürfnissen der Industriegesellschaft, weil die Freizeit konsumiert werden muß. Der ursprüngliche, menschlich tief begründete Reiz eines gegenseitigen Verhaltens, das an irgendeiner Sachaufgabe in die Sollfigur umschlägt, ohne doch Arbeit zu sein, wird zur Randbedingung. Zugleich hört notwendig dann die Fähigkeit zum Erfinden neuer Spiele auf.

Die Untersuchung der Sinntransformation von Institutionen ist auch in Richtung auf die Vergangenheit hin ergiebig. Um bei Spielen zu bleiben: die Choctaw-Indianer (Mississippi) kannten ein Ballspiel Toli, von großen Mannschaften gegeneinander gespielt, wobei jeder Mann zwei Racketts hatte, mit Toren aus Pfählen. Bossu beschrieb es bereits 1768 (vgl. Swanton, Source Material for the Social and Ceremonial Life of the Choctaw Indians, Bureau of Amer. Ethnol., Bulletin 103, 1931) – es war damals schon weitgehend säkularisierter »Sport«. Einen anderen, selbst wieder komplexen und älteren Sinngehalt zeigen aber Einzelheiten an: die Spieler waren mit Pferdeschweif und -mähne geschmückt, die »prophets« (Schamanen) ließen durch Spiegel die Sonnenstrahlen auf diese Spieler fallen. Auf einen Sonnenritus weisen auch ausgedehnte Zeremonien in der Nacht vor dem Spiel hin, das Pferd mag hier, wie mythologisch oft, ein Sonnentier gewesen sein, vielleicht war der Ball die Sonne.

Noch eine sehr andere Motivgruppe muß ursprünglich mitgewirkt haben. Die Choctaw waren nämlich, wie sehr viele primitive Völker über alle Erdteile hin, sozial in Hälften (moieties) organisiert, die voneinander die Frauen nahmen (Exogamie), und alle Untergruppen waren auf diese Hälften aufgeteilt. Diese Hälften wirkten, wie die Ethnologie zeigt, sehr oft in dem Sinne der Kanalisierung von allen möglichen Affekten, auch von Feindschaften und Rivalitä-

9. Institutionen. Auswirkung nach innen

ten, Ranganspküchen usw. Wir wissen nun, daß bei den Choctaw die Spieler ursprünglich nach ihrer Hälftenzugehörigkeit antraten, doch gab es schon in der Berichtszeit Konfusion in der Auswahl, weil Binnenheirat eingerissen war. Die Spiele waren sehr hart (»amazing violence«) und dauerten 7 Stunden und mehr, bis zur Erschöpfung. Dieser Komplex läßt darauf schließen, daß das Spiel den Austrag von sehr akuten Konflikten zeremonialisierte und auf das sozial Tragbare ablenkte. Dann wird klar, daß es sogar dazu diente, »internationale« Streitfragen zu regeln: der Besitz eines Bibersees und eines bestimmten Territoriums, zwischen den Choctaw und den Creek strittig, wurde um 1790 in zwei Fällen so entschieden. Welcher der beiden Kom-plexe der ältere ist und den anderen in sich aufnahm, ist nicht entscheidbar. Der Sonnenritus kann in jener Form auch nicht älter gewesen sein als der Import von Pferden, der durch die Spanier erfolgte.

Wir haben dies berichtet, um eine allgemeine Einsicht abzuheben. Hofstätter (Einf. in die Sozialpsychologie, 1954, p. 121ff.) spricht von der »Zeremonialisierung« von Wettkampfsituationen, aus denen die ursprünglichen Konfliktmassen sozusagen abgezogen sind, die aber in der institutionalisierten Form des »typischen Gegensatzes« überdauern. Er erwartet eine Zeremonialisierung des Labor-Management-Konfliktes: die heute noch aktuellen Spannungen stammen aus einer Zeit, die noch zu wenig produzierte, um alle genügend am Genuß des Sozialproduktes zu beteiligen. Kommen wir aber in eine Epoche, in der die Steigerung des Verbrauches, die Unterbringung der Überproduktion zum Problem wird, so besteht wenig Anlaß zum Fortbestehen der traditionellen Gegnerschaft. Trotzdem werden die Institutionen dauern und die Gegnerschaft zeremonialisiert festhalten, aber es ist zu erwarten, daß die Inhalte sich transformieren: statt der ursprünglich wirtschaftlichen Konflikte werden vielleicht ideologische verarbeitet werden, oder Ranganspküche.

In beiden Beispielen wirkt die Institution wie eine stilisierte, zeremonialisierte Leerform, welche die verschiedensten Rivalitätsmotive und Zwecksetzungen in sich aufnehmen kann. Institutionen jeder Art sind in hohem Grade formalisierbar, sie werden »transportabel«, so wie der Formalismus der politischen Demokratie über die halbe Welt gewandert ist, mit jedoch jeweils sehr verschiedener Inhaltsbesetzung. Sie funktionieren dann ähnlich wie Begriffe: die auch, auf keinen raumzeitlich bestimmten Individualgehalt *bezogen,* ihn nur schematisch umreißen, und eben damit auf jeden *beziehbar* sind.

Hierzu ist nun weiter zu sagen, daß die Trennung von Form und Inhalt, ohne die wir uns kaum ausdrücken könnten, nicht genügt. Die bloße Prägnanz und Geformtheit (und damit Stabilität) von Verhaltensweisen und von zugeordneten Sachlagen und Außenstützen, über die jene sich verschränken, entspricht einem ganz tiefen konstitutionellen Bedürfnis des Menschen. Wir merkten vorhin die Leidenschaft an, die Kinder für Spielregeln haben. So wandern auch zwischen den Gesellschaften und Kulturen nicht etwa nur Sachgüter von eindeutigem Nutzen. Gerade bei primitiven Gesellschaften sieht man, daß hochstilisierte Institutionen übernommen werden, mitsamt ihren Verpflichtungsgehalten. Ähnlich steht es um die parlamentarischen Riten bei gewissen Entwicklungsvölkern. Dies gilt für Kulte jeder Art, aber besonders auch, für uns reichlich paradox, für »Sozialfiguren«, nämlich streng obligatorische, scharf definierte *Formen* der Verwandtschaftszurechnung, die große Konsequenzen haben, z.B. »orthodoxe« Heiraten definieren. So haben die Nangiomeri (Australien) erst vor wenigen Jahren von südlichen Nachbarn ein kompliziertes System mit matrilinealen (über die Frauenseite vererblichen) Untersektionen und einer neuen Eheform mit der Tochter des Schwestersohnes (!) übernommen (Lévi-Strauss, a.a.O., p. 225).

Man kann hier, wie gesagt, Form und Inhalt nicht mehr trennen, der Inhalt ist selbst formal, wie beim Begriff. Es ist wichtig zu sehen, daß dies sogar für die eigene subjektive Erlebniswelt gilt. Auf das Innenleben gesehen ist nämlich kein Bild falscher, als das von dem »ständig sich wandelnden Bewußtseinsstrom«. Im Verhältnis der *Inhalte* unseres Innenlebens, der Gedanken, Gefühle, Interessen, Vorstellungen usw. zueinander, kehrt nämlich das Verhältnis von Form und Inhalt wieder, und zwar in dem Sinne, daß gewisse stehende Inhalte stereotypisieren, aber gerade dann die Fähigkeit haben, andere zu- und abfließende zu organisieren. Sie wirken dann sehr mannigfaltig als Gravitationszentren, Wegweiser, Hemmungen, Koordinatoren – also formgebend. Gerade auch Gefühle können in dieser Weise schablonisieren und werden dann erst in einem stabilen Sinne eigenqualitativ. Diese Wahrheiten sind der modernen Erlebnisgier, die auf Wechsel der Inhalte geht, sehr anstößig, aber sie gelten bis in die höchsten Bereiche des Geistes. Hier sind Ideen, um in einem Vergleich zu sprechen, sozusagen die Institutionen des Gedankenvolkes, das nur in ihrem Rahmen produktiv wird. Aber sie sind selbst, schon durch ihre Bindung an das Wort, schematisiert, wären sonst gar nicht mitteilbar. Eben deswegen können sie die Variation der Momentanerlebnisse überdauern. Gerade die stabilen Inhalte im Seelischen sind formalisiert, sie könnten sonst nicht im Handeln festgehalten werden – im Handeln wiederum zeigt der Begriff der Gewohnheit, daß das »Was« zugleich das »Wie« ist. Und Gewohnheiten ihrerseits sind wieder auf die Institutionskörper bezogen. *Die Invarianz der Ideen und der Institutionen bedingen sich gegenseitig,*

Mit diesen Überlegungen haben wir übrigens eine Schwelle der empirischen Philosophie erreicht, über die sie nicht hinwegkann. Sie kann nämlich die letzten großen, überempirischen Gedanken nur als *Vorstellungen* denken, also als »Ideen«, und deswegen kann sie sie auch als vergangene denken, in ihrer Geschichtlichkeit.

Als eigentliche Exklusivgeltungen im Bewußtsein und Entschlossenheiten sind sie nur dem gegeben, der sie zu *Formen* seines Denkens und Handelns gemacht hat, und zwar eines korporativen Handelns, das sich in die Wirklichkeit eindrückt. »Ideen« dagegen leben von der Subjektivität der Gläubigen, man muß sich für sie entscheiden, sie verteidigen, abstützen, erhebt sich an ihnen usw., sie machen nicht den Stil des unmittelbaren Verhaltens aus.

In den überideellen Zustand tatbegründender Selbstverständlichkeit kommen die großen Gedanken nur als Inhalte von Institutionen. So liegt es auch im Wesen der Religion, für die die Institutionen nicht ein Äußeres sind. Ohne die Kirche würde die Religion »idealisiert«, d.h. subjektivistisch zerlebt und in Erlebnisumsätzen verbraucht, wie die Künste.

Für die Philosophie als einen im letzten Grunde einsamen Vorgang ist dagegen die Institutionalisierung, etwa an Hochschulen, zufällig, ihr nicht wesenseigen. Der Philosoph mit seinen Reflexionen und Vorstellungen entgeht daher dem Idealismus schwer. In der Reflexion streifen jene letzten Geltungen ihre imperativische Form ab, wie Jhering sagte, und sie schlagen sich zu Momenten des Begriffs nieder. Man hat sie also nur als Überzeugungen und Inhalte, nicht als Stil der Handlung. Wer hier einen anderen Weg weiß, der ist Sokrates und Asklepios in Einem.

10. *Innenstabilisierung des Menschen durch Institutionen*

Die von Natur her unstabilen, plastischen und variablen Bereiche erstrecken sich über die gesamte Konstitution des Menschen. Die entspezialisierten Instinkte, die lernveränderlichen Handlungen und die Sprache (einschließlich des in ihr verlaufenden Denkens) sind Beispiele solcher Sphären eines geradezu unvorstellbaren möglichen Formungsreichtums, innerhalb dessen es gilt, stabilisierte Einheiten abzugrenzen. Auf das genus humanum gesehen, macht es den großen Reiz des ethnologischen Studiums aus, sich zu überzeugen, welche Fülle von Möglichkeiten in Raum und Zeit in der Tat verwirklicht worden sind. Es gibt nichts, was es nicht gäbe – so könnte man als Ertrag sagen.

Man kann die Frage auch so stellen: wie ist es einem instinktentbundenen, dabei aber antriebsüberschüssigen, umweltbefreiten und weltoffenen Wesen möglich, sein Dasein zu stabilisieren? Darauf gibt es eine sichere negative Antwort: der Weg über das Bewußtsein, durch Lehre, Bildung oder Propaganda genügt nie. Wir haben nun deswegen unsere Analyse am Gerätegebrauch einsetzen lassen, um zu zeigen, wie ein optisch auslösbares, »selbstverständliches« und invariantes, aber doch spezialisiertes Verhalten möglich wird. In dieser Auslösbarkeit einer eindeutigen Bewegungsfigur durch einen Gestalteindruck besteht, von *außen* gesehen, kein Unterschied, ob ein Vogel kraft echt instinktiv gesteuerter Auslöser-Wahrnehmung einen Halm zum Nestbau ergreift, oder der Mensch ein Werkzeug. Dagegen ist der innere Unterschied der Kategorien ungeheuer. Um ihn zu ermessen kann man sich vorstellen, daß irgendwelche Tiere im Gegeneinander des Verhaltens die »Signale« erst herstellen, auf die sie dann instinkthaft automatisch reagieren könnten. Die Rolle aller gestalteten Produkte des Menschen – von den Geräten und Symbolen bis zu den Sozialformen – im Verhältnis zu seiner Konstitution ist aber die: daß sie sekundär den primär versagten Automatismus des Verhaltens gestatten, und damit vor allem: die eben nicht selbstverständliche Regelmäßigkeit des Verhaltens gegenüber den Dingen und gegeneinander, das zuletzt sicher und relativ voraussehbar abläuft.

Obwohl in dieser letzteren Beziehung die Institutionen die ausschlaggebenden Stabilisierungsgefüge sind, kann man am Artefakt das Gesagte schon belegen, weil die individuelle Arbeit ja nur als Stellenwert im ganzen Gefüge Dauer erreicht. Alles gesellschaftliche Handeln wird nur durch Institutionen hindurch effektiv, auf Dauer gestellt, normierbar, quasi-automatisch und voraussehbar.

Hier ist noch zweierlei zu betonen. Definierte Verhaltensbereitschaften bis zu ihrer inneren Interessen- und Wertbesetzung hin können grundsätzlich nicht ohne präzisen *Außenhalt* überdauern. Die Überlebenszeit einer Gesinnung, der die Außenstützung durch Institutionen entzogen ist, die sich also handlungslos tradieren soll, hat eine meßbare Dauer von höchstens zwei bis drei Generationen, wie das Schicksal des monarchischen Gedankens in Frankreich beweist. Umgekehrt können Institutionen, selbst von innen her leerlaufend, eine ungeheuere Lebensdauer haben, weil sie schließlich noch die abstrakte Dauer verkörpern, die selbst ein Wert ist. Plutarch erlebte den 600. Jahrestag des Totenkults der bei Plataä Gefallenen. Aber was kann die Freiheit Griechenlands für seine Zeitgenossen bedeutet haben, nachdem es längst von Makedonien verschluckt und von Flamininus auch noch »befreit« worden war?

Zweitens ist nie zu vergessen, daß die Habitualisierung des Verhaltens selbst produktiv ist, da sie die Entlastungschance für höhere, kombinationsreiche Motivationen herstellt und diese damit geradezu ermöglicht. Wir haben dies in einem Aspekt beim Übergang des »gekonnten« Werkstücks zum Kunstwerk gezeigt. Es läßt sich auch leicht einsehen, daß jede Sprache unveränderliche Symbole abgrenzt, die als Normgeltung empfunden wurden, als man sie lernte, und deren vollkommene Eingewöhnung alle Verständigung und alle freien Gedankenkombinationen begründet. Von der Sprache aus kommt man in das Gebiet normierter Sitten und Verhaltensformen überhaupt, das weit über alles hinausgeht, was sich rechtlich, religiös, praktisch usw. rechtfertigen läßt, und wo es sich im Grunde nur darum handelt, die unschätzbare Basis problemlosen Schon-verständigt-seins festzuhalten. Wenn die Basis einbricht, wie bei der Variation bloßer Sitten, macht man sich unangenehm oder lächerlich, wie analog auch derjenige, der mit einem Gerät, einer Maschine nicht sachgemäß umgeht: weil die Sache selbst Normfunktion hat, wie dort das bloße stereotype, aber erwartete Verhalten.

Die allen Institutionen wesenseigene Entlastungsfunktion von der subjektiven Motivation und von dauernden Improvisationen fallweise zu vertretender Entschlüsse ist eine der großartigsten Kultureigenschaften, denn diese Stabilisierung geht, wie man im vorigen Abschnitt sah, bis in das Herz unserer geistigen Positionen. Wenn Institutionen im Geschiebe der Zeiten in Verfall geraten, abbröckeln oder bewußt zerstört werden, fällt diese Verhaltenssicherheit dahin, man wird mit Entscheidungszumutungen gerade da überlastet, wo alles selbstverständlich sein sollte: »too much discriminative strain« – zu viel Unterscheidungs- und Entscheidungsdruck ist eine gute amerikanische Formel. Improvisierte Stellungnahmen müssen aber dennoch motiviert werden, so muß die Subjektivität versuchen, einen Halt an sich selbst zu finden – dann erhebt sie notwendig selbst den Anspruch öffentlicher Geltung. Wenn große politische und soziale Veränderungen in einer hochdifferenzierten Gesellschaft keine gemeinsame Richtung mehr haben, also sich gegenseitig bremsen, durchdringen und querschieben, wird die Verunsicherung allgemein. Man muß dann in den Kernschichten experimentieren, oder an der Gegenwart entlanggleiten und wieder tiefgewohnte Einstellungen einklammern. Das fundamentale Bedürfnis nach Grundsätzlichem und Stabilem verlagert seinen Ort und schiebt sich in das Bewußtsein vor, also in eine gerade jetzt sensibilisierte und auf hoher Alarmstufe arbeitende Sphäre. Der Versuch, den Einzelnen bloß vom Bewußtsein her, also mit ideologischen Mitteln, in Sicherheit zu setzen, wird ebenso zwingend wie hoffnungslos. Auch entstehen mehrere öffentliche Meinungen, in deren Sog schlechterdings alles geraten kann, weil unter dieser Konstellation jede Aussage als eine mögliche Handlung erscheint – in völliger Verkennung der Tatsache, daß jetzt das überbelastete Bewußtsein, die Sprache und Meinung das öffentliche Handeln zum großen Teil ersetzen müssen. Die Sensibilisierung gegenüber Gedrucktem und Gesagtem kann hohe Grade erreichen, jeder hat die Taschen voll mit Reagenzgläsern für die Worte der Anderen.

Dies ist die moderne Form der Magie, und man kann hieraus diese wichtige Kategorie belegen. Die Magie wird nicht durch Inhalte definiert, sie ist eine Form des Verhaltens: in jedem Falle die Instrumentalisierung von letzten großen, haltgebenden Prinzipien, die aus dem Zustand der Hintergrundserfüllung heraustreten und das Alltagshandeln besetzen – ein sehr tiefer Vorgang gerade aus der Verunsicherung des letzteren. Die archaischen *Inhalte* der Magie sind heutzutage nur noch als funktionslose Restbestände, als Randablagerungen der Entwicklung aufzuzeigen. Die Untersuchung von S. Blachowski (Magical Behavior of Children in Relation to School, The Am. Journal of Psychology, 50/1937) wies bei Schulkindern noch einiges derart nach, z.B. gegensinniges Denken: an einen schlechten Erfolg denken, wenn man den guten haben will. Wichtiger war das Resultat, daß sich solche Praktiken nie auf das Elternhaus beziehen, also nur auf den unsicheren Bereich. Aber das anthropologische Problem liegt weitaus tiefer: *formal* magisches Verhalten kann auch im Umkreis eines hoch rationalen Bewußtseins auftreten, es entzieht sich dann dem Bemerktwerden und hält sich, wie die archaische Magie, selbst für vernünftig und sachentsprechend. *Der Glaube an die reale Fernwirkung von Meinungen* gehört in diesem Sinne zu den magischen Beständen einer Intellektuellenkultur, ebenso wie der, daß man vom Bewußtsein her das Verhalten der Menschen stabilisieren könne. Dieser Glaube ist selbst Teilbestand einer bestimmten Bewußtseinslage, die wir hier beschreiben. Dagegen gilt, was Fr. Naumann sagte: wer Menschen bilden will, muß Korporationen schaffen. Aller Geist, der nur individualistisch wirkt, verflattert; sobald der Geist als Organisationsgeist auftritt, wird er konstruktiv.

11. *Gegenseitigkeit*

Wem die nachdrückliche Betonung der Bedeutung von Institutionen für die menschliche Natur und Kultur übertrieben erscheint, der möge bedenken, daß der soziale Zusammenhang als solcher nur in eng umschriebenen Teilbereichen instinktgestützt ist. Man kennt eine auslösernahe, ziemlich sicher funktionierende Schutz- und Pflegereaktion im Verhältnis zu kleinen Kindern, und infolge der Entdifferenzierung auch dieses Instinkts zu beliebigen Dingen, die »niedlich« sind (K. Lorenz: Die angeborenen Formen möglicher Erfahrung, in Ztsch. f. Tierpsych. 5, 1942, p. 274). Wie ebenfalls Lorenz nachgewiesen hat, sind die Grundgestalten des mimischen Gesichtsausdrucks echte Auslöser für — allerdings auf den Gefühlsstoß reduzierte — instinktive Antworten. In dem Verhältnis von Macht und Sichfügen, von Schutz und Gehorsam liegt zweifellos eine instinktive Komponente, die allerdings noch lange nicht die Stabilisierbarkeit solcher Beziehungen garantiert, und schließlich gibt es einige im Katastrophenfall eintretende instinktive Reaktionen, wie die »Winkelriedfunktion«, das Sich-in-Front-werfen vor die gefährdete Gruppe – aber auch sie, wie man weiß, nicht übermäßig zuverlässig. Das sexuelle Verhältnis der Geschlechter ist natürlich von der Zuordnung von Instinkt und Auslöser getragen, aber gerade von daher läßt sich die Institution der Ehe niemals erklären. Das sehr starke Bedürfnis, nicht allein zu sein, der »Herdentrieb«, hat die merkwürdige Eigenschaft, bloß als Entzugserscheinung, bei Vereinsamung, zur Geltung zu kommen – von sich aus entwickelt es keinerlei spezifische Verhaltensbahnen aus dem durchaus instinktiven Sichnähern an Andere, wenn man allein war.

Dieses Bedürfnis nach Soziabilität, das wir bloß aus seiner negativen Form, als Vermissungserlebnis kennen, ist also in seinen Verhaltensformen völlig neutral. D. h. es erfüllt sich in *jedem* auf Gegenseitigkeit gestellten Handeln, vorausgesetzt, daß Dauergarantie besteht. Anders gesagt: die *Reziprozität* des Verhaltens ist formal eine ganz grundlegende anthropologische Kategorie, aber sie kann sich mit den allerverschiedensten Inhalten besetzen, von deren Außenstabilisierung also die Dauererfüllung dieses Bedürfnisses abhängt.

Man kann gerade bei primitiven Kulturen sehen, wie Verhaltensformen aktiver Gegenseitigkeit die einzige Möglichkeit bieten, um einen sozialen Zusammenhang herzustellen und festzuhalten, nämlich gerade dann, wenn keine festen versachlichten Herrschaftsstrukturen und keine überdauernden wirtschaftlichen Betriebe das Sollverhalten der Menschen auf sich ziehen und somit ihr Verhalten gegeneinander in dem Sinne vergleichgültigen, daß ihnen das bloße Bewußtsein vom Bestehen einer Sozialordnung genügt.

Schon der sog. »stumme Tausch«, den man mit vorsichtigen oder scheuen Eingeborenen durch das Auslegen der Waren, das Dazulegen der Äquivalente und, wenn nötig, durch allmähliche Zugaben vollzieht, bis beiden gar nicht in Erscheinung tretenden Partnern das Gleichgewicht hergestellt erscheint, beweist, daß die Reziprozität des Handelns selbst eine Form der Verständigung sein kann. In diesem Falle, den Herodot (IV, 196) schon von den Karthagern und Libyern berichtet, die einzige. Im Normalfalle breiter Verkehrsflächen gegeneinander zeigen gerade die primitiven Gesellschaften deutlich, daß

II. Gegenseitigkeit 51

der Warenaustausch keineswegs auf die abstrakt ökonomische Seite reduziert ist, sondern daß er eine nichtökonomische Seite hat, also sozusagen als Sozialzement wirkt. Der Tausch wird dann geradezu zur führenden Figur des gesellschaftlichen Handelns, man tauscht Waren, Riten, Tänze, Zauberformeln, Feste, Begräbnisdienste, Kinder, heiratbare Mädchen – er wird ein Doppelgänger der Sprache im nichtflüchtigen Material. Bei den Manus (Admiralitätsinseln) arbeitet kaum eine Familie für den eigenen Bedarf, man produziert fast nur für den Tausch, der das »alles durchdringende Interesse« ist (M. Mead in: Cooperation and Competition among Primit. Peoples, 1937). Viele Bantustämme kennen das Lobola, die Gegengabe in Rindern, als wesentliche Vermittlung aller rituellen Beziehungen: es kompensiert den Totschlag, dient als Totenopfer und als »Brautpreis«, dessen überökonomischer Sinn hier klar wird. Da der Bruder der Braut seinerseits dafür ein Mädchen erwirbt, die Tiere also wieder in die Hände dieses neuen Schwagers übergehen, der seinerseits ebenso verfährt, wandern buchstäblich die Rinderherden im umgekehrten Sinne wie die Mädchen (Lévi-Strauss, a.a.O., p. 577). Bei voller Verselbständigung dieser Tauschinstitution können sogar dieselben vertretbaren Güter hin- und hergereicht werden, oder bloß zeremonielle Güter, für die gar nichts anderes getauscht werden kann, zirkulieren massenweise auf vorgeschriebenen Kreisen, wie Muschelschmuck. Die nichtmerkantile Seite des Tausches wird dann sehr deutlich, er wird Sozialritus.

Die Reziprozität ist eine fundamentale Kategorie, sie betrifft einen wesentlichen Zug des Menschseins. Wenn wir sie »instinktiv« nennen können, so in nicht anderem Sinne als die Sprache, nämlich im Sinne eines »durchlaufenden«, menschliches Verhaltens durch alle Schichten hindurch charakterisierenden Struktur. G. H. Mead (a.a.O.) hat in genialen Untersuchungen die Verständigung in Sprache und Geste mit der Formel beschrieben: »die Rolle des Anderen übernehmen«. Ein Wort ist dann bedeutungsvoll, wenn es als mögliches Wort des Anderen vorausgesetzt und wiederum in der Intention auf seine vorweggenommene Antwort geäußert wird. Man versetzt sich im Symbolgebrauch in die Reaktion des Anderen und handelt von ihr her. Der amerikanische Autor hat in guten, gültigen Analysen aus diesem Urvorgang die Ausfaltung, das Auseinandertreten des Ich im Menschen von dem Teil des eigenen Ich, den man mit den

Augen der Anderen sieht, abgeleitet, also die Entstehung des *Selbstbewußtseins*. Ist so die Reziprozität Sprache und Form des Bewußtseins selbst, so reicht sie doch durch alle »Schichten«, wenn wir in diesem Bilde reden wollen. Die Sphäre der Antriebe und Bedürfnisse ist selbst »sprachmäßig«, sofern ein orientiertes Bedürfnis in sich selber schon die Vorempfindung der vom Gegenstand ausgehenden Eindrücke enthält oder sofern, auf höherer Ebene, man sich mit einem Menschen, einer Gruppe »identifiziert« – ein nicht im Bewußtsein allein lokalisierbarer Vorgang, bei dem die vorweggenommene, dauernd bestätigte Reaktion der Anderen in die Qualität des Dauerbedürfnisses selbst eingegangen ist. Die dunkle Kategorie »Identifikation« ist überhaupt nur von hier aus zu fassen, sie beschreibt darüber hinaus den dann möglichen Zustand der »Hintergrundserfüllung« eines solchen Bedürfnisses. Und schließlich haben wir die Sprachförmigkeit der Gegenseitigkeit in der einsamen Handlung, wo die sensible Bewegung die vorempfundene Dingantwort schon einbaut. Um so mehr also – wovon wir ausgingen – im Sozialverhalten überhaupt.

Unsere These ist nun die, daß die von der Gegenseitigkeit aus entwickelten und durchgehaltenen, dann verselbständigten Sozialstrukturen die elementaren und ursprünglichen Erfüllungsstellen für das Primärbedürfnis der Sozialität hergeben.

Der Warentausch hat ursprünglich eine nichtökonomische Seite, die wesentlich ist, und es ist selbst heute noch schwer, Beispiele für ein kontinuierliches, »chemisch reines« ökonomisches Verhalten zu finden. Auch die Waren sind, wie alle übrigen tauschbaren »Daseinswertdinge«, in ursprünglichen Verhältnissen Stabilisatoren der Gegenseitigkeit, und diese selbst ist soziales und moralisches Leben, Verständigung und Erfüllung schlechthin. Deshalb gilt im Verhältnis zu den Göttern und Geistern dasselbe: das »do ut des« hat nicht den Sinn eines rechenhaften Geschäftes mit diesen Wesenheiten. »Dare ist Sich-in-Beziehung-setzen, dann: Teilhabe an einer zweiten Person, mittels eines Gegenstandes, der aber eigentlich kein ›Gegenstand‹ ist, sondern ein Stück des eigenen Selbst« (van der Leeuw, Phänomenologie der Religion, 1933, p. 328). Wer opfert, bindet sich an den Gott, aber er erwartet auch eine Antwort von dessen eigenem Selbst, weil nur daraus hervorgeht, daß er nicht Feind ist, so wie die Eingeborenen zu Livingstone sagten: »Du behauptest, du seiest unser Freund. Wie sollen wir das aber wissen, solange du uns nichts von deinen Lebensmitteln gegeben und solange du die unsrigen nicht gekostet hast?« (zit. v. d. Leeuw).

Aus dieser nichtökonomischen Seite des Tausches folgt dann die von Laum (Heiliges Geld, 1924) entwickelte wichtige Einsicht, daß aus dem kultischen Opfer die Normierung, sozusagen die Sorten-Stereotypisierung der Güter erst hervorging. Der Sonnengott erhält nur hellfarbige Rinder, das Opferrind muß fünf Jahre alt sein usw. – ja aus dem Kult heraus ist das Opfertier par excellence, das Rind, erst Wertmaßstab geworden, wie bei Homer ein Dreifuß als »zwölfrindiger« erscheint. »Die Kultordnung schafft normaltypische Entgeltungsmittel« (p. 158). Einer der wichtigsten Wege zur Profanierung kultischer Entgeltungsmittel war natürlich die Eigenwirtschaft der Tempel, in deren geschütztem Frieden der Tauschhandel blühte.

Die Gegenseitigkeit der Gabe ist in keiner der hier besprochenen Funktionen so zu denken, daß auf ihrem Rücken erst Verpflichtungen entstünden, die Gabe ist vielmehr die äußere, greifbare Seite des Verpflichtetseins, und die Kontinuität des Gebens und Nehmens ist die Institutionsform, in der sich das Schon-Verständigtsein in den gegenseitigen Verpflichtungen am Dasein erhält. Und in der Form dieses Verhaltens laufen in unendlicher inhaltlicher Variation die überhaupt durchhaltbaren Beziehungen, von den religiösen und rechtlichen bis zu den ökonomischen. B. Rehfeld (Die Wurzeln des Rechtes, 1951) spricht im Zusammenhang der Frage, warum das Recht als verpflichtend empfunden wird, von dem »Vergeltungstrieb«, faßt aber diesen u. E. zu psychologisch formulierten Ausdruck treffend so weit, daß er ein Bedürfnis nach Reziprozität überhaupt einschließt, sei es als Vergeltung und Strafe im eigentlichen Sinne, sei es als an Sachen geknüpfte Beziehung wie beim Tausch, als Gegenseitigkeit der eingegangenen Verpflichtungen bis hin zum Opfer und zum dunkel gefühlten Strafbedürfnis des Schuldigen, von dem wir glauben, daß es etwas auf die Dauer wiederherstellen will, nämlich die Wechselbeziehung zwischen dem Ich des Täters und seinem sozialen Selbst. Das wäre der Übergang zu dem, was Pareto »Residuum (›Instinkt‹) der Integrität« nannte, und wozu er eine reiche Kasuistik in den §§ 1207–1323 seiner Sociologie générale entwarf, die Komplexe, Strafe, Verbrechen, Schuld, Reinigung, Sühne usw. umfassend, aber auch das Opfer. Mauss (Essai sur le don, L'Année sociol.,

I, 1925) hat dann an reichem ethnologischem Material die Bedeutung des Tausches im weitesten Sinne herausgestellt.

Die ganz formalisierte, von allem Inhalt entleerte und an die Gesellschaft in Form des Anspruchs herangetragene Gegenseitigkeit ist die *Gleichheit*. Bei hohem Grade der Komplikation der Gesellschaft und bei voll entwickeltem Individualismus hat das Postulat den Sinn, daß die irgend jemand konzedierten Verhaltensweisen, Rechte und Chancen auch dann jedem Anderen zugewendet werden müssen, wenn sie im unmittelbaren Verhalten gegeneinander gar nicht als verbindende, sondern als trennende zum Ausdruck kommen, so als gleiche Chance im individuellen Wettbewerb, im Konkurrenzkampf, in der Garantie gleicher Startbedingungen und Ausgangslagen, z.B. gegenüber dem Staat, usw.

Das Bedürfnis nach sozialem Zusammenhang, in der Regel erst als Entzugserscheinung bewußt, erfüllt sich also primär in allem auf Gegenseitigkeit und Dauer gestellten Handeln. Daher werden von innen her Invarianzen des Verhaltens geradezu gefordert, nämlich Ausdrucksbahnen, in denen sich dieses Bedürfnis zugleich bewegen und absättigen kann, weil ihm eben keine erbfesten, angeboreninvarianten Aktionsformen zur Verfügung stehen. Diese Garantie bieten im allgemeinen nur Institutionen, die in die Selbständigkeit des Eigenauthentischen umgeschlagen sind und jetzt ihrerseits das Verhalten der Menschen in der Verteilung der Rechte und Pflichten eindeutig determinieren. Solange der Mensch im Zusammenhang mehrerer, sich kreuzender und doch koordinierter Institutionen eingefaßt ist, entsteht kein Vakuum, keine Unterbilanz des Sozialbedürfnisses, auch nicht, wie ein einziger Blick auf die Geschichte zeigt, bei hohen Graden der Ungleichheit der Rechte und Pflichten, wenn es sich nicht gerade um eine Gesellschaft handelt, die (nicht nur ökonomisch) nach dem Wettbewerbsprinzip aufgebaut ist. Werden die Institutionen jedoch erschüttert, abgetragen, verunsichert, vielleicht einfach in Funktion ihrer zunehmenden Größe und Kompliziertheit, oder infolge des Verlustes des reziproken Kontaktes, dann gibt es jene Entzugserscheinung, die als positives Bedürfnis nach »Gemeinschaft« auftritt und sich bemüht, diese entweder durch Einebnung der Institutionen zu erreichen, oder neben ihnen anzubauen. Die sehr starke emotionale Besetzung der Forderung nach »Gemeinschaft« verrät eben den Leerlauf eines sozialen Instinktes. In archaischen oder primitiven Gesellschaften, oder auch in gut »integrierten« Hochkulturen erscheint ein solches Postulat niemals.

Wie bekannt, bedienen wir uns nur metaphorisch des Ausdrucks »Instinkt« an dieser Stelle, da es sich ja um eine Kategorie des Menschseins handelt. Normalerweise ist also dieser »Instinkt« im Zustande der *Hintergrundserfüllung*. Es sind keine Handlungen nötig, die ein bewußt gewordenes Bedürfnis nach »Gemeinschaft« direkt erfüllten, man tut nichts, um das Gefühl des sozialen Zusammenhangs zu haben. Die Sättigung fällt als »Nebenerfolg« ab, und wie immer läßt sich ein Nebenerfolg nicht direkt intendieren, so wenig wie Glück, Gesundheit, Zufriedenheit, Arbeitsfreude, Zuneigung usw. In dem Maße, in dem die Handlungsverschränkungen, auf Gegenseitigkeit abgestellt, zum Selbstzweck umschlagen und eine Institution bilden, wird das Gefühl der sozialen Erfülltheit, der Dauernähe als chronischer Hintergrund erreicht. Das einfachste Beispiel bildet auch hier diese Arbeitsteilung.

12. *Hintergrundserfüllung*

Über dieses recht bedeutsame Phänomen der »Hintergrundserfüllung« muß noch einiges Nähere gesagt werden, weil hier der Ort so wichtiger anthropologischer Begriffe wie Sicherheit oder Daseinssicherheit liegt.

Man kann, wenn man nach einfachen Modellfällen sucht, von dem »adient drive« ausgehen, von dem Bedürfnis, den Kontakt mit einer befriedigenden Reizquelle aufrechtzuerhalten. Ein Kind, das gestreichelt wird, hat die Tendenz, diese Situation zu verlängern, aber schließlich genügt die bloße Gegenwart der Personen, die es liebt, um ihm eine Beruhigung zu verschaffen, die vorher nur der unmittelbare Reiz leistete. Das Bewußtsein, daß eine Befriedigung eines Bedürfnisses jederzeit möglich ist, folgt dann aus den stabilen Daten der Situation, aber das Bedürfnis selbst wird dadurch in charakteristischer Weise verändert: es tritt aus dem Vordergrunde der Affektivität zurück, und das nennen wir Hintergrundserfüllung, wobei im Grenzfalle das vorausgesetzte Bedürfnis gar nicht mehr in handlungsbesetzende Aktualität übergeht. Es erfüllt sich dann offenbar im Zustande der Virtualität am bloßen dauernden Dasein der

Außengaranten. Hier liegt natürlich eine gewaltige Kraftquelle der Umlenkung von Antriebsbeträgen. Der Hunger wird zwar stets periodisch akut. Aber bei unserem Beispiel des »Spezialisten« in der Arbeitsteilung, der von anderen unterhalten wird, macht nicht mehr »der künftige Hunger hungrig«, wie Hobbes sagte, sondern man wird von der dauernden Aktivität der Nahrungssuche entlastet, und die chronische Seite des Hungers, seine Angst vor sich selbst, tritt aus seinem Gefühltwerden zurück – eben das ist Sicherheit.

Im Beispiel des Kindes liegt es so, daß der ganze tägliche Umgang mit den Erwachsenen sich ausbaut, eigenwertig wird, daß er immer neue Motive und Verhaltensformen ansetzt und daß schließlich das Bedürfnis nach Liebkosungen in den Hintergrund tritt; nicht etwa weil es »sublimiert« oder auf Ersatzwegen befriedigt wird (was auch möglich ist), sondern aus einem entscheidenden Grunde: weil die virtuelle, von der Gesamtsituation aus jederzeit mögliche Erfüllung die einzige lebbare Form bietet, wie *Erfüllungslagen selbst stabilisiert werden können:* nicht etwa durch irgendein Verhalten, das direkt auf die Ewigkeit der Erfüllung hinarbeitete – »verweile doch, du bist so schön«. Bei einem Wesen von chronischer Bedürftigkeit ist daher die Hintergrundserfüllung ein kapitales Thema, eine echte anthropologische Kategorie. In erster Linie gehört hierher der Vorrat, so wie die Buschmänner Wasser in Straußeneiern im Sande vergraben. Das Bewußtsein künftiger Bedürfniserfüllung oder die virtuelle Erfüllung ist selbst ein Erfüllungserlebnis, und zwar nicht für einen besonderen »Instinkt der Sicherheit« – sondern das schon garantierte künftige Bedürfnis, die Entlastung von seiner eigenen Aktualität, das ist die Sicherheit. Tiere suchen Wärme und Unterschlupf auf Grund instinktiver Zuwendung und orientiert an Umweltsignalen, sie nehmen etwa Deckung in der nächsten Dunkelstelle. Der Mensch dagegen verändert die »Umwelt«, den zufälligen Umgebungsbestand in dem Sinne, daß er auch dauernde Erfüllungslagen herstellen kann und sich so von der Fälligkeit des Bedürfnisses und von der fallweisen Beschaffung der Hilfsmittel entlastet. Die einfachsten Beispiele sind die Fellkleidung und die Wohnhütte. Das Bedürfnis nach Wärme und Unterschlupf wird in dem ersten Falle überhaupt chronisch befriedigt, es dauert, ohne die Form des Bedürfnisses je wieder zu erlangen; in dem zweiten Falle, der dem des Vorrats entspricht, wird es fallweise befriedigt, dauert aber in der Hintergrundserfüllung.

12. Hintergrundserfüllung

Die chronische Bedürftigkeit des Menschen selbst ist, von der anderen Seite gesehen und etwas umständlich ausgedrückt, das Bedürfnis nach Beibehaltung der Bedürfnisdeckungslage. Dieses ist außerordentlich stark mit gebundenen Affektmengen besetzt, die normalerweise gar nicht zur Geltung kommen, und das erste reale Anzeichen einer Bedrohung der Garantiesituation macht diese Affektmassen explosiv frei, bringt uns auf höchste Alarmstufe.

Das Beibehalten der Bedürfnisdeckungslage, können wir sagen, kann real oder virtuell erfolgen. Im Falle der Kleidung als Wärmeschutz kommt es darauf hinaus, daß man eine ganze Erfüllungssituation umweltinvariant macht und sie mit sich herumträgt. Beim Vorrat und der Wohnhütte wird das Bedürfnis zwar periodisch akut, aber die Erfüllungschance selbst wird auf die Dauer stabilisiert, mit der Folge, daß sogar das akute Bedürfnis trivialisiert – ein Beweis, daß die Antriebsgrundlage modifiziert wird, nicht nur das Bewußtsein.

H. Schelsky hat in Unterhaltungen mit dem Verfasser die These entwickelt, daß das »Beisichbehalten« eine ebenso elementare anthropologische Kategorie sei, wie die Entlastung, die Trennung von Motiv und Zweck, die Außenstabilisierung jedes dauerfähigen Verhaltens usw. Wir wollen diese These annehmen. In der Tat behalten Anthropoiden die gelegentlich aufgegriffenen »Werkzeuge« nicht bei sich, sie lassen sie liegen und improvisieren den Gebrauch neu, falls sie nicht dressiert werden. Der Mensch trägt Waffen, Werkzeuge, Nahrung bei sich oder bewahrt sie in Depots auf, als Vorrat, und das Wissen darum, daß man bei Bedarf auf sie zurückgreifen kann, ist nicht trennbar von der Hintergrundssicherheit des Erfülltseins virtueller Bedarfslagen. Wichtig ist die Kategorie auch deswegen, weil die Entdeckung des Feuers jetzt etwas von ihrer Rätselhaftigkeit verliert. Die Erzeugung von Feuer kann nur mit den riskanten Experimentierspielen zusammenhängen, in denen man sich auf ein neues Element einläßt – insofern war Prometheus nicht von den ersten Pionieren verschieden, die sich aus gleichem Grunde ins Wasser oder in die Luft hinauswagten. Aber die Unterhaltung des Feuers stellt das Problem, und dieses rückt in die Kategorie des »Beisichbehaltens«. Die praktische Brauchbarkeit zur Abschreckung von Tieren oder als Wärmequelle war leicht entdeckt, aber die Unterhaltung bedeutete das dauernde Festhalten einer Situation des Geborgenseins, einschließlich der jeweils fälligen Verwendung im akuten Fall.

Die Überlegungen haben Einfluß auf die Theorie der Entstehung des Eigentums. W. Nippold (Die Anfänge des Eigentums bei den Naturvölkern, 1954), Pater W. Schmidt (Das Eigentum in den Urkulturen, 1937) u. a. haben gezeigt, daß in der Tat die Arbeit eine der Formen des Verhaltens ist, die Eigentum begründen. Wer etwas macht, dem gehört es aus diesem Grunde. Man muß aber zweifellos noch eine andere, nicht intellektuelle und nicht aus dem Herstellen ableitbare Komponente des Eigentums anerkennen: sie ist vom Behalten aus zu entwickeln. Eine jede Gruppe verteidigt ihr Territorium, denn es enthält die Summe der Außengaranten für die Hintergrundserfüllung aller Bedürfnisse. So besitzt auch der Einzelne seine Tätowierung, seinen Schmuck im Sinne der Erhöhung des Selbstgefühls und der Steigerung des Sich-selbst-Gegenübertretens; sein Prestigebedürfnis, vor allem das noch tiefere nach Stabilisierung des Sich-selbst-Erlebens, wird dauergesättigt. Der Schmuck ist nicht Eigentum aus dem Grunde der Herstellung, die meist Andere übernahmen, sondern aus dem des Beisichbehaltens.

Diese Kategorie des Beisichbehaltens und der Hintergrundserfüllung müssen wir noch von einer anderen Seite her ansehen. Die Kunst der Buschmänner, Regenwasser in Straußeneiern aufzusammeln und, im Sande tief vergraben, vor Verdunstung zu schützen, ist eine geistig beträchtliche Leistung der Kombination mehrerer Erfahrungen. Die Pointe ist die, daß man sich vom zufälligen Eintreffen primärer Erfüllungssituationen (Regen) unabhängig macht, indem man, auf der Gegenstandsseite, ihren wesentlichen Bestandteil (Wasser) von der Irrationalität des unmittelbar Vorfindbaren ablöst und auf Dauer stellt. Diese *Ablösung (von der Raumzeitstelle) des Vorfindbaren* hat eine sehr große Bedeutung, und wir werden später (§ 13) sehen, daß die Ursprünge der *Darstellung* in der sog. prähistorischen »Kunst« sich von hier aus ableiten lassen, sie sind auch auf die »Hintergrundserfüllung« zu beziehen.

Auf der Seite des Subjektes entspricht diesem Sachverhalt ein Wissen und Können, das habituell und tradierbar ist und ebenfalls jederzeit zur Verfügung steht. Man macht das so und kann es. Die an einem Sachverhalt *erworbene Fähigkeit* besteht also ebenfalls in der *Ablösung benutzter Mittel von der Erfahrungssituation:* wenn man irgendeinen Sachverhalt einmal in den Griff bekommen und zu beherrschen gelernt hat, dann verfügt man über diese Fähigkeit als virtuelles Können bis zum Eintreffen der nächsten Umstände, in denen sie sich anwenden läßt. Die bewährten Verfahrensweisen praktischer *und* theoretischer Art pflegen wir von der Raumzeitstelle der Erfahrung, der Lernsituation abzulösen und »bei uns zu behalten«. Diese Fähigkeiten selbst rücken dann in ein stationäres Hintergrundsgefühl des »einer Lage Gewachsenseins« und geben *Sicherheit.*

Wenn man diese letzten Darlegungen überlegt, so findet man zwischen den beiden besprochenen Formen der Sicherheit einen inneren Zusammenhang. Unsere instinktnahen Bedürfnisse gehen in den Zustand der realen oder virtuellen Hintergrundserfüllung über, sie erscheinen als beibehaltene Bedürfnisdeckungslage von den höheren, entlasteten, erfolgssicheren und »gekonnten« Verhaltensweisen aus, die in dieser Deckungslage *selbst erst möglich wurden.* Anders gesagt: die Besetzung gegenstandsintimer, variabler und doch spezialisierter, dabei wirksamer Verhaltensweisen, die sich verselbständigen und ausbauen lassen, mit Antriebsbeträgen setzt die Hintergrundserfüllung der Primärbedürfnisse voraus und erfolgt von daher. Die letztere setzt jene Verhaltensformen erst in Freiheit und wird von ihnen aus zurückempfunden. Es ist selbstverständlich, daß es die grundlegenden stationären Institutionen sind, wie die Ehe und Fa-milie, die Arbeitsteilung, der sich selbst kontinuierlich reprodu-zie-rende Vorrat (Ackerbau usw.), welche die Sicherheit der Hintergrundserfüllung für den Einzelnen garantieren. Diese bleibt aber als Modus der Antriebssphäre selbst und als gültiges Gefühl der Sicherheit völlig abhängig von dem sichtbaren Dasein der Institutionen, die sie garantieren, oder mindestens ihrer Symbole. Der abstrakte Staatsbegriff der Gegenwart z. B. entspricht einem Staat, der großenteils in eingewöhnten und von allen geteilten Vorstellungen darüber besteht, wie er funktioniert; er bedarf aber dennoch der sichtbaren »Repräsentanten«. In ursprünglicheren Verhältnissen erträgt ein Volk, wie in allen altorientalischen Kulturen, niemals das Fehlen eines Herrschers und akzeptiert sofort den Usurpator. Das Gefühl, daß der soziale Zusammenhang stabilisiert und geordnet ist, wird von der Daseinssicherheit gefordert und bedarf der objektiven, sichtbaren Außenstützung.

Wenn man diese Zusammenhänge zwischen Verhaltenssicherheit, Hintergrundserfüllung und Stabilität von Institutionen einsieht, wenn man vor allem ihre kategoriale, von der Schwankungsbreite psychologischer Varianten ganz unabhängige Verflechtung betrachtet, dann versteht man, daß es »über die subjektive Einsichtsmöglichkeit hinausgehende Motivhintergründe gibt, die überindividuell sind und keineswegs in Charakter, Temperament oder sonstiger Vereigenschaftung des Menschen ihre Repräsentanz finden« (Bürger-Prinz, Motiv und Motivation, 1950, p. 16). Gerade die so geschehende Entlastung von der subjektiven Motivation, das Schonverständigtsein in den Kernschichten und in den Handlungsgewohnheiten ist im Gegenzug zu der modernen Zivilisation eine Wohltat, deren wachsende Kompliziertheit einem dauernden Abbau von Traditionen parallel geht und die so den Einzelnen mit Entscheidungszumutungen überfordert. Mit dieser Erschütterung beginnt die Verunsicherung des Einzelnen, die angstvolle Affektbereitschaft, das ganz automatisch entstehende Mißtrauen als Atmosphären-Bestandteil – die verdünnte und protrahierte, chronische »petite peur«, die in der französischen Revolution zuerst als »grande peur« explosiv in Erscheinung trat. Und die Vordergrunds-Dominanz des Subjektiven.

13. Außenwelt-Stabilisierung in der Darstellung

Man konnte vielleicht bis hierher schon bemerken, daß die Schwierigkeit kulturanthropologischer Forschungen weniger in den Grundkategorien selbst liegt, die, einmal gesehen, sich als eigentlich einfach und anschaulich herausstellen; die Schwierigkeit liegt in dem Zusammenspiel, in der Verflechtung, und setzt sich von daher in die Darstellung fort. Der eben beschriebene dreifache Zusammenhang zwischen der Hintergrundserfüllung (der beisichbehaltenen Deckungslage), der Sicherheit erfolgsgewissen und entwicklungsfähigen Handelns (Ablösung der Mittel und Methoden fruchtbarer Erfahrung von der Raumzeitstelle) und den Institutionen, in denen beides erst stabilisierbar wird – dieser dreifache Zusammenhang bezieht sich noch auf einen vierten, nämlich auf die Außenwelt. Wir haben dies oben schon angedeutet, als beim Beispiel des Wasservorrats gesagt wurde, daß hier auf der Gegenstandsseite der lebenswichtige Bestandteil einer Erfüllungssituation von der Raumzeitstelle des Vorfindbaren abgelöst wird, womit er zugleich Dauer erhält.

Hier leuchtet sofort die unermeßliche Bedeutung ein, die dem

Ackerbau und der Viehzucht kulturgeschichtlich zukommt, weil sie eine der ganz wenigen echten Kulturschwellen bezeichnen. Von der vorausliegenden, altpaläolithischen Jäger- und Sammlerkultur aus gesehen, mußte der lokalisierte, am Orte sich dauernd reproduzierende Vorrat das praktische und geistige Handeln der Menschheit zu einem erstaunlichen Grade entlasten. Die Ablösung der lebensnotwendigen Weltdinge von der Irrationalität des Vorfindbaren und die Befreiung von der endlosen Nahrungssuche und Nahrungsbeschaffung müssen sich als neugewonnene Daseinssicherheit ausgewirkt und ganz neue geistige Horizonte erschlossen haben. Da im Neolithikum schon echte Bauernkulturen auftreten, ist es wahrscheinlich, daß die ersten Versuche in jenen Künsten im Jung-Paläolithikum geschahen, und Kraft (Der Urmensch als Schöpfer, 1942) nimmt an, daß damals das Ren, wenn auch in loser Form, gezüchtet wurde und daß zu Ende der Würmeiszeit Wildgräser angebaut wurden (p. 165). Aus dieser Zeit stammen die sehr schönen (Kraft, a.a.O., Abb. Tafel XI) aus Rengeweih geschnitzten Ähren von Espéluges, die zum mindesten ein höchst intensives Interesse verraten.

Die Ablösung der daseinswichtigen Außenweltdinge aus der Irrationalität der Raumzeitstelle ist also zugleich ihre Fixierung in die *Dauer.*

Hier liegt nun eine der anthropologischen Wurzeln der Kunst, die wir in den berühmten jungpaläolithischen Malereien der französischen und spanischen Höhlen gleich in Vollendung und ohne Vorgänger jedenfalls in fixiertem Material aufbrechen sehen. Da der uns heute selbstverständliche, auf das bloß Ästhetisch-Emotionale zurückgeschnittene Begriff der Kunst dabei nicht unterzulegen ist, müssen wir hier schon die Kategorie der *Darstellung* einführen, von der wir später sehen werden, daß in sie noch andere anthropologische Kategorien einschießen. Im gegenwärtigen Zusammenhang interessiert die These, daß die Ablösung der vergänglichen Außenweltdaten vom Vorfindbaren, von der Zufälligkeit des Vorhandenseins auf einem der Analyse, wie wir sehen werden, doch noch in etwa zugänglichen Wege durch ihre Darstellung erfolgt ist. So gesehen ist die Darstellung die *Überführung in die Kategorie des Beisichbehaltens* und der Dauer, sie ist zunächst in vivo, als imitatorischer Ritus erfolgt und erst sekundär als Darstellung in materia, als Malerei oder Plastik. Dies ist der Grund, weshalb die Vorstadien jener archaischen

Bilder nicht mehr nachweisbar sind. Aber in beiden Fällen handelt es sich um die Außenwelt-Stabilisierung. Dafür gibt es die praktische, technische Form, wie bei dem Straußenei mit Wasser, und diese kann jeweils nur auf einzelne Inhalte gehen. Die Welt als Ganze ist uns jedoch nur im Bewußtsein gegeben, sie ist nicht Gegenstand eines praktischen, verändernden Handelns, wohl aber Gegenstand eines spezifischen: der Darstellung. Auch diese kann sich zwar nur an einzelne Inhalte halten, aber sie ist an der Idee ihrer Wirklichkeit selbst orientiert, sie transzendiert ins Diesseits und bezieht den Inhalt auf die Hintergrundserfüllung schlechthin. Das Daseinsgefühl, man könne nicht aus der Welt fallen und diese erlebbare Welt gebe selbst die dauernde Hintergrundserfüllung für ihr vereinsamtestes Geschöpf her, dieses Gefühl ließ sich nur in einer symbolischen, inhaltsüberfüllten Darstellung ausdrücken, in einer dramatischen Einzelheit – im großen Tier.

Damit verhielt man sich dennoch zu den eigenen Bedürfnissen, bis zu den elementarsten biologischen hinab, aber man machte sie nicht selbst zum Thema, weil jene Menschen nicht Psychologen waren, sondern sich zu den realen Schwerpunkten ihrer Welt und Wirklichkeit entschieden, sie als dauernd gültige beziehend auf das eigene Lebenkönnen im Gefühl der Riskiertheit, der Exponiertheit des Menschseins. Und man brauchte nicht zu versichern, daß das Geistige ein Höheres sei als das bedrängte Bedürfnis, weil man nicht über den Geist nachdachte, wie ein Hegelianer, sondern das höchste vollziehbare geistige Handeln war selbst ein belebtes Tätigsein in der Darstellung jener Brennpunkte der Wirklichkeit; man erhob sich über die Notdurft, gerade indem man sich in ihr feststellte, und das bewußte Tun in der Darstellung war es, das die Sicherheit der Hintergrundserfüllung verschaffte, ein Transzendieren ins Diesseits, aus der fließenden Zeit heraus in die Dauer, vermittelt durch ein Bild: das Göttliche gibt es nicht abstrakt, nur als Anschauliches, Leibhaft-Gewordenes, selbst Lebendiges. Dazu gibt es keinen Weg durch die Reflexion des bloßen Denkens. Aus den gedachten Beziehungen zwischen einem gedachten Bewußtsein, einem vorgestellten Geist, vorgestellten Bedürfnissen, vorgestelltem Leben läßt sich kein Ja zu irgendetwas herausholen, nur Rechthaberei. Die Vorstellung hat es als Wesen, daß sie sich vor die Handlung stellt.

Das naive und tiefe Bedürfnis der Menschen nach Stabilität der

13. Außenwelt-Stabilisierung in der Darstellung

Welt, empfunden durch ihre uns zugekehrten Schwerpunkte hindurch, ist also immer zugleich das nach der Hintergrundserfüllung auf Dauer, nach der beibehaltenen Bedürfnisdeckungslage, aber dieses wieder ist das nach Entlastung und nach der Vollzugsfreiheit höheren Verhaltens überhaupt. Die archaische »Kunst« ist deswegen eine Kulturtat höchster Verdichtung, weil man dieses letztgenannte Bedürfnis im darstellenden Tun selber befriedigte und damit diesen ganzen Zusammenhang ins Bewußtsein hob. Bild ist nicht gleich Bild: es kam in keinem Sinne darauf an, eine »persönliche Schau« der Wirklichkeit »auszudrücken«, noch war die Malerei, wie in den besten Werken des 19. Jahrhunderts, eine Variante der Erkenntnisbemühung. Die ungeheuere Ausdruckskraft der jungpaläolithischen Höhlenbilder liegt daran, daß man spürt, daß eine Konzeption der Welt darin liegt, einer Welt, die mit keinen anderen Mitteln zu veranlassen war, sich selbst zu stellen. Darin liegt die gewaltige Überlegenheit der Darstellung über den Begriff: die erstere handelt vom Sosein des Gegenstandes her und stellt es wirklich auf Dauer, und in diesem Handeln wird die Stabilität der Welt selbst ins Bewußtsein gehoben. Der Begriff dagegen »meint« nur etwas und verfliegt, wenn er nicht durch Außenstützung am Leben gehalten wird. Dies wieder macht die Bedeutung der Schrift aus. Und nur bei dieser Auffassung der Darstellung versteht man die für alle archaischen Kulturen so große Bedeutung der *Magie* als des Versuches, die Stabilität der Wirklichkeit selbst durch die Form der darstellenden Handlung hindurch real zu erreichen, so wie der Regenzauberer Wasser verstreut, wenn der Regen ausbleibt. Übrigens geht der Begriff der Darstellung, wie man hier sieht, weit über den des Bildes hinaus. Er umfaßt auch den imitatorischen Ritus in vivo, von dem die eigentliche Magie nur ein Derivat ist, und auch dessen Projektion in die Außenwelt selbst: bei den Hindu ist dieses Rind da nicht bloß ein Stück, ein Exemplar, sondern es ist als heiliges Rind eine Darstellung seiner selbst in vivo. Das ist der »Selbstwert im Dasein«, der zur Geltung kommt, wenn der bloße triebersehnte Daseinswert nicht aktuell wird. Die elementare Macht und Wichtigkeit des Tieres ist vorgegeben, wird sie aber als immergültig vergegenwärtigt, dann stellt man das *Sosein* dessen dar, was man sonst aneignet und bewältigt. Dies war die Form, wie man in den Tierkulten sich zum *Selbstwert des Wirklichen* verhielt: man transzendierte es, im Bilde darstellend, ins Diesseits.

Vielleicht auch noch weiter bis zu jener dunklen Grenze hin, da die eigenen ersten und stärksten *Bedürfnisse selbst zu Darstellungsmitteln werden*, da sie im Gegensinn zu ihrer Begierigkeit in ein Verhalten umschlagen, das auf das Dasein und Sosein des Wirklichen antwortet: bis zum Opfer, zur Askese und Selbstabtötung.

Hier ist nun wieder anzudeuten, welche neue epochale Bedeutung der bildlose, unsichtbare, monotheistische Gott haben mußte. In ihm lag stets eine Tendenz zur Minimisierung des Ritus einschließlich der Stereotypisierung des Alltagsverhaltens zur rituellen Korrektheit hin, also seines Darstellungsgehaltes, weiter zum Abbau aller Magie und aller unmittelbar geheiligten Außenweltbestände: das heilige Tier, der heilige Hain, der heilige Berg wurden unmöglich, und natürlich im Sinne des Monotheismus die »daseienden Götter«, vom Sonnenkult bis zu den bildhaften Göttern in ihren Tempelhäusern. Die letzten Evidenzen der Religion wurden von der Außenweltstützung weg in das Innere, die Seele verlegt. Jetzt mußte der Kirche eine vorher nicht bekannte Bedeutung zuwachsen – extra ecclesiam nulla salus – während man sich bislang an beliebigen Kulten beteiligte, so wie Alexander das Ammonsorakel befragen ließ. Auch erhielt die Schrift, durchaus profanen Ursprungs, als heilige Schrift einen religiösen Normgehalt des Denkensollens. Umgekehrt wird notwendig mit dem unsichtbaren einen Gott *die Außenwelt in zunehmendem Maße neutralisiert*, von Faktenheiligkeiten entleert: das heilige Rind wird ein Tier wie jedes andere, der heilige Ganges ein kanalisierbarer Strom, der heilige Wald ein Gehölz – das heißt, auf die neutralisierte Außenwelt wirft sich ohne rituelle Außenbegrenzung oder Denkhemmung die rationale Theorie und Praxis.

Erst wenn die Außenwelt in Physik und Chemie verwandelt ist, verstummt sie. Das dargestellte Bild sagt: ich bin hier, die Wirklichkeit in ihrem Sosein, ich dauere so. Das Göttliche ist zwar nur so zu denken, daß es zwischen Welt und Mensch »hindurchgreift«, aber es wird primär von außen her erlebt und seine erste große Aussage ist die Dauer. Kein einzelnes Ding, keine einzelne Handlung kann diese Aussage allein tragen, und so gibt es von Anfang her viele Götter, viele Dämonen und Wesenheiten, es gibt viele Riten, doch nur normierte, nur dauernde. Die *Außenwelt-Stabilisierung* war die erste große Kulturtat der Menschheit, die Götter und Dämonen waren also zunächst und für Jahrtausende daseiende, bildhaft-anschauliche,

13. Außenwelt-Stabilisierung in der Darstellung

denn die Außenwelt muß das selbst sagen. Wir halten es deswegen aus philosophischen Gründen für wahrscheinlich, daß jene Künste des Ackerbaus und der Viehzucht aus dem prämagisch-rituellen, darstellenden Verhalten überhaupt erst entwickelt wurden, wie später erwogen werden soll. Zum Schluß dieses Abschnitts wollen wir aber noch auf eine merkwürdige neue Hypothese eingehen, die hier einschlägt: wenn im Jungpaläolithikum die Darstellung aufbricht, die Außenwelt zu reden beginnt – ist das nicht vielleicht überhaupt die Epoche eines neuen Verhältnisses zur Sprache?

Einigermaßen rätselhaft ist nämlich die enorme Zeitstrecke des Altpaläolithikums, während der man kaum Kulturfortschritte über eine recht primitive Faustkeil- und Klingentechnik hinaus beobachten kann. Das Acheuléen und Levalloisien zusammen müssen an die 5 000000 Jahre gedauert haben, bei fast stationärem Kulturzustand. Es ist also nichts »erfunden« worden. Der Mensch der frühen Altsteinzeit kannte die Bestattung, auch die wohl kultische von Schädeln von Höhlenbären, es gibt sehr vereinzelt durchbohrte Zähne oder Knochen zum Zwecke des Schmuckes, auch fand man Ocker und Mangandioxyd, also rote und schwarze Farbe, in Wyhlen ein Stück Mammutzahn mit Kerbreihen, nur gutwillig als Ornament ansprechbar. Keinerlei klares Ornament, kaum eine Darstellung ist nachweisbar.

Im Jungpaläolithikum bricht schlagartig eine reiche darstellende Kunst auf, Schmuck in Fülle, die Feuersteintechnik zeigt ein Bild »planmäßiger, fast fabrikmäßiger Durchbildung« (G. Kraft), serienweise werden Spezialgeräte hergestellt, Bohrer, Stichel, Kratzer, es gibt elegante Harpunen aus Knochen, geschäftete Werkzeuge, Pfeil und Bogen, Nadeln mit Ösen usw. Man stellte Plastiken aus »Werkstoff« her, einer Mischung von Knochen, Elfenbein, verkohlt und pulverisiert, und Ton; man gibt dem Toten Schmuck und Gerät bei, es muß »Privateigentum« gegeben haben – mit einem Wort: der Mensch wurde nach einer halben Million Jahren erfinderisch. Auch reichen die Anfänge von Tierzucht und Ackerbau wohl in diese Zeit zurück.

Sir Richard Paget (The Origins of Language, in: Cahiers d'Histoire Mondiale, I/2, 1953) hat daraus den bemerkenswerten Schluß gezogen, daß jetzt erst »gerichtetes Denken« und das Herausgreifen und freie Kombinieren von Einzelheiten aus der Umwelt möglich geworden seien, also Sprache, die mithin nicht älter wäre, als 10—30 000 Jahre. Erst mit ihr wurde, wie man zugeben muß, der Mensch erfinderisch. Für die lange altpaläolithische Epoche nimmt der Autor eine pantomimische, Globalsituationen nachahmende Gestik an: »The original and natural plan was to take the events he experienced with all their incidents (himself included) lumped together, and to imitate them, as best he could, by a generalized pantomime« (p. 414).

Nun ist die Mitteilung von »Ganzheiten« natürlich auch Sprache, und dennoch macht das Argument Sir Richard Pagets Eindruck. Eine pantomimische, emotionsbesetzte und von Ausdruckslauten begleitete Globalkommunikation kann nie zu »Erfindungen« in der genannten Breite geführt haben, die »holophrase« mußte aufgebrochen werden, die Einzelheiten einzeln bezeichnet, und dann erst wurden sie kombinierbar und verlagerungsfähig. Ob man diese Theorie nun annimmt oder nicht: auch uns scheint jener sprunghafte Fortschritt darauf hinzuweisen, daß weit höhere Denk- und Sprachfähigkeiten ins Spiel traten als vorher, und man kann sie auf das Auftreten des Cromagnontyps des Menschen beziehen, des homo sapiens, der überhaupt der Träger des Jungpaläolithikums ist und gegenüber dem Neandertaler deutlich progressiv. Wäre aber die These Sir Richards wahrscheinlich zu machen, so müßte man annehmen, daß mit dem Auftreten einer differenzierten Sprache sich die frühere Ausdrucksform, nämlich die Darstellung von Globalsituationen in vivo, erst von ihr abdifferenzieren und verselbständigen konnte. Sie bildete dann den beibehaltenen Rahmen für rituelles Verhalten, das somit in Reinheit erst im Gegenzug zu einer hochdifferenzierten rationalen Praxis entstanden wäre, auf die *Stabilisierung* von Weltsituationen gehend, wie jenes auf die Veränderung von Einzelheiten.

14. Verpflichtungsgehalt der Institutionen

Das Umschlagen von Handlungsverläufen und Gewohnheiten in die Eigengesetzlichkeit, ihre Emanzipation von ersten Bedürfnissen und ihre Selbststeigerung zum Eigenwert ist, wie wir gesehen haben, auf die Herausarbeitung neuer Aspekte und Eigenschaften der Sachen selbst bezogen, mit denen die Handlung umgeht. Solche produktiven

Verhaltensweisen, ineinander verschränkt, verselbständigen sich zu einer überpersönlichen Ordnung, und diese schlägt im Bewußtsein der Beteiligten zu einer eigenauthentischen Gültigkeit, zum »Selbstwert im Dasein« um. Man kann diese Gültigkeit, wenn überhaupt ein Bedürfnis besteht, sowohl von ihrer Nützlichkeit her begründen, gesehen auf die Hintergrundserfüllung von Bedürfnissen jeder Art sowie auf die Sacherfolge selbst; man kann sie aus dem Normgehalt ableiten, den die Institution gegenüber jedem Einzelnen geltend macht, und schließlich aus der inneren Produktivität, aus der jetzt erst möglichen Freisetzung subjektiver und doch orientierter Motivationsspielräume. Mit einzelnen daraus folgenden Erscheinungen müssen wir uns noch beschäftigen.

Unsere Überlegungen und Handlungen verlaufen sehr oft ideologisch, d. h. nach Gesichtspunkten der Zweckmäßigkeit, aber solcher Zwecke, wie sie sich aus den Ordnungsgesetzen der Institutionen ergeben, in denen wir tätig sind. Sie gehen in erster Linie dahin, wie man »richtige« Sachverhalte innerhalb dieser vorgegebenen Ordnungsgefüge arrangieren kann. Die Zweckmäßigkeit unseres Handelns (auch für uns selbst) ist daher, auf die Länge gesehen, identisch mit seiner Sachlichkeit. Unter den modernen komplizierten Kulturbedingungen kann sich dann eine Einstellung zur »Sachhingabe überhaupt« formalisieren, ein im Grenzfalle kompetenzfreies Sichverantwortlichfühlen, und so ist die Behauptung Rathenaus zu verstehen (Zur Kritik der Zeit, 1912, p. 77), daß die Verantwortung die Mechanisierungsform der Pflicht und schlechtweg als die ethische Kategorie der Mechanisierung anzusehen sei. Die zahlreichen Institutionen, unter die wir subsumiert sind, die sich von den ursprünglichen Motiven längst abgelöst haben und nun kraft ihres Selbstzweck-Umschlagens eine verpflichtende Autorität geltend machen, sind kaum aufzuzählen. Ein Briefwechsel, den jemand mit verschiedenen Personen unterhält, ist schon eine solche Institution. Die Briefe stehen nach verschiedenen Kriterien der Dringlichkeit zur Beantwortung an, und bei zu langem Zögern hat man ein »schlechtes Gewissen«.

Die Norm ist also nichts, was den Sachen sekundär zuwüchse, es gibt unter den verschiedenen Normquellen eine, welche in dem Anspruch besteht, den die von der Gesellschaft sanktionierten Sachlichkeitsaspekte der Dinge uns gegenüber vertreten. Der Eigensinn der

Realität oktroyiert uns Sollformen des Umgangs mit ihnen, und die Interessen und Bedürfnisse der Anderen setzen sich hinter diesen Eigensinn. Natürlich gibt es noch andere Normenquellen: so kommen zwischen den Menschen selbst und untereinander Verhaltensweisen zur Erscheinung, die ethisch gebilligt oder mißbilligt werden, wie etwa die aus der oben (§ 11) besprochenen Kategorie der Gegenseitigkeit folgenden. Aber auch diese Normen müssen aus dem *direkten* Umgang mit der Wirklichkeit entwickelt werden, um sie transzendieren zu können. Es ist unmöglich, aus der bloßen Vorstellung oder Propaganda von »Werten« das Verhalten einer Gesellschaft zu ändern, man muß die Institutionen dazuliefern. Wenn Normen als geltende abgehoben und ausgesagt werden sollen, müssen die Menschen auf breiten Flächen unmittelbar in dauernder gegenseitiger Einwirkung stehen. Die moderne massenmäßige und verkehrsbezogene Kultur minimisiert dieses dauernde Miteinanderleben, aber sie entwickelt in erstaunlicher Weise eine Moral der mechanisierten Verantwortung, der Unterordnung unter die Sachansprüche, deren Beherrschung, Kontrolle und Übersicht zugleich ein Sichfügen unter die verschiedensten Normen bedeutet, die gleich ursprünglich mit jenen Sachansprüchen zur Kenntnis kommen.

Der moderne Mensch lebt im Schnittpunkt sehr zahlreicher Institutionen, die dem Einzelnen gegenüber die beschriebene Selbstzweckautorität geltend machen und diese Einzelnen über die Sachlagen hinweg in Beziehung setzen. Mit dem Begriff »Selbstzweck« soll natürlich nicht gesagt sein, daß diese verselbständigten Ordnungsgefüge des Berufes, Verkehrs, der Familie, des Staates usw. im strengen Sinne »letzte« Normen und Handlungsziele anweisen. Das habitualisierte Handeln in ihnen hat vielmehr die rein tatsächliche Wirkung, *die Sinnfrage zu suspendieren.* Wer die Sinnfrage aufwirft, hat sich entweder verlaufen, oder er drückt bewußt oder unbewußt ein Bedürfnis nach anderen als den vorhandenen Institutionen aus. Die »Kulturkritik« verfährt meist nur als locker rationalisierter Ausdruck subjektiven Unbehagens. Wird aber die Frage nach Institutionen höchsten Ranges, also nach letzten Normensystemen aufgeworfen, so kündigen sich sehr dramatische Auseinandersetzungen an.

Im Alltag unterstehen wir im Hause der Hausordnung, auf der Straße der Verkehrsordnung, beim Betreten der Arbeitsstelle den definierten Sachansprüchen und Betriebsregeln, und dazu kommen die

Forderungen anderer Institutionen, der Familie, der Berufsverbände, Gewerkschaften, Parteien, des Heeresdienstes, der informellen Gruppen und Freundschaften usw. In jeder dieser Einrichtungen gibt es eine spezifische Gruppendisziplin, so daß die Vielzahl der sich in uns überschneidenden Ordnungen eine Bereitschaft zur »Gruppendisziplin überhaupt« schafft, die in der Geschichte kein Beispiel hat, außer vielleicht im ptolemäischen Ägypten. Schon an anderer Stelle (Sozialpsychologische Probleme in der industriellen Gesellschaft, 1949, p. 18) wiesen wir darauf hin, daß vielleicht noch keine Kulturepoche ein solches Maß gewaltloser Lenksamkeit der Massen gesehen hat. So geht die funktionalisierte Bereitschaft des Sichunterordnens als Prämisse in die gesamte wirtschaftliche und politische Gesellschaft ein, und die Möglichkeit, sie zu mißbrauchen, ist gründlich ergriffen worden. Auf der Rückseite zeichnet sich dabei die Revolte nicht nur der Person, sondern überhaupt der bloßen Subjektivität ab, deren Mittellosigkeit dabei drastisch in Erscheinung tritt. Denkt man in erneutem Gegenschlag an Bindung aus der Subjektivität heraus, so erscheinen sehnsuchtsvolle Abstraktionen wie das »Engagement« oder die »konkrete Wahl«.

Unser Verhalten innerhalb einer Institution, die in eine selbstzweckhafte Eigengesetzlichkeit umgeschlagen ist, fordert von uns, vom *direkten* und unmittelbaren Nutzerfolg für die eigene Person abzusehen. Hier schlägt die Kategorie ein, die wir oben beschrieben haben: die Trennung von Motiv und Zweck. Es wäre ganz falsch, im Sinne alter rationalistischer Theorien und auch von Malinowskis »funktionalistischer Schule« zu behaupten, der Zweck jedes Handelns bestehe in der »Aufhebung von Bedürfnissen«. Man handelt zunächst um der Sache willen, bei jeder Arbeit gibt es etwas, das getan werden muß, und diesem gilt ein verselbständigtes Interesse; sodann handelt man in Fortsetzung der Gewohnheit und des eigenen Könnens, aus dem Pflichtgefühl der eigenen Tätigkeit heraus, und dazu mit einer Unendlichkeit individueller, unterwegs freigesetzter Motive – aber im allgemeinen niemals im Hinblick auf die »Aufhebung von Bedürfnissen«, also auf einen *künftigen subjektiven Zustand* der eigenen Befindlichkeit hin. Es gibt zwar auch diese Verhaltensweise, die in sehr anderen Zusammenhängen von nicht geringer Bedeutung ist, aber man muß sie durchaus in ihrer Besonderheit getrennt halten. Wenn nämlich der *Zweck* des Verhaltens die Veränderung des eigenen subjektiven Zustandes wird, dann sprechen wir von der »Inversion der Antriebsrichtung« (§ 44.) und kommen auf Handlungen, in denen die Person sich erlebnismäßig isoliert, die Skala reicht von den bewußt herbeigeführten Ekstasezuständen, z.B. den Fliegenpilzräuschen der Schamanen, bis zum Sitzplatz im Kino.

Der Mensch handelt daher nicht notwendig und keineswegs in der Regel in Richtung seiner primären Bedürfnisse, sondern sein Handeln ist in eigener Ebene entwickelbar gerade dann, wenn er von seinen eigenen Bedürfnissen entlastet ist, in deren Erfüllung die Handlungen anderer eintreten.

Eine jede dauernd betriebene und mit Tatsachen ordentlich befaßte Arbeit fordert von uns, vom unmittelbaren Nutzerfolg für die eigene Person abzusehen. Wir arbeiten stets eingefügt in irgendwelche arbeitsgeteilte Einrichtungen, und die dort geltenden Regeln können nur unsere eigenen Zwecke werden, wenn unsere unmittelbaren biologischen Bedürfnisse als erste aus der Motivationsebene ausscheiden. Diesen Vorgang bezeichnen wir als ihre *Trivialisierung*, welche dadurch eintritt, daß sie in den Zustand der Hintergrundserfüllung übergehen, also durch irgendwelche Produktions- und Verteilungsgefüge stabil abgesichert bleiben. Diese Stabilisierung der elementaren Antriebe selbst, im Sinne der Beibehaltung ihrer Deckungslage, ist nun aber, wie wir oben (§ 12) sahen, deren eigenes Bedürfnis in der Art, wie die überschüssige, chronische Bedürftigkeit des Menschen sich selbst reguliert. Schon von daher ist es einzusehen, daß keineswegs jedes Handeln den Zweck der Aufhebung eines Bedürfnisses haben kann: weil dieses in der Deckungslage gar nicht in Form des Bedürfnisses erscheint. Die beibehaltene Deckungslage ist vielmehr bezogen auf die Stabilität der Außengaranten, sie erlebt sich von daher, sie ist interessiert an einer Erweiterung der Gleichförmigkeit des Naturverlaufes und an der Ablösung seiner bedeutsamen Inhalte von der Zufälligkeit des Vorfindbaren. In die Hintergrundserfüllung gehen Antriebe *jeder Art* ein, angefangen vom Prestige- und Geltungsbedürfnis bis zu den wenig erforschten geistigen, etwa dem nach Ordnung, Stereotypie und Zusammenhang im Bewußtsein, dem nach »Gegenseitigkeit« usw.

Damit werden Probleme behandelbar, über die eine endlose Flächendiskussion geführt werden kann. Gibt es einen »Selbstwert der Wissenschaft«? In dem oben (§ 4.) definierten Sinne vom »Selbstwert im Dasein« zweifellos, insofern ginge aber dieser Selbstwert nicht über den jeder anderen, institutionell gegebenen Arbeitsform hinaus. Die Institutionen der Wissenschaft haben wie die der Wirtschaft, des Rechtes, der Kunst, ja des Sportes die uns nun hinlänglich bekannte Eigenschaft, zur Selbstwertgeltung umzuschlagen, und die Überzeugung des Wissenschaftlers vom Selbstzweck »der Wissenschaft« spricht die Eigenschaften seiner Institutionen sowie seine eigene, zum Eigenbedürfnis gewordene subjektive Hingabe an die Sollforderungen und Normen seiner Arbeit aus.

Für die Wissenschaft gilt weiter wie für den Staat, das Recht, die Wirtschaft, daß diese Institutionen in der modernen Kultur sich längst gegenseitig voneinander abhängig gemacht haben. Im System der Interdependenzen ist die Frage, was Bedingung und was Folge ist, nicht mehr sinnvoll zu stellen. Die Wissenschaft ist nicht Sache einzelner, entlasteter Amateure, wie in der Antike, und deswegen nicht mehr wesentlich Philosophie. Die Verwissenschaftlichung *aller* Kulturgebiete ist selbst an der Kunst aufzuzeigen: man muß abstrakte Bilder durchrechnen oder wie Geheimschriften entziffern, der repräsentative Roman – Th. Mann, Musil, Proust – hat eine Reflexionsschärfe, die man manchem Philosophen gönnen möchte, selbst der Sport zieht sich auf einen Kampf um die Dezimalstellen von Sekunden zusammen, für deren Konstatierung man Spezialgeräte baut. Was in der modernen Welt die Sprache der Begrifflichkeit nicht spricht, ist überhaupt nicht öffentlichkeitsfähig, und gerade deswegen gibt es die Sehnsucht nach dem »Mythos«. Das Wissen hat eine soziale Funktion bekommen, sagte schon d'Alembert, es bildet die Atemluft, der wir das Leben verdanken. Folglich ist auch die Bildungsidee verwissenschaftlicht, es gibt nicht, wie noch zur Goethezeit, ein Schonverständigtsein darüber, was das am meisten Wissenswerte ist, und noch weniger darüber, daß hier auch das am meisten Anschauenswerte liegen müsse. Die Genauigkeit im Einzelnen, die Resignation betreffs der großen Fragen, das Bewußtsein der Vorläufigkeit des Festgemachten und eine Gewißheit, die sich an Ausschnitten festhält, bieten kein günstiges Klima für die pädagogischen und kulturpolitischen Leidenschaften, wie sie früher den klassischen Humanismus begeisterten.

Die Institutionen der Wissenschaft, der Forschung und Lehre, haben also einen Selbstwert im Dasein, insofern man in ihrem Dienste von ihnen her handelt; objektiv gesehen, können sie mit den stärksten gesamtgesellschaftlichen Garantien rechnen, da sie sozusagen den Code des gesamten modernen Daseinsprozesses enthalten. Ein »Selbstwert im absoluten Sinne« (§ 4) könnte der Wissenschaft nicht zugegeben werden, sie dürfte die Hingabe des Menschen bis zur Grenze des Selbstopfers nicht verlangen, der »Märtyrer der Wissenschaft« macht keine durchaus überzeugende Figur. Das Erkennen um seiner selbst willen ist eine anthropologische, dem Menschen wesenseigene Kategorie; das bewußte, disziplinierte Wollen dieses Erkennens dagegen ein kulturell spätes Resultat. Deshalb hing die Einschätzung der Wissenschaft auch stets von ihrem Stellenwert innerhalb der Maßgeblichkeiten einer Kultur ab. Ein Feudalherr wie Bacon, der ein wesentliches Verhältnis zur Wissenschaft hatte, konnte sie dennoch in eine Reihe mit der Jagd stellen: »auf der Suche nach der Wahrheit die Fährte zu verfolgen und dabei die in Erfahrung gebrachten Fakten zu vermehren und nach allen Seiten zu wenden, bis man mit Geduld und Ausdauer die Beute schließlich gefangen hat« (De dign. et augm. scient. V/2).

Die Interdependenz von Wissenschaft, Technik und Industrie kann, bei Zugeständnis des Unpassenden des Vergleichs, fast mit dem Fließgleichgewicht im Organismus in Analogie gebracht werden. Diese drei Welten stehen *gegenseitig* zueinander im Verhältnis von Bedingung und Bedingtem, und dieser Zusammenhang selbst hat sich verselbständigt, und zwar so weitgehend, daß die Menschheit, nach einem schönen Vergleich von Heisenberg (Das Naturbild der heutigen Physik, Ztschr. Universitas, 1954/11), in die Lage eines Kapitäns gekommen ist, dessen Schiff so stark aus Stahl und Eisen gebaut ist, daß die Magnetnadel seines Kompasses nur noch auf die Eisenmasse des Schiffes zeigt. Daß der einzelne Wissenschaftler jene Interdependenz aus dem Bewußtsein verbannen, seine Daseinsabhängigkeit von Industrie und Technik geistig völlig ausblenden kann, darin eben besteht seine Entlastung. Oder anders gesagt: die Wirklichkeit jenes objektiven Zusammenhangs garantiert seine Hintergrundserfüllung und macht die Freiheit der Zuwendung zu *seinen* Sachen erst vollziehbar.

Im Unterschied zur Medizin, Jurisprudenz und den Naturwissenschaften ist es im Bereich der Geisteswissenschaften, zumal der Philosophie und Altertumskunde möglich geworden, den Gesichtspunkt des Nutzens für die gesamte Gesellschaft überhaupt aus den Sollvorstellungen zu streichen. Dies war denkbar, weil diese Bildungsmaterien selbst verwissenschaftlichten und weil den Wissenschaften schlechthin eine nur von ihnen verantwortete Bewegungsfreiheit zugestanden ist. In einer so von innen her durchrationalisierten Kultur läßt sich der Überfluß, der von der Bildung unabtrennbar ist, nur als scientifischer halten. Entsprechend sinkt dann die sinnlich-ästhetische und also die erzieherische Ausgiebigkeit der Stoffe.

Erklärt sich aber ein Kulturgebiet völlig zum Selbstzweck, so ist die gefährliche Entwicklung möglich und schon oft eingetreten, daß die Gesellschaft ihn zwar noch sustentiert, aber nichts mehr von ihm erwartet. Diesen Zustand haben die Philosophie und die bildenden Künste heute nahezu erreicht. Solche Bereiche werden dann genötigt, entweder laut zu werden und aus dem Erregungsbestand der öffentlichen Meinung zu leben, womit die Expressionisten und Existenzialisten anfingen; oder leise zu werden und zu vereinsamen, ihre Motive aus sich selbst ziehend.

Dies ist nicht aus polemischen Gründen gesagt, sondern weil auch hier eine Kategorie liegt: die der *Subjektivierung*. Bei äußerlich intakter Organisation und großer Fülle der Produktion wird das Ganze dann doch entleert und folglich mit Subjektivität nachgeladen, die sich zu dem Anspruch ausweiten muß, allgemein zu interessieren. Wenn nichts Sehenswertes mehr überdauert oder das Sichtbare das Wesentliche abdeckt, bleibt dem Künstler wohl nichts anderes übrig, als »sich auszudrücken«. Gerade das Unbedingte dieses Anspruchs kann als tiefsinnig erscheinen: wenn gelebte Innenzustände nicht in der Außenwelt festgemacht werden können, weil diese zu versachlicht ist, oder weil man nicht handeln kann, oder weil die Identifizierung nicht gelingt und nicht herauszubekommen ist, womit man es zu tun hat, dann müssen diese Innenzustände ihre eigenen Chiffren suchen, die notwendig flüssig und labil bleiben, wie die Inventionen unserer Künstler und Denker. Doch tragen solche Symbole immer noch etwas wie die vorweggenommene Antwort der Anderen in sich und sind, ins Leere hinein, ein Angebot, sich zu verpflichten.

15. Versachlichung der Triebe

Wenn man pflichtmäßig handelt, so treten die Entlastungen ins Spiel, die das institutionalisierte Verhalten hergibt. Es entsteht jetzt der Raum für die verschiedensten subjektiven Tendenzen: man kann, indem man sich pflichtmäßig verhält, außerdem aus Furcht vor den Folgen des gegenteiligen Tuns handeln, oder aus Ehrgefühl, oder weil Pflicht gleich Neigung geworden ist, aus Ehrgeiz, Auszeichnungsbedürfnis, aus Vorteilserwartungen, aus Abneigung dagegen, selbst eine Initiative zu verantworten, oder weil eine vornehme und selbstlose Attitüde sich jetzt ausleben kann. Solche Tendenzen gelangen dann zur Erfüllung, ohne im eigentlichen Sinne als Motive vor-zuschweben, man ist sich meist selbst nicht klar darüber, welche dieser Einstellungen nun zum Zuge kommt. Die Habitualisierung und Sollgeltung des Handelns gibt ihnen den Spielraum der Entwicklung, seine Sach- und Norm-Orientierung verschafft ihnen das gute Gewissen.

Jhering (Der Zweck im Recht, 1877, I, p. 19) sagt z. B. der Bestimmungsgrund der Schuldzahlung liegt nicht im Drucke der Schuld, sondern in einem Zweck: um ein ehrlicher Mann zu bleiben, um seinen Kredit, seinen Ruf nicht zu gefährden, um sich keinem Prozeß auszusetzen. Dies ist falsch, hier ist die Trennung des Motivs vom Zweck nicht erkannt. Jedes Motiv ist möglich, auch der Druck der Schuld, die Scham oder welches immer, vorausgesetzt aber, daß die Institutionen des Rechts das rechtliche Verhalten soweit stabilisiert und zur Gewohnheit gemacht haben, daß man aus Rechtsgewohnheit zahlt, also streng genommen gar keinen Zweck verfolgt, oder bloß den, der in der Handlung selbst erscheint: ein Debet auszugleichen. Mein Handeln als Rechtsgenosse ist schon vorformiert. Die Theorie Jherings ist gefährlich, sie war nur in seiner Zeit fragloser Rechtsgeltung ein erlaubter Luxus. Sind nämlich die Institutionen verunsichert, so könnte schon daraus die Überlegung folgen, ob man sich nicht besser andere Zwecke setzt. Allgemein sind utilitaristische Theorien über Institutionen dann, wenn alles darauf ankommt, sie aus dem Chaos der Meinungen herauszuhalten, selbst destruktiv, schon weil sie die Frage zugleich aufwerfen und offenlassen, wer denn die Zwecke der Gesellschaft auszusprechen berechtigt ist.

Ähnlich verhält es sich bei jeder Institution. Der Geschlechtstrieb ist nur »im allgemeinen« objektorientiert, wie jeder Instinkt, und beim Menschen dazu noch verhaltensunbestimmt. Dieses übrigens am schwersten überhaupt zu domestizierende Bedürfnis setzt die Institution der Ehe in die Situation der Hintergrunderfüllung, und eben deswegen entwickelt es dann wenig spezifisch triebhafte Dynamik mehr. Andererseits verselbständigt sich das gegenseitige Verhalten in der Ehe zu einer großen Zahl alltäglicher, wirtschaftlicher, geselliger Gewohnheiten, und beide Entlastungsprozesse zusammen schaffen erst den Innenraum für alle die sublimeren Regungen der Anhänglichkeit, des Haltes aneinander, von denen man sagen kann, daß sie erst durch diese Institution möglich gemacht und stabilisiert werden. Sie verselbständigen sich ihrerseits, weil sie stets außengestützt bleiben, und können nun frei nach Ausdrucksmitteln suchen. Und schließlich motivieren sie jetzt ihrerseits das Geschlechtsverhalten, das *unter ihre Ausdrucksmittel eingeht*. Dies ist ein Beispiel des sehr wichtigen Vorgangs, wie Bedürfnisse erster Hand in den Dienst von Institutionen treten. Im Vorbeigehen sei bemerkt, daß wir uns hier ganz außerhalb der Begriffsbildungen der überkommenen Psychologie bewegen, auch der Tiefenpsychologie, und daß klar wird, wie wenig die Aufteilung in »Physisches« und »Psychisches« jenseits des Selbstverständlichen leistet.

Zu den Antrieben, die auf die beschriebene Weise freigesetzt werden, gehören auch die mit den Worten Rivalität, Machttrieb, Geltungstrieb bezeichneten. Da auch sie über keine angeborenen und erbfesten Verhaltensfiguren verfügen, müssen sie sich sozusagen in der Verkleidung der jeweiligen Aktionsformen bewegen, in die eine Gesellschaft ihr Handeln aufgeteilt hat, z.B. den im engeren Sinne praktischen, den rituellen, den künstlerischen, wissenschaftlichen, politischen usw. Wer in die Gebräuche eines bestimmten Kreises eingewöhnt lebt, bemerkt gar nicht mehr die dort selbstverständliche »Überdeterminierung« der Einrichtungen sowie der Einstellungen der Menschen. In manchen Sektoren der Industrie z.B. hat die ausgeprägte funktionale Hierarchie, verbunden mit der dauernd starken sachlichen Beanspruchung eine Verhaltensbetonung erzeugt, die wegen der bis oben hin nie aufhörenden Leistungs- und Rangkonkurrenz etwas Gespanntes und Wachsames beibehält. Man dringt dort kaum zu dem Zuschuß von Lockerung und Leichtigkeit vor, den in den oberen Rängen der Armee oder Bürokratie die Selbstsicherheit zuläßt. Erst wenn die Daseinsbedingungen und folglich auch die Verhaltensweisen einer Gruppe verunsichert werden, entstehen aus ihr heraus oder von außen Beobachter, die das Bedürfnis haben, zu »verstehen« und kritisierend oder reformideologisch tätig zu werden.

In die Verhaltensbahnen hineingenötigt, welche von den Institutionen einerseits, den Operationsbedingungen, Sachgesetzen, Sachwiderständen andererseits vorgezeichnet sind, werden die hier diskutierten mitentwickelten und hinzutretenden Bedürfnisse *orientiert*, d.h. im Sinne der »Verlagerung der Antriebsmomente in den Gegenstand« auslösbar gemacht, nämlich durch umschriebene Situationsdaten, und damit zugleich auf die *bessere Beherrschung von Sachverhalten umgelenkt*. Es ist also nur ein indirekter Konflikt oder Machtkampf über die Sachen hinweg möglich, an denen sich die Handlungen treffen, und dies ist sehr zu deren Vorteil. Auf diese Weise *versachlicht* sich das Auszeichnungsbedürfnis zum Wetteifer, die Vorteilserwartung berücksichtigt die Interessen der Anderen und der Machttrieb nimmt den Umweg über die beherrschten Verhältnisse. Diese nicht harmlosen Impulse werden so geradezu die Hebel, an denen die Gesellschaft ihre Interessen ansetzt. Auch dieser Vorgang ist von Kulturstufen unabhängig. Der zwischen rivalisierenden Schamanen entstehende Haß wird nicht etwa durch Mord abgeführt, sondern in einem Leistungswettkampf gegeneinander ausgetragen, wobei jeder die Stärke seines »Zaubers« am anderen ausprobiert: die Rivalität hat sich in den Kunstmitteln der Institutionen zu bewegen, so wie die der Ritter im Duell.

Wer sich völlig in eine große, d.h. von den objektiven Realitäten her dominierende Aufgabe verwandelt hat, wird unwiderstehlich, weil das Stimmrecht der Sachen durch ihn hindurchwirkt. Und die Rivalität solcher Potenzen kann die Situationen zu einer Höhe treiben, deren neuformulierter Gehalt für Jahrhunderte gültig bleibt, zumal dann, wenn ganze Gruppen rivalisieren und aus diesem Kampfe schließlich neue Institutionen hervordrücken. Der Kampf zwischen Senat und Volk in Rom war dieser Art. Wer diese Kämpfe verwirft, sagte Machiavell, verwirft die Ursachen der römischen Freiheit. Mit allen Mitteln betrieben, bis zum Streik der vor dem Feinde angetretenen Armee als Erpressung, fanden sie endlich die Form, in der diese Rivalität sich bewegen konnte, das Meisterstück römischer Staatskunst, das Volkstribunat. Nach Gesetz nichtadliger Vertreter der

Volksinteressen, nicht amtsfähiger Magistrat und doch im Senat, konnte der Tribun durch physisches Dazwischenschieben seiner Person jeden Beschluß verhindern, und er war seinerseits im Rückgriff auf die ältesten Vorstellungen schlechtweg »tabu«: unberührbar, sakrosankt, wie der Sinai bei Mose (2/19): »denn wer den Berg anrührt, soll des Todes sterben«. An der Art, wie hier ausgewogene juristische Überlegungen zusammen mit urtümlichen Schrecknissen in eine Form gezwungen wurden, ermißt man die ungeheure moralische Anstrengung, aber zugleich das Ausmaß des Hasses, das zu überwinden war, und das hoch Schöpferische der gefundenen Institution.

Es ist vollständig absurd, das Verhalten eines Menschen in großer, führender Stellung aus dem »Machttrieb« zu erklären. Abgesehen davon, daß der Begriff Machttrieb nur ein psychologischer Vorfeld-Begriff erster, deskriptiver Annäherung ist: enthält ein Institutionssystem solche Leitungsfunktionen, so müssen sie ausgefüllt werden, und wenn an ihnen Serien von Kompetenzen hängen, so muß jemand entscheiden. Dabei ist es in dem institutionellen Zusammenhang selbst vorgegeben, ob die Leitungsfunktion für das Motiv der »Machtliebe« überhaupt Platz hat oder nicht: bei manchen Indianerstämmen ist der Häuptling nur moralische Autorität, die Institution sieht einen »go-between« vor, einen Friedensvermittler, Aushändler, bisweilen sogar den freiwilligen Sündenbock eines Gruppenkonflikts. Dann setzt sie keine Impulse frei, die in der Richtung des »Machttriebes« liegen, sondern nur sehr andere. Umgekehrt kam es im Zeitalter der Könige oft genug vor, daß ein zaghafter Herrscher seinen Platz nicht ausfüllte, d. h. den hoch zentralisierten Entscheidungssituationen nicht gewachsen war, so daß sich die Sachverhalte von ihm wegentwickelten oder ungenutzt blieben. Physische und geistige Kraft und Liebe zur Macht und Machtausübung waren hier von der Institution selbst vorgesehen. Der französische Gesandte sagte, Karl V. sei »zu blaß für einen Kaiser«.

Im Zuge der Verharmlosung der Lebensprobleme, die sich in der Wohlstandsgesellschaft ausbreitet, ist das Wort »Macht« unter ein Worttabu geraten, ohne daß die Sache selbst verschwinden könnte; man sagt lieber »social control« oder ähnliches. Dies trifft auch für Gesellschaften zu, die unter dem Mißbrauch der Macht nicht gelitten haben, hat also allgemeine Gründe. In erster Linie wendet sich dieses Ressentiment gegen die Macht des Staates, weil er es ist, der allenfalls der Hemmungslosigkeit privater Lebensansprüche Grenzen setzt und daher die Ichbetontheit des Durchschnittsmenschen gegen sich hat. Der natürliche Trieb zur Entropie, zur Abspulung des Spannungspotentials und zum Schlaraffenland wird durch Machtansprüche gestört, deren Wirkung es ist, die Energie und Risikowachheit aufrecht zu erhalten, die Handlungsbereitschaft auf die kritische Schwelle zu heben und die Emotionalität des Einzelnen wie der Gruppen auf eine hohe Selektivität zu spannen. Jenes Worttabu ist wichtig, weil es das Wort Macht nur für die Gegenpropaganda freigibt. Man muß sich klar sein, daß die Predigt der Machtlosigkeit oder Gewaltlosigkeit eine unwiderstehliche Form der Machtausübung sein kann, wie das Beispiel Gandhis zeigt, um ein hohes zu wählen und sich nicht bei dem Ressentiment solcher Naturen aufzuhalten, die sich selbst erst ein Gebiß einsetzen müssen, um ihrem Gegner die Zähne zu zeigen. Es beweist ja doch die breiteste Erfahrung, daß noch kaum je eine lohnende Sache in dieser Welt von selbst zum Zuge kam, und ohne die Überwindung des Widerstandes anderer Sachen, hinter denen auch Personen standen, die sie vertraten. Wer die athenische Kultur bejaht, wird nicht umhin können, auch den Synoikismos zu billigen, der sie erst möglich machte und der sich an den Namen des Theseus knüpft. Wie es dabei zuging, läßt Thukydides (II, 15) mit der Bemerkung durchblicken, daß jener Klugheit mit Gewalt vereinigte. Es fällt dem Intellektuellen schwer, einzusehen, daß Wissen Ohnmacht ist und veranlaßt, an die Ohnmacht zu glauben. Es stellt die Tatsachen vor, aber nicht um.

Das Wort Machttrieb ist, wie angedeutet, ein Behelfswort für Unerkanntes. Wo es etwas anderes meint, als das Bedürfnis, große Kräfte auch anzuwenden, hat es eine eher soziologische, kulturrelative Bedeutung. So gibt es seltene, große Formen des Geistes, die ihrer Natur nach diskret sind und sich nicht mitteilen. Ob sie zum Zuge kommen, hängt davon ab, ob das gesellschaftliche System ihnen Chancen gibt, weil sie ihren Ausweg nur in der Macht finden.

An die vollkommenen Repräsentanten des Stimmrechts der Wirklichkeit reicht die Psychologie nicht mehr heran, nicht einmal die große Menschenkennerschaft. So konnte Metternich einen Napoleon noch charakterisieren; aber niemand deutet das doch sprechende Porträt des Augustus, das sich auf einer Gemme im Aachener Domschatz findet.

16. Produktivität innerer Normen

Die Eingewöhnung eines Sollverhaltens setzt, wie wir sahen, höhere und variable innere Möglichkeiten erst frei. Seine Normbestimmtheit erhält aber das Handeln aus vielen Quellen: angefangen vom Eigensinn der Sachen, über die Verschränkungen des sozialen Zusammenhangs, in dessen Bahnen die Erwartung der Anderen verlaufen, bis hin zu den eigentlich anthropologischen Bestimmungen der Gegenseitigkeit usw. Auch für die Normgeltung ist die Hintergrundserfüllung oder Sicherheit von Belang: in der Sicherheit liegt die letzte Legitimierung der Anweisungsbefugnisse der Macht, nämlich in dem Verhältnis von Schutz und Gehorsam.

Jene Entlastung zu höherer Freiheit auf der Basis des Genormten und Eingewöhnten gilt, soweit wir sehen, allgemein. Es liegt hier ähnlich wie bei der Sprache: N. Hartmann hat einmal (Neue Anthropologie in Deutschland, Bl. f. dt. Philos. XV, 1941) ausgeführt, daß die höheren geistigen Funktionen den »Apparat« der Sprache überflügeln und hinter sich lassen können, deswegen aber doch sehr wohl durch ihn die Freiheit ihrer Spannweite gewonnen haben mögen. Man muß sich klar machen, daß der Unterbau des Verhaltens im Zuge langer Traditionen selbst hierarchisiert ist. Es handelt sich da um superponierte Systeme bis hoch ins Geistige hinein. Spezialisierte Gewohnheiten entwickeln eine immer höhere Reizschwelle, und ebensowohl motorische und sensible Feinreaktionen wie eine differenzierte Skala verfügbarer Denkschemata. Der erfahrene, an den Leistungen von Generationen geübte Gelehrte z. B. beherrscht zahllose Assoziationen und Denkfiguren, die auf feine Unterschiede abgestimmt sind, ein weiter Umkreis der intellektuellen Arbeit mit allen Merkmalen, Gesetzen, Tatsachenregeln und Fallanwendungen ist ebenfalls habitualisiert und verselbständigt. Auch diese hochgezüchteten Funktionen müssen ohne gegenseitige Hemmungen funktionieren und schon auf Nuancen ansprechen. Erst dann entsprechen sie den »Feinqualitäten« der Gegenstände, um die es geht. Es ist klar, daß im Laufe der Jahrhunderte Denktechnik und Gegenstandsreichtum sich aneinander entwickelt haben, so daß man als Anfänger der Wissenschaft ein vorgegebenes Niveau beider Seiten betritt. Wenn dies angeeignet und die eben beschriebene Selbstverständlichkeit des Verhaltens erworben ist, findet die individuelle Phantasie, Einsicht und Intuition überhaupt erst die Möglichkeit, ins Spiel zu treten und sich an der Sache auszuweisen.

Die wirklich reifen und zwingenden, schöpferischen Leistungen auf allen Kulturgebieten haben daher eine schwer beschreibbare Qualität: sozusagen der Verjüngung. Sie werfen ein neues Licht auf schon Bekanntes, das sich darin in ein Neugeborenes verwandelt, aber diese Neuigkeit hat das Zwingende des immer schon so Gewesenen. Wenn man eine Reihe guter Bilder von Giotto über Lionardo, Holbein, die Niederländer bis Guardi anordnet, so wird auf der einen Seite das Experimentelle deutlich, das Neuaufbrechen optischer Einsichten, die stetige Erweiterung der malerisch beherrschten Umkreise. Auf der anderen aber, daß gerade darin die Tradition voll mitgeführt wird, die sich unterwegs anreichert, bis endlich das Niveau des Selbstverständlichen an Geschmack, Sensibilisierung, an Möglichkeiten trennscharfer Effekte soweit erhöht ist, daß auch Schaubilder mittlerer Qualität eine Verdichtung und Belebtheit haben, die unseren Improvisatoren unerreichbar ist; weshalb man erklärt, daß man das nicht wolle. Wer Trauben nicht so malen kann wie de Heem oder van Beijeren, dem werden sie sauer. Wenn jene beiden Seiten auseinanderfallen, die Tradition abreißt, aber das Experimentelle weiterläuft, dann muß, nach dem oben dargestellten Vorgang, die Subjektivität in die Leere eintreten. Es kann daher der rein experimentellen Malerei, vom Expressionismus bis zur abstrakten, die Konsequenz ihrer Entwicklung nicht bestritten werden. Seit sich die Malerei von der Wirklichkeit der Außenwelt abwandte, in deren »einfacher Nachahmung« (Goethe 1788) man sich »gleichsam über das Mögliche hinausarbeiten« konnte, erreicht sie die hohe, atemberaubende Schönheit seltener. Das vollendete Bild ist, wie die Natur selbst, in verschlossener Weise kühn, es liegt über beiden etwas Seltsames, Fremdartiges. Das experimentelle Bild im Sinne neuerer Richtungen kommt dahin noch am ehesten, wenn es, wie die Natur, in seiner sichtbaren Ausgiebigkeit verborgene Mathematik und geheime Planmäßigkeit ahnen läßt.

André Gide sagt in den »Falschmünzern«, daß die Psychologie für ihn an Interesse verloren habe, als er bemerkte, daß der Mensch empfinde, was zu empfinden er sich einbildet. Gerade hier aber beginnt ein höheres Interesse. Als die Kunst auf ihrer Höhe gewisse »Topoi« mitführte, stereotype Elemente in Form und Inhalt, im Gegenständlichen, Technischen, aber auch im Ästhetischen selbst, war sie in deren Rahmen schöpferisch. So gibt es auch im Seelischen Topoi des Gefühls, der Empfindung, des Ideellen und Gedanklichen, diese Inhalte werden dann, wie wir oben (§ 9) schon anführten, in gewisser Weise selbst formal, sie werden gerade durch eine Schematisierung stabil. Die sozialen Gefühle, sagt Blondel (Einf. in die Kollektiv-Psychologie, 1948, p. 174.), weisen viel Künstliches und Überkommenes auf, und er fügt hinzu, daß dies von der Gesamtheit höherer ästhetischer, moralischer und religiöser Gefühle ebenso gilt. Ihre Erklärung findet diese Tatsache darin, daß das Sollverhalten gewisse Motivations- und Affektgruppen *mitverpflichtet*. Auch auf der Innenseite der Erlebnisse kann man Dauer, Stabilität und Normgehalt nicht trennen. Denn auch im Wechsel der Situationen, in absentia der Außenhalte und der antwortenden Andern müssen diese mit Sollgehalt getränkten Motivationen »durchhalten«. Sie sind es, von denen man nicht sagen kann, wieweit man sie erlebt, weil man sie erleben soll. Es ist nicht absurd, wenn es heißt,»du sollst Vater und Mutter lieben«, und die Einrede, man könne »seiner Natur keinen Zwang antun« findet die Antwort, daß es Natur im Menschen in diesem arbiträren und doch maßgeblichen Sinne nicht geben solle.

Es gibt Institutionen mit großen Ansprüchen, die geradezu habituelle Gesinnungen vorschreiben: seit alters im religiösen und militärischen, neuerdings im politischen Bereich. Eine *Gesinnung* in strengem Sinne ist ein »mitverpflichteter« Komplex von Ideen, Gefühlen, Affekten und Verhaltensbereitschaften, der von außen, vom tätigen Handeln und Unterlassen her vorgeformt sein muß, der durch konsequente Kontrolle der Motivbildung herangeführt und entwickelt wird und so schließlich die Person von der Motivbildung überhaupt entlastet, also nur noch Anwendungsfälle motiviert. Diese durchaus asketische Tendenz, in der man sich sozusagen zu einem Baustein im Ordnungsgefüge macht, ist dem modernen Subjektivismus sehr verhaßt. Es kommt hierbei allerdings auf die Inhalte an, aber in der Polemik gegen bestimmte Inhalte spürt man meist die Ablehnung der Form dieses Verhaltens überhaupt. Es ist zuzugeben, daß auch sie ihren eigenen Entleerungsmodus produzieren kann, wie jede Gewohnheit, aber es handelt sich dennoch um eine bedeutende anthropologische Kategorie. Das Wunderwerk eines hochdifferenzierten und zugleich unnachgiebigen Ethos ist übrigens im Anfang stets das Zuchtresultat kleiner und übersehbarer Gemeinschaften, es verliert auch diese Anfangsbedingung nie ganz. Man kann breite Massen mit Gesinnungen überfordern.

In reichen Kulturen gibt es zwei aufeinander errichtete Normensysteme. Einmal bestehen allgemeine, eindeutige und rigorose Regeln des Handelns und Unterlassens, des geistigen Reagierens, deren Überschreitung streng verpönt ist, und zwar ausdrücklich ohne jede Rücksicht auf die Motivlage: »man« tut das und das, oder tut es keinesfalls. Innerhalb dieses Systems erweist sich die Kultiviertheit darin, daß hochselektive, mitverpflichtete »Topoi« und Wendungen von Gefühlen oder Gedanken *auf den Einzelfall* abgestimmt werden können: Gerechtigkeit, Liebenswürdigkeit usw. haben diese Qualität der Offenheit für Detailumstände.

17. *Bedürfnisorientierung*

Es gibt ein schwieriges und vernachlässigtes anthropologisches Problem, das jetzt wenigstens in Annäherung behandelbar wird: das der Bedürfnisorientierung, der Orientierung der Antriebe und Interessen überhaupt. Es folgt aus der Plastizität und Entdifferenzierung schon der Instinktresiduen des Menschen, aus seiner »Weltoffenheit« und aus der Beliebigkeit der vorgefundenen Umgebungsdaten, mit denen die Menschen sich auseinanderzusetzen haben. Beim Tiere entsteht es nicht, denn dort ist die Orientiertheit in dem Verhältnis der umweltstabilen Auslöser zu den angeborenen instinktiven Wahrnehmungs- und Verhaltensformen schon vorgegeben. Auch die von uns nicht akzeptierte Lehre Jungs von den Archetypen hält das Problem für schon beantwortet; denn invariante, unbewußte seelische Urbilder, Ursymbole würden eben das Schon-Orientiertsein bedeuten. Es ist dies eine tiefenpsychologische Abart der Lehre von den innate ideas.

Die »Bildbesetzung« der Bedürfnisse (jeder Höhenlage) ist zugleich deren Eingrenzung und Vereinseitigung auf spezifische Erfüllungsobjekte. Beim kleinen Kinde ist Hunger ein ungedeuteter, bildloser, als Unlust und Unruhe mit planloser Ausdrucksmotorik einhergehender Zustand, ein Gesamtzustand. Er findet seine Erfüllung wie durch einen Deus ex machina von außen her – die Milchflasche nähert sich. Sie, als mit allen Sinnen zugleich wahrgenommener Gegenstand, orientiert künftig das Bedürfnis, wahrscheinlich durch einen Vorgang der »Prägung«, einer auch bei Tieren beobachteten, bloß über die Sinne laufenden und von vermittelnden Handlungen unabhängigen Außenbesetzung von Instinkten im frühesten Alter. Aber das Kind hat einige Verhaltensweisen, nämlich zuerst ein nach der inneren Reizperiodik verlaufendes Geschrei, das den Deus ex machina mit der Flasche in Bewegung setzt. Das Geschrei wird übernommen, d. h. mit der Intention auf diesen Erfolg, der in seiner Verlängerung erscheint, verwendet. Man bemerkt hier, wie ein spezifischer Verhaltenssatz aufgebaut wird, der in der Befriedigung von Bedürfnissen endet: erst jetzt, durch das zugeordnete Verhalten hindurch, ist das Bedürfnis mit einem Richtungsbild des Erfüllungsobjektes besetzt und zugleich auf einen einseitigen Inhalt eingegrenzt.

Der auftretende Gegenstand eines orientierten Bedürfnisses kann die ganze Serie an ihm festgelegter Handlungen von außen her anregen, auch wenn kein akutes Bedürfnis gefühlt wird. Man bezieht ihn dann auf ein virtuelles. Beim unerwarteten Auftreten interessebesetzter Dinge, bei gegebener Möglichkeit erfolgreichen Handelns wird niemand dies unterlassen, weil gerade kein akutes Bedürfnis vorliegt; man wird den Erfolg, nach einer schon behandelten Kategorie, »bei sich behalten«. Dann erfolgt das, was Shaffer (The Psychology of Adjustment, 1936, p. 100) das »Operieren äußerer Reize an Stelle der inneren« nennt, also die schon erwähnte »Verlagerung der Antriebsmomente in den Gegenstand« (Bürger-Prinz) tritt ein. Dieser Ausdruck bezeichnet das ganze Phänomen: das Orientiertsein eines Antriebes (Bedürfnisses, Interesses), das Verfügenkönnen über eine zugeordnete Handlungsreihe und die Motivationskraft, die im Wortsinne wirkende Kraft, in Bewegung zu setzen, die ein auftretender Gegenstand dann hat. Die oben untersuchten Sequenzen von »Werkzeug«, »Können« und »Bedürfnis« erkennen wir jetzt als Teilfälle dieses Schemas. Von ihnen ausgehend, hatten wir dann noch mehr ermittelt: daß sie sich zur reinen Sachlichkeit dann verselbständigen, wenn die ihnen zugeordneten Bedürfnisse in die Hintergrundserfüllung treten; daß eben dies der Fall ist, wenn solche habitualisierten Handlungsformen als Teilstücke von Institutionen stabilisiert und in den Bereich von deren Eigengeltung heraufgezogen werden; und wir fanden, wie diese Entlastungssituation die Handlung mit neuen, frei einströmenden Motiven anreichert.

Ein primäres Bedürfnis, etwa aus dem Umkreise von Nahrung und Geschlecht, ist also dann orientiert, wenn es im Sinne der Verlagerung der Antriebsmomente in einen umschriebenen, vereinseitigten Gegenstandsbereich auslösbar gemacht wurde. Diese Antriebsorientierung geschieht aber nur durch das Handeln im sozialen Zusammenhang hindurch und ist nur über die Handlung beschreibbar: ein bestimmter Inhalt wird verhaltensauslösend, und das in diesem Inhalt vorschwebende Bedürfnis treibt umgekehrt zu einem definierten Verhalten, das die allgemein akzeptierten Regeln einbauen oder aber ausdrücklich und mit Risiko ausklammern muß.

An dem sozial anerkannten Verhalten hängen aber, wie vorher beschrieben, andere freigesetzte und mitverpflichtete Motivgruppen, also soziale Gefühle, moralische Emotionen, Sollgefühle, Sollrücksichten usw., eine ganze Skala vom Bedürfnis mitaufgerührter Neben- und Obertöne eigenen Sollgehaltes. Stabilisierbar ist daher eine Bedürfnisdeckungslage nur dann, wenn alle diese Elemente mitstabilisiert werden, und im Vollsinne stabilisierbar ist also auch ein primäres Bedürfnis wie der Geschlechtstrieb nur dann, wenn das entsprechende Verhalten die mitverpflichteten sozialen und ethischen Sollgefühle nicht ausschließt – das heißt aber wieder: wenn es in die jeweils gegebenen Institutionen hineinführt. Die sehr zahlreichen primitiven Gesellschaften, die wie auch manche Hochkulturen zur Ausschließlichkeit des Sexualverhaltens in der Ehe nicht verpflichten, institutionalisieren daher auch den nebenehelichen Sexualverkehr. Fast zwei Drittel der von Murdock (Social structure, 1949) statistisch erfaßten primitiven Gesellschaften erlauben z.B. den Verkehr zwischen Schwager und Schwägerin und halten diese Sitte für selbstverständlich, d.h. natürlich.

Wenn z.B. das Wort »Machttrieb« mehr bedeuten soll als Carrière-Ehrgeiz, so kann es nur das Bedürfnis nach Erweiterung des Umkreises beherrschter Sachverhalte bedeuten. Ob dies eine Verfügung über andere Menschen einschließt, hängt durchaus von den Sachverhalten ab. *Dieses Bedürfnis nach Erweiterung des Handlungsspielraumes und des Verfügenkönnens charakterisiert das genus humanum überhaupt.* Die Bewunderung eines in hohem Grade bewiesenen »Könnens« durch andere Menschen ist instinktiv, d.h. ist eine aus der Konstitution des Menschen folgende unmittelbare Reaktion. Im subjektiven Aspekt besteht folglich »Machttrieb« in dem Bedürfnis, großräumige Sachverhalte im Scheine des Respekts, der Bewunderung Anderer in Bewegung zu setzen, und von dieser letzten Seite her erlebt ihn jedes Kind jeder Kultur als das Bedürfnis, das zu können, was die Großen können, und deren Anerkennung zu haben. So früh also wird dieses Bedürfnis schon orientiert, in die jeweils geltenden Sachverhalte und Handlungsziele hineingenötigt und an die Sollgefühle gebunden, die die Gesellschaft diesen gegenüber entwickelt.

Diese Umstände kann man in dem Begriff der *Sprachmäßigkeit* des menschlichen Antriebslebens zusammenfassen. Die Orientierung von Bedürfnissen jeder Art ist nämlich zugleich ihre Veröffentlichung; ein orientiertes Bedürfnis taucht nicht ohne den Hof der mitverpflichteten Gesinnungen und Emotionen auf, die wieder die vorweggenommenen Emotionen Anderer sind, und wieder nur in den Ansätzen eines Verhaltens, das die Reaktionen der Anderen schon in sich enthält. Ähnlich ist, für die Sprache, eine gedankliche Intention erst ihrer selbst sicher und ausdrucksfähig, erst selbst eine Aktion, wenn sie in ein Wort eingegangen ist, und die Worte sind stets auch die Worte Anderer – unmittelbar darin wird jene Intention öffentlich. Die Sprachmäßigkeit des menschlichen Antriebslebens, aller Interessen und Bedürfnisse, ist von Bedeutung, und sie kommt in den Denkmodellen der Psychoanalyse nicht zur Geltung, die die »Triebe« unter dem Bilde des Dampfdrucks diskutiert, der aus dem überheizten Kessel pfeift, oder im »Überich« die soziale Komponente dem triebhaften »Es« ausdrücklich entgegensetzt.

Alle stabil orientierten Bedürfnisse und Interessen sind also hinausverlagert, von umschriebenen Außendaten auslösbar gemacht und sprachmäßig. Man versteht sich in ihnen, und nicht nur in der sprachlichen Mitteilung, mit Anderen und mit den Sachen, oder anders ausgedrückt, man begreift sich selbst bis ins Herz hinein unter Kategorien der Objektivität. Daher alle die gleichrichtigen Varianten des Sprichworts: sage mir, was du tust, was du begehrst, mit wem du umgehst usw. usw. und ich sage dir, wer du bist. Ein starkes und orientiertes Bedürfnis ist ganz eigentlich »innere Außenwelt« – es war Novalis (II, 181), der sagte, »daß es auch eine Außenwelt in uns gibt, die mit unserem Inneren in einer analogen Verbindung steht, wie die Außenwelt außer uns mit unserem Äußeren«. Ein gefühlsstarker, bildbesetzter Interessenkomplex hat erlebnismäßig eine anschauliche Eigenständigkeit, in der die Person *sich selbst gegenständlich* wird, obgleich nicht im Sinne der Selbstbeobachtung oder Selbstbesinnung. Hier liegt das, was Rothacker die »primäre Vergegenständlichung unseres Wesens« nannte (Die dogmat. Denkform in den Geisteswissenschaften, Abhdlgn. d. Akad. d. Wiss. u. Lit., 1954, p. 22).

Dem archaischen Menschen kann man in aller Wahrscheinlichkeit nur einen geringen Grad subjektiver, in der Reflexion ausdrucksfähiger Erlebnisverarbeitung zuschreiben. Folglich mußte die Vergegenständlichung seiner selbst in einem uns nicht mehr nachvollziehbaren Grade über die Außenwelt gehen. Nach den von uns entwickelten Kategorien bedeutete ein an die Wand gemalter Bison von Altamira zunächst einmal die Ablösung eines Schwerpunktdatums der Außenwelt vom Vorfindbaren: das gehört unter die Kategorie »Stabilisierung der Außenwelt« (§ 13). Und weiter, wie wir jetzt sehen, lag in dem Bilde ein Sichverstehen jedes einzelnen Menschen in einem dominierenden Bedürfniskomplex: dies aber in der Form der Öffentlichkeit, also zugleich als Stabilisierung des gegenseitigen Schonverständigtseins. Doch werden wir später in diesem Thema noch andere Kategorien nachweisen, die mit der Darstellung als solcher zusammenhängen.

Ein verselbständigtes Bedürfnis in dem oben beschriebenen Sinne, wie es jeden von uns jeden Tag an seine Tätigkeit führt, wird von uns nicht als psychisch im Sinne des Zurücknehmbaren empfunden, wie eine bloße Vorstellung, ein Einfall, eine Stimmung, sondern als eine schlechthin objektive Einrichtung. Gerade gegenüber den eigenen mehr subjektiven Regungen der Enttäuschung, Mutlosigkeit usw. »steht man dazu«. Hier liegt eine eigene Quelle des Ethischen. »Ein Mensch, der sich mit der sorgfältigen Ausführung einer schwierigen Sache befaßt, verliert seine Selbstachtung niemals« sagte Shaw (in: Vorrede über Ärzte). Dasselbe gilt von den Dauerinteressen, die sich in eine solche »sorgfältige Ausführung« fortsetzen, und die sich der genetischen Rückdröselung und Analyse meist entziehen. Sie bilden, samt den in sie eingegangenen »idées directrices«, das Rückgrat unseres Inneren. Wer z.B. in dem vorhin erwähnten Sinne »machtvoll« handelt, der »hat« keineswegs die dabei entbundenen Affekte, Vorstellungen und Gefühle im Sinne der Gegenständlichkeit, sondern er lebt in ihnen; aber er *hat sich* untrennbar in dem Erfolg oder Mißerfolg, den er zustande bringt. Die stehenden Interessen-Komplexe und Verhaltensweisen bestimmen von sich aus den fließenden Strom des Subjektiven, so wie die stehenden Formen des Geländes dem Fluß den Lauf vorschreiben. Indem man sich aber über die herrschenden Inhalte seines Handelns hin an den Reaktionen der Verhältnisse und der Personen selbst erst gegenständlich wird, begreift man sich eben in den Grundbegriffen und Normen der Institutionen und der Öffentlichkeit – ähnlich, wie man die eigensten, originellsten Gedanken nur in den Worten der Anderen denken kann. »Der Umstand«, sagt Pareto (a.a.O. § 1043), »daß man in einer gegebenen Gesellschaft lebt, drückt dem Geist gewisse Ideen ein, gewisse Weisen, zu denken und zu handeln, gewisse Vorurteile und Glaubensgehalte (croyances), die in der Folge überdauern und eine pseudo-objektive Existenz (!) erreichen.« Was Pareto hier von der Seite des Einflusses der Gesellschaft beschreibt, ist, von der anderen Seite her gesehen, die Be-dürfnis- und Interessenorientierung. Ursprünglich erlebt sich die Subjektivität, die diese sehr weitgehende Eigenständigkeit ganzer Provinzen der inneren Außenwelt umspült, gar nicht als öffentlichkeitsfähig und öffentlichkeitswürdig, und eben deswegen ist sie subjektiv *im Sinne des Zurücknehmbaren*, sie ist ungegenständlicher »Hof«, Mitanklingendes. Es gehören sehr spezielle Kulturbedingungen dazu, wie bei uns, wenn die Ausfaltung und Selbstdarstellung des Subjektiven selbst zum Thema wird. Hofstätter (Einf. in die Sozialpsychologie, 1954, p. 205) sagt sehr richtig, daß es in unserer Kultur so etwas wie eine »rollengemäße Individualität« gibt, daß also die Je-Einmaligkeit selbst zur Rolle wird – »das ist vielleicht eine der erstaunlichsten Selbstverständlichkeiten unserer Kultur«. Die Einmaligkeit des Menschen ist eine religiöse Kategorie und, völlig unformuliert, auch seit jeher etwas in den Situationsgehalt jedes lebendigen Umgangs Eingehendes – aber sehr selten etwas wie eine öffentliche Zumutung.

Wenn wir im Zusammenhang dieser Erörterung Bedürfnisse (selbst primäre) und Interessen höherer Ordnung nicht unterschieden haben, so soll deren Unterscheidbarkeit nicht geleugnet werden. Aber sie zu bestimmen ist Sache der Psychologie, uns kommt es auf die Kategorie der Orientierung an, und in dieser Hinsicht unterscheiden sie sich nicht. Auch ein Primärbedürfnis orientieren heißt, es unter Kulturbedingungen zu setzen, und jede Bedingung dieser Art kann virtuell jede andere nach sich ziehen. Ein »unsublimierter« Trieb ist ein nichtorientierter. Die orientierten Instinkte haben nichts Instinktives mehr, sie sind in der Selektivität des Handelns untergegangen. Die desorientierten Instinkte sind keine Motive mehr, sondern wirre Triebe, die sich in Gedachtes umsetzen: Wunschbilder. Nach den Darlegungen dieses Abschnitts wäre die »Sprachmäßigkeit der Antriebe« eine ebenso wichtige Kategorie wie die Sprachmäßigkeit des Denkens, beide müssen ihre Ausdrucksformen, ihre öffentlichen Halte finden, und werden durch die gefundenen ihrerseits erst artikuliert und präzise. Die Institutionen stiften, wie die Sprache, Zusammenhang und Verständigung, sie wirken, wie sie, entlastend und darin befreiend. Man kann sogar sagen, daß der abstrakte Gehalt der Institutionen einer Gesellschaft, ihr Rechtssystem, die Grammatik ihrer Bedürfnisse ist.

18. *Stabilisierte Spannung*

Wir sind aber auch nach den bisherigen Analysen zum Thema der Antriebsorientierung noch nicht »am Boden«, wir müssen die mühsame Untersuchung noch etwas fortsetzen. Als letzte Kategorie in diesem Zusammenhang soll die »tension stabilisée« eingeführt werden, die stabilisierte Spannung. Der Ausdruck ist von Przyluski (L'évolution humaine, 1942) gelegentlich und in etwas anderer Bedeutung verwendet worden, und wir wollen ihn adoptieren, da wir in ihm eine Kategorie getroffen glauben.

Als einfachstes Beispiel kann eine »ambivalente« Affekteinstellung dienen. Gegenüber einflußreichen und mächtigen Personen – übrigens auch Sachverhalten – fühlt man sehr leicht eine wechselnde Tendenz, die zwischen Aggression und Unterwerfung oder Annäherungen an beide Pole schwankt. Gäbe man einem dieser Affekte nach, so würde das Verhalten eine bloße Jetztbewältigung werden, in beiden Fällen würde die Beziehung abbrechen, denn eine mehrmals beanspruchte Unterwerfung würde doch in Aggression umschlagen. Eine definitive Orientierung in dieser Antriebslage setzt offenbar voraus, daß beide Affekte in eine tension stabilisée überführt werden, indem einer unter die Hemmung des anderen gesetzt wird. Das Resultat ist eine *neue* Gefühlslage, eine sehr spezifische wache Spannung mit Vorbehalten, eine Art Gefahrenbereitschaft, die in unserer Sprache keinen eigenen Namen hat. In den sehr lebenswahren primitiven Verhältnissen hat sie eine deutliche Ausdruckszone, nämlich die Tabugrenze, über die man sich räumlich nicht hinauswagt, die man aber andererseits behauptet. Das Tabu hat bekanntlich Freud als »Ergebnis des Ambivalenzkonfliktes« zuerst (Totem und Tabu, 1913) überzeugend gedeutet. Es gibt übrigens primär keine Affektverarbeitung auf dem Wege der Selbstbeobachtung, indem man etwa sagt: ich fühle mich angesichts des Häuptlings beunruhigt – was nämlich auf eine Arretierung des Verhaltens hinausläuft. Sondern die Geltung »der Häuptling *ist* tabu« entspricht der Tatsache, daß eine stabilisierte Spannung und eine mittlere Distanz des Verhaltens sich gegenseitig feststellten, nun aber durchgehalten werden können.

Diese neue Affektlage hat mehrere merkwürdige Eigenschaften, auf die Freud nicht hinweist. Zunächst, wie gesagt, stellt sie die Dauerform einer nunmehr orientierten »Gesinnung« dar, in die deutlich merkbar instinktresiduale Komponenten eingelagert sind. Diese Präzision und Dauer ist offenbar von den eingebauten Hemmungen abhängig, die in die neue Gefühlslage eingegangen sind. Zweitens sensibilisiert die stabilisierte Spannung: sie macht wacher, und zwar in erster Linie für die Eigenschaften des Gegenstandes. Man wird sich vorstellen dürfen, daß gerade durch jene Hemmungen höhere nervöse Zentren ins Spiel gebracht werden als durch den einseitigen, direkten Affektausbruch. Diese Wachheit bedeutet natürlich, daß das von der stabilisierten Spannung aus entwickelbare Handeln von innen her für weitere Motive freigegeben wird, die in der Objektebene liegen und rational sind, daß das Verhalten also Sachzwecke einbeziehen kann. Jetzt kommen die hocharchaischen Mischungen symbolischen und doch höchst zweckmäßigen Tuns zustande; um nur ein Beispiel zu geben: manche stehen dem tabuierten Häuptling näher, manche ferner. Man kann also die kritische Distanz einteilen, und die am nächsten stehenden Verwandten oder Berater pflegen das immer auszunutzen, um seinen Verkehr mit dem Volke zu usurpieren – die erste Quelle des von Carl Schmitt untersuchten »Vorzimmerphänomens« (Über die Macht und den Zugang zum Machthaber, 1954).

Drittens liegt in dieser Wachheit und Spannungshelligkeit noch eine benachbarte Erscheinung: die stabilisierte Spannung hält hohe Schwellenwerte des Objekts fest, die ganz invariant werden, nämlich unabhängig vom Wechsel der subjektiven inneren Zustände und von irgendwelchen Bedürfnis- und Sättigungsschwellen. Was der Häuptling sagt oder tut, ist immer im höchsten Grade beachtlich, gleichgültig, wie die eigene innere Befindlichkeit aussieht. In einer anderen Begriffssprache ausgedrückt: es gibt keine »Reflexauslöschung«, keinen Abbau der Reaktion durch Gewöhnung, kein Steigen oder Sinken des Schwellenwerts des Reizes, der selbst sehr hoch fixiert ist. Im Umkreis der stabilisierten Spannung gibt es keine drängenden und noch abzusättigenden Bedürfnisse mehr, denn sie hat die eingegangenen, gegenseitig unter Hemmung gesetzten Antriebe der Aggression und Unterwerfung, der Furcht und Bewunderung ganz in sich eingeschmolzen. Eine stabilisierte Spannung von Bedürfnissen und Affekten hebt diese sozusagen aus der bloßen Jetztbewältigung heraus und nimmt ihnen damit die eigentliche, von außen zu behebende Bedürfnisqualität. Ein so hochgetriebener Zustand findet auf der Seite des zugeordneten Verhaltens natürlich keinen unmittelbaren Affektausdruck mehr, es gibt keinen Aggressionsausbruch und kein unterwürfiges Zusammenknicken. Sondern die stabilisierte Spannung kann sich nach außen hin nur in einem konventionellen Verhalten darstellen, das »symbolisch« den Gegenstand einbezieht und wieder den Spannungszustand absättigt: der *Status* des Häuptlings, seine gültige Qualität, Tabuträger zu *sein*, wird durch dasselbe symbolisch-konventionelle Handeln bestätigt, das auch die Affektspannung zugleich abführt und im Hintergrund festhält. So macht man dreimal den Kotau, und in der gültigen Form.

Hier haben wir ein »Ritual« beschrieben, nämlich ein Handeln, das sich auf sich selbst beziehen muß, weil es am Gegenstand nichts verändern darf, ihm also nur zugeordnet werden kann. Die so in sich *aktiv* vollzogene Reflexion des Verhaltens heißt *Stilisierung*, die Handlung besteht, von außen gesehen, in einer Normierung oder Stilisierung ihrer selbst. Auf der Seite der zugeordneten Objekte entspricht ihr ein »Status«, auf der Innenseite eine wache Affektspannung ohne freie Drang- und Bedürfnisbeträge.

Es ist immer schon gesehen worden, daß der konventionelle oder symbolische Ausdruck auf gesellschaftlichem, religiösem oder politischem Gebiet keine unmittelbaren Affekteinschüsse mehr enthält. Eine Ehrenbezeigung vor einem Denkmal, einer Fahne, einer Standesperson usw., und bestünde sie bloß in der Gewährung des Vortritts, hat stets den Sinn, daß man sich zu etwas bekennt und dies sichtbar kundgibt. Man artikuliert eine komplizierte Affektspannung (»Gesinnung«) als für sich verbindlich und gültig, und unterstreicht zugleich in demselben Verhalten den ideellen Status, die *Geltung* des betreffenden Gegenstandes. Dieser ganze, sehr hochgetriebene Erlebniszustand wird in demselben stilisierten Verhalten zugleich, wie in einer Rückkopplung, abgeführt und abgestützt.

In den hier beschriebenen Zusammenhängen liegt die anthropologische Voraussetzung dafür, daß es *Erfüllungszustände ohne Bedürfnisse* gibt, die an *Statusqualitäten der Außenwelt* orientiert sind. Man tritt damit in ein Verhältnis zum *Seienden als solchem*, das, um den Begriff Status anders zu umschreiben, *sich selbst repräsentiert* und nicht mehr im Lichte eines zu Verändernden erscheint. Diese Gesamtsituation erfüllt sich in sich selbst, sie drängt nicht über sich hinaus, sie wird gegen den Zeitfluß verteidigt und wiederhergestellt.

Wir haben damit den »Selbstwert im absoluten Sinne« (§ 4) erneut angetroffen: ihn haben diejenigen Dinge, Wesenheiten, Institutionen usw., auf die ein Verhalten bezogen ist, das ihrem Eigendasein und ihrer Wirklichkeit selbst und als solcher gilt, und zwar virtuell bis zur Aufgabe jedes Daseinswerts für die eigenen Bedürfnisse.

Die antiken daseienden, anschaulichen Götter, die Exaltationen der Könige und Kronen bis an die Grenze unserer Zeit hin bieten die Beispiele für eine solche geistige und affektive Anstrengung, die von den Menschen geleistet werden mußte, als es noch darauf ankam, sich gegen den Anprall der unbeherrschbaren Wirklichkeit durch Überhöhung zu verteidigen.

Unsere Untersuchung hat hier das Thema des *normierten Verhaltens ohne Sachveränderung* angeschnitten. Daher sei gleich bemerkt, daß nicht nur die erwähnten imposanten Fälle die stabilisierte Spannung belegen, sondern daß diese in unendlicher Verästelung das gesellschaftliche Leben durchzieht. Anders gesagt: jede sozial herstellbare und dauerfähige, in Gegenseitigkeit zumutbare Affektatmosphäre stützt sich auf solche normierte Verhaltensformen, und ohne den Begriff der »stabilisierten Spannung« kann man nicht verstehen, wie es zu sprachähnlichen Verständigungen kommt. Um ein

Beispiel zu geben: soziale »Gesinnungen« dieser Art sind etwa die zwischen Höflichkeit und Kühle variablen. Die dabei vorausgesetzte stabilisierte Spannung ist die von Einverständnis und Streit. Die Höflichkeit führt diese Spannung von der ersten Seite vor, sie ist ein im Verhalten stilisiertes vorweggenommenes Einverständnis. Die Kühle entwickelt denselben Komplex von der anderen Seite, sie markiert die Chancen des Abbruchs, läßt aber das Einverständnis nicht als unerreichbar erscheinen. Dies tut die »Kälte«. Zugeordnet sind konventionelle, öffentlich-normierte, auch kulturell sehr wechselnde Ausdrucksformen. Die chinesische Abbruchs-Geste: wortlos die Teetasse umzukehren, läßt sich nicht verkennen.

Von der hier entwickelten Kategorie »Ausdruck« aus läßt sich auch zu der subjektiven Seite der Kunstproduktion etwas sagen. Eine Ästhetik müßte genau unterscheiden, ob sie vom Gesichtspunkt des Künstlers oder des Betrachters bzw. des sozialisierten Betrachters (des Publikums) aus argumentiert. Unter der ersten Hinsicht kann man sagen, daß der Künstler natürlich nicht eine Emotion erster Hand angesichts eines Stückes Wirklichkeit ausdrückt, obwohl er davon ausgeht. Indem seine Intelligenz und Reflexion ins Spiel tritt, wird *diese* Emotion gehemmt, sie findet keine unmittelbare Entladung mehr. Aber diese Hemmung läßt jetzt andere Motive zuwachsen: sekundäre Emotionen, Erinnerungen, Gefühls- und Bildassoziationen, Gedanken usw., und diese beginnen, sich nach einer stabilisierten Spannung hin zu ordnen. Sofern nun das zugeordnete Verhalten nicht etwa in Reflexionsverarbeitung übergeht (dann entsteht »Philosophie«), und auch nicht in rituelle Handlungsformen, sondern sofern es den Weg einschlägt, den primären Gegenstand und Anlaß der Emotion *darzustellen*, dann erfolgt etwas sehr Besonderes: nämlich eine *gegenseitige* Weiterentwicklung und Anreicherung des subjektiven Gefühls- und Gedankenkomplexes *und* des dargestellten Gegenstandes. Indem also der Maler einen sich anreichernden Erlebniskomplex ausdrückt (in dem Gedanken enthalten sein sollten), tut er dies so, daß das zugeordnete Verhalten über die Darstellung des Gegenstandes läuft: jede an dem Bilde entwickelte Linie oder farbige Note präzisiert das vorschwebende Gefühl, das sich wieder in eine neue Nuance des Bildes hinein fortsetzt, bis eine weite und reiche Fülle von innerlich angeschauten, größtenteils erst während der Tätigkeit entwickelten Gefühlen und Gedanken am außen angeschauten Bilde präzise, endgültig und deckend Anlehnung findet. Jetzt ist die Emotion stabilisiert und hat zugleich ihren Ausdruck gefunden. Dasselbe gilt vom Wortkunstwerk. Rothacker (a.a.O. p. 22) interpretiert den Beginn des Abendliedes von Claudius »Der Mond ist aufgegangen« als eine »lyrische Aussage«, eine »eigentümliche Synthese von subjektiver, gefühlsmäßiger Gestimmtheit, und Gestimmtheit gerade durch das qualitative Bild, in dessen Schau das Gefühl versunken ist«. In ähnlichem Sinne hat sich auch Dewey (Art as Experience, 1934, p. 74) ausgesprochen: »Der Impuls, der wie eine Erschütterung kocht, die Äußerung verlangt, muß so etwas wie eine sorgfältige Durchordnung (management!) erfahren, um eine beredte Manifestation in Marmor oder Farbe, in Wort oder Ton zu erhalten... wenn der Maler Farbe auf die Leinwand setzt, oder sie sich dort gesetzt vorstellt, werden seine Gedanken und Gefühle ebenfalls geordnet«. Die künstlerische Darstellung läßt also sowohl den primären Gegenstand der Emotion hinter sich, sie zieht ihn in die Darstellung herauf, als auch die primäre Emotion selbst. Jetzt wird, um an das Wort Gides zu erinnern, ununterscheidbar, was man empfindet und was zu empfinden man sich einbildet.

Zurückkommend auf stabilisierte Spannungen überhaupt: es kommt jetzt nicht auf die kaum entscheidbare Frage an, ob eine solche selbst schon »Wille« ist. Man kann ohne den Begriff eines »Willensvermögens« doch wohl auskommen, den die Griechen auch nicht kannten. Viel deutlicher faßbar sind alle »unwillkürlichen« Verläufe: instinktive Reaktionen, Reflexe, Einfälle, Traumbilder, und die unmittelbaren Affekte und Triebregungen. In dem Buche Der Mensch (§ 14, 12) ist die Auffassung vertreten worden, daß Wollen die allgemeine Struktur der Handlungen und Innenzustände eines nichtfestgestellten Wesens ist, eines sich selbst thematischen, das jene unwillkürlichen Abläufe in Führung nimmt. Dann wäre die frei disponible Willenskraft im engeren Sinne ein hoch bedingtes Resultat durchgezüchteter »Verspannungssysteme«. Sicher ist, daß die von einer stabilisierten Spannung aus entwickelbaren Handlungen, z.B. die stilisierten Ausdrucksgesten der Höflichkeit oder Kühle, »tendenziös« sind, es handelt sich da keinesfalls um unwillkürliche Ausdrucksgesten. Wichtiger als diese mehr definitorischen Fragen ist die Erkenntnis, daß eine »tension stabilisée« ihrem Wesen nach eine Entscheidung zum Dasein ihres Gegenstandes einschließt, sie akzeptiert dieses Dasein in qualitativer Endgültigkeit. Eben deswegen fordert die »Rolle« des Häuptlings, wenn er stirbt, einen neuen Rollenträger, und diese Forderung geht nicht nur von der Weitergeltung seiner sachlichen Aufgaben aus, denn er ist in dieser Rolle Außenstabilisator oder »Krystallisationskern« von stilisierten Gesinnungen und Verhaltensformen, die ihr eigenes Schwergewicht haben.

Nun sahen wir oben, daß eine stabilisierte Spannung ihren daseienden Gegenstand an einer hohen Reizschwelle festhält, sie macht wacher und erleichtert in der Sachebene den Neuzutritt rationaler Motive. Die Höflichkeit ist in weiterer Erfahrung eminent praktisch, weil ihre Verhaltensformen auch noch die Möglichkeit des Rückzuges decken, weil man unangenehme Mitteilungen verzuckern, schwerwiegende Fragen in dünnerer Luft diskutieren kann usw. Von da aus lassen sich schon kompliziertere Kulturphänomene analysieren. Archaisch und sogar schon altpaläolithisch ist zweifellos eine Affektspannung gegenüber der Leiche: die Angst vor dem Toten muß sich gleichzeitig mit der Anhänglichkeit an den einst Lebenden ausdrükken: ein ziemlich reiner Fall einer stabilisierten Spannung. Also behält man ihn zugleich bei sich (eine uns schon bekannte Kategorie) und grenzt ihn aus – man begräbt ihn. Beide Affekte als stabilisierte können in eine *neue* qualitative Einheit übergehen und von ihrer Seite her die Vorstellung eines Weiterlebens seines Wesens, Bildes, seiner Seele stützen. Aus dem ganzen Komplex folgt sehr leicht durch »Neuzutritt von Motiven« die (ägyptische) Konzeption, daß das Begräbnis in Stein und die Konservierung der Leiche jenes Fortleben erst »stabilisieren«.

Ein anderes Beispiel soll uns weiterführen. Bei den Maoris waren die hochtabuierten Künste, wie das Tätowieren, die Herstellung geschnitzter Waffen und Kanus das gehütete Privileg der Adligen, eine »Arbeitsteilung«, die aus der Monopolisierung von Fertigkeiten hervorging und deren Motive magischer und prestigemäßiger Art gewesen sein können. Von Kriegsgefangenen galt, daß sie ihr »Mana«, ihre magische Qualifikation verloren hatten, sie waren außer Tabu gestellt. Wenn man diese beiden Komplexe voraussetzt, dann mußten aus der Situation heraus im Sinne des Zutritts rationaler Motive bestimmte Zweckmäßigkeiten auffallen: die Gefangenen konnten dann, frei von Tabubeschränkungen, den Adligen bei der Arbeit helfen, und die von solchen Künsten ausgeschlossenen Gemeinfreien konnten ihrerseits kein Interesse haben, nunmehr mit Sklaven um diese privilegierten Arbeiten in Konkurrenz zu treten – sehr wirksame Garantien der vorgegebenen Machtlage. In die beschriebene Institution gingen also sehr heterogene Motive ein, und, was von großer Wichtigkeit ist: als diese originären Motive brauchten sie nicht immer wieder reproduziert zu werden! Die übersichtliche Struktur der Institution kann als bloße Sollform weitergereicht werden, es genügt für ihre Dauer eine Ideenformel (Mana der Adligen, Manaverlust der Gefangenen) und ein Satz obligatorischer Verhaltensformen. M. a. W.: die Gesellschaft entlastet sich selbst von der *Aktualität der Ausgangslagen ihrer eigenen Institutionen.* Dies ist wahrscheinlich die eigentliche Erklärung für das »Umschlagen« von Institutionen in die Eigengesetzlichkeit, das wir oben bloß deskriptiv behandelten.

Daher ist der folgende Gedankengang Schumpeters (Kapitalismus, Sozialismus und Demokratie, dt. 1946, p. 448) generell richtig: »Bei der Betrachtung menschlicher Gesellschaften macht es in der Regel keine Schwierigkeit, wenigstens in der rohen Art des gesunden Menschenverstandes die verschiedenen Ziele zu qualifizieren, die die untersuchten Gesellschaften zu erreichen streben. Von diesen Zielen kann gesagt werden, daß sie den Grund oder den Sinn der verschiedenen Tätigkeiten erklären. Aber es folgt nicht daraus, daß der soziale Sinn eines Tätigkeitstyps notwendig auch das treibende Motiv und folglich die Erklärung des letzteren darstellt.«

Noch eine andere Form des Neuzutritts rationaler Motive läßt sich aus dem Beispiel des Tabu entnehmen: die direkte Instrumentalisierung eines primär nichtrationalen Verhaltens. Wir brauchen diesen Gedanken später für die Theorie der Magie. Hier wie immer in ähnlichen Fällen ist das Aufgreifen unerwarteter Zweckmäßigkeiten entscheidend, die sich in Verlängerung des nichtrationalen Verhaltens ergaben. Zumal im Südseeraum diente das Tabu sehr weitgehend als Eigentumsschutz, zur Erhaltung ständischen Prestiges, zur Sicherung knapper Wild- und Viehbestände, als Verbotstafel vor Schonungen und unreifen Saaten usw. – dies schon in sehr alter Zeit, wie die Tabuierung (»Bannung«) der Kriegsbeute bei Josua 6, 18 und das Schicksal Achans (7, 1: »nahm des Verbannten etwas«) zeigen. Auf Timor gab es einen eigenen Tabu-Rajah für die Verhängung und Aufhebung fallweiser Tabus. Auch dies sind Beispiele für die in den beiden vorigen Absätzen behandelte »*Überdeterminierung*« von Institutionen.

19. Kulturbedingte Selbstverständlichkeiten

Es gibt im Bewußtsein großzügige Prozesse der Vereinfachung. So wie eine unendliche Mannigfaltigkeit physikalischer Reize, von Frequenzmodulationen im Sinnesorgan und Gehirn, schließlich zu dem schlicht vorhandenen Gegenstandsbild vereinfacht werden, das man außer sich vorfindet, so oder ähnlich liegt es auch im kulturellen Bereich. Außerordentlich vielseitige und gar nicht nachrechenbare kollektive Prozesse zwischen den Menschen ziehen die Daten äußerer Sachlagen in sich hinein, und sie vereinfachen und »entfremden« sich wieder zu einer Institution, die von allen den Vorgängen abhebbar wird, die zu ihr hinführten.

Die psychologischen, historischen und rationalen Bedingungen, die in eine Institution eingingen und sie überdeterminieren, können aus ihrer verselbständigten Gestalt fast völlig zurücktreten, zumal diese selbst die Tendenz hat, sich zu schematisieren und auf Formalkriterien festzulegen – und ganz neue Motive können dann in sie eingehen. Auf diese Weise wandern Institutionen wie Kulturgüter, und mit ihnen ganze Sätze von normierten Verhaltensregeln. Die demokratische Staatsform z.B. ist von vielen Völkern übernommen worden wie die europäische Kleidung. Damit werden zahlreiche Einrichtungen und Rollen rezipiert: Parlamente, Wahlvorgänge, Minister, Abgeordnete. Unendlich verschieden aber kann der Geist sein, in dem die Institution betrieben wird, und ebenso der konkrete Sinn ihres Funktionierens im sozialen Zusammenhang. In Vorderasien z.B. kann die Demokratie einfach eine Transformation des Feudalismus bedeuten, seine Konservierung unter neuen Erscheinungsformen und Spielregeln.

Die in der Antike häufige Wanderung von Göttern liefert andere Beispiele. Die Übernahme eines Gottes bedeutete immer die eines Götterbildes als des äußeren Bezugspunktes der mitübernommenen Riten und Kultformen, der Festtage, Opferbräuche und Priesterschaften. In diese Form konnten ganz neue Inhalte eintreten, die ohne sie niemals objektorientiert geworden und also gar nicht ins

Dasein getreten wären, oder sich mindestens darin nicht hätten festhalten können. Dann konnte sich die Bedeutung, ja die Gestalt eines Gottes völlig ändern: warum wurde der »Erdherr« Poseidon, der Posis Dàs, ein Meeresgott?

Man sagt bisweilen, der Gruppensinn, das Gemeinschaftsgefühl finde sein »Symbol« im Herrscher. Man setzt dabei den Gruppensinn in der Form, wie er auf die Institution des Herrschers bezogen ist, schon voraus, was evident falsch ist, aber naheliegend: denn das auf den Herrscher bezogene Gemeinschaftsgefühl wird als »natürlich« empfunden und kann deswegen als selbstverständliche Voraussetzung zur »Erklärung« einer Institution dienen, ohne die es niemals in dieser Form existieren würde. Zahlreiche primitive Gesellschaften kommen in der Tat ohne die Institution eines Herrschers aus. Ist er aber vorhanden, dann wird das Verhältnis der Gruppe zu sich selbst völlig transformiert. Jetzt kann, wie häufig, geglaubt werden, daß vom Wohle des Herrschers Bestand und Blüte der Gruppe abhängt, und sie wird sich selbst in neuer Art gegenständlich und zum Inhalt einer Sorge, die in dieser Form vorher nicht bestand. Und diese neue »stabilisierte Spannung« verselbständigt sich ihrerseits, wie das Nationalgefühl. Es sind an der Schwelle der Neuzeit in Europa die Dynastien gewesen, die über die Reichseinigungen hinweg ein Nationalgefühl erst geschaffen haben, und die abtreten konnten, als diese mitverpflichteten Gefühle sich verselbständigt hatten, die nun weitgehend für »natürlich« gelten, oder vielleicht schon wieder anfangen, sich aufzulösen.

Aus diesen Einsichten folgt zunächst, daß man das *unmittelbare* Leben in den gegebenen Institutionen, in den normierten Handlungen, Ideen, Sollgefühlen und stabilisierten Spannungen, die sich meist nur langfristig verändern, mit nichts anderem vermengen darf. Diese »selbstverständlichen« Inhalte machen als *subjektive* Erlebnisse qualitativ überhaupt nur solche möglich, die in ihrem Rahmen (oder im Gegensatz zu ihnen) in Erscheinung treten können. Hier liegen Kausalitäten, die kaum zu durchschauen und noch weniger zur Anerkennung zu bringen sind. Aber wir halten die These Schumpeters (a.a.O. p. 231ff: Die Soziologie der Intellektuellen) für wahr, daß die rationalistisch-kapitalistische Gesellschaft den »kritischen Intellektuellen« selbst erzeugt hat: sie hat ihm nicht nur die Ausdrucksmittel bereitgestellt, sondern seine Seelenlage informierter

Unzufriedenheit, und sogar noch sein Bewußtsein, als »freies Individuum« zu kritisieren. Ähnlich ist die Soziologie in der Lage, den modernen Persönlichkeitskult, die Einmaligkeit als Rolle und mühsame Verpflichtung, auf das Institutionssystem zu beziehen, das allein diese Möglichkeiten zuläßt.

Zweitens besteht ein außerordentlicher Unterschied zwischen einer anthropologischen Kategorienforschung über Kulturen und Institutionen, wie sie hier betrieben wird, und andererseits den Versuchen des »Verstehens« von Kulturen. Sofern es sich um ein Verstehen *vergangener* Kulturen handeln soll, halten wir es größtenteils für Selbsttäuschung. Nicht nur, weil die Subjektivität des Interpreten einspielt; weit darüber hinaus wird man ja doch die eigene »natürliche« Antriebs- und Gefühlsorientierung, die ganze Basis der mitverpflichteten Emotionen und Ideen nicht los, weil man sie gar nicht voll ins Bewußtsein heben kann. Und man projiziert diese ganze Sphäre notwendig in das hinein, was von vergangener Lebendigkeit allein übrig ist: die objektiven Außenhalte längst verstorbener Selbstverständlichkeiten: seien dies nun chinesische Malereien, Benin-Bronzen oder die weltenfernen Gedichte Klopstocks. Scharf zugespitzt hat Ernst Jünger in »Gärten und Straßen« dies ausgedrückt: »Die Dome als Fossilien, die in unsere Städte wie in späte Sedimente eingeschlossen sind. Doch liegt es uns sehr fern, von diesen Massen auf die Lebensmacht zu schließen, die ihnen zugeordnet war, und die sie bildete. Was in den bunten Schalen lebte und was sie schuf, das liegt uns ferner als die Ammoniten der Kreidezeit... man kann auch sagen, daß die Menschen von heute diese Werke sehen, wie ein Tauber die Form von Geigen und Trompeten sieht.« Diese überzogene Formulierung enthält doch einen wahren Kern.

Selbst sehr einleuchtende kulturfremde Sitten erweisen sich bei genauerem Nachsehen doch als unverständlich. Wir haben da selbst manchmal noch einen kleinen Aberglauben an »Vorzeichen«, und sogar ein so klarer Kopf wie Lichtenberg entschied eine Reise nach Italien an einem ausgehenden Kerzenlicht. Man kann auch noch einsehen, wie streitende Affekte, Mischungen von Antrieben und Handlungshemmungen, in diesen Komplex eingehen und sogar, daß die jetzt entstehende Sensibilisierung und Schwellenerhöhung irgendwelche sonst belanglose Zufälle in die Wahrnehmung ziehen und »auffällig« machen muß. Nach der uns schon bekannten Formel von der »Verlagerung der Antriebsmomente in den Gegenstand« kann jetzt die Entschlußbildung ins Äußere fallen: das ist das »Vorzeichen«. Aber man würde sich sehr in der Annahme täuschen, die streng kasuistische Durcharbeitung des Vorzeichenbetriebes bei den Römern oder den Dajaks auf Borneo damit »verstanden« zu haben: zur *Institution* wird das Vorzeichen bei uns nicht, gerade das Verselbständigte und Selbstverständliche daran bleibt uns unvollziehbar, wir kennen das Vorzeichen nur als subjektiven, leicht neurotischen Mechanismus. Daher ist es uns auch unverständlich und nur abstrakt nachkonstruierbar, daß mit jener Institutionalisierung eine Art Rechtsanspruch auf das Gelingen verknüpft war, wenn das Vorzeichen »günstig« ausfiel. Um das zu verstehen, d.h. mitvollziehen zu können, fehlt uns schlechterdings die entsprechende Naturauffassung, nach welcher das künftige Ereignis, sozusagen die Schicksalsmasse, sich im Vorzeichen selbst wie eine Art Kontrahent ankündigt, der seine Berücksichtigung zur Pflicht macht. Daher uns manche Vorzeichen-Gebräuche wie die Kniffe von Winkeladvokaten vorkommen, bei den Römern ohnehin. Aber auch die Dajaks, die sich auf einer Flußreise befinden, drehen das Boot einfach um, wenn der fatale Vogel von der falschen Seite kam, und zünden ein Dankfeuer an!

Das Verhalten der Menschen in kulturfremden Institutionen, ihre inneren, vereinseitigten Selbstverständlichkeiten und deren Niederschläge in Kunstwerken, Mythen usw. sind *nicht* adäquat verstehbar. Das subjektive, anempfindende und insofern stets ästhetische »Verstehen« schöpfen wir aus der modernen Vielseitigkeit der bloßen Subjektivität und ihrer unendlichen Möglichkeiten an folgenlosen Vorstellungen, und eben deshalb steht es »quer zur Lebenspraxis« (Rothacker). Es ist aus ihr herausgetreten und der Substanz nach ein Anderes, als die festgelegten, einseitigen und institutionell versteiften Handlungen und Wahrnehmungen der Kulturen, die es sich zum Gegenstand wählt. Solange die Selbstverständlichkeiten der eigenen Kultur gelten, besteht gar kein Bedürfnis nach dem Verständnis einer fremden. Sind diese Selbstverständlichkeiten aber verunsichert, so entsteht an ihrer Stelle eine neue: die Selbsttäuschung des Verstehenkönnens.

20. Geist Betreffendes

Jetzt erst haben wir eigentlich alles das entwickelt, was der Begriff Handlung einschließt, und zugleich wird es Zeit, einen Schritt zurückzutreten und einige allgemeinere philosophische Folgerungen zu ziehen, die zugleich unsere Methode erklären.

Der wesentliche Inhalt des kulturellen Lebens, wenn man ihn auf eine allgemeine Formel bringen will, ist der Kampf gegen die Vergänglichkeit. Aber dieser Kampf wird offensiv geführt, nämlich als ein Ringen um die Erweiterung der physisch und geistig beherrschten Realität, und es gilt, den Gewinn jeweils gegen den Zeitfluß abzusichern. Die Fossilisierung in starren Traditionen, die Ägyptisierung, würde die höchsterreichbare Dauergeltung bedeuten, aber das Leben selbst überrennt die festen Formen, wie die Seevölker das Mittlere Reich. Doch unterhalb dieser »Gestaltung, Umgestaltung« gibt es eine Periode mit ganz langen Wellen. Dann experimentiert die Menschheit mit sich selbst auf neuer, nie dagewesener Ebene, wie im Neolithikum oder im Atomzeitalter.

Die wesentlich treibenden Kräfte, vom Menschen aus gesehen, kann man auf drei vereinfachen: die Härte, den Eigensinn der Außenwelt, die Versuchung vom Baume der Erkenntnis und die eigene, schreckenerregende Plastizität und Nichtfestgestelltheit im Instinktiven, im Bereiche der Antriebe. Aus allen drei Welten kann man immer nur vereinseitigte, ausschnitthafte, perspektivische Aspekte miteinander zur Deckung bringen. Diese Vereinseitigungen werden allseitig erzwungen: von der Zufälligkeit der je verfügbaren, materiellen Umstände, von der begrenzten Dimensionalität der Wahrnehmung, der Sprache, überhaupt des Bewußtseins und von der Notwendigkeit, den Abgrund in sich selbst abzudecken, wenn sich der Mensch nicht in fürchterlicher Natürlichkeit erleben will. Und man sieht, wie die Stabilisierung des jeweiligen Verhältnisses zur Außenwelt, der sozialen Beziehungen und der geistigen Orientierungssysteme nur im gegenseitigen Zusammenhang gelingt. Die moderne Kulturforschung hat außer Zweifel gestellt, daß man, bei nicht zu wenig Daten, mit guter Annäherung den Götterhimmel, das Rechtssystem, die Wirtschaftsordnung und das Sozialgefüge einer Kultur durcheinander interpretieren kann. Und eine selbständige Kultur ist, bei Primitiven, oft nur ein kleines Völkchen.

Die *Institutionen* einer Gesellschaft sind es also, welche das Handeln nach außen und das Verhalten gegeneinander auf Dauer stellen; auch die höchsten geistigen Synthesen, die »idées directrices«, dauern nur so lange, wie die Institutionen, in denen sie gelebt werden. Diese Stabilisierung besteht darin, daß die Menschen sich je zu ganz bestimmten, vereinseitigten, perspektivischen Inhalten der Außenwelt, ihrer eigenen menschlichen Natur und ihrer Denkbarkeiten entscheiden, und daß sie diese Entscheidungen eben durch ihre Institutionen hindurch festhalten. Und eine Entscheidung liegt schon in dem Akzeptieren, aber dem produktiven Akzeptieren eines Aufgedrängten, so wie die Neger das Christentum produktiv assimiliert haben. Die sehr verschiedenen Formen, die die Menschen für Ehe, Familie, Sippe und Clan gefunden haben, stellen jeweils die Entscheidung zu ganz bestimmten Aspekten auf Dauer, die man aus dem ganzen Komplex von Geschlechtsunterschied, Fortpflanzung, Altersunterschied, Verwandtschaft usw. herausheben kann. Der letzte Bedürfnisbezug, die Beziehung auf das eigene Lebenkönnen, kann bei manchen Institutionen, z. B. denen des Ritus, außerordentlich weit herausgerückt sein, die zugemuteten Verzichte schon in den elementaren Institutionen des Geschlechts höchst drastisch; im Grenzfall geht es um den »Selbstwert im absoluten Sinne« (§ 4), und von da aus gedacht wird wahr, was Churchill (Weltabenteuer im Dienst) sagte: »Was es auch sei, eines Mannes Leben muß an ein Kreuz geschlagen sein, sei es das des Gedankens oder das der Tat.«

Das menschliche Handeln ist in sich selbst schöpferisch und sachaufschließend, und daher ergibt das kontinuierliche Sorgen für die Dauer als ein produktives Verhalten, von der Sache aus gesehen, die Kategorie »Anreicherung«. Der Nullpunkt der Skala der Anreicherung ist das Behalten, das selbst schon unter der Kategorie Dauer steht, dann folgt, bei bloßen Sachen, das Schonen, Pflegen, das Herausarbeiten der optimalen sacheigenen Möglichkeiten, das »Veredeln« – bei Tieren und Pflanzen das ganze Inhaltliche der Hegung und Züchtung, das darauf geht, die besten, je exklusiven Möglichkeiten zu entwickeln und traditionsfähig zu machen, und so hinauf in der unendlichen Mannigfaltigkeit der Arbeiten, für die Menschen sich verantwortlich gemacht haben. Man kann den Daseinswert keiner Sache unzweideutig behaupten, ohne für sie öffentlich etwas zu tun, und zugleich verbreitet man damit eine »Gesinnung«, welche die soziable und allein dauerfähige Form dieser Einstellung ist. Die Menschen harmonieren in ihren Affekten zuverlässig — also dauerhaft — nur in der sachumgelenkten Ausprägung.

In das Schema dieser Grundansicht lassen sich nun einige weitere Aussagen über den Menschen eintragen. Man kann schon unter biologischem Gesichtspunkt die Kategorie der Dauer gerade bei ihm ganz außerordentlich tief ansetzen, und wir scheuen nicht die Zustimmung zu dem Gedanken Gerald Heards (Social Substance of Religion, 1931, p. 32) von einem parasitären Zug in seiner Konstitution: sein Verhalten gegenüber der Tierwelt, die Ausnutzung der tierischen Fortpflanzung zum »ewigen Vorrat« stimmen dazu. Parasiten, sagt Heard, pflegen ihre Opfer nicht zu vernichten, alle parasitären Beziehungen streben nach einer *Stabilisierung der Symbiose*. Der Gedanke liegt nahe, diesen parasitären Zug mit dem biologischen (nicht psychischen) konservierten Embryonalismus des Menschen (Der Mensch, § 10, 11) in Zusammenhang zu bringen. Als eine Stabilisierung der Symbiose im vorzüchterischen, also jägerischen Stadium faßte Heard den Totemismus auf.

Dem hier sofort fälligen Stereotyp »Biologismus« soll gleich erwidert werden. Der Vorteil unserer Kategorien-Analyse liegt darin, daß wir den Vulgär-Dualismus loswurden, den Austrocknungsbestand des Platonismus. Ein solcher vereinfachter Dualismus ist, zumal seit Descartes, zur Populärmetaphysik geworden, und nach der Entfaltung und dem Zusammenbruch des darin enthaltenen Idealismus besteht heute die sozusagen unmittelbare Philosophie des Gebildeten aus einem etwas summarischen Dualismus, vermischt mit idealistischen Restbeständen.

Gerade diesen Dualismus haben wir von der ersten Seite an methodisch und sachlich ausgeklammert, und zwar dadurch, daß wir alle Kategorien im Sinne der psychophysischen Neutralität bestimmten: Entlastung, Daseinswert, Selbstwert im Dasein, Verselbständigung, Trennung von Motiv und Zweck, stabilisierte Spannung, Behalten usw. sind Kategorien der *Handlung*, die unter jenen Hinsichten neutral sind: man kann einen Gedanken behalten und einen Geldschein. Auch sind Kategorien wie die »stabilisierte Spannung« oder die »Hintergrundserfüllung« keineswegs psychologische, denn das reale dauernde Dasein der zugeordneten Außenhalte und Außenstützen ist dabei immer mitzudenken.

20. Geist Betreffendes

In diesem Ansatz ist daher der *Geist* insofern bereits mitberücksichtigt, als es sich um seine Antreffbarkeit in anthropologisch *allgemein* nachweisbaren Erfahrungen handelt. Versteht man mit unserer Anthropologie die *Sprache* als eine besondere Handlungsart, dann kann man die Intellektualität des menschlichen Verhaltens bis in die Fundamente des Antriebslebens hinein nachweisen – gerade dagegen wehrt sich der Vulgärdualismus. Das gesprochene, sachbezogene Wort gibt sogar das nächstliegende Beispiel für die Allgegenwart einer Kategorie wie die Stabilisierung her: hier in dem allgemeinen Sinne einer Ablösung des Vorfindbaren von der Raum-Zeit-Stelle; das ist es, was das Wort noch unterhalb seiner psychophysischen Doppelseitigkeit bedeutet, eine Handlung des Feststellens, der Daseinsstabilisierung. Da darauf auch schon unsere Antriebe gehen, kann man von einer Strukturgleichheit von Sprache und Antrieben oder von einer *Sprachmäßigkeit* des menschlichen Antriebslebens reden.

Jedermann wird z.B. zugeben, daß eine gedankliche Intention sich erst im Sprachlaut fixiert und auf Dauer stellt, während sie vorher nur ein Bedeutungsblitz ist, über dessen Verschwinden man sich ärgert. Als Sprachlaut aber wird die Intention unmittelbar in das soziale Kontaktfeld verlegt, sie bekommt als kursierendes, von allen geteiltes Wort schon Sollgehalt, mindestens aber einen Zumutungsgehalt, und in demselben Vorgang wird das Wort, als hörbarer Reiz, schon ein möglicher Auslöser für Handlungen. Das ist aber, der inneren Struktur nach, derselbe Prozeß, den wir als Bedürfnisorientierung und als Sichverständigen in den gegenseitigen Bedürfnissen über die Handlungen hinweg schon beschrieben haben. Hier zeigt sich eben, daß mit der Reduktion der menschlichen Instinkte zu plastischen, erst über das Verhalten orientierbaren Antrieben das Bewußtsein mit allen seinen Dimensionen – einschließlich der Sprache – schon »eingeplant« ist. Und ein orientiertes, in Handlungen bestimmt sich äußerndes Bedürfnis ist schon eine Mitteilung.

Auf der anderen Seite wird in diesem Buche aber auch derjenige Begriff von Geist *nicht* behandelt, der mit der absoluten Kulturschwelle des monotheistischen, jenseitsbezogenen geistigen Gottes überhaupt erst konzipiert werden konnte. Wir entwickeln unsere Kategorien vorwiegend an *archaischen* Kulturen, die also ins Diesseits transzendieren, und sofern es sich um echte Kategorien handelt, bleiben sie deswegen doch anthropologisch wesentlich, wofür auch die zahlreichen Fälle der Anwendung und Illustration am modernen Kulturleben sprechen. Jene Zurückhaltung hat aber auch methodisch sehr einleuchtende Motive: wenn man philosophisch den Begriff Geist im Sinne der christlichen Dogmatik diskutieren wollte, könnte man nach Voraussetzung des Gegenstandes ein empirisch-analytisches Verfahren gar nicht mehr anwenden.

Bemerkenswert ist dann das Problem, wie man die *säkularisierten* Formen jenes primär jenseitsbezogenen Geistbegriffes verstehen soll, z.B. seine Säkularisierung zu den idealistischen, etwa Hegelschen Konzeptionen hin, einschließlich der weiteren, noch unbestimmt pathosbesetzten, aber voll verweltlichten Verwässerungen bis zum Vulgär-Dualismus, die es möglich machten, beliebige philosophische Reflexionen mit dem Anspruch auf »Weltbedeutung« auszustatten. Hier wird der Anspruch der Offenbartheit fallen gelassen, und die analytische Forschung fühlt sich als zuständig, die derartige Metaphysiken als »überzogen« bezeichnen muß. Das hatte Kant nicht vorausgesehen: wenn man die dogmatische Metaphysik über Bord gibt, trennt sich die Absolutheit des Geistes von seinem alten Inhalt: Gott, und nun kann jede beliebige Meinung auftrumpfen, weil sie doch schließlich im »Geist« gedacht wird, und der sei »absolut«. Es ist aber außerordentlich wahrscheinlich, daß es zweckfreie geistige Handlungen und Schöpfungen gibt, welche für unser Leben im metaphysischen oder göttlichen Sinne, aber auch für unser Leben im empirischen und irdischen Sinne vollständig belanglos sind, auch wenn sie sich mit dem Thema Geist beschäftigen. Das Wort Geist ist kein Dienstsiegel, mit dem man jeden beliebigen Inhalt unanfechtbar machen kann. Der Geist kann in der Unverbindlichkeit stehen, und wenn man so schlechthin sagt oder drucken läßt, er sei etwas Absolutes – was wird da nicht alles mitlegitimiert! Noch ganz abgesehen von der verzweifelten Frage, der wir uns nicht gewachsen fühlen, ob die Jenseitsreligion, bei voller Intaktheit der Inhalte und Institutionen, nicht in sich selbst verweltlichen kann, sozusagen eine Ersatzform ihrer selbst werden.

Allen diesen Verwirrungen entziehen wir uns dadurch, daß wir empirisch-analytisch vorgehen, und das heißt: wir betrachten Bewußtsein und Handlung nur in ihren gegenseitigen Beziehungen, und dies gelingt bis in sehr hohe Ebenen, die man zum Teil überhaupt erst wiederentdecken muß. Natürlich liegt dann auch kein

Grund vor, einen Unterschied von Geist und Intellekt (bzw. Intelligenz) für definitiv oder auch für ursprünglich zu halten. In der uns heute bekannten Schärfe ist jener Unterschied ein spätes, kulturell relatives Differenzierungsprodukt zwischen zweckfreiem und zweckverhaftetem Bewußtsein. Aber schon im einfachsten Herstellungsgang, der eine Sache *selbst* herausarbeiten will, ist der Unterschied von »zweckfrei« und »zweckverhaftet« untergegangen, und gerade deswegen haben wir der »Trennung von Motiv und Zweck« eine so große Bedeutung zugelegt. Ein Schweizer Betonbrückenbauer antwortete auf die Frage, weshalb seine Konstruktionen sich so vollendet in die Landschaft einfügen: il faut être poète (Merkur Nr. 82, 1954, p. 1200). Ist die Kunst, der Geschmack und die Feinheit, die in den feuersteinernen »Lorbeerblättern« des Solutréen erscheinen, Geist oder nur Intelligenz? Solche abgeschmackten Alternativen kann nur der ernst nehmen, der nicht umgekehrt sehen kann, wieviel Handwerkerfleiß in den subtilen Konstruktionen der Scholastik oder der Rechtsdogmatik steckt. Und was das »Zweckfreie« anbetrifft, so wissen wir, daß noch hochentwickelte polytheistische Religionen den Nutzen der Götter nicht verachtet haben, denn schließlich bemühte man den Apollo zu Delphi um Alltagssorgen, und er blieb doch ein Gott, und auch Jahwe zeigte seinem Volke das gelobte Land Kanaan. Darin bestand ja gerade die Häresie des Sokrates, daß er die Götter zu Grandseigneurs machte, die den Menschen ihre menschlichen Sachen überlassen, und sich ihre eigene dunkle und geheime Politik selbst vorbehalten, weshalb denn Sokrates sich ihnen gegenüber diplomatisch verhielt. Das geht doch aus Xenophon klar hervor.

Wir unterscheiden dagegen ganze *Verhaltensklassen*, die in einem je spezifischen Geist betrieben werden. Zuerst das verlagernde, kombinierende, umkonstruierende Handeln. Es hat zwar seinen Schwerpunkt in der Werkpraxis, aber es erstreckt sich weit darüber hinaus. Vor kurzem entführten sich die Staaten die Physiker samt Geist, wie die Leute von Ägina den Epidauriern die Götterbilder der Damia und Auxeia wegnahmen und »mitten in ihrem Lande aufstellten« (Herod. V, 83). Das konstruierende und verlagernde Denken, an beliebigen, aber gleichbleibenden Inhalten formalisiert, ergibt übrigens die Mathematik.

Im allgemeinen gilt, daß die Ratio nur im Gegenspiel zum Irrationalen selbst rational bleibt – wenn sie im gegensatzlosen Raum operiert, bekommt sie ihre eigene Form der Benommenheit. Es ist nicht wahr, daß die rationalistische Zivilisation die Wirklichkeit in besonders hohem Grade honoriert, sie entwickelt eine Weltfremdheit eigenen Stils, vor allem in ihren Anschauungen über das Menschliche. So sind die Brüderlichkeits-Phantasien solche partnerlosen Leerstellen-Affekte der Rationalisten.

Eine Variante des verlagernden, umkonstruierenden Verhaltens besteht in der *Reflexion*, die von großer Bedeutung werden kann, wenn sie, wie heute, chronischer Zustand und Strukturmerkmal sogar des Massenbewußtseins wird. Dieses getriebene, beunruhigte, endlose Hin- und Hergehen des Bewußtseins kommt zustande, wenn sich nicht deckende oder widersprechende Erfahrungsreihen, Wertungen und Appelle dauernd einander stören und querschieben. Als Folge entwickelt sich die Ichbetonung zu einem stehenden subjektiven Vorbehalt.

Eine andere Verhaltensklasse werden wir im rituellen, darstellenden Verhalten kennenlernen (§ 31), das seine eigenen geistigen Höhen und Vernünftigkeiten, aber auch seine eigenen Verfallsformen hat, und das als »Magie« sogar wieder die Werkpraxis besetzen kann (§ 43). Und eine dritte Verhaltensklasse nannten wir die »Umkehr der Antriebsrichtung« (§ 44): ein Verhalten, das die Veränderung des eigenen Innenzustandes, der eigenen Bewußtseins- oder Antriebslage erstrebt, und das durchaus zweckgerichtet sich nach innen hin entwickelt, angefangen von den hohen Formen der Askese bis zu Aldous Huxley, der Meskalin nimmt, um die »Pforten der Wahrnehmung« zu öffnen.

Wenn man durchaus einen Unterschied von Geist und Intelligenz behaupten will, so kann man vielleicht sagen, daß die Intelligenz mehr in der Ebene der Sachverhalte operiert, seien es äußere oder innere, während Geist hat, wer das Denkbare anreichert, was auf viele Weisen geschehen kann: indem man das sieht, was kein anderer sieht, oder in der Neugeburt des Gewohnten und Übersehenen, oder indem man viele Gedanken in einem ausdrückt, oder die fruchtbaren Indikationen macht. Und wer feine und zarte Dinge denkt, was kaum jemand tut, hat Geist, und um so mehr, wenn sie auch noch brauchbar sind.

Robert Musil sagt im »Mann ohne Eigenschaften«, daß Geist, in

Verbindung mit irgend etwas, das Verbreitetste ist, was es gibt. Heute müsse er aus einem fast stündlich wachsenden Leib von Tatsachen und Entdeckungen herausblicken, wenn er irgendeine Frage genau betrachten will. Er ist ein Wort, dem man nicht gerne allein begegnet (p. 156–8).

21. Produktivität

Auch das schöpferische Handeln in größerem Umkreis muß sich wenigstens näherungsweise mit den bisher entwickelten Kategorien verstehen lassen. Um unsere Überlegung nicht mit dem Problem der Darstellung zu belasten, denken wir dabei nicht an einen Künstler, sondern an Organisatoren, Entdecker, Erfinder, Politiker – die in großen entwickelbaren Zusammenhängen und für sie leben.

Da ist zunächst die Sache, um die es geht, die schon gegeben sein muß, aber noch nicht so, wie sie vorschwebt oder wie sie, nach langer Erfahrung mit ihr, sich selbst ankündigt. Daß der schöpferische Mensch »Ideen realisiere« ist in dieser psychologisch gefaßten Form mißverständlich: die »Idee« komplettiert und überhöht nur die Annäherungen, die in der Erfahrung schon vorliegen, sie ist die Vorstellung des Möglichen, das aus der Wirklichkeit herausgeholt werden kann. Diese ganze Sache also wird für ein »kommandierendes Bedürfnis« zum Inhalt aller Inhalte. Auf die törichte Frage, wie er zu seinen Ergebnissen gekommen sei, sagte Newton: indem ich immer daran dachte.

Das schöpferische Handeln, das wir hier betrachten, hält sich im Umkreis der Veränderung der (gedachten oder vorgefundenen) Wirklichkeit zum Erfolg hin. Das letzte Ziel eines verändernden Tätigseins ist gerade dann, wenn es als »schöpferisch« gilt, eine sinnerfüllte Wirklichkeit mit der Dauer »unendlich«, mindestens mit diesem Anspruch. Ein darauf gerichtetes Bedürfnis verselbständigt sich wie zu einem Instinkt, es ist unumstellbar und wird nicht als psychisch oder subjektiv im Sinne des Zurücknehmbaren empfunden (§ 17) – hier tritt das ein, was wir über eine »Gesinnung« im Sinne des mitverpflichteten Komplexes von Affekten, Gefühlen und Ideen sagten: vorgeformt vom Handeln und in ihm durchgehalten. Bedeutsam war uns dabei noch die Entlastung von der Motivbildung gerade in den Kernbereichen, die Entlastungen von Basiskonflikten wie von Improvisationen: das Leitmotiv ist schon entschieden, und es tritt die große Vereinfachung ein.

Neu zu bemerken ist jetzt die Umstrukturierung der Handlungswelt von einer solchen Gesinnung aus. Das Handeln und Denken wird nämlich entspezialisiert und aus seinen Automatismen herausgelöst, d. h. jede in hohem Sinne schöpferische Tätigkeit ist vielseitig und in sich umstellbar gerade bei der gegebenen Unumstellbarkeit der Orientierung. Es gibt, nach der Beobachtung des Verfassers, ein sehr sicheres Kriterium, an dem man Menschen mit einer »kommandierenden Einstellung« außerhalb ihrer sachzugewandten Tätigkeit erkennt: daß so jemand Worte, die im Gespräch fallen, Ereignisse, die seinen Gesichtskreis schneiden, ja die alltäglichen Trivialitäten der Situationen entweder ignoriert oder in voller Unbefangenheit aufgreift und in der Richtung auf seine Sache hin verwendet, jedoch mit völliger Freiheit und Leichtigkeit: so wie Voltaire, nach Boswell, noch aus dem Schachspiel heraus agitierte. Dasselbe meint ja die alte Geschichte von Newton und dem fallenden Apfel. Vor allem dies sichert solchen Menschen einen sehr hohen Rang, daß unscheinbare Dinge oder abgegriffene Bedeutungen plötzlich ein unerwartetes, goldhaltiges Gewicht erhalten, während Fragen, die uns bedeutsam erscheinen, für sie völlig belanglos sind.

Anthropologisch gesehen, ist nun die Entspezialisierung des Verhaltens ein Wesensmerkmal »des Menschen« (generell), und andererseits liegen gerade hier seine Risiken des »Nichtfestgestelltseins«. An dem gefundenen Gleichgewicht beider Seiten mag es liegen, daß die beschriebene »Umstellbarkeit in der Unumstellbarkeit« *selbst schon* ein *Erfüllungserlebnis* ist. Außerdem ist, wer wirklich weiß, warum er leben will, durch Menschen und Schicksale schwer angreifbar.

Selbstverständlich ist eine weitere Bedingung: Wer die Sachverhalte weiterentwickeln, wer neue Gedanken finden oder Pläne realisieren will, braucht das Bewußtsein, daß die Hintergrundserfüllung seiner Primärbedürfnisse gesichert ist, einschließlich des Bedürfnisses nach physischer Sicherheit. Ein Revolutionär, der die Gesellschaft verändern will, läuft in diesem letzten Punkte ein hohes Risiko, und hier liegt die Bedeutung des *Asyls*. Der Revolutionär braucht es notorisch, entweder das politische, wie es für Marx in London, für Lenin in der Schweiz bestand, oder man findet den Asylschutz mißbrauchter Grundrechtsartikel, unter dem Hitler operierte, oder schließlich, wenn alles wegfällt, wird der »Untergrund« aufgesucht, das Dunkelasyl. Eine nähere Analyse der Asylsituationen findet man in der Ztschr. »Wort und Wahrheit«, Nov. 1962. Wenig bekannt ist aber, daß es auch ein psychologisches Asyl gibt, und das führt uns auf das Thema »Askese«.

Wer sich nämlich in den Schutz der Bedürfnislosigkeit zurückzieht, ist asyliert gegen alle Schicksalsschläge, denen sich der Aufwendige aussetzt. Nicht jede Sache und Aufgabe erträgt dieses Verhalten, aber die Bedürfnislosigkeit eines Kant oder Descartes war sicher eine der Bedingungen ihrer inneren Freiheit. Von hier aus verallgemeinernd kann gesagt werden, daß zu den Stabilisierungsbedingungen einer hohen Produktivität stets irgendein Grad von Askese gehört, und bestünde sie nur in der Konzentration der Lebensführung, in dem Verzicht auf facilités, in der Ablehnung distrahierender Reize, in der Flucht vor zwecklosen Bekanntschaften, Gesprächen und Öffentlichkeiten. Wenn ein neurotischer Stachel so oft mit der Genialität korreliert, so muß hier, in einer elementaren Versagung, die Seite seiner Fruchtbarkeit und Fruktifizierbarkeit liegen.

Es ist überaus bemerkenswert, daß die Askese als disciplina zugleich stimulans ist, daß eine fruktifizierte Neurose in derselben Richtung wirkt, und daß beide, in Form einer protrahierten leisen Ekstase, selbst zu Erfüllungserlebnissen werden können. Die Neurose ist sozusagen die unfreiwillige Askese oder Lebensabsperrung. Hierbei ist die Entlastung von der Vordergrunddynamik der Primärbedürfnisse noch nicht die Hauptsache, aber sie bildet doch wenigstens den Ansatz zu einer in sehr hohem Sinne menschlichen Lebenshaltung: *zur Instrumentalisierung* jener primären Bedürfnisse. Wir haben oben (S. 40, 74) schon darauf hingewiesen, daß diese selbst in den Dienst des Handelns treten können: wenn die Ernährung, als solche trivialisiert, im wesentlichen nur vollzogen wird, um handlungsfähig zu bleiben, dann tritt sie selbst unter die Kategorie »Ausdruck«. Die Sache ist von größerer Bedeutung, als hier schon in Erscheinung treten kann, denn hieran hängt die Frage, wie man die Zwecke der Natur zum eigenen Zweck macht (sie zum Ausdruck bringt) – ein sehr großes Thema der archaischen Kultur.

Es gibt Zeiten, in denen die Welt der Ideen so abgegriffen und so kursgängig und rotationsverbreitet geworden ist, daß man in ihr nicht mehr produktiv werden kann, weil der Widerstand in ihr selbst fehlt – dann wird das Ideelle nur über die Askesekonzentration hinweg glaubhaft. Sie hat in jeder Form und bis zu dem Grenzfall der einfachen erschöpfenden Anstrengung eine *instinktive* Anerkennung und Hochachtung auf ihrer Seite. Dies zuletzt wohl deswegen, weil man spürt, daß die Orientierung, die Selektion und damit die Teilausschließung von Antrieben zu den konstitutionellen Aufgaben des Menschen gehört, gerade in Hinsicht seines Antriebsüberschusses.

Nach dem bisher Gesagten sind daher die an eine auch moralisch dauerfähige Umgestaltung der Wirklichkeit hingegebenen Menschen in einem präzisen Sinne exemplarisch für *den* Menschen, sofern sie bestimmte konstitutionelle Wesensmerkmale des Menschen in einer Art »Reindarstellung« anschaulich machen. Darüber hat sich die Menschheit nie getäuscht, wenn sie die großen auctores in ihr Gedächtnis aufnahm, die Entdecker und Staatengründer, einen Prometheus, Theseus, einen Caesar und Columbus, und wenn sie die mythischen Gründer ihrer Institutionen benannte. Denn diese wiesen den zahllosen anderen den einzigen jedermann zugänglichen Weg zur Würde: sich von einer Aufgabe konsumieren zu lassen.

22. *Natur, Faktenaußenwelt*

Indem wir uns, nach ausführlicher Erörterung der Zusammenhänge zwischen Institutionen und Handlungen, der Untersuchung des rituell-darstellenden Verhaltens nähern, wird die Notwendigkeit deutlich, uns ausführlicher mit eigentlich archaischen Zuständen zu befassen. Hier besteht nun die Gefahr, daß wir aus unserer eigenen Bewußtseinslage heraus uns mit einem »Verstehen« beruhigen, das der harten Fremdartigkeit eigentlich archaischer Verhaltensweisen nicht gewachsen sein kann, das aber zutraulich bei sich selbst verweilt. Wir werden die These vertreten, daß eine echte *Änderung der Bewußtseinsstrukturen,* nicht bloß der Inhalte, uns über zwei absolute Kulturschwellen hinweg sehr weit von jenen Zuständen getrennt hat. Diese »Kulturschwellen« bestehen einmal in der monotheistischen Religion, und dann – über 2000 Jahre später – in der technisch-industriell-naturwissenschaftlichen Weltauffassung und Welt-

22. Natur, Faktenaußenwelt

beherrschung. Die archaischen Kulturen liegen vor jenen Schwellen, und nun frage man sich, welche unserer Selbstverständlichkeiten sich eigentlich *nicht* auf die Resultate dieser Epochen beziehen lassen, um zu ermessen, wie sternenweit wir von den Anfängen der menschlichen Kultur entfernt sind. Um dies herauszuarbeiten, werden wir in den nächsten Abschnitten eine Überlegung über die Begriffe Natur und Natürlichkeit einschalten müssen, ehe wir dazu übergehen, an Hand der von uns gefundenen Kategorien das darstellende, »prämagische« Verhalten zu rekonstruieren. Denn eine unmittelbare Verstehbarkeit z. B. des Totemismus im Sinne des Nachvollziehenkönnens aus unserer Bewußtseinslage heraus ist ausgeschlossen.

Unser Verhältnis zur Natur ist ein sehr eigenartiges, es ist durchaus auf jene beiden Kulturschwellen bezogen. Die Natur ist uns *zunächst Gegenstand* eines seit Jahrhunderten exakt herausgearbeiteten Wissens, das in den Naturwissenschaften ausgebreitet und systematisiert ist. Die durch sie vermittelte Ansicht der Natur ist längst in unsere unmittelbare Auffassung von *ihr* eingegangen: niemand wird mehr den Mond für eine Göttin halten. Man sieht dabei, wie der Monotheismus selbst zu den intimen Voraussetzungen der Naturwissenschaften gehört: erst mußte die Außenwelt magisch neutralisiert, von daseienden Göttern entleert sein, ehe sich auf dieses jetzt freigewordene Feld das rationale Erkennenwollen ohne innere Hemmungen werfen konnte. Es war dies ein langer Prozeß. Schon von der Zentrierung allen Opfers an einer Stätte im Judentum bemerkt Schrade (Der verborgene Gott, 1949, p. 62), daß dies zunächst »eine in ihren Folgen allerdings schwer abschätzbare Profanierung des täglichen Lebens« bedeuten mußte.

Zweitens ist uns die Natur das Operationsfeld einer rationalen Praxis, denn die Anwendbarkeit einer exakten Naturerkenntnis liegt unmittelbar in ihr selbst, nämlich im Experiment, schon beschlossen. Naturwissenschaft und Technik sind also im Grunde der Sache zwei Seiten desselben Prozesses, wie schon Descartes klar erkannte, der von seiner analytischen Erkenntnismethode erwartete, daß sie uns zum »Herren und Besitzer« der Natur machen werde. Die große mechanische Weltuhr des Cartesius wäre zugleich die potentiell völlig beherrschbare Welt, und natürlich die ganz entzauberte, in der keine Mondgöttin mehr Heimat hat. Ihr notwendiges Gegenstück im Menschen wäre übrigens ein Verstand, der einer unerschöpflichen Vitalität aufsäße – und wirklich sehen wir, beim jetzigen Stande der Naturbeherrschung, wie die Vitalität der Menschen ihnen selbst zum Problem wird. Auch dies geht schon auf Descartes zurück, der am Schluß seines Discours versprach, den Rest seiner Lebenszeit auf eine »gewisse Erkenntnis der Natur zu verwenden, die derart ist, daß man daraus sicherere Regeln für die Medizin entnehmen kann, als die sind, die man bisher gehabt hat«. Die Natur wird also, im ganzen Umfang der erkannten Breite, ein sachliches, technisches Arbeitsgebiet, das sich längst in die »Wirtschaften« der Agrikultur, des Bergbaus, der chemischen und Elektroindustrie, der Medizin usw. ausgefaltet hat.

Drittens haben wir noch, bezogen auf jene ersten Seiten und als ihr Korrelat, ihre »Ergänzung«, ein ästhetisches Verhältnis zur Natur, auch wenn die moderne Kunst diesem Bedürfnis nicht mehr gerne dient. Die profane Darstellung der Natur ist ein Kind des Renaissance-Geistes, wie er am Beginn der letzten Kulturschwelle die Augen aufschlug, Lionardo trug in seinem Traktat die Malerei als analytische Naturwissenschaft vor.

Dagegen führt das ursprüngliche, in den »primitiven Kulturen« teils noch faßbare, teils aus ihnen erschließbare Verhalten gar nicht zu einem Begriff, der unserem der »Natur« äquivalent wäre, weil Natürliches und Übernatürliches dort gar nicht scharf abgegrenzt sind, das Übernatürliche andererseits keineswegs in *unserem* Sinne ein solches ist; denn es ist mehr eine Dimension, eine jederzeit entwickelbare Qualität des Alltäglichen, weil man ins Diesseits transzendiert, aber es ist nicht bezogen auf eine Verschiedenheit des Jenseits und Diesseits, die wir aus dem Begriffe des Übernatürlichen nicht mehr hinwegdenken können. Die Natur hat dort noch viel von dem anthropologisch Fundamentalen eines »Überraschungsfeldes«, in das die erfolgreiche Praxis sozusagen Inseln des Neutralisierten und Gewohnheitssicheren eingebaut hat, wobei aber diese Praxis selbst wieder stereotypisiert, traditionell und rechtlich geordnet ist. Ganz fehlt die uns geläufige Vorstellung, die nur der verwissenschaftlichten Industriekultur zukommt, daß jener Bereich der Praxis selbst dynamisch sein muß, daß er immer wieder neu aufgebrochen, umkonstruiert, uminterpretiert, neu verteilt werden muß, womit die Kultur selbst wesentlich Bewegung, Unruhe, »schöpferische Zerstörung«, Fortschritt wird.

Das »Weltbild der Primitiven« unterscheidet daher nicht, oder doch in ganz anderen Hinsichten als wir, das Natürliche und das Übernatürliche, denn selbst im Umkreis der Handwerke und Arbeiten bleiben mindestens die gefährlichen »magisch« qualifiziert. Ebensowenig ist die Außenwelt, wie bei uns, moralisch neutralisiert, also im zweckfreien Sinne nur ästhetisch zugänglich. In den totemistischen Systemen werden rigorose Verbote der Tötung und des Verzehrs von bestimmten Tieren oder Pflanzen entwickelt, und überhaupt ist die unmittelbare, überraschende Natur der Gegenstand komplizierter, doch jeweils kategorischer Verpflichtungen, so wie die Zunis in Neu-Mexiko die größte Aufmerksamkeit darauf verwenden, ihre Bohnen in rituell korrekten Farben zu züchten. Für uns, die wir Hunderte solcher Kulturen übersehen, sind diese Regulationen von unendlicher Zufälligkeit – für jede einzelne dieser Gesellschaften dagegen ist ihr System das allein »natürliche«.

Ein Teil der modernen Weltansicht taucht bekanntlich bei den Griechen schon auf. Nicht natürlich der Monotheismus und nicht der Zusammenhang von Experiment und Technik, oder beides doch nur sporadisch. Dagegen ist die griechische Philosophie seit ihrem Beginn »Aufklärung«, d. h. sie vollzieht die moralische Neutralisierung der Außenwelt und damit ihre Freilegung für das rationale Erkennenwollen, für das Denkexperiment. Sie hat die uninteressierte Theorie entweder selbst gefunden oder aus dem Osten übernommen, die nur insofern praktisch ist, als der Verstand selbst *operativ* arbeitet: dekomponiert und zusammensetzt. Wir sagen: aus dem Osten übernommen, weil man gut tut, den Herodot wörtlich zu nehmen, der angibt, daß Thales von Milet, mit dem man die »griechische« Philosophie beginnen läßt, phönizischer Abkunft war (I, 170).

Aber was hier gewonnen wurde, was griechisches Ergebnis bleibt, und was heute zum selbstverständlichen Apriori *geworden ist*, das besteht in der Auffassung der Natur als eines »Seienden«, nämlich als eines Bereiches der sich selbst durch ihr bloßes Dasein und Sosein legitimierenden Faktizität. Daß die Welt die Sphäre der Dinge und ihrer Eigenschaften ist, der gesetzmäßigen Veränderungen zwischen ihnen, und daß diese Sphäre *sich selbst genügt*, das war die entscheidende Neuigkeit. Denn diese Voraussetzung mußte selbstverständlich erst gemacht werden, wenn man innerhalb der Verwirrung der Zusammenhänge dann nach dem »eigentlich Seienden« fragte, nämlich dem Vorhandenen und Faktischen, woraus alles ist, und das war die erste »Metaphysik«. Die Wahrnehmung selbst steckt voller Täuschungen, Zufälle, Scheinevidenzen und Perspektiven; aber sie gibt dem unbefangenen Verstande doch den Schlüssel zu einer Ordnung hinter den Erscheinungen, die durch ihr bloßes daseiendes Vorhandensein legitimiert ist. Man suchte eine Rechtfertigung der Tatsachen der Wirklichkeit aus der *Natur* der Wirklichkeit, also die Tatsache aller Tatsachen. Welchen Sinn könnte denn anders die sonst leere, ewig wiederholte Versicherung des Parmenides haben, daß es »das Seiende gibt«? Das ist der Bruch mit dem primitiven Weltbild, in dem primär die beliebigen Dinge gerade mehr als sie selbst »bedeuten«, in dem vielleicht ein Tier nicht ein Tier ist, sondern der wiederverkörperte Totengeist. Die modernen, stets auf irgendeine Mystik herauskommenden Interpretationen der Vorsokratiker setzen naiv unseren Begriff von Metaphysik, der durchaus christlicher Herkunft ist, dort hinein. Aber die Seinskonzeption der Vorsokratiker bestand eben in dem Zusammenhang einer Faktenwelt mit faktischen Erklärungsgründen, ein Zusammenhang, der durch sein bloßes Dasein und Wirklichsein genügt. Hierin besteht das Interesse, das sie noch haben, und nicht in der Kontamination archaischer und moderner Gedanken, die gewiß überall vorliegt und die für die modernen Feinschmecker ihren Fragmenten einen genau surrealistischen Reiz verleiht, wenn Pythagoras inmitten seiner quantifizierbaren Welt doch im Winseln eines Hundes die Seele eines befreundeten Mannes wiedererkennt. »Der Gedanke des Thales, sagt Nietzsche (Philos. im trag. Zeitalter der Griechen) mit Recht, hat gerade darin seinen Wert, daß er jedenfalls unmythisch und unallegorisch gemeint war.«

Diese in Griechenland zuerst freigelegte Einstellung des Bewußtseins ist trotz des Zusammenbruchs der antiken Kultur nicht ganz verschwunden, weil die christlich-mittelalterliche Weltansicht, die sie niemals entwickelt hätte, sie doch nicht wirklich verdrängte. Dies hätte nur durch eine Wiederbevölkerung der Natur mit Geistern und Dämonen geschehen können, welche der Monotheismus eines jenseitigen Gottes gerade ausschloß. Descartes brauchte an Griechisches nicht anzuknüpfen, sondern nur die ersten Befunde exakter Naturexperimente zu verallgemeinern, um die große Weltuhr zu konzipieren.

Eine Erscheinung, ein Ding, eine Veränderung ist durch ihr bloßes Dasein und Sosein legitimiert oder darin, daß man sie auf andere Tatsachen oder Gesetze zurückführt, die selbst wieder in ihrer eigenen Faktizität gründen. Dies gehört zu unseren Selbstverständlichkeiten und zu den Strukturen unseres Bewußtseins, aber zu den historisch *gewordenen*. Und sogar in dem Sinne, daß dieses Apriori bereits ein solches der *Wahrnehmung* geworden ist, nicht bloß eine kühne Theorie, als welche die These bei den Vorsokratikern auftauchte.

Für diese etwas erstaunliche Behauptung dient uns kein geringerer als W. Köhler zum Gewährsmann. In den »Psychological Remarks on some Questions of Anthropology« (The Am. Journal of Psych., Vol. 50, 1937, p. 271ff.) untersucht er einige Aspekte des primitiven Weltbildes mit dem Resultat, daß diese Primitiven ein spezielles Koordinatensystem *schon ihrer Wahrnehmung* haben, nicht weniger als wir, aber ein anderes. Was das unsere betrifft, so sagt er: »Schon lange haben die fundamentalsten Überzeugungen der wissenschaftlichen Kultur den Charakter theoretisch formulierter Sätze verloren, gradweise sind sie Aspekte der Welt geworden, wie wir sie wahrnehmen. Die Welt sieht heute so aus, wie unsere Vorväter lernten, über sie zu sprechen... ich bestehe auf der Tatsache, daß vor der Epoche der wissenschaftlichen Kultur die wahrnehmbare Welt nicht so ausgesehen haben kann, wie sie uns heute erscheint« (p. 274).

Diese These würde bedeuten, daß erworbene Denkformen sich bis zu dem Grade funktionalisieren können, daß sie sich in die Wahrnehmung sozusagen einlagern. Zu dieser Lehre von der Funktionalisierung erfaßter Seinsformen kam M. Scheler schon 1926. In »Die Wissensformen und die Gesellschaft« sagt er: »Gleichförmige, konstante, immanente Funktionsgesetze des Bewußtseins und der Vernunft des Menschen, das heißt die Konstanz des Kategorienapparates, nehme ich *nicht* an« (p. 170). Diese Formulierung klingt etwas überzogen, aber wir stimmen beiden Autoren durchaus zu, wenn sie ein »erworbenes Apriori« und die geschichtliche Transformation gewisser Bewußtseinsstrukturen, auch der Wahrnehmung, lehren. Dahin gehört gerade die »Faktenaußenwelt«. In ihr gilt, daß man die Dinge in ihrer wahrgenommenen Vereigenschaftung schlicht hinnimmt und daß weiterhin das »Denken« diese Eigenschaften »erklärt«, und zwar durch entsinnlichte und schematisierte Erfahrungen aus ihrer eigenen Ebene, z.B. durch »Atome« oder durch das »Kausalgesetz«. Die faktischen Folgen in der Wahrnehmung werden dadurch in logische verwandelt. Thales verallgemeinerte noch ein »Wahrnehmbares: das Wasser war es, woraus alle Dinge bestehen sollten. Der etwa gleichzeitige Pythagoras dagegen hat sich nach Aristoteles »zuerst um die Mathematik und die Zahlen bemüht«, also quantifizierbare Strukturen, m.a. W. echte Naturgesetze gedacht, mit wahrscheinlich keiner anderen Abstraktionsgrundlage, als einfachsten musikalischen Harmonien. Und Naturgesetze sind, genau wie Dinge als Ausgangsdaten, ebenfalls durch ihr bloßes Dasein und Sosein legitimiert.

Wenn es schwerfällt, das Gewordensein des Selbstverständlichen anzuerkennen, mag man an einem anderen Beispiel die folgende Überlegung durchführen. Unser historisches Bewußtsein bewegt sich in einem unanschaulichen Verhältnis zur Zeit, wir tragen unsere Vorstellungen von vergangenen Ereignissen in das Schema einer leeren Zeit ein, die sich nach beiden Seiten ins Unendliche erstreckt. Kant hielt dies für eine apriorische »reine Anschauung«. Aber auch dieses unanschauliche Verhältnis zur leeren Zeit, in der die Ereignisse sich folgen, ist, wie A. E. Jensen (Mythos und Kult bei Naturvölkern, 1915, p. 43) richtig sieht, »nur durch die Entstehung und Ausbildung schriftlicher Aufzeichnungen entstanden«. Die Vorstellung einer endlosen Zeit als des »Rahmens« aller Ereignisse wurde natürlich aus der Beobachtung großer periodischer Bewegungen im Raume, aus astronomischen Forschungen im Zusammenhang mit der Kalenderberechnung gewonnen, die ihrerseits durchaus von der schriftlichen Fixierung jener Beobachtungen abhing. Für die schriftlosen primitiven Völker sind Welt und Natur »nicht sehr alt«, ihre Vorstellung fällt sehr bald in eine mythische »Urzeit« zurück, wo die Dämonen sich in die Pflanzen und Tiere verwandelten, die es gibt, und die Bräuche eingesetzt haben, an die man sich halten muß. Die mündliche Tradition kann dabei unglaublich zähe und korrekt sein. Die Genealogien der Samoakönige gingen über 32 Generationen, zwei Überlieferungen eines Hawaii-Gesanges von 527 Zeilen differierten in *einem* fehlenden Wort, ein anderer von 618 Zeilen war auf Hawaii und Oahu absolut identisch (R. H. Lowie, Social Organization, 1950, p. 202). Aber eine unendliche Leere von Zeit und Raum ist nicht denkbar, das wird nicht konzipiert; nach einer Reihe von Generationen beginnt die »Urzeit«, und es kommt darauf an, sich zu jener heroischen Vorzeit in ein *Verhältnis zu setzen*, nämlich sich ihres Nochdaseins zu vergewissern, sie also »zu behalten.« Man lebt in der Wiederholung vorbildlicher Urvorgänge, von denen die Mythen berichten, und »was uns in diesen archaischen Systemen hauptsächlich auffällt, ist die Vernichtung der konkreten (!) Zeit und also ihre antihistorische Tendenz« (M. Eliade, Der Mythos der ewigen Wiederkehr, dt. 1953, p. 125).

Man kann aus der Veränderung der Bewußtseinsstrukturen nur eine Schlußfolgerung ziehen: daß diese in langen Fristen von dem jeweils erreichten Kulturzustand nicht unabhängig sind. Darüber hinaus kann gesagt werden: die Auffassung und Interpretation dessen, was als »Natur« gilt, und was *selbstverständlich* so gilt, ist bezogen auf die großen Kulturverhältnisse, mindestens auf die absoluten Kulturschwellen.

Für unsere Kultur ist typisch, und dadurch unterscheidet sie sich von jeder anderen, daß wir die »Faktenaußenwelt« kennen. Ein großer Teil von ihr ist »Rohstoff«, der in unsere Kultur eingeht: von den »Naturschätzen« des Bodens angefangen, der Kohle, dem Erdöl, dem Uran bis zu dem Chemismus, mit dem wir der »Natur« nachhelfen. Wir kennen die chemisch großgezogenen Weizenfelder und die durchgezählten Forsten, die zu Zeitungen werden. Dieser Bereich geht mit verschieblicher Grenze in den ungegriffenen über: die Sterne, die Gräser und Insekten sind schlicht vorhanden, doch sind sie Gegenstand eines verselbständigten Kulturgebietes, der Naturwissenschaften. Der Unterschied zwischen beiden Sphären ist ein bloß praktischer, theoretisch dagegen und schon in der Wahrnehmung fallen sie zusammen, es ist das eben die Natur als Faktenaußenwelt mit ihren Eigenschaften und Gesetzen eigener Ebene.

Ist diese oben beschriebene Einstellung selbst natürlich? Wenn es, wie wir glauben, im Sinne einer echten Veränderung historisch entstandene Strukturen des Bewußtseins gibt, deren Bedingtheit und Gewordensein für uns *abgedeckt* ist, und die wir als selbstverständliche Voraussetzungen aller Inhaltlichkeit *leben*, so begründet dies eben einen neuen Begriff von Natürlichkeit. In diesem Sinne empfindet eine Gesellschaft, die die Kraft zu ihren Traditionen noch nicht verloren hat, auch ihre moralisch-sozialen Normen als natürlich, trotzdem einige Gelehrte wissen mögen, wie unendlich verschieden in Raum und Zeit solche Normen waren. So kann es eine

Gesellschaft für selbstverständlich und natürlich halten, daß es Polygamie gibt, oder daß nur die Frauen die Feldarbeit machen, weil sie allein »etwas wachsen lassen können«. Diesen wichtigen Sachverhalt hat H. Schelsky scharf betont: »in allen Gesellschaften nehmen daher diese Normen den Charakter des Absoluten mit Recht an, sie werden so absolut gesetzt, daß sie praktisch aus dem Bereich der verfügbaren Verhaltensveränderungen ausgeblendet werden.« »Gerade wenn die sozial- und normgestalterische Kraft einer Gesellschaft diese Leistung vollbringt, die sozial gesetzten Normen absolut zu setzen, wird das Verhalten danach dann als ›natürlich‹ empfunden. Dabei ist der Ausdruck des ›Natürlichen‹ keineswegs ein biologisches Datum, sondern ein Zeichen dafür, daß eine Norm unbezweifelt ist« (Normgerechtes Sexualverhalten und die Ehe aus soziologischer Sicht, Mitteilungshefte der Gesellsch. zur Bekämpfung der Geschlechtskrankh., 1954). Ebenso sagt Hofstätter: »das normative Gleichgewicht ist in einer festgefügten Kultur selbstverständlich, und es gilt daher als ›naturgemäß‹ (Einf. in d. Sozialpsych., 1954, p. 258).

Und in demselben Sinne des kulturell Bedingten gilt uns die Faktenaußenwelt als natürlich, wir können aus dieser Form der Wahrnehmung gar nicht mehr heraustreten. Das Natürliche ist generell das Selbstverständliche, und dieses ist das selbstverständlich Gewordene, dessen Gewordensein aber unserem Bewußtsein abgedeckt ist. Wir empfinden das Hellsehen als unnatürlich, weil es sich nicht mit unseren Vorstellungen von dem faktisch Möglichen verträgt, und die Päderastie, weil sie nicht zu den Normen unserer Gesellschaft gehört, wie im alten Griechenland.

Das hat gewaltige Konsequenzen für die Rekonstruktion archaischer Bewußtseinszustände. Der archaische Mensch transzendiert ins Diesseits, nicht aus ihm heraus, denn das gibt es erst auf der Stufe des jenseitigen, unsichtbaren Gottes. Das neutralisierte, entzauberte Feld der Faktenaußenwelt existiert für ihn nicht, er nimmt es nicht *als* ein solches wahr; sondern das Übernatürliche ist eine Dimension der Natur selbst, es kann aus irgendwelchen Stellen der anschaulichen Wirklichkeit jetzt heraustreten, es begegnet in gewissen Ausnahmezuständen des Alltäglichen, also im »Außeralltäglichen«. Situationen, die uns als indifferent-natürlich vorkommen, können daher gerade übernatürlichen Gehalt haben: die Denkarbeit (dies war einer der Ansätze der indischen Religion), Rauschzustände,

Träume, Gewitter, sonderbare Tiere. Außerdem kennt das archaische Bewußtsein, da es das abstrakte Natürliche gar nicht gibt, sondern nur das problemlos Gewordene, auch nicht das »Unnatürliche« – das ist selber ein Außeralltägliches, aber ein verdächtiges, und wer sich unnatürlich verhält, also aus der Tradition herausfällt, unterliegt dem Verdacht der Zauberei. Das heißt: man kennt nicht die uns geläufige Unterscheidung des Übernatürlichen (auf ein Jenseits Bezogenen), des Natürlichen (faktisch Vorhandenen oder Normgerechten) und des Unnatürlichen (faktisch als unmöglich Gedachten oder Normwidrigen).

Anthropologisch muß man sich darüber klar sein, daß es eine vorkulturell faßbare menschliche Natur überhaupt nicht gibt. Es ist keine Aussage des Menschen über sich selbst möglich, die unabhängig wäre von einer bestimmten kulturellen Ausprägung. Dies hat eine sehr tiefsinnige Ursache: der Mensch kann nämlich keine direkten zutreffenden Aussagen über sich selbst machen, er faßt sich nur über ein Nichtmenschliches hinweg, indem er sich mit diesem gleichsetzt und es dabei wieder von sich unterscheidet. So begriff er sich in illo tempore »totemistisch«, nämlich in der unterscheidenden Gleichsetzung als Tierwesen, so kann er sich auch nach dem Modell einer Maschine verstehen, als materielles Stück Außenwelt, das er doch wieder von sich unterscheidet; oder er faßt sich, in unendlichem Wechsel der Inhalte, in der Differenz vom göttlichen Wesen, seien dies Ahnengeister, Schutzgeister, Spirits, Heroen, Dämonen oder Götter. Die »natürliche« Selbstauffassung des Menschen besteht immer darin, daß er sich mit etwas anderem identifiziert, sie verläuft immer indirekt, über das hin, was außer ihm liegt; und dieses, das Natürliche oder Göttliche, interpretiert jede Kultur zusammen mit sich selbst. Das Ganze ist ein Reflex der Sonderstellung des Menschen in der Welt: seine Einzigkeit erfaßt er im Sichgleichsetzen mit einem Anderen, von dem er sich wieder abhebt. So haben wir in dem Buche »Der Mensch« einige empirische Aussagen gemacht, die gerade durch den kontrastierenden Vergleich zum Tier gewonnen wurden: deswegen erschien eben seine Unstabilität, seine potentielle Chaotik so deutlich, und deswegen ist die hier durchgeführte Philosophie der Institutionen, die mit ihren »idées directrices« die haltgebenden Mächte sind, auf eben jene Ansicht bezogen. Und das haben wir erlebt, was aus *den* Menschen wird, wenn sie aus ihren Institutionen herausgezwungen werden und diese der Willkür anheimfallen.

Von da aus haben wir gesagt, daß die Kultur »unwahrscheinlich« ist, obgleich sie zum Wesen des Menschen gehört, denn er selbst ist das unwahrscheinliche, das riskierte Wesen. Es sind sehr langsam, über Jahrhunderte und Jahrtausende herausexperimentierte feste und stets auch einschränkende, inhibitorische Formen wie das Recht, das Eigentum, die monogame Familie, die bestimmt verteilte Arbeit, welche unsere Antriebe und Gesinnungen, sehr mühsam heraufgedrückt, heraufgezüchtet haben auf die hohen exklusiven und selektiven Ansprüche, welche Kultur heißen dürfen. Diese Institutionen sind so riskiert, wie der Mensch selbst, und sehr schnell zerstört, die Kultur unserer Instinkte und Gesinnungen muß von jenen Institutionen von außen her versteift, hochgehalten und hochgetrieben werden, und wenn man diese Stützen wegschlägt, dann primitivisieren wir sehr schnell, dann vernatürlicht sich der Mensch und wird zurückgeworfen auf die konstitutionelle Unsicherheit und Ausartungsbereitschaft seines Antriebslebens. Die Bewegungen nach dem Verfall zu sind stets »natürlich« und wahrscheinlich, die Bewegungen nach der Größe, dem Anspruchsvollen und Kategorischen hin sind erzwungen, mühsam und unwahrscheinlich. Das Chaos ist ganz im Sinne ältester Mythen vorauszusetzen und *natürlich*, der Kosmos ist göttlich und gefährdet.

Nur wenige Worte über »Kulturverfall«: ungestörte Kulturen entarten immer von innen heraus, sie verfaulen an ihrer eigenen Fruchtbarkeit, und so hat jede ihre eigene unvoraussehbare Verfallsform. Schon deswegen bleibt der beliebte Vergleich dieser Zeit mit der des späten Rom an der Oberfläche, er muß sich an äußerliche Ähnlichkeiten halten. So fehlt uns völlig die antike Härte und Starrheit, aber auch ihr klassischer Gegensatz: jene Heiterkeit und Freiheit. Auch die bei uns schon greifbaren Verfallssymptome gab es in dieser Art noch nie: Lust und Lebensgewinn sind zum Rechtsanspruch geworden; der echt aristokratische und echt proletarische Sinn für das Tragische wird verlacht, die geistige und moralische Kraft reichen nicht mehr zum Abbau des Überflüssigen und Ausformulierten, das nichtgelebte Leben entwickelt seine eigenen Formen der Diktatur – alle Maßstäbe verkleinern sich. Das ist der Louis-Philippinismus der Zeit.

Zurücklenkend zu dem Thema dieses Abschnitts, den Begriffen der Natur und Natürlichkeit, noch eine Bemerkung, die allerdings an der Grenze des philosophisch Aussagbaren liegt. Es ist im höchsten Grade überraschend, daß die Natur in dem *jeweiligen* Sinne, den man der Außenwirklichkeit geben mag, die vom Menschen aus sich herausgezüchteten »unwahrscheinlichen« kulturellen Verhaltensweisen in der Tat adoptiert, daß sie sie von sich aus erfüllt und in sie hineingeht. Es ist selbst unwahrscheinlich und frappant, wie z.B. die höchst künstliche analytische Experimentiertechnik, ohne welche die Menschheit eine halbe Million Jahre, gering gerechnet, sehr gut auskam, tatsächlich so genau die anorganische Wirklichkeit trifft, daß sie in so unglaublicher Vollendung »ankommt«. Aber analoge Erfahrungen machte der Mensch immer, es gab stets eine nicht erwartete und nicht angezielte *sekundäre Zweckmäßigkeit* nichtselbstverständlicher Verhaltensweisen von hoher erkennbar werdender und dann entwickelbarer Ergiebigkeit. Hierher gehören zwei für die Kulturgeschichte fundamentale Themen.

Einmal nämlich die Stabilisierung größerer, über die Hilflosigkeit der Kleinfamilien-Horden hinausgehender Sozialverbände, also eigentlicher Stammesorganisationen. Es gibt ein »secret of proportion« (Gerald Heard) menschlicher Gesellschaften: die ganz kleinen blieben stationär. Bevor aber höhere, langfristig geplante, also ackerbaubezogene Wirtschaftsformen oder eigentlich politisch-staatliche Einrichtungen die Stabilität und Kontinuität einer Gesellschaft sicherstellten, war die Menschheit genötigt, aus dem bloßen Ausgangsbestand der Geschlechts- und Fortpflanzungsverhältnisse, sozusagen aus ihrem eigenen Material, ihre soziale Stabilität zu konstruieren. Diese Durchordnung des sozialen Zusammenhangs in der *Normierung* gerade der prekärsten Grundlagen bildet ein hocharchaisches und großartiges Thema der menschlichen Kultur, und wir werden sehen, daß höchst artifizielle, uns völlig »unnatürlich« erscheinende Regelungen gerade den Schlüssel für die außerordentliche Stabilität der archaischen Sozialstrukturen hergeben (§ 38). Die im wörtlichen Sinne »einseitigen« (sog. unilinealen), durchaus künstlichen Verwandtschaftszurechnungen haben höhere Verbände überhaupt erst durchgegliedert und als selbstregulative Verbände möglich gemacht, sie sind mit unbegreiflicher objektiver Zweckmäßigkeit »angekommen« und von der Geschichte mit einem Erfolg gekrönt worden, wie selten etwas.

Und ähnlich liegt es bei einem zweiten Thema, welches die absolute Kulturschwelle des Neolithikums einleitete: das ist die Zähmung der großen, wehrhaften Wildtiere. Wir werden zeigen (§ 36), daß es dafür keine andere denkbare Erklärung gibt, als wieder eine sekundäre Zweckmäßigkeit, der unvoraussehbare Erfolg eines »prämagischen«, rituellen Verhaltens. Diese Zähmung ist nicht gewollt worden, sondern geglückt.

Die Stabilisierung von Fortpflanzung und Ernährung gerade so, daß man sie nicht direkt intendierte – das hieß, den Zweck der Natur zum eigenen Zweck machen. Ein höchst paradoxes Gelingen angesichts der exzessiven Phantastik, die der Mensch der Natur gegenüber immer entwickelt hat. Und sich zu diesem geahnten Sachverhalt selbst zu verhalten – das war ein bedeutender Inhalt archaischer Religion. So symbolisieren in den höchsten Formen der Diesseitsreligion noch die Götter jenes unwahrscheinliche und beglückende Entgegenkommen der Welt an das, was der Mensch aus sich herauszieht und über sich stellt. Jupiter – das war »the generosity of the world«.

23. Fakteninnenwelt, Subjektivität

Gibt es auch eine Fakteninnenwelt? Selbstverständlich, natürlicherweise – nämlich in unserer Kultur, ganz analog zur Faktenaußenwelt, und zwar einmal als *Gegenstand* einer analytischen, empirischen Psychologie, und sodann als der unbefangen hingenommene innere Vorgangsbereich, in dem man lebt. Zu dessen soseienden Daten gehören auch moralische, das Schuldgefühl, das Gewissen, die Erlebnisse innerer Konflikte und ihrer Lösungen, die man durchaus als »données immédiates« berücksichtigen kann, auch wenn man ihr Zustandekommen nicht durchschaut – so wenig übrigens, wie die berühmte »Umsetzung« elektromagnetischer Schwingungen in Farbempfindungen. Man kann schwer leugnen, daß zahllose Menschen mit derselben Unbefangenheit in ihrer »natürlichen« Innenwelt leben, wie in der »natürlichen« Außenwelt, und zwar ohne das Bedürfnis, jene Innenwelt einer Deutung oder gar Norm zu unterstellen, und dennoch keineswegs unmoralisch, sondern in dem spannungslosen und domestizierten Sinne von Moral, den die Gegenwart entwickelt hat.

Es war dies nicht immer so. In einem schönen Aufsatz hat Edwin Muir (Der natürliche und der politische Mensch, Neue Auslese, 1947, II/2) diesen »neuen natürlichen Menschen« beschrieben. Er hat durchaus die Möglichkeit, sich zu verbessern, aber im Gegensatz zu dem natürlichen Menschen der Religion kein Bedürfnis nach innerer Erneuerung. Der Unterschied ist ganz einfach, sagte Muir. Der natürliche Mensch in Mythos, Religion und Humanismus galt nicht als Mensch in vollem Sinne, ehe er nicht den geistigen Menschen angezogen hatte, er mußte durch einen Prozeß neu geschaffen werden, der nicht in die übrige biologische Entwicklung gehörte. Die Koexistenz des neuen Menschen mit dem alten schließt ein seelisches Ringen innerhalb des Individuums in sich, das je nach seiner Innerlichkeit, seiner Unvermeidbarkeit und seinem offenbaren Mangel einer militaristischen Verursachung wechselt, aber dieser fundamentale sittliche Kampf innerhalb des einzelnen Menschen wurde jahrhundertelang als der wesentliche Charakter des Menschen akzeptiert. Dieses Wesen, das durch ein seiner Natur innewohnendes Gesetz zwischen Gut und Böse schwebt, ist der Mensch Dantes und Shakespeares, Balzacs und Tolstois. Der Konflikt ist in verschiedener Weise dargestellt worden, aber die Formulierung, die unserer eigenen Denkweise am nächsten kommt, findet sich bei Milton und Racine: der Konflikt ist ein Konflikt zwischen Vernunft und Leidenschaft oder Trieb. Diese Formel wurde während des ganzen 17. und eines großen Teiles des 18. Jahrhunderts als gültig akzeptiert, übrigens sogar von Descartes.

Inzwischen ist eine »Verkleinerung« des Menschenbildes vor sich gegangen, eine »Vereinfachung der Idee des Menschen«. Der neue natürliche Mensch entwickelt sich in seiner Umwelt in berechenbarer Weise, ohne wirkliche innere Kämpfe oder eine ständige Vorstellung eines begehrenswerten neuen Lebens oder ein persönliches Streben nach dessen Verwirklichung. Der moralische Kampf, der die Phantasie früherer Zeiten beschäftigte, sinkt zu etwas Unbedeutendem herab, er wird so etwas wie eines jener verkümmerten Organe, die keine Funktion mehr verrichten, eine Art Blinddarm. Und der neuartige natürliche Mensch verändert sich mit den Umständen, man kontrolliert ihn, indem man die Umstände kontrolliert. Und so verwandelt er sich in den politischen Menschen. Soweit, in seinen eigenen Worten, E. Muir.

Das wäre also der Mensch mit der Fakteninnenwelt. Diese ist nun der Gegenstand einer empirisch-analytischen Psychologie, von der sie zwar nicht geschaffen wurde, wohl aber begleitet und ausgelegt wird, und neuerdings muß sogar zugegeben werden, daß sie sich zunehmend den Theorien der Psychologie selbst anpaßt, denn in der allgemeinen Ratlosigkeit kann es als Ausweg empfunden werden, auf dem Umweg über die Ratio eine Theorie vom Seelischen in sich hineinzunehmen und abzubilden. Die Verlegenheiten des Verhaltens rufen ja immer die Rationalität auf die Bühne, und so finden denn die leere Differenziertheit und Konfliktbereitschaft, wie sie überall vorkommen, ihre Inhalte über die Suggestionen der psychologischen Literatur: wer da genügend studiert, findet schon den Zug, der ihn matt macht. Der Gegenstand verifiziert die Theorie, weil er sich in sie hinein entwickelt.

Die Theorie der Fakteninnenwelt trat übrigens in demselben Augenblick auf wie die der Faktenaußenwelt. Als Cartesius den Weltmechanismus konzipierte, wurde auch seine Mechanik der Affekte möglich, in der er aus sechs elementaren Leidenschaften ein Heer von sekundären Affekten ableitete. Und sein griechischer Vorgänger Alkmaios, der Erfinder der physiologischen Psychologie, lebte noch im 6. Jahrhundert. Allerdings gab es bei Descartes noch *einen* nichtneutralisierten Punkt: wenn er das Physische und das Psychische mit denselben Modellvorstellungen dachte, so war doch die Evidenz dieses Modelldenkens selbst noch ein Rest des »göttlichen Lichtes«.

Die Trennung von Motiv und Zweck, eine schon mehrfach bemerkte Kategorie, tritt in einer großzügigen, von Descartes schon vorgeahnten Form auf, wenn der Industrialismus die gesamte Außenwelt als ein Feld neutraler Zweck- und Mittelsetzungen behandelt, während die Subjektivität von der Psychologie als das Feld flüssiger Motivationen aufgefaßt wird, die sich um ichbezogene Triebzentren herum entfalten. Und es kann nicht geleugnet werden, daß die Erkenntnisse und Theorien dieser Psychologie in hohem Grade »ankommen«. Die Psychoanalyse z. B. ist keine Absurdität, und in zahllosen Fällen erkennen sich die Menschen doch in ihr wieder, sie bringt sie tatsächlich auf die Beine, wenn sie lange genug gelegen haben.

Ihre Begriffe wie Verdrängung, Verdichtung, Widerstand, Partialtrieb, Komplex, Regression usw. sind anschauliche Modelle von dynamischen Fakten, und wenn die verdrängte Sexualenergie ihre Abfuhr in der Angst erfährt, oder im Mechanismus der Sublimierung verdampft, so sind diese Bilder nicht nur abstrakt überzeugend – das waren die »Wirbel« des Cartesius auch; sie sind operativ, instrumentell wirksam, sie bringen den neuen natürlichen Menschen zu sich selbst, zu dem was er ist.

Aus dem offenbaren Mechanismus solcher Theorien kann der Vulgärdualismus übrigens keinen Profit machen, denn man ist inzwischen schon weiter, und zwar bei Modellvorstellungen, die im ähnlichen Sinne zwischen Subjekt und Objekt im nur denkbaren Raum schweben, wie die Elementarteilchen Heisenbergs und de Broglies. Man sieht das am besten bei den Begriffsbildungen auf dem Gebiete des zentralnervösen Geschehens von v. Holst und seiner Schule. Hier wird mit staunenswert geistreichen Experimenten und Begriffen gearbeitet, und die Magnetwirkungen, relativen und absoluten Koordinationen, Superpositionen, die stabilen Ordnungsformen nach einfachsten Zahlenverhältnissen, die sprunghaften Umordnungen und Beziehungstransformationen erlauben eine unerwartete, weitgehende Deckung mit den Begriffen der Gestaltpsychologie (P. Leyhausen, Die Entdeckung der relativen Koordination, Studium Generale 7/1, 1954). Aber damit wird das Verhältnis auch umkehrbar, d.h. die Begriffsbildung ist psychophysisch neutral, sie würde, wenn eine weitere experimentelle Vervollkommnung möglich ist, in mathematische Formulierungen übergehen. Übrigens haben auch die Theorienbildungen der Psychoanalyse einen Abstraktionsgrad erreicht, der nach Formalisierung ruft (W. Toman, Zum Problem der psa. Theorie, Stud. Gen. 7/8, 1954). Sie hätten zu den alten Arabern gepaßt: Haremsfrauen und Algebra im Kopfe.

Die vergegenständlichte und in eine gewisse Experimentaldistanz gerückte Fakteninnenwelt wird von der Psychologie ausgelegt; der unmittelbar gelebte Zustandsmodus des neutralisierten Innenlebens ist dagegen die *Subjektivität*. Beide Standpunkte müssen aufeinander bezogen werden – gerade daß die subjektive Benommenheit, in der so viele aufgehen, für den kühleren Beobachter einen Mechanismus verdeckt, das ist die Pointe. Wir nennen das Psychische dann neutralisiert, wenn es keine in sich verselbständigte Aufgabe mehr in sich vorfindet, wenn es nicht in seinen Kernbeständen ein »Weg« ist. Und so, wie es die ästhetische Ergänzung der Faktenaußenwelt gibt, das

»Naturerlebnis«, so gibt es auch die ästhetische Ergänzung der Fakteninnenwelt, den Selbstgenuß der Subjektivität. Und alles dies gilt als natürlich und selbstverständlich.

Das subjektive Ich hat keine Türe zum Absoluten, seine Emotionalität und Erlebnisfrische führen über die Tatsächlichkeit des Vorhandenseins nicht hinaus. Eine verschärfte Auffassung der christlichen Religion kann sich darüber nicht täuschen, sie würde der folgenden Ausführung Gabriel Marcels (Sein und Haben, dt. 1953, p. 179) zustimmen: »Hier müßte man irgendwie die Gestalt des Begriffes Selbst, ich-selbst, aufgreifen und erkennen, daß das Selbst im Gegensatz zum Glauben vieler Idealisten und besonders der Bewußtseins-Philosophen eine Verdichtung, eine Sklerose ist und, wer weiß, ein offenbar vergeistigter Ausdruck ... von *meinem* Körper als dem meinigen und insoweit mein Körper etwas ist, das ich habe«.

Der Erlebnishunger der modernen Menschen reißt in der Religion, in den Künsten das Emotionale an sich, man muß so etwas auf dem Hintergrund der Vermassung, der Verstädterung sehen. Die Unmittelbarkeit der Lebendigkeit ist vom Umgang mit der Natur, der Gesellschaft hinweggedrückt worden, jetzt sucht man sie im eigenen Inneren, dort steht sie sich selbst nahe und hält mit Macht an sich fest. Dennoch wird an keiner Stelle das bloß Faktische überschritten; Verdichtung der Innenansicht des Körpers von sich selbst, wie *Gabriel Marcel* meinte.

Wenn wir diese Subjektivität näher beschreiben wollen, so wäre der Zustand der chronischen Ichbewußtheit anzumerken, d.h. sie ist zugleich innerer Prozeß und dauernder virtueller Zuschauer dieses Prozesses. Darin liegt zugleich, daß in der auf sich selbst zurückgeworfenen Subjektivität das Seelenleben und das *vorgestellte* Seelenleben ununterscheidbar werden, oder die Subjektivität ist die *Zurücknehmbarkeit* der erlebten, und gerade dies macht die Qualität einer *Vorstellung* aus, diese ist selbst die Zurücknehmbarkeit, und sie wieder die Subjektivität, in die unmittelbar die chronische Ichverhaftung und Ichhelligkeit eingelagert ist. Das in die Zurücknehmbarkeit und Vorgestelltheit übergegangene Innere bedarf daher der Abstützung, und so ergibt sich die selbst wieder subjektive »Überzeugung«. In dem Begriffe der *Meinung*, die genau die überzeugungsgestützte Vorstellung ist, hat die Subjektivität es zu öffentlicher und rechtlicher Anerkennung gebracht. Ortega y Gasset hat den Glauben als eine »Vorstellung« definiert, »in der wir verbleiben« (Über das Denken, Merkur Nr. 65, 1953, p. 614) – aber damit doch nur die Meinung getroffen.

Das Korrelat dieser Subjektivität kann nur in der Faktenaußenwelt gesucht werden, mit anderen Worten in der *Absperrung* von der Natur erster Hand und damit von den Handlungs- und Erfahrungschancen, welche in dieser liegen und ihrerseits zu der ganz anderen Mentalität der Primitiven in Beziehung zu setzen sind. Wir beziehen also, zunächst nur im Sinne des gekoppelten Auftretens, die subjektive Fakteninnenwelt auf diejenige Umwandlung der Erfahrung, welche wir unter den Begriff »Erfahrung zweiter Hand« fassen wollen. Es war ja wohl auch historisch so, daß die sich selbst thematische Subjektivität zuerst in der Romantik im Zusammenhang mit einer abgeleiteten und überzogenen Bildungswelt aufkam.

Zum Begriff der »Erfahrung zweiter Hand« ist folgendes zu sagen: die modernen unübersehbaren Gesellschaften, in denen der Einzelne in hochbedingten, vereinseitigten und naturfernen Berufen tätig ist, erzeugen ihre eigenen Strukturen der Erfahrung. Wer zu dem größeren Teil der zivilisierten Menschheit gehört, der eingebaut in irgendeine Stelle des industriell-bürokratischen Systems lebt, kann nur unter günstigen Umständen seine Tätigkeit intellektuell oder moralisch anreichern, er kann sich selbst der Breite der Lebenserfahrung nicht aussetzen und wird sogar motorisch stillgelegt. Was man kaum mehr vermag ist dies: aus dem tätigen, sinnlichen und geistigen Umgang mit Sachen und Menschen Maßstäbe von Qualitäten und lebenswerten Erfahrungen zu entwickeln, sie mit Anderen abzustimmen und im Handeln festzuhalten. Die systemeigenen großen Probleme der unübersehbaren Gesellschaften haben jedoch weltweite Verflechtungen, sie werden schon deswegen an diesen Einzelnen als Erfahrung zweiter Hand, als Information herangebracht, weil sich ihre Detailkonsequenzen ohnehin bis zu ihm herunter abwickeln. Es sind abstrakte, aus dem physischen und moralischen Einflußbereich des Einzelnen herausfallende Weltprobleme, mit denen wir zu leben haben – sie waren es schon zur Zeit der Romantik, da das »Ritterwesen« eine Gegenideologie zu der beginnenden Industrialisierung entwarf. Ein vergessener Autor, Bogumil Goltz (Die Bildung und die Gebildeten, 1867, 1/37) sagte dann in der ersten Industrieepoche: »Nur ein durchgebildetes Genie vermag Welt-Eindrücke zu ordnen und mit dem Geiste zu beherrschen, der gewöhnliche Mensch verliert im steten Weltverkehr die Orientierung« — kein geringer Anlaß übrigens für das Massenbedürfnis, sich auf vereinfachte Aspekte festzulegen.

Die verhängnisartigen großen Probleme sind drastisch und aktuell, affektiv erdrückend, doch intellektuell für den Einzelnen in demjenigen echten Sinne von Wissen unzugänglich, in dem gediegenes Wissen doch nur im Umkreis der eigenen *handelnden* Erfahrung erwachsen kann. Die Erfahrung zweiter Hand tritt in die Lücke. Sie informiert und verdeckt gleichzeitig eine Unendlichkeit unverstandener Kausalitäten, ungeahnter Eindrücke und ungelebter Gesundheiten. Sie erscheint als mechanisierte Information in Druck und Funk, in Film, Presse und Television.

Es ist doch wirklich unwahrscheinlich, daß diese nun schon lange laufende Entwickelung ohne jeden Einfluß auf den Zustandsmodus der Innenwelt geblieben wäre — so wird jetzt das Einsparen langsamer Erfahrungen möglich, ihr Ersatz durch Kenntnisnahmen, und damit das Sichvorwegleben, der Schnellerwerb von Vorstellungen und Überzeugungen und der noch wenig bemerkte chronische, langperiodische, leise und inflationsartige Wertverlust des strengen, durchdachten Wissens. Die Temposteigerung des modernen Lebens setzt ja wohl nicht nur von außen, bei Telegrafen und Automobilen an, sie hat auch eine innere Seite: das Sichvorwegleben reißt den Menschen in die Zukunft.

Es ist sehr schwer angebbar, was hier Ursache und was Wirkung ist, wir wollen da keine Vermutung aufstellen, aber man muß die Subjektivität in ihrem ausgezeichneten Sinne sowohl auf die Überfüllung des Vorstellungsraumes, wie auf die Verarmung des Handlungsumkreises beziehen. Auch kennt die Gesellschaft keine verbindlichen Formen für die Erfahrungen eines »inneren Weges« mehr.

Dagegen ist es sehr kennzeichnend, wenn ein zeitgenössischer Philosoph von der »ganzen vollen Wirklichkeit des gestaltlosen Seelenlebens« spricht — damit ist die moderne Seele selbst gemeint, denn er setzt die Behauptung hinzu, jene sei »den antiken Menschen nicht aufgegangen«. Wir hätten gegen die These keine Bedenken, es sei denn, daß der Ausdruck »Wirklichkeit« für etwas unangemessen erscheint, das seiner Substanz nach Vorstellung von sich selbst ist; und daß die moderne Seele als solche schon »sujet de fiction« sei, hatte Mme. de Stael bereits empfunden, als auch sie bemerkte, die Alten hätten aus ihrer Seele niemals etwas derart gemacht (De l'Allemagne II/28). Hier liegt übrigens der Grund, weshalb antike Themen im Rahmen neuer Romane und Filme so überaus lächerlich wirken. Die Schweigsamkeit der antiken Biographen über das Subjektive, ihr alleiniges Interesse an den Ämtern, Taten und Reden, an der Öffentlichkeit des Wirkens ist mehr als zufällig. Natürlich gab es die Erlebnisse, die wir subjektiv nennen, aber wahrscheinlich in ungleich strengerer Stereotypisierung, und sie galten nicht als belangvoll, auch nicht für die Erlebenden selbst, geschweige für Andere, und keineswegs als »ganze, volle Wirklichkeit« eigenen Rechts. Über die Statusprägung des Innenlebens, die Topoi der ranggemäßen Innerlichkeit wissen wir kaum mehr etwas, trotzdem es erst 300 Jahre her ist, daß das Publikum die nackten Charaktere Molières als unwiderstehlich komisch empfand. Wenn die neuen subjektiven Autoren wie Anouilh sich gar an die spröden mythischen Stoffe wagen, so gelingt ihnen gar nicht die Verwandlung in Erlebnisflüssigkeit, sie stellen nur Hartnäckige, Besessene und Benommene dar, also Psychopathen.

»Tous les voiles du cœur ont été déchirés. Les anciens n'auraient jamais fait ainsi de leur âme un sujet de fiction« — so lautet der erwähnte Satz der Mme. de Stael. Er war gegen die Entblößung der Romantiker gerichtet, und hier ist ein Stilprinzip der Kunst wirklich beweisend, das damals aufkam und das heute nicht einmal mehr als kurios empfunden wird: die Dichtung als Hellseherei und Hellfühlerei. Der Dichter weiß heutzutage, was in einem Menschen in seiner letzten schweigenden Stunde vorgeht, oder in einer Frau, die ihre Liebe geheim hält. Hemingway weiß in einer berühmten Novelle, was der einsame Fischer auf hoher See denkt, fühlt und tut. Woher dieses antikünstlerische Verwechseln des fiktiv und des reell Vorstellbaren wenn nicht daraus, daß die eigene Seele des Künstlers sich hemmungslos in ein sujet de fiction weiterspinnt, so daß schließlich die Subjektivitäten des Dichters, der gedachten Person und des Lesers durcheinanderrinnen? Daß dies dem Publikum selbstverständlich und natürlich ist, darauf kommt es uns an, damit beweist sich eben, daß nicht mehr die Wirklichkeiten interessieren, auch nicht fiktive, sondern nur ihre Erlebnisreflexe im Subjekt. In diesen Kunstwerken wird Vorstellung und Wirklichkeit ununterscheidbar, weil sie vom Subjektiven verschluckt werden, wo sie es ohnehin geworden sind. In der großen, besonnenen Kunst trat zwischen diese Verwechslung von Anfang an ein Stilmittel: der Vers. Die beschriebene Gedankenlosigkeit hat wohl nur Bert Brecht bemerkt, der dagegen sein Stilprinzip der »Verfremdung« entwarf (Neue Technik der Schauspielkunst, in: Versuche 11, 1951).

Schließlich werfen wir noch einen Blick auf den dritten Vergleichspunkt: auf die ästhetische »Ergänzung« der subjektiven Fakteninnenwelt. Die Subjektivität kann nämlich selbst als Lebensersatz eintreten und damit rückt sie in den Umkreis des Folgenlosen, also des Ästhetischen. Die Kunst steht dann unter dem Begriff des Folgenlosen und bloß Ästhetischen, wenn sie nicht mehr exemplarisch, nicht mehr Vorbild-suggestiv sein will, und dasselbe gilt für das subjektive Innere. Schon der oben erwähnte Überzeugungszuschuß zu nichtgelebten Vorstellungen, der sie gegen die Zurücknehmbarkeit abstützt, war ein erstes Beispiel eines bedeutenden Vorganges, der sich als »Emotionsentbindung durch Vorstellungen« verallgemeinert. Dieser Prozeß läuft heute über die automatischen Vervielfältiger: in der gedruckten und gefilmten Literatur geht es durchweg um ein folgenloses Hervorrufen und Sichselbstgenießen von Affekten, Emotionen, Vorstellungen und sonstigen »Erlebnissen«, die ihrerseits das »Leben zweiter Hand« ausmachen. Was von der abstrakten Malerei, vom Kino, von den Novellen provoziert wird, sind solche Erlebnismontagen, bei denen die Frage der Echtheit völlig sinnlos wird, die sich ja nur an Konsequenzen entscheiden ließe – in der alten »nachahmenden« Kunst war das anders, da war etwas der Nachahmung Würdiges vorausgesetzt, etwas, was die Kräfte des Künstlers und des Betrachters zugleich aufrief und sich unterwarf. Daher hatte übrigens der große Stil nicht nur die atemberaubende Schönheit, sondern eine gewisse Monotonie, etwas Abweisendes und Verschlossenes, das sich bis Gauguin hin rettete. Aber die auf Auslösung des »gestaltlosen Seelenlebens« hin angesetzte Kunst ist die Neuerung – man kann ihr keine günstige Prognose stellen, denn woher sollte sie den Motivvorrat nehmen, um sich gegen die Indienstnahme durch außerkünstlerische Zwecke zu wehren, seien es religiös-politische oder weltlich-politische oder kommerzielle?

Als besondere, der Subjektivität zugeordnete Verarbeitungsform kann die *Reflexion* eintreten. Dann wird die Raffinierung des auf sich selbst zurückgefallenen Seelenlebens einer hohen Verfeinerung fähig, der verwickelte Zufall der Ideale und Wertgefühle hat seine eigene Produktivität in einer staunenswerten Differenzierung des Psychischen, die sich unmittelbar in Federarbeit fortsetzt, sich im psychologischen Roman niederschlägt oder von innen her in die Geisteswissenschaften eindringt. Überall werden in noch nicht dagewesener Reflexionsbewußtheit die kleinsten seelischen Regungen, die sonst einfach weggelebt wurden, in ihren Besonderheiten abgehört. Der uferlose Wiederabdruck der Niederschläge fremden und vergangenen Lebens aller Kulturen, Zeiten und Religionen macht es möglich, in immer neuen Bewegungen der vorgestellten Aneignung – des sog. Verstehens – die eigene Psychisierung anzureichern, und es werden hohe Grade der Weltfremdheit erreicht, wenn sich die zur Vorstellung gewordene Innerlichkeit in der Vorstellung einer fremden Innerlichkeit verdoppelt: hier liegt der Nerv des horrenden Satzes Diltheys, daß das Erleben eines eigenen Zustandes und das Nachbilden eines fremden im Kerne des Vorgangs einander gleich seien (V, 277). Über den Genuß von Literaturwerken sagte derselbe (VI, 271): »dem Seelenleben des Auffassenden wird eine bestimmte Form von Handlung(!) mitgeteilt. In dieser erweitert, steigert, dehnt sich die Seele gleichsam. Es vollzieht sich eine Kraftentwicklung, welche die Vitalität des Auffassenden, seine Lebendigkeit und deren Gefühl erhöht«. Gibt es eine deutlichere Beschreibung des Lebensersatzes? Es sei denn die ironische Lichtenbergs: »er läse so gern, wie er sagte, Abhandlungen vom Genie, weil er sich immer so stark danach fühlte«.

Was bei allen diesen Künsten außer Gesicht kommt, ist die einfache Wahrheit, daß sich die tätige Stellungnahme gegenüber den realen Mächten der Wirklichkeit außer uns und die Seele, die sich in sich selbst Aufgaben stellt, gegenseitig voraussetzen. Sie bilden *einen* Zusammenhang, der sich durch nichts ersetzen läßt, denn hier entstehen Institutionen.

Selbst die Begriffe der Naturwissenschaften, der Physik, Chemie, Biologie sind so geartet, daß sie sich wieder objektivieren, in der Natur darstellen lassen, und auf diese Realität lassen sich gemeinsame Formen des Handelns aufbauen: die Technik selbst und mit ihr jede Fabrik gibt die Beispiele, und der Betrieb erzeugt auf der inneren Seite mindestens diejenige (übrigens stets labile und gefährdete) Moralität, die als Arbeitsdisziplin, Zucht und Sachhingabe erscheint.

Die Gründung von Institutionen, ihre Besiegelung ist immer Sache des Rechts, wie sehr auch die Rechtsquellen sich wandeln mögen; das subjektive Innenleben ist in bezug auf Institutionen steril. Das schließt nicht aus, daß der Riese Kapitalismus es fertig gebracht hat, auch noch diese Subjektivität zu kultivieren und zu fruktifizieren. So wäre, in Hinsicht des durchgehaltenen Geltungsanspruchs, die moderne Kunst ohne das Gesamtgefüge von Kunsthandel, Reproduktionsgewerbe, spekulativem Sammelwesen usw. undenkbar (Zeit-Bilder, 1960, Teil XII, 4.), und die Marktforschung entdeckte Gesetze der Meinungs- und Vorstellungsbildung, die wiederum von der Politik ausgewertet werden (G. Schmidtchen, Die befragte Nation, 1959. Dazu auch H. Schelsky, der die Rolle der Diskussion als Dauereinrichtung untersucht: Ist die Dauerreflexion institutionalisierbar? Ztschr. Evangel, Ethik, 1957, H. 4).

Man wird heute nicht nur leicht, sondern auch gerne mißverstanden, deshalb sei betont: die Psychologie ist entweder Naturwissenschaft der Fakteninnenwelt, oder keine Wissenschaft, und im letzteren Falle, bei den großen Autoren wie Proust oder Musil, Flaubert oder Dostojewski kann ihr Ertrag noch staunenswerter sein. Sie ist geradezu ein Bestandteil der Atmosphäre geworden, in der wir atmen, und Freud hat den anscheinend unüberbrückbaren Abstand des Niveaus zwischen der Psychologie zur Zeit Wundts und jenen Künstlern fast auf Sprungbreite verengt, er ist ein Galilei der Fakteninnenwelt. Auf französischem Boden übrigens schien seine Grundentdeckung vorbereitet: K. von Holtei (Vierzig Jahre, 1859, Bd,6, p. 264) erwähnte den Leibarzt Louis Philippes, C. G. H. Marc, und dessen Buch »De la folie«, darin schon ihm die folgende Stelle auffiel: Le cœur humain a des replis bien cachés, que la raison comprime (Verdrängung) et désavoue (Zensur), mais que la folie déploie et révèle au grand jour« – was übrigens nichts gegen Freuds Leistung sagt, denn solche »Vorgänger« werden ja erst bedeutsam, seit er selbst forschte. Seine Lehre ist die repräsentative Theorie der subjektiven Fakteninnenwelt, ihr therapeutischer Effekt ist bedeutsam. Unsere Polemik geht auf einen dritten Punkt: wenn sich das Sichselbstverstehen über sie hinweg verbreitet, wird in den Köpfen kleinerer Geister die Selbstauffassung des Menschen sich herabbilden und, um mit Benn zu sprechen (Brief an F. W. Oelze vom 13.8.1939), in einen Zustand geraten, an dem man ein wesentliches Interesse nicht mehr hat.

Doch vollzog sich seit Beginn des Jahrhunderts der vorsätzliche und geduldige Abbau eines anständigen Menschenbildes noch auf vielen anderen Wegen, die Schriftsteller standen hinter den Psychologen an Meisterschaft in der Aufdröselung nicht zurück, auch erhob sich, von Nietzsche verklärt und von Joyce in den maßgeblichen angelsächsischen Sprachraum eingeführt, so etwas wie ein Untergrundshaß gegen die hochbedingten, großen, helfenden Fiktionen.

Ein wesentlicher Inhalt der Kultur ist aber stets der Schutz des Menschen gegen seine eigene Natur gewesen, gerade dieser Damm wurde von den Liquidatoren gesprengt. Das letzte Motiv ist schwer zu erraten, vielleicht muß man es in dem Selbstmorddrang einer Kultur suchen, die in ihren Ausformulierungen und Eigenverarbeitungen ans Ende gekommen war. Doch antwortete die Geschichte schneidend und klärte die Aufklärer gründlich über die Natur des Menschen auf, die sie entfesselt hatten. Und von dem Erstaunen darüber, daß die Massen mit ihrer Perfektion der Innenausleuchtung nicht mitgingen und sie also die Autorität und große Wirkung verloren, auf die es ihnen so sehr ankam, haben sie sich bis heute nicht erholt. Seither formuliert Beckett die Gestalt des unglücklichen Radikalbewußtseins, seinen Ekel und seine Entmutigung.

24. Fremdheit des Archaischen

Die letzten Abschnitte sollten einige unserer Selbstverständlichkeiten ins Bewußtsein heben, und sie hatten auch den Sinn, die ungeheuere innere Distanz abschätzbar zu machen, die uns von der archaischen Mentalität trennt. Um sich deren harte Fremdartigkeit klarzumachen, braucht man nur wörtlich zu nehmen, was sich in jedem Lehrbuch der Religionsgeschichte und jedem ethnologischen Kompendium unter dem Stichwort »Seele« findet: es kann in illo tempore keinerlei Schwierigkeiten gemacht haben, dem Menschen mehrere Seelen zuzuschreiben, und man holte diese Begriffe über die Außenwelt heran. Das Blut, das aus dem Getöteten fließt, ist ebenso Lebensseele wie der Atem, der Schatten ist Seele (bisweilen, noch philosophischer, der Schatten im Schatten, der Kernschatten) – aber auch das Spiegelbild im Wasser. Da das Weiterleben nach dem Tode selbstverständlich ist, denn man sieht und hört die Verstorbenen ja im Traum, so begegnen hier wieder Seelen. Von Interesse ist dabei weniger die mangelnde Systematisierung, denn wir selbst leben in genug Widersprüchen, deren Rencontre in unserem Kopfe wir geschickt verhindern. Wichtig ist vielmehr, daß der Mensch sich doch primär offenbar über die Außenwelt zurückverstand, und deswegen haben wir im vorletzten Abschnitt unsere Faktenaußenwelt beschrieben: sie gerade dürfen wir dem archaischen Menschen nicht unterstellen, seine Außenwelt ist eine qualitativ andere gewesen, die wieder uns unzugänglich ist, da wir die Naturerfahrung erster Hand gar nicht mehr kennen. Unser sog. »Verstehen« archaischer Kulturen verläuft daher so, daß wir den Primitiven unsere eigene Faktenaußenwelt zuschreiben und diese mit inhaltlich anderen, subjektiven Vorstellungen und Meinungen, als wir sie haben, besetzt sein lassen. Man denkt nicht daran, daß die Strukturgesetze der Wahrnehmung selbst sich geändert haben könnten (W. Köhler, § 22). So vergleicht selbst ein hervorragender Autor die Totemsymbole mit Maskottchen, wie wir sie ins Auto hängen. Nach unserer Ansicht können wir aber weder die archaische Mentalität, noch den archaischen Außenwelt-Aspekt nachvollziehen, und folglich können wir nur versuchen, gewisse *Kategorien* des fraglichen Verhaltens herauszufinden, ohne die Möglichkeit, sie von innen her inhaltlich echt zu besetzen. Eins ist doch evident: auf Grund der »Vorstellungen«, die wir den Primitiven unterstellen und die wir nachvollziehen zu können glauben, würden *wir* niemals *handeln* – sie aber tun es, und also ist die ihnen »verstehend« zugeschriebene Seelenlage von vornherein rätselhaft. Alles, was die archaische Mentalität als gelebte Wirklichkeit einhüllte, ist uns weltenfern: wir haben nichts von ihren stabilisierten Spannungen, nichts von ihren Hintergrundserfüllungen, von ihren Außenhalten, von den mitverpflichteten Komplexen. Man kann nur archaisches Verhalten zugleich beschreiben und in seiner Fremdheit festhalten. Wir aber stellen uns gewöhnlich auf seine Symbole und Aussagen ein, als ob es Schrifttexte wären – etwas dunkel, aber in der Vorstellung anzueignen.

Eine Geschichte der Indianer aus Columbien beginnt so: Ein Junge und ein Mädchen gingen in den Wald und fasteten, so daß sie bald die Eulen verstanden. Es wird nicht gesagt, um welche der 147 Arten des Ordo Strix es sich dabei handelt. Dieses Verhalten ist also bezo-gen auf eine Natur, die nicht die unsere ist: keine »Kulturlandschaft«, keine naturwissenschaftliche Natur, kein ästhetisches Naturerlebnis wie bei C. D. Friedrich oder Segantini, keine Gegenidee der Großstadt. Folglich ist auch das Blut, der Atem, das Spiegelbild im Wasser nicht das, was sie für uns sind, und nur deswegen mögliche Symbole der Seele.

Eine der gesuchten Kategorien ist dagegen die erwähnte: daß man sich *über die Außenwelt verstand.* Es ist dies eine Kategorie ersten Ranges: man identifizierte sich mit einem Äußeren, d. h. das Selbstbewußtsein war *indirekt:* die Beispiele mit der Seele haben wir eben erwähnt, doch gilt dies vor allem auch für den Totemismus. In weltweiter Verbreitung haben sich ganze Gruppen und Blutsverbände mit je bestimmten Tieren identifiziert, diese galten als Stammväter der Gruppe und die lebenden Tiere oft als Wiederverkörperungen verstorbener Sippengenossen. Ein Murngin (Australien) vollzog, wie berichtet wird, schon auf dem Sterbelager die Bewegungen des Tieres, in das er im Begriff war, einzugehen, und noch am Beginn des 19. Jahrhunderts trug bei einem Sioux-Stamm der Chef des Schildkröten-Clans ein Schild mit diesem Bilde auf dem Rücken, der des Panther-Clans ein Pantherfell.

Natürlich ist die Identifizierung mit einem Nicht-Ich der Außenwelt, als Form des Selbstbewußtseins, unserem gegenwärtigen Bewußtseinszustand, dem der Ichbetonung gerade des Durchschnittsmenschen, unvollziehbar. In dieser archaisch-naiven, harten Form war dies deswegen möglich, weil die Natur selbst als alter ego, als beseelt, als Aktionsfeld von Kräften und Mächten erlebt wurde. Sie war eben »Natur erster Hand« – und die ist so. Aber diese Auffassung der Natur als eines Geisterreiches, in dem die Eulen reden, war durchschlagend moralisch produktiv, denn man sieht sofort ein, wie ein solches Sichverstehen über ein Äußeres unmittelbar in verpflichtende Handlungsanweisungen übergeht. Wenn eine Gruppe ihr Bewußtsein der Abstammungseinheit über eine Tierart hinweg vollzieht, so folgt sofort, daß man diese Tiere nicht töten darf und vor allem: daß keiner aus der Gruppe den anderen töten darf, denn jeder Einzelne ist ja selbst dieses Tier und in seinem Bilde sakrosankt.

Wenn Tiere, Quellen, gewisse Örtlichkeiten, Berge, Bäume usw. »Wesenheiten« werden können, und man daraus verpflichtende Regeln ableitet, wenn also das Handeln sich an der geltenden Wirklichkeit jener Dinge selbst orientiert und sie als Verpflichtung über sich aufhängt, so ist dies jene schon eingangs bemerkte »Transzendenz ins Diesseits« – eine hocharchaische Einstellung, denn der Totemismus ist höchstwahrscheinlich jungpaläolithisch. Kern (Die Anfänge der Weltgeschichte, 1933) hält den Altpflanzer-Totemismus für eiszeitlich, und wie sollte man sich anders die Löwen-, Vogel-, Hirsch-, Bison- und Steinbockmenschen erklären, die auf Malereien und Gravierungen der Aurignac- und Magdalénienzeit vorkommen?

Alle Religionen der Naturvölker hatten eine oft bemerkte Diesseitigkeit, wie schon Preuß heraushob (Glaube und Mystik im Schatten des höchsten Wesens, 1926): »Die Naturvölker stehen eben im Gegensatz zu den Erlösungsreligionen vollständig auf dem Boden des Diesseits« (p. 19). Aber dieser Begriff ist höchst mißverständlich, denn wir legen gleich *unseren* Begriff von Diesseitigkeit unter, der ja ein Gegenbegriff der Jenseitigkeit ist. Auch gab es in illo tempore keinen Glauben in dem *uns* bekannten scharf definierten Sinne einer Beziehung zum Übersinnlichen, Unsichtbaren. Zeige mir deinen Gott im Himmel, sagte ein Indianer zum Missionar, und ich will hinaufgehen und ihn verehren.

Der archaische Mensch »glaubt« gar nicht an das Weiterleben nach dem Tode, sondern das gehört zu seinen Diesseitserfahrungen, man träumt ja von ihnen, und daß der Traum etwa ein »Subjektives« wäre, ist unvollziehbar, er ist Wahrnehmung. In der Tiefe der Nacht erhebt sich der Basuto, der geträumt hat, und beginnt auf der Dorftrommel eine Ansprache an die Geister, und die Leute schlafen weiter, wenn sie gehört haben, daß sie das nichts angeht.

Eine andere Kategorie ersten Ranges steckt auch schon in jener naiven Geschichte von dem Jungen und dem Mädchen: sie gingen in den Wald und fasteten. Auch der archaische Mensch lebte in seiner Kraut-und-Rüben-Geschäftewelt, wie W. James sagte, aber er wußte, daß das Diesseits noch andere Dimensionen hat, und daß man sich für seine Art der Transzendenz, für die Begegnung mit den Wesenheiten, bereit zu *machen* hat – es gibt also einen »Weg nach innen«, der zugleich eine Neuerfahrung des Außen hergibt: wenn man fastet, beginnen die Eulen zu reden. »Jede wahre Weisheit, sagte ein Eskimo-Schamane, kann nur durch Leiden und Entbehrungen erreicht werden.«

Der Gegenwart ist sehr weitgehend das Gefühl dafür verlorengegangen, daß es Erfahrungen geben könnte, die nicht in der Vorstellung vorwegzunehmen sind. Aber die Praxis, durch asketische Prozeduren, mit ungeheuerer Rücksichtslosigkeit angesetzt, oder auf einer zweiten Linie durch aktiv herbeigeführte Trance- oder Ekstasezustände einen Innenzustand anzusteuern, in dem man in einen nichtalltäglichen Erfahrungsbereich transzendiert, um diese Erfahrungen dann im Alltag festzumachen — diese Praxis ist weltverbreitet gewesen. Solche Verhaltensweisen waren einerseits vom Alltagsleben scharf abgesetzt, aber ihre Inhalte waren zurückübersetzbar, denn alle Kulte bezogen sich doch irgendwie auf die Alltagswelt zurück, sie sollten diese auf dem Optimumstand stabilisieren. Daher die allgegenwärtige Vorstellung, bei Unterlassung bestimmter Riten stürben die Tiere aus, versiege der Regen oder fielen Krankheiten ein.

Die archaische Mystik wäre, in unsere Sprache übersetzt, etwa auf folgende Lehre zu bringen: das Übernatürliche als voll Erlebbares liegt unmittelbar in der Natur erster Hand. Man versichert sich desselben auf dem aktiven Wege einer inneren Zurichtung, durch das Herbeiführen qualifizierter Zustände, und dafür gibt es zwei Methoden, die meist beide gewählt werden: asketische und orgiastische, aber sie sind selbst jeweils institutionalisiert und bei bestimmten Anlässen oder für bestimmte Personen obligatorisch. Den dann erlebten »Wesenheiten« gelten Kulte oder Riten, die im Kerne stets »Darstellungen« sind, handgreifliche Verleiblichungen jener Wesenheiten. Der Ritus ist mimisch und über diese Darstellungen hinweg versteht sich der Mensch, seine Herkunft, seine Natur und die Wirklichkeit um sich. Und am Vollzug solcher Riten hängt die Garantie der Fülle des Lebens, nicht bloß anthropozentrisch gedacht: Fruchtbarkeit der Natur, Regen, der geordnete Weltgang überhaupt und natürlich auch die eigene Gesundheit und Kraft.

Jetzt kann man wohl doch ein paar Linien durchziehen, die von den ältesten erreichbaren Formen der Religion bis zu unserer hin durchlaufen, denn historisch geht es ja um den Wandel in der Konstanz. Wandelbar scheint uns nun je das zu sein, was als ein Göttliches angesprochen wird — da ist die Schwelle des Monotheismus eine absolute. Wir haben uns auch nicht davon überzeugen können, daß es einen »Urmonotheismus« gibt, wie die Wiener ethnologische Schule behauptet. Hocharchaisch ist allerdings ein Schöpfergott, aber er steht (§ 41) neben gleichursprünglichen Wesenheiten, Dämonen, Geistern und Göttern, er ist in den allermeisten Fällen im Gegensatz zu diesen sogar kultlos und in keinem zwanglos interpretierbaren Sinne einziger Gott. Hier also, in der Figur des Göttlichen, würden wir die Kontinuität nicht sehen, wohl aber in den folgenden Überzeugungen: daß der Mensch sich nicht selbst und direkt verstehen kann, sondern nur von einem Nichtich aus, und daß er zum Nichtich zu werden hat. Von den uralten mimischen Riten, in denen man sich entäußert, indem man ein heiliges Tier darstellt, bis zu den Mysterien der Hochreligionen scheint es hier eine Kontinuität der Form zu geben, wenn auch nicht der Inhalte. Der Mensch bekommt einen neuen Status, er zieht eine neue Wirklichkeit an, wenn er sich mit etwas identifiziert, was er nicht selber ist – das ist eine anthropologische Konstante. Und dazu bedarf es einer Vorbereitung, eines inneren Weges, einer »Umkehr der Antriebsrichtung«. Das Innere des Menschen ist dann nicht jeweils das, was bloß weggelebt wird, und noch weniger pathosbesetzte Subjektivität oder Fakteninnenwelt, sondern es ist selbst Material eines gerichteten Handelns zu einem Ziel hin. So ging man so lange hungernd in die Einsamkeit, bis endlich die Vision des Schutzgeistes erfolgte, oder man induzierte Ekstasen, bis man die Geister sah – natürlich barbarische Wege, aber doch eben Wege, und nur gerade der letztere erwies sich als der eigentlich irreleitende, der mit den höheren, sozialen Formen der Moral nicht zu vereinen blieb. Dieses Axiom eines inneren Weges ist in unserer Zeit fast außer Sicht gekommen, es liegt nicht im Bereiche der Fakteninnenwelt und nicht in dem der Subjektivität. Auch im Begriffe der Humanität trifft man, mit den Anderen, doch nur sich selbst an. Und der »konfliktsfreie Mensch« ist geradezu die Gegenideologie zur »Umkehr der Antriebsrichtung« – es ist der Mensch der verkleinerten Maßstäbe, der wahrscheinliche Mensch im Sinne der Entropie, der Mensch im Stile Louis-Philippes, von dem Tocqueville sagte: habgierig und sanft.

Kann jetzt die Anthropologie das Kategoriale des darstellenden Ritus noch tiefer verstehen? Gab es eine kulturschöpferische Wirksamkeit in ihm? Das sind die Fragen, denen wir uns in dem nächsten Teil zuwenden werden.

TEIL II
PROBLEME ARCHAISCHER KULTUREN

25. Problemstellung

Die jetzt zur Untersuchung anstehende Verhaltensklasse soll die des *darstellenden* oder *ritualisierten* Verhaltens heißen. Dieses reicht tief in die Entwicklungsgeschichte hinunter, es ist von den Mechanismen der Lernfähigkeit und der rationalen Handlungssteuerung wohl von der Wurzel an verschieden und es steht in enger Beziehung zum Instinktiven, im Verbande des tierischen instinktiven Sozialverhaltens ist es also schon nachweisbar. Bei den »Kommentkämpfen« mancher Tierarten handelt es sich nicht mehr um eine volle Entfaltung gewaltsamer Auseinandersetzung, sondern diese wird durch ein System hochprägnanten »Zeremonials« ersetzt. So beschreibt Fischel (Die kämpferische Auseinandersetzung in der Tierwelt, 1947), wie beim Kampfläufer während der Gruppenbalz die Vögel aufeinander losrennen und plötzlich jäh wie erstarrt stehen bleiben, wobei der Kopf gesenkt ist und die Kragenfedern gesträubt sind. Aus dieser Haltung kann sich ein zweites Rennen in umgekehrter Richtung entwickeln. Lorenz (Über tanzähnliche Bewegungsweisen bei Tieren, Stud. Gen. 1952) beschreibt das Paar-Schwimmen der Mandarin-Erpel, die während der Balz dicht neben und genau parallel zueinander über die Wasserfläche dahinschießen, ebenso plötzlich anhalten, wie sie losgeschwommen sind und ihren bunten Gefiederschmuck aufs äußerste entfalten, um im nächsten Augenblick wieder loszusausen. Auch hier handelt es sich um einen »abgebremsten« und in ein »Ritual«, eine Darstellung übergegangenen Beschädigungskampf, den in urwüchsiger Wildheit die nahe verwandte Brantente noch zeigt. Noch eindrucksvoller sind die Fälle, wo kommentmäßig ritualisierte Kämpfe überdies noch unter Funktionswechsel weiter stilisiert werden und dann als reine Ausdrucksbewegungen wirken. So beschreibt Lorenz, wie die Männchen des Fisches Astatotilapia Reitzigi einen großen Teil des Tages mit einem Wechselspiel verbringen, in dem Variationen der Bewegungsform gesetzmäßig mit einem Umschlagen der Färbung verbunden sind, durch Wochen fortgesetzte reine Balzzeremonien, an denen die Weibchen eindeutiges Interesse zeigen und durch die der ursprüngliche Kommentkampf eben noch durchscheint. Portmann (Die Riten der Tiere, Eranos-Jahrb. 1951) spricht angesichts anderer Fälle sogar mit voller Absicht von *Darstellungen* tänzerischer Art und sagt: »Unbekümmert um jede Stellungnahme zu den Auffassungen über Herkunft und Zusammenhang der höheren Tiere und des Menschen finden wir auffällige, bedeutsame Entsprechungen in den als Riten bezeichneten Phänomenen bei Tier und Mensch.« Bei ihm findet sich die herrliche Schilderung Armstrongs (Bird Display and Behaviour, 1947) von den Massentänzen der australischen Kraniche wiedergegeben, die zeitweise eine große stolzierende Masse formieren, mit ihren langen, aufgereckten Hälsen, »und das weite Schwingen ihrer Körper war wie das Wogen der See«. Es ist nicht umsonst, sagt Portmann, daß die Australier die Tänze der Emus nachahmen, die mexikanischen Indianer die Frühjahrstänze der Truthähne und die brasilianischen Jivaros die der orangeroten Felsenhähne. Das ist zweifellos richtig – aber was bedeutet dieses Verhalten anthropologisch? Das ist unser Problem.

Es gibt Grund anzunehmen, daß die mimische Darstellung »in vivo«, in Form des nachahmenden Verhaltens, ursprünglich ist und daß sie der Entwicklung objektiver Darstellungsmittel, also der Gravierung, Malerei und Plastik, vorausging. Auch der berühmte Abbé H. Breuil sieht den Ursprung der bildenden Kunst in der dramatischen Nachahmung von Tieren (in dem Sammelwerk Der Mensch der Urzeit, Hg. A. Varagnac, dt. 1960, p. 95). So gesehen wäre dann die gegenständliche Darstellung eines Tieres seine Ablösung vom mimischen Ritus, eine Entlastung dieses Ritus von sich selbst und seinem vollen Vollzug.

Im Altpaläolithikum sind darstellende Gebilde sehr selten, aber sie kommen vor, wie die Gravur des Kopfes einer Großkatze in La Ferrassie (Dordogne) zeigt (Tafel XIII bei G. Kraft, Der Urmensch als Schöpfer, 1948). La Ferrassie wird zur Moustérien-Kultur gerechnet, die man auf 40000 bis 140000 Jahre zurückdatiert. Sehr viel häufiger und vollendeter sind dann bekanntlich die jungpaläolithischen Darstellungen in den spanischen und französischen Höhlenmalereien oder in kleinplastischen Werken, von denen Varagnac (Tafeln 7–9) außerordentlich schöne Stücke aus der Epoche Magdalénien IV abbildet. Hier handelt es sich, in kleinem Format, schon um freie künstlerische Gestaltung. Daß aber den Höhlenmalereien noch ein mimischer Ritus zugeordnet war, wird durch sie selbst belegt: in der Höhle von Les Combarelles findet sich in Stein graviert die Darstellung eines tanzenden Menschen, in der Trois Frères genannten erscheinen Zauberer, in Bisonfelle gehüllt, oder jene gravierte, schwarz umrissene Figur, die den Schwanz eines Pferdes, Geweih und Kopf eines Hirsches und dazu Bärentatzen angelegt hat, ebenfalls in tanzender Haltung den Betrachter anstarrend (s. Abb. 3).

Wir stimmen daher H. Kirchner zu, wenn er sagt: »Im Felsbilderbrauch der verschiedenen vorgeschichtlichen Zeiten und Kulturen sollte offenbar ein heute anders nicht mehr greifbarer mimischer durch den graphischen Ritus verewigt werden« (Über das Verhalten des schriftlosen frühgeschichtlichen Menschen zu seiner Geschichte, Ztsch. Sociologus IV, 1, 1954, p. 11).

Jetzt kann man sich das Schwergewicht des Problems klar machen. In uralter biologischer Rückbindung haben wir ein Verhalten vor uns, das einerseits in die Wurzeln der darstellenden Künste übergeht und auf der anderen Seite mit bestimmten Frühformen der Religion zusammenhängen muß. Man nimmt allgemein an, daß jene Figuren von »Zauberern« mit »magischen« Bräuchen in Beziehung zu setzen sind, aber wir können das nicht als Erklärung annehmen, denn was ist denn die Magie selber? Es kann das ja nur ein Teilproblem des unseren sein. Anthropologisch sehr überzeugend ist hierbei nämlich die These von A. E. Jensen, daß die eigentliche Zweckmagie eine Rationalisierung, eine sekundäre Zweckbesetzung bedeutet: wenn gewisse Riten vorgenommen werden, damit der Jagderfolg, die Fruchtbarkeit der Pflanzen usw. »gesichert« werden, so muß man den eigentlich darstellenden Ritus von der sekundären Motivation unterscheiden, die wechseln kann. »So sind etwa die als Regenzauber oder Fruchtbarkeitszauber bezeichneten Riten ziemlich sicher ... ursprünglich echt religiöse Zeremonien, in denen recht eigentlich und ohne jeden speziellen Zweck etwas *dargestellt* werden sollte« (Magie. Stud. Generale I, 1948). An anderer Stelle (Mythos und Kult bei den Naturvölkern, 1951) nennt Jensen den Menschen »von Natur ein darstellendes Wesen« (p. 76) und bezeichnet wiederholt die kausale Verknüpfung einer Zeremonie mit einer Heilserwartung, etwa am Beispiel der Vermehrungsriten, als eine Entartungs-Erscheinung (p. 103, 140, 152). Dieser letzteren Wendung stimmen wir nicht ganz zu, weil wir wieder von der Notwendigkeit sekundärer Motivationen, ihrer

Verwandlungs-Ritual, Kulttanz. Höhle Trois Frères. Gravierung und schwarze Malerei. Mittleres Magdalénien.

inneren Unvermeidlichkeit überzeugt sind: ein tradierter, mit der Zeit affektentleerter Ritus muß eine sekundäre Motivation entwickeln.

Wie dem sei: ein zweckfrei darstellendes Verhalten ist vorauszusetzen, und da jene jungpaläolithischen Malereien ziemlich sicher eine »magische« Bedeutung hatten, so werden wir die Darstellung in vivo, als gelebten Mimus, in dem Zeitraum vorher ansiedeln und wollen es zweckfrei darstellendes, ritualisiertes oder *prämagisches* Verhalten nennen. Es bildet den Kern der hier zur Untersuchung stehenden Verhaltensklasse. Übrigens sah auch Karl Beth (Religion und Magie bei den Naturvölkern, 1914), daß erst in der weit fortgeschrittenen Magie mit einer bestimmten »Zauberkraft« gerechnet wird, die also selbst schon ein Rationalisierungsprodukt, eine »Hypothese« ist, und auch er hielt die *Darstellung* für den primären magischen Akt (p. 110). Vor jeder Magie liegt der ekstatische, darstellende Mimus selbst. Er stellt auch, worauf wir hier schon hinweisen, ein Bewußtseinsproblem, das merkwürdigerweise G. B. Shaw (Vorreden zu den Stücken, 1947, p. 71) klar erkannt hat: »Die Wahrheit ist, daß die dramatische Erfindung der erste Versuch eines Menschen ist, sich intellektuell *seiner selbst bewußt* zu werden. Zwischen dem Drama, der Geschichte und Religion kann keine Grenze gezogen werden.«

Wenn es ein ursprüngliches zweckfreies darstellendes Verhalten gibt, so erfolgt es doch nicht *unmotiviert*. Was zu erklären ist, wäre ein zweckfreies, aber als *obligatorisch* empfundenes Verhalten gegenüber einem Außenereignis, das in der Darstellung desselben besteht.

26. *Echte (tierische) Instinkte*

Die Analyse des zweckfrei darstellenden Verhaltens muß ohne Zweifel in tiefliegenden Schichten ansetzen und versuchen, die instinktive Komponente mit einzubeziehen. Dabei machen wir nur zwei Voraussetzungen. Die erste ist die eines komplementären Verhältnisses von Instinkt und Bewußtsein derart, daß die Höherentwicklung der einen Instanz die der anderen ausschließt, worauf im allgemeinen zutreffend schon Herder aufmerksam gemacht hatte. Bergson endete bei demselben Ergebnis, K. Lorenz stimmt ihm zu, und Julian Huxley drückt diese Tatsache, auf den Menschen bezogen, mit folgenden

Worten aus: »Eine von den Besonderheiten des Menschen ist der Verzicht auf jegliche Starrheit des Instinkts und die Ausstattung mit Assoziations-Mechanismen, durch welche jede Aktivität des Bewußtseins (mind), sei es in der Sphäre des Wissens, Fühlens oder Wollens, mit jeder anderen in Beziehung gebracht werden kann« (Man in the modern World, Mentor Books 1948, p. 22). Da aber die starren Instinkte gerade die echten sind, so kann man auch von einem Vorgang der »*Instinktreduktion*« beim Menschen sprechen, der sicher sehr weit in die Abstammungsgeschichte zurückreicht und dessen Gegenrechnung in der beträchtlichen Gehirnentwicklung läge. Im tierischen Bereich sind Instinkte definierbar als angeborene, spezialisierte und zweckmäßige *Bewegungsformen* (nicht etwa als »Gefühle«), die von artgemäß besonderen, selbst sehr speziellen »Auslösern« enthemmt werden, welche jede Tierart normalerweise in ihrer Umwelt vorfindet, und auf die sie eingestellt ist. Angesichts der Armut des Menschen an so definierten Instinktbewegungen kann man bei ihm nur von »Instinktresiduen« sprechen, und der Vorgang der Instinktreduktion dürfte irgendeinen dunklen Zusammenhang mit dem biologisch wichtigsten, von L. Bolk (Das Problem der Menschwerdung, 1926) entdeckten Zuge der menschlichen Konstitution haben, nämlich mit der »Retardation«, d. h. dem Einbau hormonaler Hemmungssysteme, welche für die Erhaltung embryonaler Züge in der Physis ebenso verantwortlich sind, wie für die merkwürdige Verlangsamung des Entwicklungstempos (Der Mensch, § 10–12).

Die zweite Voraussetzung, die wir machen wollen, liegt in der Gültigkeit der modernen verhaltens-psychologischen Instinktanalysen, die K. Lorenz zuerst in einer meisterhaften Arbeit (Ztschr. f. Tierpsychologie, V, 1942) auf ihre Erträge gebracht hat. In einer stets wachsenden Zahl von Experimenten ist gesichert, daß die Instinktbewegungen angeboren und zentral zusammengeordnet sind, und sie werden in sehr vielen Fällen von einer innenerzeugten Reizproduktion unterhalten: dies erklärt, warum sie so oft »erschöpfbar« sind und nach Entleerung erst nach einer Ruhepause wieder auftreten können. Diese aufgestaute Verhaltensbereitschaft wird nun von außen her enthemmt. »In einer Unzahl von Fällen beantwortet ein Organismus eine bestimmte, biologisch bedeutsame (äußere) Reizsituation ohne jede vorhergehende Erfahrung, ohne Versuch und Irrtum sofort in spezifischer und eindeutig arterhaltender Weise« (Lorenz, a.a.O., p. 249). Es handelt sich also um einen *Auslösevorgang* derart, daß die sozusagen bereitliegenden instinktiven Handlungsfiguren bei genügend hohem innerem Reizspiegel enthemmt werden, wobei dieser Auslöser Bestandteil einer biologisch typischen Reizsituation ist. Beispiel: »Ein von seinem dritten Tage an isoliert aufgezogener Sperling geriet beim Anblick einer Zwergohreule in größte Erregung und verfolgte sie unter vorsichtiger Einhaltung eines bestimmten Abstandes mit dem Warn- und Angriffslaut seiner Art, ganz wie freilebende Sperlinge am Tage entdeckte Eulen verfolgen.«

Nun ist ein derartiges hochselektives Ansprechen von instinktiven Verhaltensweisen auf ein auslösendes Umweltobjekt stets an verhältnismäßig wenige, aber kennzeichnende Merkmale geknüpft, und man erforscht heute die hinreichenden, d.h. zur Provokation eines Instinktverhaltens sparsamsten, aber durchschlagenden Beschaffenheiten der Auslöser durch Attrappen, die einzeln aufgezogenen Tieren der allerverschiedensten Arten geboten werden. So wird das deckungnehmende Hineilen junger Graugänse zum Elterntier bis etwa neun Wochen durch den Warnlaut der Eltern ausgelöst, während später der Umriß des Raubvogels am Himmel (den man mit Attrappen gut darstellen kann) der Auslöser für das Sichdrücken unter die nächste Geländedeckung wird.

Die tierische Verhaltensforschung hat eine systematische Untersuchung der Auslöser betrieben, die innerhalb der zugeordneten Umwelten jeweils ein artbesonderes angeborenes Verhalten enthemmen und die »Situation« des Jungen, des Rivalen, Feindes, des Beutetieres, des Geschlechtspartners, der Nahrung, des Unterschlupfes usw. kennzeichnen. Diese Auslöser können über alle Sinnesbahnen einwirken. Die »Signalapparatur« visueller Auslöser z.B. besteht meist aus einer Kombination auffallender Formen mit bunten Farben, oder aus rhythmischen, oft bizarren Bewegungen höchst prägnanter Art, wie sie in den oben erwähnten Tänzen der roten Felsenhähne und in zahlreichen anderen Fällen die Phantasie der Primitiven bis zur Nachahmung beschäftigt haben. »Als Organ des ›Imponiergehabens‹, durch das ein Männchen sowohl dem Geschlechtsgenossen wie dem Weibchen als solches kenntlich wird, finden wir bei Tintenfischen, Spinnen, Knochenfischen, Reptilien und sehr vielen Vögeln Organe, die fächerartig spreizbar sind und ein buntes Farbenmuster zeigen, wobei dann stets eine Orientierungsaktion dafür sorgt, daß die volle

Fläche des entfalteten Imponierorgans senkrecht zur Blickachse des Artgenossen steht. Die imponierenden Männchen spreizen bei Sepia den mit einem scharfen rot-schwarz-weißen Zeichnungsmuster versehenen vierten Mundarm, bei Knochenfischen ihre bunt gezeichneten Flossen oder die Kiemenhaut, beim Jagdfasan Schwanz und Kragenfächer, und bieten so in durchaus gleicher Weise das Signal plötzlich in optimaler Orientierung dem Auge des Gegenüber dar. Für die wundervollen Spiegelfärbungen so vieler Anatiden ist die auslösende Wirkung durch Zufallsbeobachtungen nachgewiesen, die den vollen Wert planmäßiger Attrappenversuche haben. Heinroth fand, daß Nilgänse und Kasarkas auf die zufällig gleiche Flügelspitzzeichnung der zoologisch fernstehenden Türkenente mit Nachfolgereaktion ansprachen« (Lorenz p. 256–258).

Männliche Pfauen, Kampfläufer, Paradiesvögel, Mandarinenten usw. treten gegenüber den Weibchen nur noch durch ihre herrlichen Färbungen in Wettbewerb, die durch sehr spezielle rhythmische Bewegungen voll entfaltet werden. Den geradezu großartigen Gestaltwandel des australischen Leierschwanzes Menura auf dem Höhepunkt seines Sing- und Tanzrituals bildet Portmann (Das Tier als soziales Wesen, 1953) ab. Da die Natur auch das Exzentrische nicht scheut, gibt es Fliegen der Gattung Empidae, wo das Männchen dem Weibchen als Auslöser der »sexual Situation« einen Ball sezernierter klebriger Flüssigkeit zeigt, in den es ein Stück eines Blumenblattes gesteckt hat: a non-utilitarian present, wie Huxley dazu sagt.

Diese aus der Instinktforschung entwickelte Verhaltenswissenschaft bildet den bedeutendsten Fortschritt der neueren Biologie. Sie führt zu der Einsicht, daß die gesamte Soziologie höherer Tiere sich auf Auslösern, angeborenen Empfangsanlagen und angeborenen sinnvollen Bewegungen aufbaut, also auf Signalapparaturen. Die neuesten zusammenfassenden Überblicke über diese Forschungen gaben Tinbergen (Instinktlehre, 1952) und Portmann (a.a.O.).

K. Lorenz hat nun aus seinem umfangreichen Material eine außerordentlich wesentliche Einsicht gezogen, indem er nämlich nach den *generellen* Eigenschaften der Auslöser suchte. Diese liegen in ihrer *Unwahrscheinlichkeit* und *Einfachheit*. Aus der Fülle der Umweltdaten heben sich die auslösenden Signale auffallend und eindringlich ab. »Das allen Auslösern gemeinsame Merkmal der generellen Unwahrscheinlichkeit, gepaart mit Einfachheit, macht sie für den naturbetrachtenden Menschen ungemein auffallend. Aus dem Schwingungschaos des weißen Lichtes sind es gerade die in der organischen Natur so seltenen *reinen* Spektralfarben, aus der unendlichen Fülle unregelmäßiger Formen die *regelmäßigen, symmetrischen,* aus der Unzahl möglicher Bewegungen die rhythmisch geformten, die im Auslöser Verwendung finden. Alle diese Dinge rufen beim Menschen die Empfindung des »Schönen« hervor (p. 258). Das letztere gilt nun allerdings in erster Linie für die optischen Auslöser, wie die zahlreichen gebänderten und gestreiften, grellfarbigen Prachtkleider so vieler Vögel und Fische, die bizarren, auffallenden Gehörne, Gewehre, Mähnen usw. zeigen. Dagegen empfinden wir in der Regel die Unzahl geruchlicher und akustischer Auslöser nicht als angenehm, das Röhren, Krähen, Brüllen, Krächzen und Pfeifen, aber auch sie nehmen an den generellen Eigenschaften des Prägnanten, Auffallenden und aus dem Durchschnitt der Gerüche und Geräusche Herausgehobenen teil.

Wir mußten diese Dinge etwas ausführlicher darstellen und ins Gedächtnis zurückrufen, weil die fundamentale biologische Bedeutung der Zuordnung von Auslösern und Instinktreaktionen derart ist, daß eine Anthropologie sie nicht vernachlässigen darf. Jetzt aber stellt sich die Frage so, wie diese Zuordnungen variieren müssen, wenn unsere erste Voraussetzung eintritt, nämlich die Instinktreduktion des Menschen. Denn daß wir diese entwicklungs-geschichtlich uralten Gesetze vollständig abgestreift hätten, wird man nicht annehmen wollen, sofern man überhaupt noch ernst nimmt, daß wir einen Leib haben.

27. *Instinktives im Menschen*

Angeborene instinktive Bewegungsweisen sind eigentlich nur bei sehr kleinen Kindern nachweisbar, wo sie als Saug-, Klammer- und Umarmungsbewegungen von Reflexen kaum zu trennen sind. Im übrigen aber und ganz generell ist die menschliche Motorik instinktentlastet, und das bedeutet nach dem Komplementärsatz: sie ist in der gesamten konkreten Inhaltlichkeit des Vollzuges durch und durch gelernt, sie baut sich in individueller Verarbeitung von Außenreizen und Außenerfahrungen auf. Dies hatte O. Storch (Anzeiger d.

Österr. Akad. d. Wiss., math.-natw. Klasse, 1949/1) in der Entgegensetzung der tierischen »Erbmotorik« zur menschlichen »Erwerbmotorik« mit Recht betont. Natürlich hat die Sprache eine instinktive Verwurzelung, gehörte Laute sind am Ende des postembryonalen ersten Jahres Auslöser lautmotorischer Reaktionen, aber außerordentlich plastischer und unbestimmter, die ihre Präzisierung erst durch Eingriffe von außen erhalten, und das eben heißt Gelerntsein des wirklichen, prägnanten Verhaltens und nicht mehr Vererbung. Diese elementare Anlage entspricht offenbar genau der konstitutionell menschlichen Anlage zur Handlung, d. h. zur intelligenten Veränderung *unvorhersehbarer* Umstände, die er, *nicht* einer arttypischen Umwelt eingepaßt, in der offenen Welt antrifft – mit angeborenen, fixierten Verhaltensformen wäre das nicht zu leisten. Nur ein Wesen, das nicht weiß, was es tut, kann in der unmittelbaren, unveränderten Natur überleben – dann aber hat es Instinkte.

Die Freisetzung und Entlastung der Motorik von angeborenen und erbfest montierten Bewegungsfiguren kann nur in einem direkten Zusammenhang mit der Instinktreduktion stehen. Die jeweilige Antriebslage des Menschen ist also an keine zentral koordinierte Beziehung zu *bestimmten* motorischen Bahnen geknüpft, oder umgekehrt formuliert: in einem definierten Verhalten können sich die *verschiedensten* Mischungen von Instinktresiduen ausdrücken. Dies hat hervorragend wichtige Folgen. Die Emanzipation von der erbfesten Motorik, also deren Freisetzung, bedeutet selbst im Falle einer biologisch bedeutungsvollen Situation, daß die Antwort vollständig transformiert wird, indem es nämlich zunächst bei einem bloßen »Gefühlsstoß« bleibt, bei dem es von sehr hoch bedingten Steuerungen abhängt, ob dieser überhaupt in ein Verhalten übergeht, und gegebenenfalls in welches. So hat, wie wir dem scharfsinnigen Nachweis von Lorenz verdanken, der mimische Ausdruck in der Tat eine mit Attrappen zu prüfende Auslöserfunktion. Aber diese übersetzt sich nur beim sehr kleinen Kinde noch in ein echtes Verhalten des Lachens oder Weinens, während es dann bald bei einer bloßen Gefühlsreaktion bleibt. Dieses Innenbehalten selbst solcher Reaktionen, denen auf der Seite der Schlüsselreize noch ein auslösendes Signal entspricht, also die Umwandlung der aktiven Vollreaktion in einen Gefühlsstoß, ist ohne den Begriff der emanzipierten, instinktentlasteten und eben deswegen lernfähigen Motorik gar nicht zu verstehen. Im übrigen ist diese Umwandlung, der Abbau der Reaktion bis auf eine instinktnahe Affektwurzel, von besonderer Bedeutung, denn sie schafft für das Bewußtsein erst die Lücke, den »*Hiatus*«, in den es einspringt, um die *virtuelle* Bedeutung der Situation zu verstehen oder auszulegen. Anders gesagt: eben diese Affektumwandlung erzwingt von innen her eine intellektuelle Verarbeitung, die sich in ein gelerntes Verhalten fortsetzt. Und zweitens reagiert nur der Gefühlsstoß, also der handlungslose instinktresiduale Affektkomplex, *ohne Fehlhandlung* schon auf Anzeichen instinktbedeutsamer Situationen, z. B. auf Sprachlaute oder auf Abbilder und Darstellungen. Das mit einem Übermaß formaler und farbiger Reize ausgestattete Mädchen auf dem Titelblatt hat bloß noch den Sinn der Provokation eines Gefühlsstoßes, das Ansprechen ist ein instinktnaher, gefühlsstarker Affekt mit intellektueller Verarbeitung, im Resultat daher ein bewußtes Wunsch- oder Vermissungserlebnis, jedoch kein Verhalten.

Auf diese Weise erklärt sich die Zweideutigkeit des Begriffes Instinkt. Bei Tieren müssen wir von instinktiven *Bewegungen* reden, das Hauptwort Instinkt selbst kann nur beim Menschen verwendet werden, nun aber im Sinne innenbehaltener, gefühlsbetonter Drangzustände von eigentümlicher Leibnähe, die stets höchst komplex sind und bei denen das Instinktive nur Komponenten ausmacht. Denn in einem *präzisen* Sinne von Instinkten zu reden, ist wiederum unmöglich, und zwar aus folgenden Gründen:

Die Instinktreduktion beim Menschen hat nämlich noch eine zweite Seite, und zwar die *Entdifferenzierung*. Damit ist zunächst gemeint, daß die menschlichen Instinktresiduen in hohem Grade plastisch und verschmelzbar, also nach dem Ausdruck Freuds »konvertierbar« sind. Eben die Unmöglichkeit, auf klar umschriebene und unterscheidbare Instinktgruppen analytisch hinauszukommen, hat ja die Versuche ad absurdum geführt, Instinktkataloge aufzustellen, und auf der anderen Seite den Gedanken C. G. Jungs plausibel erscheinen lassen, eine ganz unspezifische »Libido« als Reservoir aller Antriebsverteilung zu fordern. Dies wieder bedeutet, wie Bürger-Prinz schon lange sah, den Verzicht darauf, aus einer solchen Voraussetzung die qualitative Eigenart der Handlungen zu verstehen, die aus einer derartigen Verzweigung der Triebzuflüsse entstanden sein sollen (Das menschl. Triebleben in seiner forens. Bedeutung, Monatsschrift f. Kriminalbiol. u. Strafrechtsreform, 10, 1939).

Infolge der hier geschilderten Sachlage erscheinen die Annahmen der Autoren als ganz arbiträr. Nach Hofstätter (Sozialpsych. p. 215) hat L. L. Bernard (1924) bei mehreren hundert Autoren 5684 »human activities« festgestellt, die als »instinktiv« bezeichnet wurden, darunter auf dem Gebiete der »Selbsterniedrigung« 139 Verhaltensformen, auf dem der Sparsamkeit 281, der Herdenbildung 697 usw.!

So kommt man also nicht weiter. Wir können nur erkennen, daß die Instinktreduktion selbst in Beziehung zur Hochentwicklung des Bewußtseins steht, daß sie einerseits mit einer Freisetzung der Motorik, andererseits mit einer »Entdifferenzierung« von Instinktresiduen zusammenhängt, woraus folgt, daß sehr merkbar verschiedene Komponenten in *dasselbe* Verhalten eingehen können, ja dies in der Regel tun, sich aber auch wieder daraus zurückziehen können.

Eine weitere Eigenschaft des menschlichen Antriebslebens ist hier einzurechnen, nämlich seine chronische, nichtpausierende Virulenz. Mehrere Gruppen von Instinktresiduen konkurrieren sozusagen gleichzeitig und dauernd um dasselbe Ausdrucksfeld, nämlich den Bereich der »Erwerbmotorik«, des variablen Handelns. Die gleichzeitige Aktualität mehrerer Instinktkomponenten, die ihrerseits entdifferenziert und umwandlungsfähig sind, ist mit ihrer dauernden, entperiodisierten Ansprechbarkeit zusammenzusehen, während bei Tieren jetzt dieses, dann ein anderes scharf umschriebenes instinktives Verhalten je nach dem Wechsel der inneren und äußeren Reizlagen einander ablösen. So geht z.B. ein Vogel »ohne Übergang oder Zögern vom Kampf zum friedlichen Fressen, von der Balz zum uninteressierten Putzen des Gefieders über, von panischer Flucht zur Gleichgültigkeit« (J. Huxley). Daher läßt sich oft beobachten, »wie ein Typus des Verhaltens, der dominierend gewesen war, aufhört die Bewegungsmaschinerie zu beherrschen, und durch einen anderen ersetzt wird, der vorher subordiniert oder latent gewesen war«. Von den menschlichen Instinktresiduen ist dagegen anscheinend keines zu irgendeiner Zeit *nicht* ansprechbar. In diesem Sinne sagt etwa Portmann (Biol. Fragmente zu einer Lehre vom Menschen, 1944) »Die andauernde Wirkung der geschlechtlichen Komponente, der auffälligsten unter diesen hormonalen Wirkungen, führt zu einer stetigen, dauernden (!) Sexualisierung aller menschlichen Antriebssysteme einerseits – aber auch zu einer bedeutungsvollen Durchdringung (!) der sexuellen Aktivität mit den stetig wirkenden anderen Motiven menschlichen Verhaltens« (p. 61, 62).

Aus diesem Sachverhalt der »gleichzeitigen Durchdringung« folgt natürlich die Möglichkeit echter Konflikte und Ambivalenzen, von denen hier nicht weiter die Rede sein soll. Weiter aber folgt die Möglichkeit stabiler innerer *Synthesen*, welche den Wechsel der Situationen durchhalten, und auf diese haben wir unter dem Begriff »tension stabilisée« allerdings großes Gewicht gelegt (§ 18).

Am Beginn des vorigen Abschnittes zitierten wir einen Satz Huxleys über den Verzicht des Menschen auf jederlei Starrheit des Instinktes und seine Möglichkeit, jede Aktivität in den Sphären des Wissens, Fühlens oder Wollens mit jeder anderen in Beziehung zu setzen. Der Autor fährt dann fort: it is through this that man has acquired the possibility of a unified mental life: dadurch kommt die Möglichkeit eines vereinheitlichten Innenlebens zustande! Das ist vollkommen richtig, und jenes vereinheitlichte Innere ist keineswegs allein auf Rechnung des Bewußtseins zu setzen. Denn wäre unser Verhalten im echten Sinne instinktiv, so würden die Periodizitäten der inneren Reizerzeugung und -erschöpfung im Verein mit dem Wechsel der auslösenden Situationen uns an einer Reihe zusammenhangloser Gegenwarten entlanggleiten lassen. Die Einheit unseres Bewußtseins und Welterlebens ruht daher auf dem Fundament jener ausgezeichneten Antriebsstruktur, auf dem »Verzicht auf Starrheit des Instinkts«. Die chronische Virulenz mehrerer Systeme von Instinktresiduen, ihre Emanzipation von der Motorik und ihre gegenseitige Durchdringung gehören zu diesen Bedingungen. Ein durchorganisiertes, reiches und vereinheitlichtes Bewußtsein hat durchaus seine Antriebsvoraussetzungen. Ein echter neurotischer, abgeschnürter Konflikt von lange eingeschliffener Dauer z. B. führt zu einer Dekonzentration und Verflachung und wieder fixierten Verengung des Bewußtseins, zu einem Zustand, der in der Tat Verblödung genannt werden muß. Ein entscheidender Gesichtspunkt zur Beurteilung des Verhältnisses zwischen menschlichen Instinktresiduen, ihrer Umlenkung auf Sachverhalte (§ 15) und den Institutionen dürfte darin bestehen, daß bestimmte dieser Residuen, wohl hauptsächlich soziale, soweit entdifferenziert sind, daß sie *ohne Kanalisierung von außen und ohne Außenhalt gar nicht funktionsfähig sind.* Hierin bestünde dann eine tiefe, schon biologische Differenz zwischen Mensch und

Tier. Denn diese Kanalisierungen werden großenteils von den bearbeiteten Sachumständen erst gestellt: dann muß z. B. das »Auszeichnungsbedürfnis« den Umweg über die bessere Leistung gehen, das bloße »Imponiergehaben« funktioniert nicht.

28. Unwahrscheinliche Wahrnehmungen

Die Erörterungen der letzten Abschnitte haben einmal gewisse Ergebnisse des ersten Teils unterbaut, wie die »stabilisierte Spannung«, zum anderen sollen sie uns an das jetzt anstehende Problem heranführen: das darstellende Verhalten. Sie waren unentbehrlich, um das plausibel zu machen, was uns in seiner sehr großen anthropologischen Bedeutung jetzt beschäftigen soll: nämlich die mit der Instinktreduktion verbundenen Veränderungen auf der *Auslöserseite* – generell gilt nämlich auch hier der Satz der Entdifferenzierung.

Allerdings gibt es in der menschlichen Wahrnehmungswelt noch einige »Felder« von Auslösergestalten, von denen die mimischen und die sexuellen, die charakteristischen Formen des anderen Geschlechtes bezeichnenden die wichtigsten sind, aber auch hier beschränkt sich die Auslöserwirkung in der Regel auf einen »Gefühlsstoß«, dessen qualitative Färbung zudem noch in hohem Grade kulturell bedingt ist. Dieser Gefühlsstoß erfolgt im übrigen auch gegenüber Darstellungen (Abbildungen), wovon die Kunst, die Karikatur und Reklame Gebrauch machen, und gerade über diese Darstellungen hinweg überzeugt man sich am leichtesten von der großen Variationsbreite der kulturell geprägten Qualitäten. Dabei ist die Entdifferenzierung der mimischen Auslöser besonders weit fortgeschritten, und zwar allgemeinmenschlich, gerade besonders bei Kindern und Primitiven, so daß irgendwelche toten oder lebenden Dinge auf uns einen düsteren, freundlichen, heiteren oder drohenden Eindruck machen, wenn sie nur einige von den Merkmalen zeigen, die den originalen mimischen Gestalten zukommen: es ist schwer, ein Kamel nicht als »hochmütig«, einen Kranich nicht als »würdevoll« oder eine überhängende Felswand, die sich von oben her zu nähern scheint, nicht als »drohend« aufzufassen.

Ein anderes Feld, auf dem sich die primäre Entdifferenzierung gut aufzeigen läßt, ist das geistvoll von Lorenz aufgezeigte Instinktresiduum der Kinderpflege: alle denkbaren Jungen und Kleinformen vieler Tierarten werden von Menschen unterschiedslos mit Zuneigung gewartet, und auch auf Pflanzen erstreckt sich bekanntlich das besonders weibliche Bedürfnis zärtlicher Fürsorge. Hier handelt es sich um einen zunächst arterhaltend, den eigenen Kindern gegenüber ziemlich sicher funktionierenden Instinkt, der doch die spezifisch menschliche Eigenschaft hat, von innen her soweit »aufgefächert« zu sein, daß er alles Hilflose, Kleine, Rundliche noch in sich hineinnimmt. Dieses konstitutionell menschliche Merkmal ist nicht zu verwechseln mit dem Zerfall der Auslösermechanismen, wie er bei Tieren und Menschen als Domestikationsfolge auftreten kann: dann gibt es eine Tendenz zur Senkung der Schwellenwerte der Reize, zur Wahllosigkeit des Ansprechens und zum Luxurieren zumal der sexuellen Antriebe, wenn die kulturellen Verhältnisse eine zu große Entlastung ermöglichen, die Motorik stillegen und den Dauer-zustand einer mühelosen Übersättigung herbeiführen. Hier liegt stets eine immanente Kulturgefahr. Es sieht so aus, als ob die Phantastik, die Exzesse der Sensibilität und der Affekte, die Wucherung und Ausartungsbereitschaft der Antriebe immer bereit lägen, aber von außen her, vom Zwang der Umstände, vom Druck der Gesellschaft, von der Not und vom Eigensinn der Natur in Form gehalten würden. Entlastet sich der Mensch zu sehr vom »Negativen«, wie Hegel es nannte, dann breitet sich das alles hemmungslos aus. Gegenüber der bisherigen menschlichen Erfahrung, daß hohe Grade von Luxus und hohe Grade von Korruption Hand in Hand gehen, wenn man über längere Zeiten beobachtet, gibt es wenig Gegenargumente. Es ist dies natürlich ein heikles Thema, da es noch viele sinnlose und überflüssige Not in der Welt gibt, und wir andererseits wissen, wie ungemein kulturell verschieden die Anschauungen über das waren, was als Luxus galt. Es gibt da keinen abstrakten Maßstab, und wir plädieren keineswegs für die außerordentlich bescheidenen Normen der gegenwärtigen Mittelstands-Gesellschaft. Die Sache mußte aber hier zur Sprache kommen, weil sie wieder eine gewisse theoretisch-anthropologische Bedeutung hat.

Es ist nämlich eine gesicherte Erkenntnis, daß dem Menschen mit der Instinktreduktion eine ganze Reihe *hemmender* Regulationen verlorengegangen sein müssen, wie sie bei Tieren noch intakt funktionieren. Die natürliche Hemmung gegen die Tötung von Artgenossen scheint mit der Menschwerdung selbst verlorengegangen zu sein, und wir sind weit entfernt, die notorisch weite Verbreitung der Anthropophagie in der Altsteinzeit zu bagatellisieren, die sogar bei den allerersten Hominiden der Australopithecus-Gruppe schon auftrat und also so alt ist, wie der Mensch selbst.

Es ist nämlich möglich, daß bestimmte Instinktregulationen wegfallen konnten, weil sie innerhalb des Bereiches der intelligenten Handlung kompensierbar waren, und daß andere Regulationen, deren Beibehaltung zweckmäßig gewesen wäre, von diesem Vorgang sozusagen mitbetroffen wurden. Der Gedanke scheint anthropologisch aufschlußreich zu sein. Tiere z. B. verständigen sich über angeborene Warn- und Lockrufe, also über Laute, die im echten Sinne Auslöserfunktionen haben, und damit über das zugeordnete instinktive Antwortverhalten. Wir dagegen verständigen uns sprachlich, d.h. in Bedeutungssymbolen (Worten), die etwas Objektives, Gegenständliches meinen. Menschliche Verständigung macht es also notwendig, die Außenwelt dazwischenzuschieben, und selbst Mitteilungen über subjektive Zustände müssen die Tatsachen einbeziehen, an denen sich jene Zustände entfalteten: ich freue mich, trauere über das und das. Die Kommunikation zwischen Menschen war anscheinend auf der Instinktseite reduktionsfähig, weil sie über Außenumstände (oder die Worte dafür) geschaltet werden konnte. Damit wurde die Verständigung in die Handlungsebene der Sachlichkeit verlegt, wahrscheinlich nicht ohne Schädigung sozialer Instinkte.

Zu den Instinktregulationen, die wegfallen konnten, weil sie innerhalb der intelligenten Handlung kompensierbar waren, gehören wohl auch diejenigen, welche bei Tieren das Luxurieren des Antriebslebens hemmen. Der Sachwiderstand, auf den die Arbeit im Kampfe ums Dasein trifft, die schwere körperliche Anstrengung unter dem Einfluß wechselnder Witterung und unsicherer Ernährung hat über den größten Teil der menschlichen Geschichte hin diese Hemmungsleistung übernommen. Umgekehrt hat man immer wieder im Gefolge des Reichtums oder allzu komfortabler Lebensbedingungen, wie sie selbst bei Naturvölkern, z.B. auf den großen Südseeinseln, vorkommen, hohe Grade moralischer Entartung und alle Formen von Völlerei und Süchtigkeit beobachtet – keine ermutigende Feststellung, wenn man überlegt, welche Möglichkeiten des zivilisatorischen Massenluxus der Menschheit wahrscheinlich noch geboten werden. Daß Luxus, in Millionenmassen verflößt, künftig nicht demoralisiert, müßte erst noch bewiesen werden. Dies ist vielleicht wieder ein Fortschritt auf dem Wege zur Freisetzung einer fürchterlichen Natürlichkeit, denn die Schwäche der menschlichen Natur, die durch strenge Formen nicht vor sich selbst geschützt ist, ist von einer mörderischen Art.

Wir wollen jetzt zu einer allgemeinen und folgenreichen These weitergehen. Die aus zahllosen Tierexperimenten herausabstrahierten Eigenschaften der Auslöser sind, wie berichtet wurde, ihre *Auffälligkeit* und *Unwahrscheinlichkeit*. Mit der Instinktreduktion des Menschen ist diese Gesetzlichkeit *nicht* durchbrochen, wohl aber tritt jetzt auch hier die Kategorie der *Entdifferenzierung* ein. Das heißt: unsere Wahrnehmung hat einen echten Vorrang aller der Sinnesdaten konserviert, welche jene allgemeinen Auslösereigenschaften haben, hat diese Daten aber zugleich aufgefächert und neutralisiert, von jeder instinkthaft *biologischen* Leistung und Bedeutung entlastet. Es gibt also einen Vorrang der Auffälligkeit aller Dinge, welche Spektralfarben zeigen und welche »unwahrscheinlich« geformt sind: die also gegenüber dem Durchschnitt möglicher Daten erster Hand eine regelmäßige, annähernd geometrische Gestalt, Symmetrie, Wohlordnung oder eine präzise Rhythmik darbieten, oder welche überhaupt, über diese Bestimmungen hinaus, unwahrscheinlich, außeralltäglich, eindrucksvoll und exzentrisch wirken. Dahin gehört, die Phantasie des Menschen seit jeher besetzend, der Blitz, der Vollmond, das Spiegelbild im Wasser, der Regenbogen usw. Unter demselben Gesichtspunkt sind Gold und Quecksilber die typisch »mystischen« Metalle.

Die Gestaltpsychologie hat den Vorrang des Wohlgestalteten (Symmetrischen, Geometrischen) sowie des »aus der Reihe Fallenden« (des Unwahrscheinlichen) mit Recht betont, aber dieser Vorrang hat eine sehr tiefe biologische Wurzel. Der Sachverhalt entspricht genau dem, was man zu erwarten hätte, wenn man ableiten wollte, wie sich die Entdifferenzierung der Instinkte und ihre Abschaltung von der Motorik auf der Objektseite reflektieren würden. Es sind genau die urtümlichen, bis in zoologisch niedere und sehr fernstehende Formen nachweisbaren Auslöserqualitäten des Unwahrscheinlichen, die sich beim Menschen über die ganze Breite des Wahrnehmungsfeldes hin öffnen und nun allen damit ausgestatteten

Dingen den Wert der Eindringlichkeit verleihen, nun aber mit Verlust jeder spezifisch biologischen Bedeutung.

Unsere Außenwelt zerfällt nicht, wie die der Tiere, in einen riesigen Hintergrund des Indifferenten, aus dem sich die speziellen instinktauslösenden Signale, die Merkmale des Schlupfwinkels, des Feindes, der Beute usw. mit durchschlagenden Reizwerten abheben. Die menschliche Welt ist dagegen in allen Einzelheiten benannt, bezeichnet und durchgearbeitet, sie enthält keine dauernde Indifferenzzone und so gut wie keine angeboren wirksamen Daten, auf die hin wir erfahrungsfrei »richtig« handelten. Selbst die noch intaktesten Auslösegruppen, die mimischen und sexuellen, sind in der Regel nur gefühlsbesetzt und außerdem kulturell meist in hohem Grade überformt. Und dennoch findet sich gerade damit Platz für jene unspezifische Entfaltung alles Ungewöhnlichen, Auffallenden, Prägnanten und scharf Gestalteten, aus dem Durchschnitt Herausfallenden, das in einer ganz offenen, biologisch nicht mehr eindeutigen Weise »erregend« wird. Es hat zwar, zusammen mit klar umschriebenen Instinkten, seine Beziehung auf ein spezifisches, aneigenes Verhalten verloren, um so mehr aber an unbegrenzbarer, unvorhersehbarer Mannigfaltigkeit gewonnen.

29. *Unbestimmte Verpflichtungen*

Wenn es eine – obzwar in hohem Grade gelockerte – Tiefenbeziehung zwischen auffallenden, unwahrscheinlichen Weltdaten auf der einen Seite und der plastischen Allgegenwart der Instinktresiduen auf der anderen noch gibt, ohne daß aber ererbte und bestimmte motorische Bahnen eingeschaltet wären, so muß eine sehr akzentuierte und spezifisch menschliche Situation entstehen. Denn ein Rest des zwangsmäßigen Automatismus, der enthemmt wird, muß durchaus noch vorhanden sein, so sehr ihn auch die hohe Entwicklung des Bewußtseins gelockert, ins Nichtbewußte geschoben und damit von sich abgeschaltet haben mag.

Ein außerordentliches Ereignis, ein prägnant-überraschendes Datum der Wahrnehmung muß daher, solange es noch nicht bewältigt und neutralisiert ist, eine sehr genau ableitbare Wirkung haben: dem Eindruck wird *Appellqualität* zukommen, d.h. er wird von innen her zwangsläufig einen Antwortdruck mitsetzen, der als Bedürfnis erscheinen muß, und dies in um so höherem Grade, je mehr die unwahrscheinliche Erfahrung als bedrohlich (wie ein Erdbeben) oder als unerklärlich und rätselhaft empfunden wird, was übrigens meist auf dasselbe herauskommt. Denn es stehen ja zu der Reaktion auf solche Eindrücke keinerlei angeboren montierte und zweckmäßige Bewegungsformen mehr zur Verfügung. Erhalten geblieben, und ein tief urtümlicher Rest geologisch ältester Schichten des Lebens, ist aber ein automatischer, instinktresidualer »Reaktionsdruck«, der sich als ein sehr dichter Affekt bemerkbar machen und dem ein Bestandteil der Furcht selten fehlen wird. Es werden ja keine bestimmten, sondern unspezifische und konvertierbare, dafür aber chronische Antriebsquellen angesprochen. Ausgelöst wird daher ein Gefühlsstoß von starker instinktiver, aber unspezifischer Färbung, also ein *Handlungsimpuls*, der gerade durch das Fehlen von angeboren montierten Bewegungen einer Hemmung unterliegt, die ihn wieder als ein *Bedürfnis zu handeln* über die Bewußtseinsgrenze heben muß. Hiermit ist das abgeleitet, was Pareto sehr scharfsinnig als »le besoin de faire quelque chose« herausanalysiert hat: das Bedürfnis nach einem noch unbestimmten Verhalten. Und dieses entsteht, wie wir zeigten, quasiinstinktiv angesichts affekthoher außeralltäglicher Eindrücke.

Dieses Bedürfnis läßt sich auf dem Grunde sehr vieler Handlungen von Primitiven durchaus noch fassen, und es muß in prähistorischen Zeiten älterer, überwiegend an der Außenwelt orientierter Formen des Bewußtseins und Verhaltens eine überragende Rolle gespielt haben. Angesichts der erwähnten Daten fühlt der Mensch einen »unwillkürlichen«, automatischen Gefühlsstoß, den entdifferenzierten Rest der uralten Bindung von Auslöser und Instinktreaktion, und gleichzeitig, als dessen motorische Seite, einen Verhaltenszwang oder Handlungsimpuls, der als Bedürfnis erscheint, weil er eine Verhaltensverlegenheit einschließt, da keine spezielle Bewegungsfigur eher als eine andere bereitliegt. Das alles ist für das Bewußtsein natürlich völlig abgedeckt, das allein von dem auslösenden Datum besetzt ist und die ganze komplexe Situation nur von ihm her erlebt.

Derselbe Sachverhalt, nur anders ausgedrückt, würde so zu beschreiben sein, daß vom Appelldatum her das zwingende Gefühl einer *»unbestimmten Verpflichtung«* erlebt wird. Um diese anthropologisch recht belangvolle Kategorie zu verstehen, muß in das bisherige Schema noch die Überlegung eingetragen werden, daß ja das menschliche Seelenleben bis in die Antriebsschichten hinein »sprachmäßig« ist (§ 11, 17), d. h. jedes Erlebnis hat in sich schon die Form des Erlebens »vom Anderen her«, es ist virtuell schon ein Rückerlebnis – es gibt kein einsames Seelisches. Das »besoin de faire quelque chose« wird daher, vom Objekt her, als unbestimmte Verpflichtung erlebt, und eben darin besteht die volle Appellqualität solcher Eindrücke.

Wenn also ein eindrucksvolles Naturereignis, wie allgemein zugestanden wird, ursprünglich als »Macht« erscheint, und zwar als rätselhafte Macht, so bedeutet das nicht nur den Eindruck des Überwältigenden oder Gefahrdrohenden. Viel tiefer greift darin der Eindruck eines Verpflichtenden, das doch nicht definiert ist, und das sich als die Kehrseite eines affektstarken, zwangshaften Handlungsbedürfnisses ausweist, für das es keine selbstverständlichen Bahnen gibt. R. Ottos These (Das Gefühl des Überweltlichen, 1932), man könne die »numinose« Macht nicht aus der magischen ableiten, sondern umgekehrt eigne der Magier sich jene an, ist daher vollständig richtig, wenn sich auch Ottos Beschreibung des Numinosen zu psychologisch auf bloße Gefühlsqualitäten einstellt, die uns nur noch in abgeblaßter Form vorstellbar sind.

Nach unserer Ansicht ist die Erfahrung »überprägnanter« Ereignisse und deren Einwirkung auf die Tiefenschichten unbestimmtplastischer Instinktresiduen ein Vorgang ersten Ranges. Solche Ereignisse sind, wie Bergson es nannte, »wirksame Gegenwart«. Der Antwortdruck, vom Objekt her erlebt, ist das Gefühl der »unbestimmten Verpflichtung«, vom Subjekt her gesehen »das Bedürfnis, etwas zu tun«. Man beachte wohl, wie wir damit die Wirksamkeit von Verpflichtungen, wenigstens an diesem Punkte, aus der sozialen Sphäre herausgehoben und an die *Außenwelt* angeknüpft haben. Ohne diese Voraussetzung aber, nämlich von unserer Selbstverständlichkeit einer rein faktischen, neutralisierten Außenwelt her, kann man archaisches Verhalten aber überhaupt nicht verstehen. Heute noch zeigt jede primitive Kultur eine »Einarbeitung« von Weltdaten, von Sternen, Tieren, Pflanzen, Quellen, Felsen oder was immer, an die strenge Verpflichtungen geknüpft sind, und im Grunde stehen wir vor dieser Tatsache völlig verständnislos. Denn weder können diese Gegenstände instinktbesetzt sein, noch werden sie praktisch verwendet, sie sind gerade auch nicht durch Gewohnheitsprozeß neutralisiert und gehören ebenso wenig in den Indifferenzbereich des übersehenen Uninteressanten. Die Auskunft, daß es sich eben um »magische« Objekte handelt, besagt dann nichts, wenn die Magie selbst als sekundäre Rationalisierung und »Verzwecklichung« erkannt ist. Was ging ihr vorher? Die »wirksame Gegenwart«. Und was ist diese, anthropologisch gesehen? Das von dem Unwahrscheinlichen und durchschlagend Frappanten provozierte Bedürfnis, etwas zu tun, und so etwas läßt sich, wie eben gezeigt, aus der Entdifferenzierung der menschlichen Wahrnehmungs- und Antriebsstruktur verstehen, wenn man zugibt, daß die biologisch urtümliche Auslöserbindung darin doch noch mitschwingt.

Die Rolle des Unwahrscheinlichen in primitiven Kulten ist unübersehbar. Sir Alfred C. Lyall (zit. Pareto, a.a.O., § 1082f.) gibt eine Übersicht über die Kultformen in Indien, wo ein wahres Panoptikum aller Entwicklungsstufen vorliegt. Überall findet sich da die Verehrung der hochkulturellen obersten Hindugottheiten und ihrer zahllosen Inkarnationen. Aber daneben und dazwischen gibt es den Kult von einfachen Hölzern, Klötzen und Baumstümpfen, von Steinen und lokalen Zufälligkeiten, die außergewöhnliche oder groteske Dimensionen, Form oder Lage haben, den Kult gefürchteter Tiere, den von sichtbaren Dingen jeder Art mit unverstehbaren Eigenschaften, den von Toten, den Kult von Personen, die auf sonderbare oder bemerkenswerte Weise umkamen oder bei Lebzeiten einen hohen Ruf genossen — mit einem Wort: die Kultfähigkeit des Außeralltäglichen, Auffälligen und Unwahrscheinlichen liegt überall klar vor Augen.

Ein sehr wichtiges Merkmal der Verpflichtungsqualität einer wirksamen Gegenwart ist sofort noch nachzutragen, nämlich das Erlebnis ihrer *virtuellen Bedeutung*. Dieses Gefühl einer virtuellen Bedeutung muß deswegen zustande kommen, weil einmal die Situation keine »selbstverständliche«, in der automatischen Richtigkeit des Handlungsvollzuges konsumierte Bedeutung hat, und weil der innenbehaltene, verhaltensverlegene Gefühlsstoß einen Hiatus schafft, in dem das Bewußtsein der Rätselhaftigkeit des Appells entstehen muß. Der *nichterkannte*, aber *von innen her geforderte* Sinn ist ein wesentliches Bestandstück der »numinosen« Situation.

In diesem Zusammenhang ist noch auf eine kulturgeschichtlich unendlich folgenreiche Tatsache hinzuweisen. Der Monotheismus eines unsichtbaren Gottes mußte, wie schon bemerkt wurde, die Außenwelt heilsneutral machen, sie »entmythologisieren«. Er konnte dem archaisch-rituellen Verhalten die Außenstützen wegschlagen, weil er die Menschen auf den Weg nach innen, den des Glaubens verwies. Zugleich humanisierte er die Religion in jedem Sinne, vor allem in dem, daß er sie entnationalisierte, womit das ethische Verhalten zu jedem beliebigen anderen Menschen als solchem, in seiner Menschlichkeit, heilsbedeutsam wurde. Der Mensch fand sich erhöht, die nicht-menschliche Natur erniedrigt: die Tiergötter und Naturdämonen verschwanden. Dies bedeutete, von einer anderen Seite gesehen, die *Eingrenzung* sozialer Verhaltensweisen auf den *menschlichen* Bereich, die »Entsozialisierung« der Natur. Dieser Zug ist *nicht* archaisch, sondern eben hochkulturell. Archaisch vielmehr ist das, was man unzutreffend »Animismus« genannt hat, nämlich die Interpretation der unwahrscheinlichen Daten als »Wesenheiten«, die Personifizierung der Kultobjekte. Wenn man der Natur erster Hand in voller Affektbreite und sozusagen deckungslos ausgesetzt ist, muß in dem instinktresidualen Gefühlsstoß die »Sprachmäßigkeit« auch des menschlichen Antriebslebens zur Geltung kommen: das Bedürfnis, sich zu verhalten, nimmt die Reaktion des Ereignisses in sich hinein, es ist zugleich ein Angebot, sich ihm zu verpflichten, und so wird ihm ein Kult gewidmet, meist in der naivsten und unzerstörbarsten Sozialfigur, die es gibt, der von Gabe und Gegenerwartung.

Aus der hier untersuchten »unbestimmten Verpflichtung« entsteht dann eine *bestimmte,* wenn die Bedeutung des Appellvorgangs definiert und ihm ein *spezifisches* Verhalten ein für allemal zugeordnet wird.

Das nächstliegende, obzwar keineswegs bedeutsamste Beispiel bietet die in so vielen primitiven Kulturen verbreitete Kasuistik von *Vorzeichen*. Im Falle eines riskanten Unternehmens, eines Kriegs- oder Jagdzuges, entsteht eine starke und komplexe Affektspannung, in die auch Hemmungskräfte der Furcht eingehen. Diese Affektladung sensibilisiert, und so kann es nicht ausbleiben, daß ungewöhnliche und auffallende Ereignisse oder Koinzidenzen bemerkt werden – soweit geht leicht die psychologische Interpretation, und mit dieser Selbstbeobachtung wäre für das moderne Bewußtsein die Angelegenheit zu Ende. Für das archaische Bewußtsein dagegen springt die Appellfunktion des unwahrscheinlichen Ereignisses ein, und es entsteht zugleich mit dem Bedeutungsgefühl (»das hat etwas zu sagen«) das Bedürfnis, etwas zu tun, welches sich nach Lage der Situation nur in zwei Weisen entwickeln kann: weitergehen oder umkehren. Man kann auch sagen, daß die Entschlußbildung ins Äußere fällt: das Außenereignis wirkt im echten Sinne als Motiv, es bringt in einer eindeutigen Richtung in Bewegung, wobei es natürlich von zufälligen Randbedingungen und Zusatzmotiven abhängt, ob das Ereignis als günstig oder ungünstig gilt. Aber daß es als verpflichtend empfunden wird, darauf kommt es an, und diese Auffassung kann sich nur in ein Naturbild einfügen, das sich von dem unseren gänzlich unterscheidet, in dem es also keine neutral-naturgesetzliche Faktenverschränkung gibt, sondern das erlaubt, die ganze Schicksalsmasse des kommenden Ereignisses mit einer Art Sprache auszustatten; es »kündet sich an«, und der auffliegende Vogel ist schon das erste Glied des Verhängnisses, das abwartet.

Die rationale Verarbeitung des Komplexes besteht natürlich darin, den Verpflichtungsgehalt der Situationen und Vorzeichen zu definieren, in der ganz klaren Form der Handlungsregel »wenn ... dann soll man«. Die Dajaks auf Borneo sind unerschöpflich in Geschichten, die von Fehlschlägen, Krankheiten und Todesfällen berichten, wenn man Vorzeichen vernachlässigt hat. »Die Vorzeichen für alle Umstände des individuellen und sozialen Lebens hängen von sieben Vögeln, ab, von dem Hirsch, dem Elen, der Gazelle, dem Gürteltier, drei Arten von Insekten, der Eidechse, Fledermaus, Riesenschlange, der Kobra und fallweise noch der Ratte. Sie werden dem Vogelflug entnommen, dem Schrei der Tiere, der Richtung, aus der sie kommen oder die sie einschlagen« (Lévy-Bruhl, Die geistige Welt der Primitiven, 1927, p. 108f.). Eine solche Systematisierung ist natürlich das Werk von Spezialisten, von »Philosophen«, und sie hat zunächst die für diese sicher nicht unerwünschte Folge, daß die jungen Leute die älteren beständig fragen müssen, was sie tun sollen. Auch ist es nicht überraschend, wenn die Vorzeichen »Biti« sind, Persönlichkeiten, also »Wesenheiten«.

Diese Pflichtbindung *hemmt* nun jedes *material* rationale Verhal-ten gegenüber *demselben* Gegenstand. Ein material rationales Ver-halten ist ein solches, das sich von den objektiv sachlichen Eigenschaften der Dinge allein und im Hinblick auf ihre Brauchbarkeit als Mittel leiten läßt. Diese uns allein vernünftig erscheinende

Handlungsart wird gegenüber allen Gegenständen unmöglich, zu denen ein Sollverhalten schon festliegt, sie entspricht also einer neutralisierten Faktenwelt. Allerdings kann immerhin noch ein Vorzeichen »manipuliert« werden, d.h. der ganze im Kern unveränderte und konservierte Komplex wird trickreich umgangen. Wenn in Neuseeland ein Reisender eine Eidechse trifft, so weiß er, daß das Tier nicht von selbst gekommen, sondern von einem Feinde als unheilvolles Vorzeichen abgeschickt ist, um seinen Tod zu »verursachen«. Er tötet es also sogleich und holt eine Frau, die auf dem Wege darüber wegschreiten muß: so ist das üble Vorzeichen »abgewendet«. Ähnlich gab es am chinesischen Hofe eine besondere Kategorie von Beamten, die Vogelverscheucher. Dies ist also entwickelte Magie und Gegenmagie und man sieht wieder, wie die Magie in der sekundären Rationalisierung eines Verhaltens besteht, das aus sehr viel tieferen Quellen stammt, aber von vorneherein nicht in die Bahnen materialer Rationalität eingeht.

Die unbestimmt bedeutungsvolle Appellwirkung des Unwahrscheinlichen legt es nahe, ein solches Ereignis von vornherein als Vorzeichen aufzufassen. Wenn eine Henne wie ein Hahn kräht, so gilt das bei den Hottentotten als »factum brutum nefastum«, und sie wird getötet. Bei den Waschambos werden Zwillinge sofort erstickt, indem eine alte Frau ihnen Gras in den Mund stopft. Auf Madagaskar entstand im Jahre 1907 das Gerücht, daß ein Ungeheuer geboren sei, halb Ochse, halb Kind, ein sicher sehr übles Vorzeichen. In China war ohne Zweifel Unheil im Anzuge, wenn es andere Dinge als Wasser regnete, und die altchinesischen Annalen berichten, daß es Lehm, Steine, Sand, Vögel, Insekten, Menschen, Knochen, Quecksilber, Münzen, Seide und Papier geregnet habe. Appellsituationen derart spielen im Leben der Primitiven eine sehr große Rolle, handele es sich um Mondfinsternisse, Krankheiten, Todesfälle, auffallende Tiere und Pflanzen, um unerwartete Zufälle jeder Art oder, was sehr wichtig ist, um die eigenen Produkte menschlichen Tuns, wenn sie nur überraschend, drastisch und effektvoll sind, wie das aus Hölzern erbohrte Feuer oder die rätselhafte Ausdruckskraft der zufällig von der spielenden Hand geformten Figuren. Die fundamentale Reaktion ist immer das Gefühl der unbestimmten Verpflichtung und das Bedürfnis, ein Antwortverhalten zu finden.

Dieses Gefühl ist eine autonome Quelle des Sollens, so wie es überhaupt mehrere gibt: eine andere fanden wir schon in der Verselbständigung von Handlungs- und Sachgefügen, die zur Eigengeltung umschlagen und dann verpflichtende Wirkung haben. Es geht in beiden Fällen um die Stabilisierung eines nichtfestgelegten oder virtuell variablen Tuns.

Die unbestimmte Verpflichtung führt auf zwei weitere, moralphilosophisch nicht unwesentliche Einsichten: die Moral im Sinne sollbestimmter Handlungen ist nicht notwendig auf soziale Situationen eingeengt, sie konnte ursprünglich auch Weltdaten einbeziehen. Und sie steht in direktem Zusammenhang mit der Anschaulichkeit, sie *ist auf nahe Distanzen eingerichtet*, sie bedarf der Wahrnehmung, mindestens der sinnlichen Symbolik. Die »Menschheit« ist kein möglicher moralischer Inhalt für Menschen, nur für einen Gott, denn sie kommt nie zur Gegebenheit, man kann nicht auf sie handeln.

30. Verpflichtende Benennungen

Eine andere klassische Reaktionsform auf Appelldaten besteht in ihrer *Benennung*, und diese Verhaltensform kann sowohl jede andere begleiten, als auch allein ins Spiel treten. Denn die Sprache ist, als Sprechen gesehen, zugleich Bewegung und Empfindung, also rückempfundene Bewegung, und insofern eine echte Handlung; andererseits gibt sie die arteigene Weise menschlicher Kommunikation her. Sie vermag sich daher *jedem* Verhalten zu substituieren, und dies ist, wie wir sehen werden, für die Theorie des Mythos von Belang. Unter diesen Gesichtspunkten tritt sie wie von selbst in die geforderte Bedingung ein, motorischer Vollzug des unbestimmten Impulses und zugleich dessen erlebbare Erfüllung zu sein, wozu kommt, daß das Wort, der Name sich zur Orientierung des Bedeutungsgefühls als erstes anbietet.

Wenn man bei kleinen Kindern zweifellos eine Lautantwort auf auffallende optische Eindrücke beobachtet, so kann man u. E. deren instinktive Komponente auf das »besoin de faire quelque chose« zurückführen. Bisher war nämlich die Tatsache in ihrer Rätselhaftigkeit isoliert, daß bei der Sprache die »Anlage«, also wohl die instinktive Wurzel, und das motorische Ausdrucksfeld vorgegeben sind, während jede Festlegung der bestimmten Artikulation sozial und konventionell vermittelt ist. In *dieser* Beziehung steht die Sprache aber, wie wir jetzt sehen, keineswegs allein, in ihr unterscheidet sie sich nicht von den anderen Weisen, den unbestimmten Verhaltenszwang in eindeutiger Weise zu bestimmen, wie dies ja auch bei der »Definition« des Verhaltens zu einem Vorzeichen geschieht. Was der Sprache dieser Form und den noch zu erwähnenden gegenüber den Vorrang sichert, ist natürlich ihre geistige Seite, ihre Leistung als Vehikel der Apperzeption und damit der Bedeutungsverleihung. Die sprachlose Zusammenarbeit des Seh- und Tastsinnes apperzipiert zwar auch, aber sie hat gegenüber der Sprache den Nachteil, daß die aktive Komponente, die Tastbewegung und -empfindung, *nicht* in absentia des Dinges vollziehbar ist, diese »Feststellung« ist also auf Nähe und Gegenwart eingeengt. In der Kooperation von optischer Wahrnehmung und Sprache dagegen, in der Benennung, ist die Lautantwort auf ein gesehenes Ding auch dann vollziehbar, wenn der Seheindruck vergangen ist. Es können jetzt *Vermissungserlebnisse* ausgedrückt werden, also negative Eindrücke, und offenbar ergibt sich erst daraus die volle vitale Fundierung von Denkakten, die nicht nur Sachverhalte, sondern auch Negationen von Sachverhalten betreffen können.

Wir kommen jetzt auf die These zurück, daß die Sprache jedes andere Verhalten ersetzen kann. Die Appelldaten und unwahrscheinlichen Auslöser in ihrer durchschlagenden Präsenz sind, wie genügend gezeigt wurde, als prägnante Phänomene selbst zugleich verpflichtend, also Außenstützen von Handlungsimpulsen. Genau dieselbe Situation muß sich aber auch im Worte herstellen, dann ist der *Name* der »Wesenheit« uno actu »wirksame Gegenwart« und Verhaltensverpflichtung *im Wort*. Hier kommt zur Geltung, daß im Worte die Gegenstandsseite – Klang und Bedeutung – selbst unmittelbar Aktion ist, nämlich Sprechen: beide Seiten sind wie ineinandergeschoben. Man kann also vollgültig in der eigenen Ebene der Sprache die Verhaltensverpflichtung bestimmen und ebensogut sich von einem physischen Verhalten durch ein bloß sprachliches entlasten. Die Sache ist für das archaische Bewußtsein von Wichtigkeit, sie erklärt z.B., warum ein kompliziertes magisches Ritual durch eine Wortformel ersetzbar ist, in die bloß der Name des Gegenstandes eingeht. Ganz allgemein ist, weil Namen selbst wirksame Gegenwart und also »Kräfte« sind, bei ihrer Handhabung Vorsicht geboten, das Aussprechen von Namen ist selbst ein obligatorisch zu regelndes Verhalten. Jeder Ägypter erhielt zwei Namen, den großen und den kleinen, und nur der kleine wurde veröffentlicht, wie in Zentralaustralien, wo jeder einen geheimen Namen hat, der nie genannt wird. Den Namen eines Toten zu nennen bleibt, da die Leiche ein »Appelldatum« ersten Ranges ist, sehr oft verboten, so bei den Goajiros in Kolumbien, bei den Ainu, in vielen Gesellschaften Sibiriens, der Mongolei, Ostafrikas, Südindiens, auf den Philippinen, in Borneo. Bei den Zulus und in Siam durfte niemand den Namen des Königs nennen, und daher entstanden die umschreibenden Titulaturen: der Erhabene, Erlauchte usw. In Rom durfte der Schutzgott der Stadt nicht genannt werden, und auf dem Kapitol hing deshalb ein geweihter Schild mit der Aufschrift: »Genio urbis Romae sive mas sive foemina«. Auch die Stadt selbst hatte einen Geheimnamen, der verschollen ist, und Valerius Soranus, der das Geheimnis verriet, wurde hingerichtet. Dies alles ist nur verständlich, wenn ein Wort genau wie eine tabuierte Sache gegeben sein kann, also einmal als begabt mit »Abwehrkraft«, und unmittelbar darin als Verhaltensverpflichtung: »berühren verboten«. Und ebenso leicht kann dieser Komplex magisch konserviert und zugleich manipuliert werden: es ist natürlich magische Routine, wenn die Römer die Stadt Epidamnos in Dyrrhachium umbenennen ließen, zur Vermeidung des Anklangs an das ominöse damnum. Ganz ähnlich strahlte auf Neuseeland, als ein Häuptling Wai hieß, was Wasser bedeutet, seine fürchterliche magische Kraft auf seinen Namen aus, so daß für Wasser ein neues Wort gesetzt werden mußte (Kainz, Psychol. d. Sprache I, p. 249).

Man kann hier einen qualifizierten Unterschied des archaischen und des modernen Bewußtseins feststellen, und zwar im Sinne einer Strukturwandlung, denn von unserer Bewußtseinslage aus müßten wir sagen: daß dort »subjektive Vorstellungen« als »Realitäten« erlebt werden. Das würde bei uns geradezu den Wahnsinn bedeuten. Die Anknüpfung von Verhaltensverpflichtungen an Außenereignisse oder Außenobjekte setzt also das archaische Bewußtsein bis in die Worte (Namen) und natürlich bis in die Träume hinein fort, oder die »Wesenheiten« sind ihm Subjekt-Objekte, sie haben ein Subjekt und Objekt übergreifendes Sein, wie in der modernen Physik die Elementarteilchen de Broglies oder Heisenbergs in einem Subjekt und

Objekt übergreifenden Bezug thematisiert werden: in einem utopischen Raum.

Man kann jetzt sehen, wie die Neutralisierung der unwahrscheinlichen Weltdaten, das seit vielen Jahrhunderten entwickelte Umdenken und endlich Umwahrnehmen derselben in bloße Fakten, ein notwendiges inneres Gegenstück hat: die Entmagisierung der Sprach- und Vorstellungswelt. Dies aber war ein Ertrag der Kulturwende zum Monotheismus hin: das entmagisierte Innenleben ist das ethisierte. Wird die Seele selbst und an erster Stelle ein Göttliches, die Außenwelt also heilsneutral, dann muß sich die Religion wie in einem Brennpunkt konzentrieren, nämlich in dem Glauben an den unsichtbaren Gott und seine Forderungen an den Menschen, mithin in der dauernden Motivkontrolle schon der eigenen Antriebsregungen, ob sie dem Ideal einer habituellen Gesinnung der Heiligkeit entsprechen. Die *Seele selbst wird Darstellungsbereich* mit der Folge, daß die Kontinuitätskerne des Bewußtseins in den Glauben rücken, aber nicht mehr in dem Verspannungsfeld von Außenwelt, Sprache, Vorstellung und Handlungsartikulation liegen: eben das war archaisch. Die vormonotheistischen Religionen auch der Hochkulturstufe haben nicht den Gedanken gefaßt, den Gott, die eigene Seele und die Weltereignisse in *einem* Erlebnis zur Deckung zu bringen: dem ethischen. Noch die Sumerer haben leidvolle politische Schicksale nicht im Sinne einer Bestrafung der ethisch-religiösen Verfehlungen eines Volkes gedeutet, und nirgends findet sich etwa bei Indern, Griechen oder Römern (also auf der Stufe des voll entwickelten Polytheismus) die Verpflichtung, die eigene Seele dem Bilde des Göttlichen nachzubilden. Die eigentlich archaischen Riten ihrerseits sind mit weit vitaleren Fragen von größerer Hautnähe befaßt – mit dem Kampf um die »Natur erster Hand« und mit der eigenen, schreckenerregenden Natürlichkeit des Menschen.

31. Darstellende Riten

Wir wollen jetzt in der Untersuchung des prämagischen Verhaltens fortfahren. In den letzten Abschnitten haben wir den besonderen, sehr häufigen Fall des riskanten Vorhabens betrachtet, in das ein plötzlicher Zwischenfall eintritt: das Vorzeichen. Dann wurde gezeigt, wie Namen und Worte gleich Außenweltdingen behandelt wurden.

Ungleich bedeutsamer und entwicklungsgeschichtlich sehr produktiv ist die *Darstellung des Appelldatums,* und zwar zunächst in vivo, als mimische Nachahmung, und damit gewinnen wir wieder den Anschluß an die oben (§ 25) erwähnten Riten der Primitiven. »Die rituellen Tänze der Pygmäen«, sagt P. Trilles (L'Ame du Pygmée d'Afrique, 1945), »sind alle mimisch ... diese Tänze sind eine Art der aktiven Zeichnung (dessein en action), eine Gravüre oder Skulptur mit zusätzlicher Bewegung.«

Dieses Verhalten ist recht komplex und folgenreich und wird uns lange beschäftigen. Nicht wieder zurückkommen wollen wir auf die gemeinsame Wurzel aller prämagischen Verhaltensformen, nämlich auf die Auslöserwirkung des Unwahrscheinlichen und die provozierte unbestimmte Verpflichtung im Bedürfnis, etwas zu tun: hier jetzt wird dieses Bedürfnis in der *Nachahmung* des Appelldatums zugleich bestimmt und erfüllt.

Die elementarste Form des darstellenden Verhaltens besteht in der bloßen Rhythmisierung irgendeiner Bewegungsform. Dann tritt die Handlung *zu sich selbst* in ein Verhältnis und drückt dieses Verhältnis in sich selbst aus: in der einfachen Rhythmisierung und der damit gegebenen Überprägnanz ahmt ein Handeln sich selbst nach oder es stellt sich in sich selbst dar, und eine Handlung, die das Verhältnis zu sich selbst durch Überprägnanz artikuliert, erhält damit *Symbolfähigkeit.* Sie ist weder gewohnheitsmäßig, noch eine glatte, im Sachzweck aufgehende Aktion, noch unmittelbarer Affektausdruck.

Diese Symbolfähigkeit interessiert uns hier von der sozialen Seite her, denn die rhythmische, optimale Akzentuierung des Gestaltverlaufes einer Handlung wird vom Anderen als *Sollform* erlebt, sie hat selbst Appellwirkung und Verpflichtungsgehalt, natürlich auch als bloße rhythmisch-prägnante Lautbewegung und Artikulation. Wenn ein Erwachsener dem Kinde Laute vorspricht, so haben diese unmittelbar einen Sollgehalt für das Kind, oder ganz allgemein: stilisierte, rhythmisierte und überprägnante Verhaltensformen, die wir wahrnehmen, wirken unmittelbar als Appelle für ein irgendwie geartetes Antwortverhalten, dessen einfachste Form die *Nachahmung* ist. Die Nachahmung (Darstellung in vivo) ist daher eine Leistung von hoher innerer Mannigfaltigkeit, denn sie ist ein Verhalten, das durch ein wahrgenommenes hindurch zu sich selbst in ein Verhältnis tritt. Vierkandt (Gesellschaftslehre, 1923, p. 129f.) nennt dies daher die »Nachahmung wegen der Form des Tuns« und die eigentlich echte Nachahmung, im Gegensatz zu der um des Inhalts willen. Guilleaume (La formation des habitudes, 1947, p. 85) sieht ebenso richtig, daß die Nachahmung keine einfache Struktur haben kann, sonst wäre sie von biologisch sehr weiter Geltung, was keineswegs der Fall ist. Die echte Nachahmung »wegen der Form des Tuns« ist wahrscheinlich überhaupt nur menschlich.

Eine rhythmisch stilisierte Handlung ist also »sprachmäßig« und sozusagen ausdrucksbereit, sie ist eine Erscheinung im *sozialen* Felde, kommt daher als einsames Verhalten wohl nur bei dem Zwangskranken vor, dessen Funktionskreis »eingeengt ist auf ihn in seinem Leibe und im Verhältnis zu sich selbst« (Bürger-Prinz: Über den Zwang, in: Der Nervenarzt, 1944).

Noch heute spielt das darstellende Verhalten, inzwischen weitgehend zur Magie rationalisiert, eine außerordentliche Rolle in primitiven Kulturen, doch muß seine Bedeutung in prähistorischer Zeit, in der man eine Entwicklung der Bewußtseinsfähigkeiten selbst anzunehmen hat, geradezu fundamental gewesen sein, denn jedes nachahmende Verhalten *steigert den Grad des Selbstbewußtseins*. Indem der Darstellende sich mimisch verhält, muß er im Akte der Darstellung – z. B. eines Tieres – sich von sich selbst unterscheiden, er erlebt in einer gesteigerten Weise sich selbst im Kontraste zu dem, was er verkörpert. Im Laufe der menschlichen Bewußtseinsgeschichte muß der Nachahmung dieselbe hohe Bedeutung zugekommen sein, die ihr jetzt noch beim Kinde zukommt. Die mimische Darstellung kann als eine leibnähere, affektreichere, sozusagen pralle Form der Sprache aufgefaßt werden, denn es gilt von ihr ebenso wie von dieser, daß wir »die Einstellungen (attitudes) anderer Personen in unser eigenes Verhalten aufnehmen« (G. H. Mead, a.a.O., p. 69), sofern wir uns mit Gesten ebenso wie mit Worten in das Verhalten eines Anderen versetzen und sein Verhalten in einem »entfremdeten Selbstgefühl« in das eigene hineinnehmen: dies ist zugleich der Prozeß, in dem das Ich sich von seinen Äußerungen unterscheidet, das Selbstbewußtsein sozusagen ausgefällt wird. Das Individuum gewinnt, wie Mead richtig sah, Erfahrung von sich als einem Ich *nicht unmittelbar*, sondern nur im Kontrast zu einem entfremdeten Teil des eigenen Selbst, der sich ihm eben in der Hineinnahme von Verhaltensweisen Anderer entfremdet. Die *Darstellung* eines Appelldatums, das Sichverwandeln in dasselbe, erscheint heute als außerordentlich primitiv, aber es war die »fruchtbarste aller Indikationen« (Novalis), weil es den in illo tempore höchsterreichbaren Grad der Bewußtheit einschloß, nämlich das Selbstbewußtsein im Sichunterscheiden von sich über ein anderes Ich hinweg: eine Formel, welche noch in den hochkulturellen Stufen jenseitsorientierter Religion ihre Anwendung findet, weil der Mensch wesensmäßig sich selbst nur über ein Nichtmenschliches hinweg zur Anschauung bringen kann, einen Gott.

Auch ist die mimische Wiederholung eines eindrucksvollen Wesens oder Ereignisses eine sehr einleuchtende und sofort mitteilungsfähige Weise, die »unbestimmte Verpflichtung«, die von ihm ausgeht, in einem eindeutigen Verhalten festzulegen. Der den Mond nachahmende mimische Neumondtanz der Pygmäenfrauen ist ein einfacher Modellfall: »elles commencent à tourner sur elles-mêmes, le corps ployé en arrière, les bras toujours élevés en haut.« Wenn man die sekundäre Rationalisierung, d.h. die übliche Zwecksetzung als »Fruchtbarkeitszauber« einklammert, dürfte man der protomagischen Wurzel sehr nahe sein.

Wir haben vorhin beschrieben, wie das bloße rhythmisierte und formprägnante Tun schon eine Darstellung der Handlung in ihr selbst ist und daß sie vom Anderen als Sollform erlebt wird. Es decken sich also zwei Nachahmungsreihen in einem Vorgang: indem alle gemeinsam den Mond nachahmen, ahmt jeder den anderen nach. Anders gesagt: die darstellende Nachahmung eines eindrucksvollen Ereignisses verläuft von vornherein sozial ansteckend: das Verpflichtungsgefühl und Verhaltensbedürfnis aller schlägt sich in einem gleichförmigen Verhalten nieder, das sie im Hinblick aufeinander artikulieren. In einer sehr potenzierten Weise schwingt dann das Selbstgefühl des Einzelnen in dem der Gruppe mit, wenn er die Handlungen der Anderen mitvollzieht, d.h. sie gleichzeitig und gestaltidentisch außer sich sieht und im entfremdeten Selbstgefühl innehat.

Das oft gerühmte Erlebnis der »Gemeinschaft«, der Gruppeneinheit ist keineswegs ein unmittelbares. Durch die bloße, auch langfristige Symbiose einer übersehbaren Zahl, durch gemeinsame Arbeit zu gemeinsamen Zwecken oder durch das Bewußtsein gleicher Abstammung wird es keineswegs erzeugt oder gesichert. Die Bedingung ist vielmehr, daß gerade das *Selbstbewußtsein* des Einzelnen mit dem der Anderen einen gemeinsamen Schnittpunkt hat, und eben diese Art des Selbstbewußtseins wird im darstellenden Ritus erzeugt, in ihm also faßt sich die Gruppe als Einheit, und seine institutionalisierte Wiederholung, angeknüpft an den Außenhalt periodischer Ereignisse oder dauernder Realitäten, stellt diese Einheit auf Dauer. Zur Gruppe gehört also, wer an denselben Riten teilnimmt, wer in dieselben bestimmten Verpflichtungen eingetreten ist und wer sich gegenüber den elementaren Ereignissen der Außenwelt im Sinne der Anderen entschieden hat und dies mit ihnen festhält. Da nun die Kontinuität einer Gruppe doch auch eine physische Seite der Fortpflanzung hat, werden wir erwarten, daß archaische Kulturen auch diese Seite rituell, ja geradezu von der Nachahmung her, institutionalisiert haben: dies ist das Problem des Totemismus.

Die zwei einander deckenden Reihen von Nachahmungen, von denen eben die Rede war, lassen sich auch so erläutern, daß jeweils das »Welterlebnis« der Appellsituation durch das Sozialerlebnis hindurchgeführt wird, eines auf das andere abgebildet. Keine archaische oder primitive Kultur berücksichtigt natürlich kultisch alles überhaupt Wahrnehmbare oder Denkbare, es sind nur die Brennpunkte des Lebensglücks, der Lebensnot, des Geheimnisses und der Natur im Menschen und außer ihm, die in Riten festgehalten und dauernd vergegenwärtigt bleiben. Der periodische Ritenkalender tastet sozusagen die großen Kapitel des Lebens ab und organisiert sie in sich zu irgendeinem stationären Zusammenhang des Ganzen. In ihm ist die Gruppe dann notwendig ein Kleinmodell des Weltganzen, oder umgekehrt die Welt die »große Heimat«.

Die mimische Darstellung unwahrscheinlich-eindrucksvoller Außendaten muß in illo tempore eine ungemeine Bedeutung gehabt haben, denn noch heute finden wir in zahllosen, inzwischen längst zur Magie gewordenen Riten diesen Kern.

Es ist nun unvermeidlich und keiner Erklärung bedürftig, daß die mit irgendwelchen Materialien umgehende Hand »Gestalten« hervorruft, und Ritzungen auf Steinen oder Knochen sowie die zufällige Gestaltähnlichkeit, die irgendwann herauskommt, wenn die Hand weiche Massen formt, sind selbstverständlich Nebenprodukte jedes experimentierenden, instrumentellen Verhaltens. Viel interessanter ist die notwendige Konsequenz: daß aus dem eigenen beliebigen, gefühlsmäßig gar nicht ausgezeichneten Sachumgang jetzt eine Figur herausspringt, die selbst Auslösereigenschaften hat: prägnant, überraschend und aus der Situation heraus unwahrscheinlich. Das absichtslos hervorgebrachte, beherrschte Gebilde hat plötzlich Appellqualität, und der Automatismus der unbestimmten Verpflichtung muß einspringen.

Daß die großen, gefährlichen Jagdtiere zu den ausgezeichneten »Appelldaten« gehörten, kann nicht zweifelhaft sein: ihre gewaltige Vitalität, ihre ungeheuerliche »Prägnanz« und dramatische Sinnlichkeit, die extreme Breite entbundener Affekte von der Gier bis zur Angst sorgten dafür. Das Verpflichtungsbedürfnis hat sich von vornherein in mehrere Bahnen stilisieren können. Mimische Riten, in denen das Erscheinen des Wildes und seine Tötung dargestellt wurde, müssen seit unbestimmbaren Zeiten aufgeführt worden sein. Den Schädel des Höhlenbären hat man sorgfältig konserviert und mit Steinen umrahmt, diese Tierkulte reichen bis ins Moustérien und die Zeit des Neandertalers zurück. Die plastische Darstellung von Tieren ist jungpaläolithischen Alters, wie die Wisentfiguren in Ton von Tuc d'Audoubert (Abb. 1) oder die Tonplastik eines Bären in Montespan zeigen.

Diese Bildwerke sind Bezugspunkte eines Ritus gewesen, in dem das Verpflichtungsgefühl und das »besoin de faire quelque chose« sich artikulieren konnten, sie sind also selbst als »göttliche Wesenheiten« aufgefaßt worden. Das einzelne Tier vergeht, aber die »Wesenheit« dauert, und als Außenhalt dieser kapitalen Vorstellung »Dauer« bedarf es des selbst dauernden Bildes. Beim Bildwerk denke man an die oben (§ 12, 13) beschriebene Kategorie der *Ablösung des Verhaltens vom zufällig real Vorfindbaren;* damit aber rückt das Bild samt dem zugeordneten Verhalten in die Ebene des *Wortes,* denn das Wort läßt sich ebenfalls vom Vorfindbaren ablösen, und zugleich kann man in Wort oder Bild auf jenes Vorfindbare sich als ein *dauerndes* richten. Der ganze Komplex ist jetzt erst eigentlich geistig bewältigt und im Bewußtsein verfügbar. Es gibt zwei tiefste menschliche, unerfüllbare Bedürfnisse, die nicht in der Wirklichkeit, aber wenigstens im Bewußtsein zur Hintergrundserfüllung kommen können: das eine besteht darin, die dauernde Unzerstörbarkeit eines in sich geschlos-

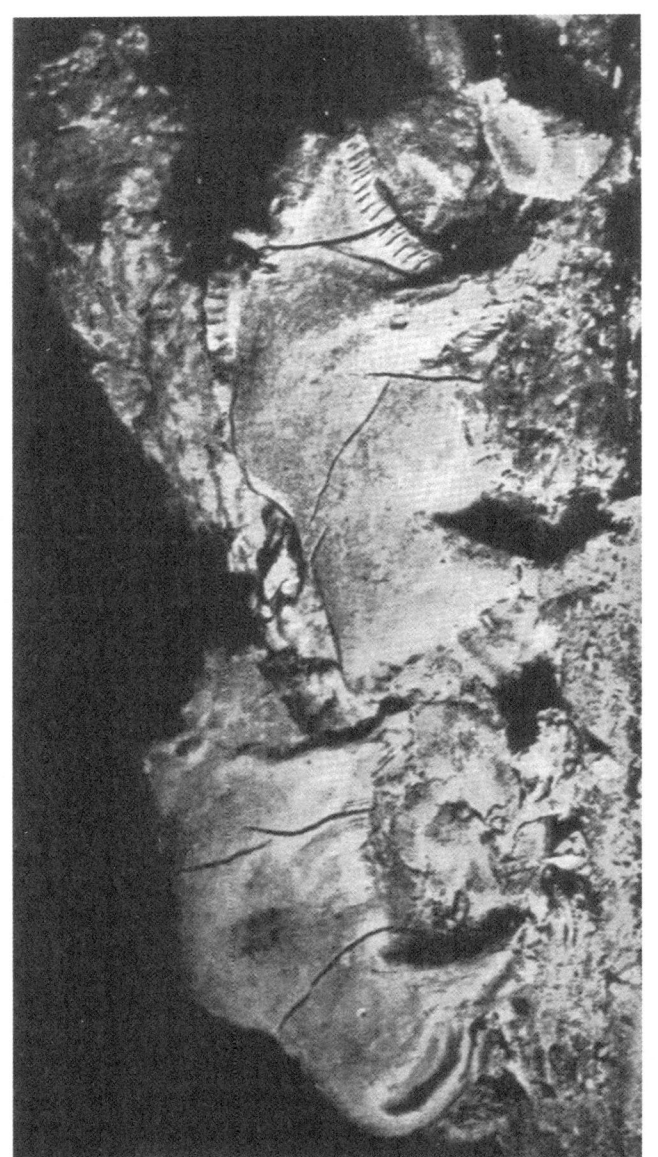

Wisent-Skulpturen aus Ton, je etwa 60 cm lang. Tuc d'Audoubert. Magdalénien.

31. Darstellende Riten

senen Seins, wie sie die Materie selbst hat, zu erreichen, und doch das Selbstbewußtsein zu behaupten. Das andere geht darauf, daß unsere eigenen Gedanken und Wünsche sich ohne Außenwiderstand in der Wirklichkeit realisieren ließen: Zwischen diesen entferntesten Polen unserer Sehnsucht vermittelt das Bild: in ihm finden sie zusammen, denn es ist daseiende dauernde Außenwelt und zugleich ganz die geistige eigene Antwort. Diese höchste Synthese – erst Spinoza hat sie philosophisch in dem Zusammenfallen von extensio und cogitatio formuliert – kommt im Kultbild an die Grenze der Hintergrundserfüllung wenigstens im Bewußtsein.

Ein Ritus vor einem Bilde, das in sich dauert und von den Zufällen der realen Begegnung »abgezogen« ist, setzt nun noch eine wichtige Kategorie frei, die *Inversion der Verhaltensrichtung*. Der vor dem Bilde durchgeführte mimische Ritus macht es nämlich, weil er zu jeder Zeit und unabhängig von Randbedingungen wechselnder Situationen angesetzt werden kann, möglich, in einer Art »Reindarstellung« die ganze innere Erlebnisseite zu provozieren. D. h. man kann ihn vollziehen, *um* das Erlebnis des Gruppeneinklangs, des gesteigerten gemeinsamen Selbstgefühls, ja um die Affektbildung zu erleben. Das bedeutet nichts geringeres, als daß man die eigene, von dem Appelldatum erregte Affekt- und Antriebslage selbst in die Hand bekommt oder ein Verhältnis zu ihr herstellt.

Bei einem Ritus, der sich um die Darstellung der Jagd und des Jagdwildes herum entwickelt, sei dieses nun in vivo oder in materia abgebildet, bleibt natürlich die Vitalität des Bedürfnisses nach dem lebenswichtigen Ziel erhalten, sie läuft unterhalb der Darstellung weiter. Dennoch hat dieses triebhafte Bedürfnis zu der mimischen Darstellung eine höchst bemerkenswerte Beziehung: es wird dadurch als ein *virtuelles, chronisches* und *gemeinsames* überhaupt erst ins Bewußtsein gehoben. Denn in dem Gruppenritual *trennt* sich das Verhalten der Gruppe gegenüber ihren eigenen Affekten von dem Zusammenwirken zu Zwecken, das Vorwegnehmen und Vorwegverarbeiten der Affekte wird geradezu vom Ritus her angesetzt, und sie kommen unabhängig von ihrer »Fälligkeit« ins Erlebnis: im höchsten Grade aber angesichts der an die Wand gemalten Inhalte, denn das Bild dauert. Was also erlebbar wird, ist, etwas umständlich ausgedrückt, die dauernde, virtuelle Präsenz der Erfüllungsobjekte für dauernde, virtuelle, gemeinsame Bedürfnisse: eine sehr tiefe Aussage über die Vollkommenheit des Lebens. Es ist ganz unmöglich, diesen Zusammenhang aus der realen durchgeführten Handlungskette von aktuellem Hunger, Jagd, Tötung und Sättigung heraus zu konzipieren, und es würde mit keinen Vorstellungen zu beschreiben sein, die die *Gegenwart* zur Verfügung stellt. Man kann den gemeinten Sachverhalt auch so beschreiben: weil das Bedürfnis sich nicht gradlinig in die gewohnte Aktion und die physische Erfüllung umsetzt, weil die Handlungsfolge in der Darstellung vorausgenommen wird, wird das Bedürfnis *als solches* bewußtseinsfähig, nämlich unabhängig von seinem akuten Gefühltwerden, als Reflex der Darstellung selbst, also als virtuelles und gemeinsames. In dem Stadium der Entwicklung des Bewußtseins, von dem wir reden, können für diese Evidenz Worte unmöglich zur Verfügung gestanden haben, die Erlebbarkeit virtueller gemeinsamer Bedürfnisse war nur durch jenes Verhalten hindurch herbeizuführen, das ihre *Gegenstände* vom Vorfindbaren und zufällig Gegenwärtigen abhob. Uns heute ist es selbstverständlich, daß wir uns über gemeinsame Bedürfnisse verständigen können, wir haben sprachlich so hoch abstrakte Begriffe zur Hand, wie den des Bedürfnisses, des Hungers usw. Wenn nun heute noch primitive Völker leben, die zur Bildung von höheren Abstraktionen nicht einmal bei anschaulichen Gegenständen gekommen sind, also Begriffe wie Baum, kalt, weich nicht kennen, sondern »im Materialreichtum ersticken« (Jespersen, Die Sprache, 1925, p. 420) — wieviel weniger dürfen wir dem prähistorischen Menschen abstrakte Bezeichnungen für subjektive Zustände zumuten. Für sie ist die Frage ganz anders zu stellen, nämlich so: wie läßt sich ein Einverständnis über innere Zustände über *die Außenwelt hinweg handelnd* herstellen? Doch nur in einer fiktiven, einer dargestellten Handlung, die dieses Einverständnis ins Bewußtsein hebt, ohne es im praktischen Vollzuge selbst untergehen und vom Erfolg konsumieren zu lassen.

Ursprüngliche Brennpunkte affektstarken, kultisch-darstellenden Verhaltens können nur lebensnotwendige und zugleich gefährliche Situationen von durchschlagender Drastik des Auslösergehaltes gewesen sein. Auf der frühesten uns greifbaren Kulturstufe war dies die Großwildjagd — daher die herrlichen Malereien auf den spanischen und französischen Höhlenwänden. Zu den schon altpaläolithischen, ins Riß-Würm-Interglazial gehörenden, in Steinkisten und Felsnischen beigesetzten Bärenschädeln im Drachenloch bei Vättis (St.

31. Darstellende Riten

Gallen, 2445 m) und an anderen Fundstellen sagt Kraft (a.a.O., p. 25): »Es bleibt nur die Möglichkeit einer kultischen Erklärung.« Daß die Nahrung zum Brennpunkt frühreligiöser Gestaltung wird, erscheint uns paradox, aber man muß bedenken, daß diese Brennpunkte wandern und sich da niederlassen, wo jeweils die größte Gefahrennähe besteht: das war zur Zeit der antiken Stadt- und Staatskulte der politische Bereich, in Vorderasien zur selben Zeit schon der ethische.[1]

Aber kehren wir zu unserem prähistorischen Thema zurück. Unser Beispiel eines darstellenden Jagdritus läßt, einerlei, ob der Außenbezugspunkt, das Tier, in vivo oder in materia dargestellt wird, eine doppelte Betrachtung zu: eine psychologische und eine kategoriale. Unter dem ersten Gesichtspunkt ist leicht zu sehen, daß der Ritus affektiv hoch besetzt und vielschichtig ist: der Hunger, die Angst vor ihm, die Gier und Tötungslust, Mut und Angst vor der Gefahr, alles geht ein, bis zum sensorisch-motorischen Potential eines gesteigerten rhythmisierten Bewegungsgefühls. Alle diese Affekte strömen in die Darstellung ein und erfüllen sie mit überschießenden Energien, die sie aufladen und weiter entwickeln; zugleich werden die bedeutenden, in der Angst sitzenden Hemmungsenergien frei und bilden eine starke Lustquelle der Entlastung. Und schließlich handelt es sich um ein rhythmisch-motorisches Geschehen, einen Gruppentanz, kurz um einen »Sozialrausch«. Mehr gibt der psychologische Aspekt nicht her.

1) Es ist kein Zweifel, daß die Errichtung des persischen Imperiums für die eingeschmolzenen Kleinnationen die Gefahr der vollständigen Entwurzelung und Demoralisierung bedeutete. Ed. Meyer (Ursprung und Anfänge des Christentums, II, p. 17 f.) hat die Aufrichtung des Perserreiches als »einen entscheidenden Wendepunkt für die gesamte Religionsgeschichte überhaupt« erklärt, »dem an nachhaltiger Bedeutung bis auf die Reformation kein anderer gleichkommt: denn hier liegen die Wurzeln, aus denen sowohl das Christentum wie die verwandten Bildungen der römischen Kaiserzeit und des Islam erwachsen sind. Die nationale Gestaltung des staatlichen Lebens ist für die ganze Welt westlich vom iranischen Hochland definitiv begraben, an ihre Stelle das Weltreich und die Fremdherrschaft getreten. Damit ist die Religion losgelöst von Staat und Politik, sie wird zu einer selbständigen Macht... diese Entwicklung hat den Individualismus und den Universalismus geschaffen, welche fortan den Grundzug aller Religionen bilden.« Die Religion verlegte also ihren Schwerpunkt aus den politischen in den ethischen Bereich, sie wurde Sache der Person, und es galt nicht mehr, was viel später noch in Rom galt: religio, id est cultus deorum, nämlich der Staatsgötter.

Der kategoriale greift tiefer. Der ganze Vorgang erhebt sich auf einem letzten Grunde, der sich nicht weiter auseinanderdenken läßt: dem Sichvorfinden in derselben Welt, in der Mensch und Tier einander zugeordnet sind und die Instinkte ihre Erfüllungen treffen. In der Verpflichtungsbindung, in dem »besoin de faire quelque chose« ist dieser Zusammenhang inkognito gegenwärtig. Doch laufen durch das Achsenkreuz der Situation noch andere Linien. Der mimisch-imitatorische Gruppentanz treibt das Selbstbewußtsein in die Höhe und zwar so, daß das Selbstbewußtsein aller Einzelnen sich in einem Schnittpunkt im Äußeren trifft: so kann auch in diesem Welterlebnis die Gruppe sich auf sich selbst beziehen, die Einsamkeit des einzelnen Bewußtseins sich erlöst finden. Und endlich wird ein kapitales, allen eigenes Bedürfnis sich selber bewußt, und zwar am *Bilde* seiner *dauernden* Erfüllung: das vitalste kommandierende Bedürfnis erlebt sich in einer vorgespielten Dauerdeckungslage. Der Kreuzungspunkt aller dieser Achsen, die wir mühsam rekonstruieren, ist dem archaischen Bewußtsein unmittelbar anschaulich gegeben: in der »Wesenheit«, die mit dem Kultbilde zusammenfällt; oder der »Zauberer« ist, solange er das Jagdtier darstellt und nachahmt, selbst diese Wesenheit. Und an der dauernden gleichen Wiederholbarkeit oder der dauernden bildhaften Präsenz dieser Situation schlägt der Ritus um in eine regelhafte, gleichbleibende Sollfigur. Man bedenke, daß ein Verhalten, das unveränderlich und damit gültig sein soll, ursprünglich am unmittelbar Tatsächlichen gar nicht ansetzen kann, das ja stets nur Gegenwart und unvorhersehbar wechselnde Gegenwart ist. Es kann nur in der Darstellung, sozusagen in vacuo, entworfen werden.

Man muß sich nun vor Augen halten, daß auf den primitivsten Kulturstufen die Gruppenjagd geradezu die Basis des Lebens war, und es ist eine harte Tatsache, daß gerade am »ökonomischen«, wie man heute sagen würde, der Ritus entsteht. Das Jagdtier ist eben wirklich das älteste nachweisbare Ritualobjekt. Ist diese Form des Verhaltens einmal gefunden, so tritt allerdings das ein, was wir die »Ablösung der benutzten Mittel von der Erfahrung« nannten, oder anders gesagt: die gefundene Form ritueller Darstellung wird »offen« für alle möglichen Inhalte, sie muß alles Unwahrscheinliche und Auffällige in sich hineinziehen. Ohne Zweifel ist der Mond in dem Neumondtanz der Pygmäenfrauen eine Wesenheit, genauso wie irgendwo anders ein bizarrer Stein. Jener Neumondtanz ist vielleicht

»psychologisch« nicht später, aber doch merkbar lyrischer als jene wuchtigen Rituale, in denen alle Ebenen des Daseins integriert sind.

Die Darstellung gerade der in hohem Grade furchtbesetzten Gestalten ist als eine sehr hohe moralische Leistung anzusehen, weil man der eigenen Angst und Gier in den Rachen griff und ihren Gegenstand »festmachte«. Indem sie zu Wesenheiten erhoben werden, geht eine *Entscheidung zum Dasein* in ihre Darstellung ein, die »Herausforderung« wird angenommen, die in ihrer Macht und der menschlichen Abhängigkeit von ihnen liegt. So finden wir in den paläolithischen Höhlen die Bilder des gefährlichsten Jagdwildes, der Mammute und Wisente, oder die eindrucksvollen Plastiken der Höhlenbären, bei den heutigen Primitiven die Unzahl schreckenerregender Masken und Fratzen, die man letzten Endes doch nur aus der Erfahrung im Todeskampf verzerrter Gesichter verstehen kann.

Die psychologische Formel des »Abreagierens« genügt hier bei weitem nicht, weil sie nicht die Vorstellung enthält, daß in die Darstellung ein höherer, moralischer Akt der Entscheidung zum Dasein, ja zum *dauernden* Dasein dieser Wirklichkeiten eingegangen ist, und diese Entscheidung hielt sich selbst als gültig und immerwährend präsent, indem sie sich an der Darstellung festmachte und stabilisierte.

Alle Affektwirksamkeit, Angstbesetzung und Triebbeleuchtung vermag die früheste Darstellungskunst nicht zu erklären, solche psychischen Akte haben eine bloß geistlose Verstärkerwirkung und geben keine sichere Verhaltenssteuerung her. Der wesentliche moralische Teil des Verhaltens bestand darin, die Affektmengen in die Hand zu bekommen, indem man sie »frei« von der Wirklichkeit ablöste und von deren Nachahmung her erregte. Die frühe prämagische »Kunst« ist keine harmlose Angelegenheit, denn die Angstbesetzung der hier dargestellten Welt war ja auch eine Realität, und es hat etwas zu sagen, wenn die Menschen ihre Welt gerade mit diesen Bildern umstellen.

Das Unwiderstehliche und schlechthin Allgemeinmenschliche in der Konzeption »daseiender Götter« liegt doch wohl darin, daß hier das Weltverständnis und das Selbstverständnis sich in *einer* Formel durchdringen. Die »Wesenheit« ist keineswegs nur eine Vorstellung, eine Idee. Sie baut sich in einer Folge von Übersteigerungen auf: das Sichidentifizieren, das darstellende Hineinnehmen eines machtvoll

Belebten ist die erste Stufe, sie trägt die Evidenz eines Ego, das doch ein aliud ist. Dessen Darstellung im Bilde wiederum verewigt es in steinerner Dauer in der Außenwelt: das lebendige Tier selbst scheint sich ins Bild zu übersteigern, und so gilt es als mystisch beseelt. Aber das Bild wiederum transzendiert sich selbst — die Wesenheit ist in ihm zwar gegenwärtig, aber sie ist zugleich »überall« — sie ist »halbunsichtbar«: dasselbe Verhältnis, in dem noch Apollo zu seinem Kultbild stand.

Was eine Anthropologie im hohen Grade interessieren muß, ist ja eine Fähigkeit des archaischen Menschen, die seine Religion sehr wesentlich ausmacht, nämlich: die großen Mächte der Wirklichkeit, und zwar der unausweichlichen, vitalen und tatbegründenden Wirklichkeit, zur Grundlage des Zusammenlebens zu machen. Wenn A. E. Jensen (Gab es eine mutterrechtl. Kultur? Studium Gen. III/8, 1950) sagt, die Entdeckung und kulturelle Gestaltung der Lebensprinzipien, insbesondere der Sterblichkeit, Fortpflanzungsfähigkeit und Nahrungsbedürftigkeit des Menschen, habe im Mittelpunkt der Vorstellungen gestanden, so ist das zweifellos richtig und umreißt genau unser Thema. Wir lenken die Aufmerksamkeit auf die beiden Begriffe »Kulturelle Gestaltung« und »Vorstellung«: sie sind aus unserer Bewußtseinsstruktur heraus gedacht, von der doch gerade gilt, daß es Vorstellungen in keiner Weise zu kulturellen Gestaltungen bringen. Daher besteht unser näheres Problem in der Rekonstruktion jener Verhaltensweisen und in der Analyse der darin enthaltenen Kategorien, weil wir die Entstehung der *Institutionen* verstehen wollen, in denen jene Lebensprinzipien zur Grundlage des dauernden und verpflichtenden Zusammenlebens gemacht wurden. Begriffe wie Ernährung und Fortpflanzung sind uns leicht zugänglich, aber sie sind hochabstrakt, und sie können niemals die Leitideen derjenigen Institutionen gewesen sein, in denen eben diese Tatbestände (Ernährung und Fortpflanzung) auf *Dauer* gestellt und damit erst in ihrer Eigentümlichkeit herauspräpariert wurden. Wenn dagegen z. B. irgendein prämagisches Verhalten eine *Kontinuität* von Blutslinien (s.u. § 37, 38) und bindenden geschlechtlichen Zuordnungen als *Resultat* herausstellte und stabilisierte, so kann man verstehen, daß dann die Vorstellung einer kontinuierlichen Fortpflanzung ins Bewußtsein zu heben war, nachdem sie nämlich in der Tatsächlichkeit schon herauspräpariert war. Analog war die »Ernährung« als statio-

31. Darstellende Riten 179

närer Prozeß kein mögliches Thema eines rationalen »Organisierens« wie bei uns. Die Hintergrundserfüllung, d.h. die Beibehaltung der Bedürfnisdeckungstage ohne akute Bedürfnisse, das leistet nur die dauernde reale Präsenz der Objekte *selbst*, also die Tierhaltung und Tierhege. Sie kann als Institution auch nur aus dem Ritus heraus entwickelt worden sein, denn die »kultische Besetzung« zumal des Rindes war noch in der frühen Hochkultur enorm, und kann kaum sekundär sein. Wenn es eine Antwort auf alle diese Fragen gibt, so muß sie im Kultischen zu finden sein, dann muß aber aus *denselben* Bedingungen auch abgeleitet werden können, wie man diese »Mächte« nicht nur konzipierte, sondern zur Grundlage der Lebensentscheidungen machte, also zu *Institutionen*. Denn das kann ja der Ausdruck »kulturelle Gestaltung der Lebensprinzipien« nur bedeuten.

In den Untersuchungen der letzten Abschnitte wiesen wir eine ganze Reihe von Funktionen nach, die in dem prämagischen Verhalten sozusagen als Teilinhalte verborgen liegen. Solche nicht weiter zurückführbaren Funktionen sind die Kategorien der Anthropologie. Die mühsame Aufgabe mußte unternommen werden, weil es sich schließlich um nichts Geringeres handelt, als um das Verständnis *zwecklosen, aber obligatorischen* Handelns. Ein solches ist exklusiv menschlich, seine Theorie geradezu das Fundament jeder Kulturtheorie. Ein Handeln dieser Art hat keine nachweisbare biologische Zweckmäßigkeit, ist aber dennoch von biologischen Komponenten aus der Instinktsphäre sehr wesentlich mitbestimmt, ohne wiederum aus ihnen direkt ableitbar zu sein. Genau so liegt es bei allen Riten, die um die Nahrung oder die Sexualität herum ansetzen.

Wir haben das rituelle Verhalten am Beispiel des »Jagdtanzes« zuerst aus dem Auslösereffekt und der instinktnahen Reaktion des »besoin de faire quelque chose« abgeleitet, und dann gezeigt, wie das Gefühl der unbestimmten Verpflichtung von dem sich festlegenden, bestimmten Verhalten selbst erfüllt wird. Dieses muß deshalb darstellend sein, weil kein praktisches sachveränderndes Handeln vorliegt, so daß also der *Inhalt des Handelns zugleich seine Form*, die Bestimmtheit des Wie sein muß: eben dies heißt nachahmendes, darstellendes Tun. Daß nun gerade hieran das Selbstbewußtsein sich steigert, daß sehr komplexe individuelle und soziale Emotionsmassen zugleich befreit und verarbeitet werden, daß in der Darstellung und durch sie hindurch das Dargestellte als »Wesenheit« erscheinen, muß – dies war weiterhin zu beschreiben und scheint, einmal bemerkt, evident. Ebenso können nur in diesem »Felde« virtuelle, dauernde gemeinsame Bedürfnisse bewußtseinsnahe geworden sein, der ganze Komplex muß sich vom Aktuellen und Vorfindbaren des Anlasses weg verselbständigen – dies ist einfach eine Leistung der Darstellung des Anlasses –, und die Gruppe begegnet sich selbst, ein Gruppenerlebnis wird in Reinheit abhebbar, gerade weil es sich nicht um eine praktische Kooperation zu Zwecken handelt. Schließlich liegt in der Sollregelung der bestimmten Verpflichtung stets auch eine Entscheidung zum Dasein dessen, was in sie eingeht: die »Wesenheit« des »Bisongeistes« oder von was immer ist keine bloß vorgestellte Setzung, sondern eine Entscheidung zum Dasein dieser Tiere selbst steckt darin. Sie ließe sich an dieses oder jenes jetzt erscheinende gar nicht anknüpfen, sondern trifft sie nur durch ihr abgehobenes Bild hindurch.

Von dem jetzt ausformulierten Ritual gilt, daß es im echten Sinne zum Selbstzweck umschlägt, daß primär nichts dabei bezweckt ist, und daß es bei gegebenem Anlaß vorgenommen werden *soll.* Es bildet sozusagen die letzte gemeinsame Strecke, auf der sich alle aufgezählten Determinanten treffen. Es erfüllt allerdings eine Reihe von Bedürfnissen, von sehr instinktnahen, vitalen bis zu hohen geistigen, die es selbst erst ins Bewußtsein gehoben und orientiert hat. Sie haben sich in ihm auskristallisiert und können sich in ihm befriedigen, das Ritual seinerseits hält sie zusammen. Ein Verhältnis, das für alle höheren menschlichen Bedürfnisse gilt, und das Madame de Staël in glänzender Prägnanz einmal gesehen hat: »Le cœur de l'homme est ainsi tout à la fois satisfait et dirigé«.

32. *Weitere Kategorien im Ritus. Imperative*

Wir wollen jetzt unsere Ergebnisse vom Beispielsfall abheben und über das Verhältnis des darstellenden Ritus zu der zugeordneten Wesenheit noch einige Aussagen versuchen.

Die wichtigste besteht darin, daß in jenem Verhältnis eine sonst nirgends geschehende *Kontinuität* und *Invarianz* hergestellt werden, die schlechterdings nicht unmittelbar gegeben sind. Der Ritus näm-

32. Weitere Kategorien im Ritus. Imperative

lich legt sozusagen Stabilisationskerne in die Wahrnehmung (als Darstellung, Bild), in das zugeordnete Verhalten (das zudem noch in der Gegenseitigkeit stereotypisiert wird), und in das Bewußtsein, und zwar derart, daß diese Stabilisationskerne zusammenfallen. Denn das rituelle Verhalten enthält das Appelldatum, von dem es provoziert wurde, selbst als Inhalt, sofern es nämlich ein mimisch-darstellendes Verhalten ist, dessen Form zugleich und unmittelbar als Inhalt erscheint, und es schaut denselben Inhalt in sich und außer sich an.

Man kann auch sagen: die subjektive »Idee« einer Wesenheit, und diese selbst in ihrer objektiven Dauer als Kultbild werden durch ein vermittelndes Verhalten aufeinandergelegt, das wieder, als mimisch darstellendes, eine subjektive und eine objektive Seite desselben Inhalts hat.

Das außerordentlich Paradoxe und Weltgültige dieser »Integration« besteht nun darin, daß sie stabilisierbar ist, und zwar deswegen, weil sie unmittelbar als Sollenserlebnis ins Bewußtsein eintritt, denn von »unten« her ist der Ritus schon als Bestimmung einer unbestimmten Verpflichtung angelegt (§ 29). Diese Sollqualität des Ritus garantiert seine Wiederholung, und daran hängt eben die Kontinui-tät und Invarianz der Stabilisationskerne, die der Ritus in das Bewußtsein, das Verhalten und die Außenwelt legt. Hier noch nicht zu behandeln ist der Nachweis, daß dieses prämagisch-rituelle Verhalten in völlig unvorhersehbarer Weise »ankam«, es erwies eine grandiose *sekundäre* Zweckmäßigkeit, die nicht erwartet war, und es wurde von Naturverlauf nicht nur adoptiert, sondern überprämiiert: das ist das Thema der Entwicklung der Tierhege aus dem Jagdritual (§ 36). Hier beschränken wir uns auf die Analyse der Kategorie der Kontinuität, der »Stabilisationskerne«, und unsere These würde, in modernen philosophischen Jargon übersetzt, besagen, daß es »Wert-erlebnisse« oder Sollgeltungen sind, die, an die Außenwelt, das eigene Verhalten und das subjektive Bewußtsein geknüpft jederlei Kontinuität und Invarianz des *bewußten* menschlichen Lebens erst herstellen.

Dies läßt sich in der Tat anthropologisch nachweisen. Sicher ist zunächst, daß es auf der Seite der Instinktresiduen keinerlei Garantie für dauerhafte Verhaltensformen gibt, denn es ist instinktiv durch nichts gesichert, daß die Menschen regelmäßig und bei gleichem Anlaß auf die gleiche Weise handeln, es gibt keine ursprünglichen auch nur sozialen (geschweige denn außerweltbezogene) Triebe oder Instinkte, die als biologische Faktoren irgendeine Stabilität des Verhaltens garantierten. Angesichts der Weltoffenheit und Instinktentbindung des Menschen ist es durch nichts gewährleistet, daß ein gemeinsames Handeln überhaupt zustande kommt oder daß es, einmal vorhanden, nicht morgen wieder zerfällt. *Gerade in diese Lücke tritt ja die Institution*, sie steht an der Stelle des fehlenden automatischen Zusammenhanges zwischen Menschen, und gerade sie verselbständigt sich zur Sollgeltung, wie wir eingehend beschrieben haben (§ 8).

Man kann auch zweitens keine Dauerkonstanz aus dem spezifisch menschlichen experimentellen, praktisch-technisch probierenden Verhalten ableiten. Es ist seinem Wesen und seiner Definition nach unstabil, verlagernd, umkombinierend und weist über sich hinaus. Nun gibt es zweifellos gerade in primitiven Gesellschaften sehr viele Techniken jeder Art, die in unveränderter Form seit unbestimmter Zeit betrieben werden. Dann aber ist dieses Verhalten fossilisiert, es ist geistlose Gewohnheit, es tendiert wie jede Gewohnheit zum bewußtseinsarmen, halbautomatischen Verlauf und verrät das eigentliche Wesen der Praxis: nach der Weltseite hin »offen« zu sein, was selbst die stumpfe, stereotype Gewohnheit einmal war.

Was endlich die Wahrnehmungswelt angeht, so wird allerdings durch die »Konstanzgesetze« schon im zentralnervösen Bereich die Stabilität der Außenwelterfahrung in großen Zügen gesichert, die Gesamtorientierung ist geortet auch ohne eigenes bewußtes Zutun. Innerhalb dieser stehenden Welt gibt es aber jederzeit unvorhersehbare und andererseits auch chronische »Risikostellen«: auf der einen Seite alles Unerwartete, Plötzliche, Überraschende und Unwahrscheinliche, auf der anderen die Existenzrisiken, die sich auf jener Kulturstufe um die Ernährung, die Sexualität, den Tod, die Krankheit gruppieren: hier schafft das prämagische Verhalten die Stabilisationskerne, indem es an diese Phänomene Sollverpflichtungen knüpft. Genau an den Gefahrenzonen, deren Inhalte sich, wie bemerkt, in großen Fristen ändern, wird die Religion entfaltet, und bis zum Monotheismus hin lagen im religiösen Verhalten die Zentren der größten Vorstellungsdichte, die je vollziehbaren höchsten Synthesen des Bewußtseins. Dies ist allerdings eine sehr bemerkenswerte Tatsache, daß der Umkreis der gesicherten Lebensroutine der

Gewohnheit mit ihrer Tendenz zum Geistloswerden und Halbschlaf überlassen werden kann, während die Religion den Risikozentren des objektiven Daseins gegenüber den Menschen auf die Extremgrade der Wachheit zieht und ihn genau dort mit Sollensvorschriften *festhält*, ihn also am Rande des Abgrundes stabilisiert. Die Religion ist als Sicherung, als Beruhigungsnarkose selbst schon im Verfall, viel richtiger und tiefer ist die Ansicht von Radcliffe-Brown, daß der psychologische Effekt des Ritus darin besteht, den Sinn für die Unsicherheit und Gefahr zu *erzeugen* (Taboo, 1939); hinzugefügt: den Menschen aber zugleich an der Gefahrenzone festzuhalten und dort seine Verpflichtungen zu stabilisieren, bis auch diese Bereiche bewältigt und bezwungen sind und sich an anderer, unvorhersehbarer Stelle die Gefahren öffnen. Im Neolithikum geht es schon um den Kampf um Lebensraum großer Gruppen, und die Götter beginnen selber gegeneinander zu kämpfen.

Wir müssen jetzt auf die erreichte Kontinuität von Bewußtsein, Verhalten und Außenwelt noch einmal zurückkommen, die im Ritus kraft seiner Sollgeltung erreicht wird. Hier liegt ein großartiger Prozeß der *Vereinfachung* vor, der sich im *Imperativ* darstellt; der Ritus gerinnt schließlich in die einfache Formel: »man soll angesichts des Kultbildes den und den Ritus vollziehen«. Der Imperativ ist daher die Form, wie die Wesenheit als gültige und verpflichtende gedacht wird, also jenseits der bloßen Vorstellung sich verselbständigt. Er ist die der *Dauer* des Kultbildes *angemessene* Form des Bewußtseins der Wesenheit. Zugleich entlastet er vom Willensentschluß, das Verhalten ist schon vorentschieden, und zwar unabhängig von der jeweiligen Affektlage, Stimmung und von den Randbedingungen der Situation; dies ist die Form, wie allein jenseits der geistlosen Gewohnheit ein Verhalten auf Dauer gestellt werden kann: der Imperativ ist das virtuelle Schonvollzogensein der Handlung.

Daraus folgen zwei wichtige Tatsachen: Der rituelle Imperativ bildet den primären Stabilisationskern des Bewußtseins, denn die bloße Erinnerung stiftet von sich aus – in illo tempore so wenig wie bei uns – keine Kontinuität. Das ursprüngliche Verhältnis zur Vergangenheit, als Erinnerung oder als vorgestellte Vergangenheit, kann also nur darin bestehen, sie in derselben Form des »immer« und der Sollgültigkeit festzuhalten, die der Ritus hergibt, oder anders gesagt: im Ritus wird das Nochdasein der Vergangenheit festgehalten, und dies ist die primäre Form des *Zeitbewußtseins, bevor* es Schrift gibt. Die Wesenheit ist also im archaischen Bewußtsein gar nicht als immer gültige konzipierbar, ohne sie in die »Urzeit« zu verlegen, und der Ritus hält die Urzeit in der Gegenwart fest, er garantiert das Nochdasein der Urzeit: dies ist der Sinn der hocharchaischen Riten der Ungarinyin (NW-Australien, s. Petri, Rituelle Vermehrungshandlungen bei den Kimberleys, Ztschr. Paideuma V/4, 1952, p. 189f.). Dort finden sich unter Felsvorsprüngen angebrachte Bildergalerien mit Totemtieren und »Wondjinas«, mundlosen menschenartigen Urzeitheroen, und diese Bilder müssen rituell »berührt« und periodisch erneuert werden: man versichert sich damit ihres Nochdaseins.

Man kann eine weitere wichtige Einsicht hier abheben: Wesenheiten sind so lange mehr als bloße Vorstellungen, wie sie vom Ritus her gestützt werden, oder allgemein gesagt: der »Ideengehalt« einer Institution verselbständigt sich mit ihr und zerfällt mit ihr. Es läßt sich kein geistiger Inhalt in der bloßen Beliebigkeit der vorhandenen oder nicht vorhandenen Vorstellung auf Dauer stellen. Die Verkennung dieser Wahrheit ist typisch für die Druckkultur.

Aber kehren wir zur Analyse des Imperativs »man soll...« zurück, der die Form darstellt, in der der Ritus sich im Bewußtsein stabilisiert. Dann gilt erstens, daß er alle Determinanten des Verhaltens, von den instinktiven bis zu den höchsten, *für das Bewußtsein abdeckt*, außer sich selbst. Die Irrationalität, die Instinktverwurzelung, die innere gegenseitige Erlebnisspiegelung usw. eines Tuns sind verdunkelt, wenn man aus einem Imperativ handelt, sie verschwinden zugunsten des Bewußtseins seines eigenen Inhalts. Diese Abdeckung ist rigoros, die Funktion der Abdeckung wird selbst abgedeckt, das Bewußtsein der Vorentschiedenheit der Handlung und ihres Verpflichtungsgehaltes genügt sich selbst, vorausgesetzt, daß es nicht das ausschließt, was der Instinkt auch tun würde.

Daß in einem Imperativ viel von dem steckt, was dem Instinkt eignen würde, wenn er Geist hätte, sieht man auch daran, daß beide gegenüber ihren Objekten eine zweite abdeckende Funktion haben: die analytische, verlagernde Ratio gegenüber dem Gegenstand, also gegenüber der Wesenheit und dem Sollverhalten zu ihr, wird gehemmt, nämlich jenes experimentellverlagernde Denken, das sein Objekt in Gedanken variiert, dekomponiert und unter wechselnde Bedingungen setzt, also das auf die Werkpraxis zugeschnittene rationale Verhalten. Was im Lichte der Instinktresiduen erscheint, wird jenem Probehandeln entzogen, aber auch das, was im Lichte eines Sollens erscheint. Wo also ein bestimmter Erfahrungsbereich, wie in unserem Beispiel die Jagd, unter das Kommando eines Ritus tritt, wird er niemals voll neutralisiert, er bleibt grundsätzlich am Zügel vorgeordneter Verpflichtungen, die ihn nicht aus dem Umkreis einer möglichen Ethisierbarkeit entlassen. In naiver Anschaulichkeit folgt auf die Jagd die »Versöhnung« der beleidigten Wesenheit. Dies wird allerdings um den Preis einer anderen Gefahr erreicht: der Überwucherung der Alltagspraxis durch magische Praktiken.

Drittens hat der Imperativ die bemerkenswerte Eigenschaft, das gegenseitige soziale Interesse an artikulierten und invarianten Handlungsweisen aufnehmen und ausdrücken zu können. Dieses Interesse ist vital, weil die sozialen Instinktresiduen keine eigenen, erbfesten Handlungsbahnen haben, auch nicht die Sprache. Daß der Imperativ einem sozialen Bedürfnis entspricht, hatte Kant gesehen, der aus ihm alle Inhalte strich und das bloße Interesse an allgemeiner Gültigkeit (d. h. Dauer und Gegenseitigkeit) zum Inhalt des Sollens machte. Diese soziale Vermittlung des Imperativs ist ebenfalls abgedeckt, er gilt schlechthin, er entlastet die Person von der Unsicherheit über das Verhalten der Anderen ebenso, wie von den Variationen zufälliger Befindlichkeit an Stimmungen und Affekten, er überbrückt sozusagen die ganze Sphäre von Motiven und Gegenmotiven und setzt sich unmittelbar als gegenseitige Handlung fort.

Nach dieser Analyse enthält also der Imperativ ganz wesentliche Merkmale der spezifisch menschlichen Instinktsituation, oder er konserviert sie, indem er sie in eine ihm allein eigene Form der Bewußtheit transformiert, diese Transformation aber selbst abdeckt. Der Modus der Verpflichtung, die Vorentschiedenheit des Verhaltens, die Hemmung der analytischen Ratio, die Komponente der sozialen Gegenseitigkeit: das alles sind Momente des Imperativs, aber auch der Dynamik der menschlichen Instinktresiduen, wenn man sie sich in das Bewußtsein eines willkürlich handelnden Wesens übergeleitet denkt. Ein einfachster Ritus, z.B.: »dies ist tabu! Berühren verboten!« wäre sozusagen das Analogon einer echten, instinktiven, streng objektspezifischen Hemmung, wenn es eine solche beim Menschen überhaupt gäbe.

So kann es nicht erstaunen, wenn wir noch eine Parallele von großer Bedeutung finden: der Imperativ garantiert eine hohe Selektivität und Exklusivität des Verhaltens in Bezug auf den Gegenstand, wie sie im echten Instinkt auch besteht, aber gerade beim Menschen verunsichert ist. Bekanntlich sind echte tierische Instinkte in sehr hohem Grade auf exklusive Auslöserqualitäten eingestellt, die man im Experiment in »Reindarstellung« vereinfachen kann. Beim Menschen ist zwar, wie wir sahen, auf der Wahrnehmungsseite der Vorrang des Gestalteten und Präzisen konserviert, aber über die ganze Breite der Wahrnehmungsfelder aufgefächert, weil die eindeutige Bindung bestimmter Auslöser zu bestimmten Erbbewegungen gelockert ist. Die *erneute* Bindung eines hochspezialisierten Verhaltens an scharf umschriebene Gegenstände mit hoher Reizschwelle ist nun genau das, was als »Soll« ins Bewußtsein tritt, und dies gilt für beide Hauptklassen von Verhaltensformen, die wir untersucht haben: jede gelernte, erfahrene Praxis des Werkumgangs sensibilisiert die Wahrnehmung und die Motorik, und dies erscheint von außen als der Aufforderungscharakter des Gegenstandes, ihn so und nicht anders zu behandeln. Und im darstellenden, nichtpraktischen Verhalten kann man die neu erreichte Exklusivität am Imperativ ablesen, in den es sich fassen läßt, denn er formuliert schließlich die bestimmt gewordene unbestimmte Verpflichtung. Aber ein bedeutsamer Unterschied ist zu bemerken: Der Imperativ sagt: man soll gegenüber diesem spezifischen »Wesen« sich so und so verhalten. Wie der Ritus selbst, der imitatorisch ist, zieht er also Handlung und Gegenstand *in eine Ebene,* aber diesmal des wortfähigen Bewußtseins. Damit ergibt sich die kapitale Möglichkeit, vom Gegenständlichen her, von der Sacherfahrung aus den Imperativ anzureichern, also die Chance des Neuzutritts von Motiven, bei Konservierung der hohen Selektivität des Verhaltens. Folgendes Beispiel: Nehmen wir an, der Augur sei ins Feld mitgezogen und habe gesehen, »daß die Krähen von links kommen«. Nach festgelegter Regel heißt das: umkehren. Gerade damit kann er die Ausnützung einer aussichtsreichen Konstellation verhindert haben, und jetzt ergibt sich eine Interessenkollision, man muß den Ritus, ohne ihn fallen zu lassen, für künftig dieser Situation anpassen, ihn also von der Sacherfahrung her noch höher spezialisieren. Etwa so, daß der Augur zwar mit ins Feld geht, aber nur auf Initiative des Feldherrn beobachten darf oder so, daß er am Beginn des Feldzuges seine Auspizien gibt, dann aber von der Heeresfolge ausgeschlossen ist. Beides war in Rom möglich. Zu beachten ist, daß die neue sakrale Rechtsregel nichts von den geschichtlichen Umständen oder Bedingungen enthält, sie begründet nur eine noch speziellere Wenn-dann-Regel, die aber nun zwei sehr verschiedene Erfahrungsreihen integriert: das religiöse Interesse, bei durchaus konserviertem Kernbestand der Verhaltensregelung, und die ganz heterogene Erfahrung, daß militärische Konstellationen unvorhersehbar sind und man frei sein muß, sie auszunützen. Die Formel »der Augur soll im Felde nur nach Initiative des Befehlshabers beobachten«, deckt alle die Voraussetzungen ab und läßt sogar, als Verhaltensregel, den Spezialfall zu, daß weder der Augur noch der Feldherr an Vorzeichen glauben. Die auf den Einzelnen fallende Verantwortung, sich recht zu verhalten, hängt an der abstrakten Prägnanz der Formel, deren hochkomplizierte Bedingungen abgedeckt sein müssen, wenn es überhaupt zum Handeln kommen soll, die aber die Situationsbedingungen vernünftigen Handelns stillschweigend einrechnet.

Ohne die hier beschriebenen Kategorien kann man das Verhalten von Gesellschaften mit archaischen Zügen nicht verstehen. Man muß sich nur vorstellen, wie zahllose »Kompromisse« dieser Art sich im Laufe der Zeit anhäufen, durcheinanderlaufen und wieder vereinfachen lassen müssen. Im Einzelfall ist es meist nicht entscheidbar, ob eine sollbestimmte Sitte hochspezialisiert, durch den Neuzutritt von Motiven mehrfach hindurchgegangen ist, oder ob sie umgekehrt ein rationales Verhalten in Form und Gewand des Ritus ist. Und außerdem kann ein Ritus in ein weitverzweigtes und sehr spezialisiertes Gewebe von Sollensvorschriften sich auflösen und in der Kernform verschwinden oder sich bloß als Mythos, als obligatorische Erzählung fortsetzen.

Wir wollen unsere Analyse hier abbrechen. Das rituell-darstellende Verhalten gegenüber einer Wesenheit hat schon als solches eine außerordentliche Bedeutung, weil es, wie gezeigt wurde, Stabilisationskerne in die Außenwelt, das Bewußtsein und das Verhalten legt, die sich decken. Kontinuität auf der Höhe des Selbst- und Weltbewußtseins und jenseits geistloser Routine kann in illo tempore nur hier erreichbar gewesen sein. Der Ritus selbst wiederum wird als Imperativ stabilisiert und erreicht in diesem die Form seiner Dauer. Der Gegenstand des Ritus und die Verhaltensformel selbst kommen im Imperativ mit dem Ichbewußtsein zur Deckung, oder er ist das nicht mehr weiter analysierbare Datum, in dem das *eindeutige Schonentschiedensein einer »Situation« unabhängig von ihrer Fälligkeit auf Dauer gestellt wird.* Und zwar so, daß in einer eigenartigen Transformation und Verdichtung die entscheidenden Kategorien der Realsituation selbst konserviert werden, obschon das »Wie« dieser Transformationen, ja sie selbst für das Bewußtsein völlig abgedeckt ist.

Mit diesem Vorgang ist wahrscheinlich ein Wesenszug des Bewußtseins beschrieben, den Bürger-Prinz (Über Bewußtsein und Unbewußtsein, Stud. Gen. IV/8, 1951) mit dem Begriff »Kompressionsmoment« bezeichnet hat: »Es wird im Bewußtsein nicht nur abgeschlossen, nicht nur springt es abgrenzend, beschlußmachend ein, sondern es komprimieren sich in ihm mit der Ich-Funktion *alle vorher gegebenen Umstände.* Sie verdichten und vereinfachen sich« (p. 434).

Dieses »Kompressionsmoment« ist ein treffender deskriptiver Begriff, man kann mit ihm den verselbständigten Imperativ angehen, der die Willenshandlung und die Ichkonzentration um einen »kommandierenden Inhalt« in *einer* Formel enthält, und zwar so, daß er eine ganze Mensch und Welt umgreifende Situation nicht nur denkt, sondern sie im Vollzugsansatz stabilisiert. Kontinuität herstellen und sich ihr verpflichten ist ein und derselbe Vorgang.

Es ist jetzt leicht nachvollziehbar, wenn wir sagen, daß im Ritus bzw. in dem Imperativ, in dem er sich stabilisiert, die bestimmte Weltsituation einschließlich der Menschen in die Ichform transformiert wird, unter Abdeckung aller »vorher gegebenen Umstände«, mit deren mühsamer Aufgrabung wir uns beschäftigt haben. Darin zuletzt beruht der »Anthropomorphismus« archaischer Weltbilder: die »Wesenheiten« sind virtuelle oder aktuelle Kultzentren und Sollgehalte. Gerade in diesem Weltbild bleibt daher die Außenwelt grundsätzlich und der Möglichkeit nach am Bande von Verhaltensverpflichtungen, die aus ihr selbst heraus entwickelt wurden.

In der neutralisierten Außenwelt der Moderne ist dagegen Platz für die völlige Befreiung der materialen Rationalität: »alle Dinge« werden in Hinsicht auf ihre faktische Eigenschaftlichkeit experimentabel und damit sozusagen zu Mitteln »z.B.V.« − mit offener Zweckbestimmung. So gelang eine staunenswerte Annäherung an die objektive Naturwirklichkeit, d.h. an eine solche, aus der das Experiment und der mathematische Verstand alle anthropomorphen Einschüsse ausgefällt haben. Daß eine solche Welt dann sinnleer wird, könnte bei genügender Kraft der seit langem ins Innere der Seele zurückverlegten Religion wenigstens für diese Seelen selbst kompensiert werden. Dabei wird aber durch diese Annäherung des Wissens und Könnens an die objektive Naturwirklichkeit das gesamte beobachtbare Verhalten der Menschen in entschiedenem Sinne *anthropozentrisch:* wir sehen zwar die Welt nicht mehr von Wesenheiten und Geistern voll und binden unser Handeln nicht mehr an diese Vorgegebenheiten, sondern sie wird ein Feld von Fakten, deren nähere Details zu wissen und zu beherrschen Sache der Naturwissenschaftler und Techniker ist, und eben damit wird sie vorbehaltlos zum Konsumbereich. Die Naturwissenschaft ist eine komplizierte Vorform der Verwandlung aller ihrer Objekte in Konsumdinge oder Zerstörungswaffen. Wir »bestrafen« nicht mehr den Fluß (oder Flußgott) Gyndes, wie Xerxes, indem wir ihn in Kanäle auflösen, sondern verwenden die Flüsse zur Erzeugung von Elektrizität, um unsere Häuser zu beleuchten. Durch Auflassung des unmittelbar *anthropomorphen* Weltbildes erreicht man zwar eine objektive Naturerkenntnis, aber gerade damit macht der Mensch sich praktisch zum Mittelpunkt und Endzweck des gesamten Daseins. Aus den Formeln der Naturwissenschaft und Technik kann man keinerlei ethische Sollregeln ableiten, aber um so evidenter ist ihre Nützlichkeit zur Verwandlung der Natur in das bequemste Bett für die größte Zahl: das Zeitalter der alles durchdringenden Sozialität hat begonnen, ein epochaler Vorgang der Selbstbejahung der Menschheit im Erdballumfang, der ethische Probleme stellt, die sich noch kaum formulieren lassen, und die zunächst als Angst der Menschheit vor sich selbst ins Bewußtsein treten, nachdem ihre Angst vor der Natur verschwunden ist.

33. Drei mögliche Weltbilder

Das jetzt in der Vielzahl der eingebauten Kategorien annähernd durchuntersuchte prämagisch-rituelle Verhalten muß und kann sich mit dem werkpraktischen, rational-variablen auseinandersetzen und tut dies in zwei gleich ursprünglichen Formen. Kurz gesagt führt der

Weg entweder zu der Entdeckung und Auswertung *sekundärer Zweckmäßigkeiten* und damit zu den elementaren *Institutionen*, oder zur inneren Annäherung an zweckmäßiges Handeln und damit zur *Magie*.

Zuerst ist, wie wir von Anfang an betonten, der »übergreifende Zusammenhang« zwischen Mensch und Natur ein bewußt und unbewußt unerschütterliches Apriori, so wie die Doppelheit der Geschlechter, die sich ins Tierreich hinein fortsetzt, nur hingenommen werden kann, ähnlich dem Zusammenhang von Hunger und Nahrung, von Mutter und Kind, von Mond und Nacht. Diese Realitäten sind übergreifend, sie erstrecken sich, wie die Folge von Geburt und Tod, durch jeden Einzelnen hindurch. Hier gilt überall ein »empirisches Apriori«, diese Erfahrungen gehören zur Selbstanschauung des Daseins, sie sind objektiv und vorgegeben, denn sie sind auch im Inneren repräsentiert, als Antrieb, Bedürfnis, als Müdigkeit, wenn die Nacht einfällt, oder als Erwachen bei Tage, als Hintergrundserfüllung oder akuter Mangel.

Aber diese elementaren Inhalte des unverrückbaren Lebens sind zweideutig, sie sind geheimerweise den menschlichen Bedürfnissen zugeordnet und doch in ihrem Dasein und in ihrer greifbaren Wirklichkeit von ihnen unabhängig. Sie entziehen sich uns ebenso unberechenbar, wie sie es wieder nicht tun. Die Tiere, Quellen und Bäume, die anderen Menschen stehen zum Einzelnen zwar in der Beziehung des übergreifenden Zusammenhangs von Bedürfnissen jeder Art, bis zu den geistigen, und deren Erfüllungen, aber sie gehen darin nicht auf, der Zusammenhang ist unstabil und prekär. Der Eigensinn, die Eigenlebendigkeit, die Verschlossenheit tritt jederzeit heraus. Verhält man sich zu dieser Seite, so artikuliert man ihren »Selbstwert im Dasein«: ihr virtueller Daseinswert (oder -unwert) bleibt vorausgesetzt, aber eingeklammert, und man handelt von ihnen her. Diesen Tatsachen entspricht als wahrhaft ursprüngliche »Philosophie« genau die Auffassung der Welt, die zustande kommt, wenn eine Reihe von Stabilisationskernen um »Wesenheiten« herum ausformuliert sind: die Welt ist dann ein Feld »eigensinniger« Wesenheiten, die doch untereinander und mit dem Menschen in einem »sympathetischen Zusammenhang« stehen, teils anziehender, teils abstoßender Art. In der endlosen Explikation dieser Auffassung besteht die archaische Metaphysik. Der »sympathetische Zusammenhang« ist natürlich Erfahrung, gegeben nämlich in den Brennpunkten des Daseins gleichzeitig von innen und außen, in der Beziehung von Mann und Weib, Weib und Kind, Hunger und Nahrung, Durst und Quelle, Auge und Licht, Wort und Antwort. Dies ist das, was Kant nicht zugeben wollte, die Synthesis a priori im Anschaulichen, Empirischen.

Natürlich werden jene Grunderfahrungen von vorgegebener Zuordnung nicht »auf das Weltganze übertragen«, sondern umgekehrt: weil der Mensch von der Instinktseite her genau so weltoffen ist, wie er es geistig ist, greifen die Appelle aller prägnanten Wahrnehmungen bis in die stets vorhandene Bereitschaft durch, sich von daher festlegen zu lassen, und dasselbe innere Einverständnis oder dieselbe innere Abstoßung gewahrt man auch außer sich zwischen den Dingen und Lebewesen selbst. Diese Weltansicht, nach der alle Wesen und Ereignisse im Verhältnis des geheimen Einverständnisses, der gegenseitigen Erwartung und des Hinweises aufeinander stehen, doch aber in unberechenbarem Eigensinn, entspricht der Form, wie die entdifferenzierten, weltoffenen, aber enttäuschbaren Bedürfnisse und Antriebe des Menschen im Medium des Geistes bewußtseinsfähig werden, eine »Erneuerung der Mächte des Instinkts und der Animalität im Schoße des Bewußtseins selbst« (M. Pradines, Esprit de la Religion, 1947, p. 171). Diese dynamische Konzeption der Welt, nach der Wesenheiten oder beseelte Ereignisse in einer sympathetischen Beziehung der Anziehung oder Abstoßung stehen, ist völlig unvermeidlich, denn die sichtbare, überzeugende Notwendigkeit, mit der der Vogel zum Neste flattert, macht schon aus ihm eine »Wesenheit«, und der Mensch *versteht sich selbst darin, ohne sich zu begreifen:* ein Verhältnis, das er genau so zu seiner eigenen Vitalität und Leiblichkeit hat. Unter allen Kulturen ist diese Metaphysik zunächst die einfach wahrscheinlichste, und sie hat eine unglaubliche Lebensdauer. Von allen Resten des Rituals, der Magie emanzipiert, von aller Unmittelbarkeit der Naturerfahrung abgeschnitten, behauptet sie sich dennoch: eine seelenartige, dynamische Kausalität ist Systemprinzip noch bei Leibniz, ja bis zu Schopenhauer und Nietzsche. Alle archaischen Weltbilder laufen auf eine prästabilierte Harmonie hinaus, bei Schopenhauer ist die Hydraulik eine »Charakterschilderung des Wassers«, die Gravitation »die aus dem eignen Innern der Körper hervortretende Sehnsucht derselben nach Vereinigung«, und ähnlich philosophiert Nietzsche über die anorganische Natur (Der Wille zur Macht, § 635): es »bleiben keine Dinge übrig, sondern dynamische Quanta, in einem Spannungsverhältnis zu allen anderen dynamischen Quanten, deren Wesen in ihrem Verhältnis zu allen anderen Quanten besteht, in ihrem »Wirken« auf dieselbe. Der Wille zur Macht ist nicht ein Sein, nicht ein Werden, sondern ein Pathos« — worauf (§ 689) Überlegungen folgen, daß man ein Streben nach Macht nicht ohne eine Lust-Unlust-Empfindung annehmen könne.

Man braucht sich darüber nicht zu wundern, denn es gibt keine unbegrenzte Zahl grundlegender Weltkonzeptionen, sondern auch hier herrscht das Prinzip der wenigen Möglichkeiten. Pradines (a.a.O., p. 59f.) hat mit großer Klarheit gesehen, daß wir »arm an Bildern sind, uns von dem Consensus der natürlichen Dinge eine allgemeine Vorstellung zu geben, die ihre Unwahrscheinlichkeit nicht von vornherein verdammt.« Die Wissenschaft habe sich auf die Erfahrungen der menschlichen, technischen Operationen gestützt, indem sie die Verlagerungen und Umkonstruktionen des Handelns in Begriffen nachzeichnete; die prämagische und magische Weltauffassung auf die Wirkungen der Sympathie, der entente secrète und der Abstoßung, die höhere Religion aber auf die Wirkungen des Willens. Aber die wahrscheinlichste Ansicht war die zweite, und zunächst hat das Leben selbst, in der Organisation seiner Teile untereinander und in der Bewegung nach den Objekten hin, wie sie das Bedürfnis und die Begierde entwickeln, dem Geist ein Bild geliefert, in dem die materielle Welt sich ebenso wie die moralische darstellen konnte.

Die erstgenannte Konzeption, die des Mechanismus als des Erklärungsprinzips aller Vorgänge, liegt natürlich dem archaischen Denken ganz fern, sie kann entwickelungsgeschichtlich erst dann entstehen, wenn zunächst die Außenwelt generell magisch neutralisiert und religiös indifferent in dem Sinne geworden ist, daß sie nicht mehr in Heimaten oder Regionen von Göttern aufgeteilt ist, wie noch im Polytheismus. Die ersten Anfänge des Mechanismus fallen also frühestens in die Aufklärungsepochen voll entwickelter polytheistischer Religionen, aber um *allgemeine* Denkbarkeit zu erreichen, setzt der Mechanismus sogar den Monotheismus des unsichtbaren, jenseitigen Gottes voraus, mithin eine Heilsneutralisierung der Außenwelt, die ihrer Verwandlung in einen eigengesetzlichen Faktenbereich vorausgehen mußte.

Die dritte und letzte mögliche Weltkonzeption ist die aus dem *Willen*, also die der Weltschöpfung. Die allgemeine Idee der Weltschöpfung durch einen Gott oder Obergott oder ein göttliches Paar scheint sehr alt und selbst archaisch zu sein, die Vorstellung kann sich auf die unbestimmte eines »Machens« (der indianische »Earthmaker«) beschränken oder an das physische Bild der Zeugung knüpfen. Dieser Himmelsgott oder Weltschöpfer, der zugleich Gründer der Weltordnung und der Riten ist, pflegt noch keineswegs »sprechender Gott« zu sein, und die Weltschöpfung durch das Wort und den Gedanken, durch Wille, Wort und Befehl ist im Zusammenhang der großen Herrschaft konzipiert worden, ein wahrhaft welthistorischer Vorgang, der sich in Ägypten aufzeigen läßt.

Im Zuge der Reichseinigung der 1. Dynastie ist der Falke, der Totem der siegreichen oberägyptischen Könige, in die Rolle des schon vorhandenen Himmelsgottes eingerückt. Seine Schwingen füllen den Himmel, seine Augen sind Sonne und Mond – so zeigt ihn eine Darstellung aus der 1. Dynastie (H. Junker, Pyramidenzeit, 1949, p. 17). Er ist »der sehende und blinde Gott«, je nachdem Sonne und Mond sichtbar sind oder nicht (H. Junker, Sitz.-Ber. Bayer. Akad. d. Wissensch., 1942/7, p. 16). Dies ist eine besonders eindrucksvolle Politisierung des Himmelsgottes, aber noch keineswegs die großartige Konkretion zum sprechenden Gott, der im »Denkmal memphitischer Theologie« schon völlig entwickelt uns begegnet. Nach Spiegel (Die Phasen der ägyptischen Geistesgeschichte, Saeculum I/1, 1950) gehört diese Inschrift in die 4. Dynastie, die der Pyramiden, nach E. Otto (Ägypten, 1953) eher in die dritte. Jedenfalls wird Ptah von Memphis als oberster Gott und Schöpfer einer Götterneunheit in Anspruch genommen: »Die Götterneunheit aber entstand durch die Zähne und die Lippen in diesem Munde, aus dem Schu und Tefnût (Luft und Feuchtigkeit) hervorgegangen sind, und der die Götterneunheit geschaffen hat. Auf diese Weise wurden alle Götter geschaffen und wurde die Götterneunheit vollständig gemacht. Es entstand ja jedes Gotteswort aus dem, was das Herz erdachte und die Zunge befahl. So wurden die männlichen und die weiblichen Geister erschaffen, die alle Nahrung und alle Speisen hervorbringen, durch dieses Wort. So wird auch Recht gegeben dem, der tut, was geliebt wird und Unrecht dem, der tut, was gehaßt wird.«

Dabei polemisiert das Denkmal gegen einen älteren Mythos, in

dem Atum von Heliopolis (Unterägypten) Schöpfer der Götterneunheit war, aber in dem primitiven Bilde der Selbstbegattung. Dieser Mythos stammt aus der 3. Dynastie, und das memphitische Denkmal hat den Sinn, den Ptah von Memphis über Atum zu setzen, ein Vorgang, der zugleich politisch war, doch aber mit Hilfe einer höheren, rationalen Gottesidee unternommen wurde, wie aus den folgenden Worten des Denkmals klar hervorgeht (Junker, Pyramidenzeit, p. 23):
»Des Ptah Götterneunheit ist vor ihm als Zähne und Lippen, die dem Samen und den Händen des Atum entsprechen. Die Götterneunheit des Atum soll ja entstanden sein durch seine Samen und seine Finger. Die Götterneunheit ist aber entstanden durch die Zähne und die Lippen aus diesem Munde (des Ptah).« Übrigens enthält das Denkmal geradezu eine Art Sprachphilosophie: »Es ist so, daß Herz und Zunge über alle Glieder Macht haben... das Sehen der Augen, das Hören der Ohren, das Atmen der Nase, sie bringen dem Herzen Meldung. Das Herz ist es, das jede Erkenntnis hervorkommen läßt, und die Zunge ist es, die wiederholt, was vom Herzen gedacht wird. Und so werden alle Arbeiten verrichtet und alle Handwerke« usw. (p. 23).

Warum der alte Himmelsgott Horus in der Götterneunheit von Heliopolis nicht vorkommt, sondern nur als Sohn der dort mitgezählten Götter Isis und Osiris angehängt ist, ist Gegenstand von Fachkontroversen. Für uns ist wichtig, daß Ptah, der von vornherein menschengestaltig ist, spätestens zur Zeit der Pyramidenkönige der Gott ist, der die anderen Götter, die Städte und Gaue, die Rechtsordnung der Welt durch das *Wort* erschafft. Es kann daher, wie H. Junker zeigt, (Die Geisteshaltung der Ägypter in der Frühzeit, Sitzungsber. der österr. Akad. d. Wiss. 237. Bd., 1961, p. 144, 140) »an der Auffassung des Ptah als des allwaltenden Schöpfers, der universalen Gottesmacht, kein Zweifel sein«, und »man muß sich der Tragweite einer solchen Behauptung bewußt werden, zumal als Manifestationen des Ptah gerade auch die ganz großen Götter wie Atum und Horus erklärt werden; stärker konnte man den Monotheismus nicht betonen.«

Andererseits ist der Zusammenhang mit der großen Herrschaft offensichtlich, denn es geht auch um die Vorherrschaft von Memphis über Heliopolis, und seit der 1. Dynastie verkörpert der König selbst den »Großen Gott«. Damit war die dritte der möglichen Weltkonzeptionen gefunden, die Schöpfung und Lenkung durch Wort und Wille, zuerst belegbar zwischen 2800 und 2500 v. Chr., während das Welt-uhrwerk, der große Mechanismus, erst seit Leukippos (450 v. Chr.) denkbar ist. Die »universale Sympathie« dagegen, die instinktnächste Weltformel, ist undatierbar archaischen Alters.

Um nunmehr zu diesem Weltbild zurückzulenken, so erfüllt die Auffassung des Lebens als des Bereichs eines »unstabilen Einverständnisses«, als eines Feldes von streitenden und einigen Wesenheiten, Dingen und Kräften aller Art doch eine elementare Forderung des Bewußtseins so gut, wie die beiden anderen Weltbilder. Es ist nun einmal wirklich so, daß die sinnliche Erfahrung sich selbst nicht genügt, daß die in ihr erscheinenden Unwahrscheinlichkeiten und Überraschungseffekte in dem lautlosen oder geräuschvollen Eigensinn der Natur ebenso rätselhaft sind, wie umgekehrt die Gleichförmigkeiten und Regelhaftigkeiten, angefangen beim Auf- und Untergehen von Sonne und Mond. Die menschliche Wahrnehmung ist nur da problemlos, wo sie die Handlung steuert. Will sie sich auf das Dasein der Dinge selbst festlegen, so fühlt sie, daß sie nur Erscheinungen erreicht und über einem Abgrund schwebt. Man sucht daher die Ursache der Erscheinungen mit Recht hinter ihnen, aber nicht in Atomen oder Molekülen, sondern in Geistern und Agenten, denn man geht mit ganzer Seele in sie hinein, und die Seele ist sprachmäßig: sie kann nur Antworten vernehmen, und seien es wortlose. Mit den Geistern und Agenten kennt man den Grund hinter den Phänomenen und kann gleichzeitig etwas Wirksames tun. Dies ist, wie Pradines sagt, der »kapitale Weg der Erklärung: sich von den sinnlichen Dingen Rechenschaft zu geben durch Ideen, die ihnen nicht entliehen sind« (p. 79), und dies ist ein Apriori des menschlichen Geistes. Im gleichen Moment, wo man die »Ursachen« hinter den Erscheinungen hat, denkt man die Phänomene selbst als *notwendig*, man transzendiert die Folgeordnung des Sinnlichen und stabilisiert sie in einem *imaginären* Zusammenhang. Und zugleich ist die »Kausalität durch Agenten« voll zu vereinen mit jener »unbestimmten Verpflichtung«, mit jener »Erneuerung der Mächte des Instinkts und der Animalität im Schoße des Bewußtseins«, die in höchst sensibilisierter und vergeistigter Form heute noch im Künstler vor sich geht und übrigens auch hier nur einen Weg des Verhaltens offen läßt: die Darstellung.

Man muß daher zugeben, daß ein archaisches Weltbild, wenn es überall Wesenheiten, Kräfte in jedem Grade der Verleiblichung, Dämonen und Agenten setzt und zwischen ihnen die Inseln problemloser Routine ausspart, doch ganz bestimmten Gegebenheiten gerecht wird. Es begreift zunächst einmal die »Synthesis a priori« zwischen den Naturwesen, ihr gegenseitiges Sichdienen und Sichzerstören, Sichernähren und Sichvergiften. Erst eine sehr weit zivilisierte Welt bringt es fertig, die furchterweckende Seite der Welt dadurch abzudecken, daß sie sie durch den Menschen verstellt, und alle Glücks- und Unglückserwartungen an diesen heftet. Zweitens liegt die »Theorie« ganz innerhalb der Funktionsgesetze des Verstandes, der Ursachen »hinter« den Phänomenen sucht, daraus ihre »Notwendigkeit« versteht und so, die faktischen Folgen in logische verwandelnd, sich zugleich die Hebel der Handlung bereitstellt: kennt man die Agenten der Ereignisse, so kann man durch jene hindurch lenkend eingreifen. Genau das ist der angeborene, vernunfteigene und auch durch Verabredung aller Ästhetiker der Bildung unzerstörbare Pragmatismus des menschlichen Geistes, der eben operativ ist und zuerst im Felde der Natur operiert.

Die Frage, was diese Weltanschauung geleistet hat, wird uns noch weiterhin beschäftigen – man hat daraus die elementaren Institutionen entwickelt, und wir haben eine sehr viel vollkommenere, realistischere und auch wirksamere Interpretation der Natur seit etwa 300 Jahren nur um den Preis der Unfähigkeit auf jenem Gebiete erreicht: seit der Mensch die Natur wirklich beherrscht, wird er mit sich selbst nicht mehr fertig. Jene Weltansicht war zwar in hohem Grade imaginär, aber dennoch muß sie in der Interpretation des *Lebens* ganz dicht an dessen innerer Zweckmäßigkeit geblieben sein: der »Zweck der Natur« wurde zum eigenen Zweck, die Stabilisierung der Fortpflanzung und Ernährung durch überdauernde Gefüge gelang – offenbar das summum opus des Menschen, der sich mit der ungebrochenen Natur außer sich und in sich auseinanderzusetzen hatte. Heute dagegen können wir es uns leisten, die Natur für ästhetische »Erlebnisse« freizugeben, weil wir sie ganz weitgehend beherrscht in der Hand haben. Ihr Problemrest wird hygienischer oder medizinischer Art.

34. Außenwelt-Beseelung

Die Frage, wie es überhaupt zur Konzeption von Wesenheiten, Geistern und Dämonen kommt, soll in den jetzt folgenden beiden Abschnitten noch einmal im Zusammenhang übersehen werden, denn bei einem durchgebildeten archaischen Weltbild handelt es sich um das Resultat einer Organisation aus Erfahrungsmassen, die durchaus verschiedener Herkunft sind.

Um an der Peripherie zu beginnen, so hat W. Köhler (The Am. Journal of Psych. 50, 1937) darauf hingewiesen, daß Eigenschaften wie dick, schlank, stämmig, plump, anmutig, gewaltig usw. genauso unausweichlich als objektive Dingeigenschaften beliebiger Dinge erscheinen, wie grün oder rot. Diese Eigenschaften sind optisch objektiv und zugleich »ausdrucksvoll«, und die moderne Gestaltpsychologie legt großen Wert auf die schlichte Gegenständlichkeit solcher »Wesensqualitäten«. Metzger (Psychologie ²1954, p. 64) warnt ausdrücklich davor, Gestaltqualitäten wie feierlich, finster, wuchtig, polternd, heulend usw. »subjektiv« zu nennen, denn sie werden weder als Zustände des eigenen Ich erlebt, noch hängt es von der Auffassung des beeindruckten Menschen ab, ob ihm dieses oder jenes Wesen gegenübersteht.

Köhler erzählt, daß er selbst einmal in den Alpen kletterte: vorsichtig um eine Felsecke herumtretend, sah er eine dicke, schwarze Wolke, die sich langsam und schweigend auf ihn zu bewegte, den Abhang entlang: »nothing could look more sinister and more threatening« (p. 278). Dies erinnert übrigens an die Schilderung des Erdbebens in Kalifornien von 1906, das William James erlebte (zit. Bergson, Die zwei Quellen der Moral und der Religion, 1933, p. 151), und das er unmittelbar im Erleben sofort personifizierte: »Es hatte sich hinter meinem Rücken eingeschlichen, und nachdem es einmal im Zimmer war, hatte es mich ganz allein vor und konnte sich überzeugend offenbaren. Nie ist in der Handlung eines Menschen Beseeltheit und Vorsatz offenkundiger gewesen ... es hatte sich zurückgehalten, um an diesem denkwürdigen Aprilmorgen in mein Zimmer einzudringen und sich immer intensiver und triumphierender zu betätigen.«

Man kann so von der Anmut des Tieres über den schmetternd zuschlagenden Donner bis zu James' triumphierendem Erdbeben eine stetige Reihe unmittelbarer Wesenseindrücke aufstellen, bis an die Grenze der Personifikation hin, die sich offenbar im Verhältnis der beteiligten Affektmassen und mit dem Grade der Unwahrscheinlichkeit nähert. Mit diesem Automatismus verschränkt sich aber eine schon erwähnte, ganz heterogene Reihe, die nach der geistvollen Untersuchung von K. Lorenz mit der *Entdifferenzierung* der rein instinktiv angeborenen Einstellung auf *mimische* Auslöser gegeben ist. Ein freundliches oder drohendes Gesicht ist echter, vom Kinde unmittelbar beantworteter Auslöser, und wohl der früheste präzise Sozialinstinkt setzt hier an – es wird schon vom Säugling sofort »verstanden«. Der Fall ist übrigens theoretisch hochwichtig, weil man die Instinktreduktion, den Abbau der motorischen Seite, daran erläutern kann: sehr bald beschränkt sich die Reaktion auf einen »Gefühlsstoß«, der aber automatisch provoziert wird. Und typisch menschlich ist dieser Instinkt entdifferenziert, d. h. objektunspezifisch, denn wir interpretieren beliebige nichtmenschliche Objekte unwillkürlich physiognomisch, wenn sie wenigstens ansatzweise bestimmte Merkmale der echten menschlichen mimischen Auslöser zeigen. So können Möbel oder Häuser freundlich oder abweisend aussehen, der Adler kühn, das Kamel arrogant, bizarre Felsen lauernd. »So ziemlich alle menschlichen Bauwerke, die Fenster haben, wirken stark physiognomisch, unter eindeutiger Bewertung dieser Öffnungen als Augen«, sagt Lorenz (Die angeb. Formen menschl. Erfahrung, Ztsch. f. Tierpsychol. 5. 1942, p. 279). Und wer würde das etwa angesichts der Graphiken von Charles Méryon bestreiten können, wo uns aus den endlosen Fensterreihen der leeren Pariser Straßen eine bedrückende Verlorenheit und Trauer anstarrt. Die Deutung von Sonne und Mond als Augen des Himmels hat doch wahrscheinlich den Außenansatz zur Konzeption des Himmelsgottes gegeben, denn sie findet sich bei sehr primitiven Gesellschaften – in Feuerland, bei den Semang (Malaya), den Samojeden (W. Schmidt, Der Ursprung der Gottesidee III, 1931, p. 1087).

Wieder auf einem anderen Blatte steht eine so bedeutsame Erfahrungsquelle für die Beseeltheit der Welt, wie sie in der »Außenlage« der Träume vorliegt. Die Traumoffenbarung war noch im griechischen Altertum etwas Gewöhnliches, und wenn Alexander bei der Belagerung von Tyros träumend einen tanzenden Satyr sah, so nahm er eine »Wesenheit« wahr, deren Bedeutung ihm die Traumdeuter sagten: den Sieg. Und daß der Verstorbene, den man sieht, im Traume selbst anwesend ist, leidet nicht den geringsten Zweifel, bevor die Subjektivität des Inneren entdeckt ist – was bekanntlich selbst zur Zeit der Scholastik noch nicht der Fall war, als man Allgemeinbegriffe für »wirklich« hielt.

Schließlich liegt im »Handgemenge mit der Natur« ein unwiderstehliches Motiv zur Vermenschlichung der Außenwelt, und zwar weil eine komplexe Beanspruchung – Arbeit, Hoffnung, Eifer, Wille, Phantasie – am *Widerstand* das Erlebnis *gerichteter* gegenwirkender Kräfte erzwingt. A. Varagnac (Civilisation traditionelle et genres de vie, 1948) hat diese Seite eindrucksvoll betont: »Das Werkzeug gab der menschlichen Arbeit in gewissem Grade den Aspekt der Aktion, also des Kampfes, der dem Duell nahesteht« (p. 323). Daher die Tendenz, die Welt »in Personen zu zerteilen«, die als Gegner oder Verbündete wirken – auch wir kennen ja noch in letzten Resten die Affektpersonifikation des *widerstehenden* Objekts: der Nagel *will* nicht in die Wand.

Alle diese Daten, die wir hier von der Peripherie aus und unter psychologischem Gesichtspunkt aufbauen, machen ein »animistisches« Weltbild selbst noch für unser in dieser Hinsicht ausgetrocknetes Bewußtsein annähernd verständlich, allerdings nur im Sinne eines unverbindlichen, bloß zerebralen »Sichvorstellen-Könnens«. Als unmittelbare Erfahrung und Evidenz der Wirklichkeit kennen wir den Animismus nicht. Aber man kommt um die Annahme nicht herum, daß das Selbstbewußtsein sich primär über die *Außenwelt* entwickelt hat, wobei die Auffassung der eigenen Seele in Bildern der Außenwelt und die Auffassung wieder der Außenwelt nach dem Schema beseelter, wollender, handelnder Aktionszentren zwei Seiten eines und desselben Organisationsprozesses gewesen sein müssen. Die vorhin besprochenen Automatismen, die auch wir noch kennen, müssen so einen völlig anderen, zentralen »Stellenwert« gehabt haben, als sie ihn in unserem Bewußtsein noch erreichen können, auch hier kommen wir auf eines unserer Hauptprobleme – die Entwicklung und Veränderung der Bewußtseinsstrukturen, nicht bloß der Inhalte.

Aber es ist unerfindlich, wie es überhaupt zur Stabilisierung solcher zwar eindrucksvollen, aber unzuverlässigen Erfahrungen kommen konnte, die ja sozusagen nur zwischen zwei Unstabilitäten Beziehungen herstellen: der der Außenwelt und der der menschlichen

Innenwelt. Das Problem des Animismus im weiteren Sinne, also einer von Aktionszentren und Geistern besetzten Welt, deren Teile im »sympathetischen Zusammenhang« stehen, ist nicht damit gelöst, daß man auf das Naheliegende, ja Unvermeidliche dieser Konzeptionen hinweist. Denn sie sind in demselben Grade undulös, teilweise geradezu Fehlhandlungen, das Zufällige und Unstabile dieser Ansichten wäre auch dann offensichtlich, wenn uns die Ethnologie nicht über die schwindelerregende Vielfalt, Fülle und Plastizität solcher Weltbilder belehrte.

Die stabilisierenden Faktoren sind daher in diesen Automatismen nicht mitgegeben, und hier wie überall muß man kulturphilosophisch, wenn irgendwelche Ideen oder Ideensysteme sich verfestigen und durchhalten, nach den *Institutionen* fragen, die über das Verhalten der Menschen hinweg ihre Vorstellungen auf Dauer stellen.

Als Institution in diesem Sinne ist schon die Sprache aufzufassen, weil sie Stabilisationskerne in die Wahrnehmung und über diese hinweg in das gegenseitige Verhalten der Menschen legt. Der bloße Name, den ein Ding trägt, macht es, wie die Wahrnehmung, zum Gegenstand derselben Hinsicht, aber darüber hinaus gibt er die Chance eines gleichsinnigen *Verhaltens* auch beim Fehlen dieser Wahrnehmung. Ein Ding tritt in seinen Namen ein, wenn eine virtuelle Verständigung mit Anderen, vor allem aber eine virtuelle Kooperation mit Anderen in demselben Laut über dasselbe Ding laufen kann, ob es vor Augen liegt oder nicht. Aber noch mehr: es sieht so aus, als ob in den ältesten Schichten der Sprachen der Name die Wesenheit »fixiert«, gebannt hätte, als ob die Beseelung der Welt durch die Namengebung erst gekrönt, aber auch verfestigt worden wäre. Wir können aus unserem abstrakten Informations- und Lesebewußtsein heraus uns dem nicht mehr nähern, aber es wurde ja z. B. im Indogermanischen nicht als sinnlos empfunden, allen denkbaren Dingen Geschlechter zuzuschreiben und dies in der Sprache auszudrücken.

Wenn aber die Dinge ihre Wesenseigenschaften in die Worte hinein gaben, so muß sich die Erwartung einer Antwort und einer Kommunikation, die zur Sprache gehört, als erfüllbar durch die *Dinge selbst* dargestellt haben, und nicht nur durch andere Menschen. Erst dann kann die Wesenheit eines Dinges sich im Namen auszusprechen scheinen. Und dies wieder kann nur möglich gewesen sein, wenn die Benennung eines Dinges erlebnismäßig von der Kommunikation mit anderen Menschen *entlastete:* diese muß also mühsam, unsicher, in irgendeinem Sinne riskant gewesen sein, und durch die »Heiligkeit« des Namens, das Bannen einer Wesenheit im Worte sich selbst erst geklärt haben. Wahrscheinlich sprach man also in illo tempore nicht nur mit den Menschen über die Dinge, sondern auch mit den Dingen über die Menschen, in dem Sinne, daß die »Interpretation« der Natur wenigstens zu einem Teil die Interpretation der Gesellschaft, der Anderen erst hergab – ein Gedanke, dem wir später beim Thema Totemismus wieder begegnen werden.

Die oben beschriebenen beseelenden Automatismen geben nach dieser Auffassung nur den flüssigen Rohstoff, der von dem »Verspannungssystem« der Sprache sozusagen durchorganisiert und verfestigt wird.

Das zweite Stabilisationszentrum liegt in dem Ritus vor, den wir oben eingehend untersuchten. Hier werden, zuerst in der nachahmenden Versetzung, Wesenheiten im plastischen Sinne erlebt, und von diesem Brennpunkt des Daseins aus funktionalisiert sich die Kategorie der Wesenheit bis in das Entfernteste und Verdünnteste. Jene psychologischen Automatismen, nach denen Erfahrungen verschiedenster Art sozusagen schon halb personifiziert werden, würden allein keineswegs genügen, um Wesenheiten, Geister und Dämonen »durchzuhalten«, sie dienen nur als der Strom, auf dem sich jene nun allerdings ins Endlose verbreiten. Wenn sie einmal in den Schwerpunkten des Rituals entwickelt wurden, trägt sie die Sprache über die ganze Breite der Außenwelt hinweg und macht sie an beliebigen Einzelheiten der Wahrnehmung fest, höchst wirkungsvoll unterstützt durch das Bedürfnis des Verstandes, die Ursachen »hinter« den Erscheinungen zu erfahren. Die Folge ist eine wahrhafte Veralltäglichung des Außeralltäglichen. Von den Tena-Indianern wird gesagt, daß es ein Geist ist, der sie ruft, wenn sie im Walde einen gellenden Ton gehört haben, der nicht ganz (!) dem Schrei der ihnen vertrauten Vögel entspricht. Es vergeht kein Tag in einem Indianerlager, an dem nicht eine Person berichtet, daß sie irgend etwas Derartiges gesehen oder gehört hat. Und bei den Chiriguanos lautet die Grußformel, wenn zwei Menschen sich begegnen: »Bist du lebendig?« (d.h. kein Geist!) – »Ja, ich bin lebendig.«

Diese Veralltäglichung des Außeralltäglichen gibt, von einer anderen Seite aus gesehen, das Generalthema der »wahrscheinlichsten« Weltanschauung wieder: die sympathetische Zuordnung von Wesenheiten in jedem Grade der Verflüssigung oder Verfestigung. Es gibt so flüchtige, daß sie keine Namen haben, man kennt profilierte und bekannte, doch noch oder wieder kultlose, bei anderen besteht der Kult sozusagen nur in einem Ansatz, in einem bloßen Sollverhalten, wie bei Vorzeichen, oder in einem anspruchslosen magischen »Gedicht«:

Rri, tes fils sont bien tendus,
chasseur rusé, tes fils sont bien tissés,
Rri, tu es assuré d'une nourriture abondante,
esprit (!), sois moi propice,
fasse que comme Rri ma chasse soit heureuse.

(Der jagende Kongo-Pygmäe trifft eine Spinne. Zit. R. P. Trilles, L'Ame du Pygmée d'Afrique, 1945, p. 191.) Und schließlich gibt es die großen, mit stehenden Kulten begabten Wesen, die diesem ganzen System als Stützpunkte dienen. Auch geht es nicht allzu logisch zu: im Falle der Spinne lohnt nicht die Überlegung, ob sich diese Bitte an die einzelne Spinne oder ihren »Geist« wendet, denn gemeint ist die reale Gegenwart in ihrer idealen Stabilität, und eben darauf bezieht sich die pflichtmäßige Gleichförmigkeit der Formel.

Die vollständige Funktionalisierung und Ausfaltung dieser Weltansicht ist natürlich nicht ohne die systematisierende und interpretatorische Leistung von »Philosophen« erfolgt, und sie verlief immer in der Richtung derjenigen psychologischen Automatismen, die ein eindrucksvolles Ereignis als »wirksame Gegenwart« schon halb personifizierten. In dem Tena-Beispiel ist das Eingeschliffene, Verselbständigte, fast Ausgeleierte der Auffassung doch unübersehbar.

Um eine der früher entwickelten anthropologischen Kategorien in Erinnerung zu bringen: wir haben den Ausbau, die Durchorganisation des archaischen Weltbildes aus der »Ablösung der benutzten Mittel von der ursprünglichen Erfahrungsstelle« verstanden. Es ist dies eine Kategorie von nicht geringer Bedeutung. Wenn heute technische Denkmodelle sich unaufhaltsam auf nicht-technische Gebiete ausbreiten, so daß ein verletztes Glied »außer Betrieb gesetzt«, ein Angestellter »nicht ausgelastet« oder »leicht ersetzbar« ist, so handelt es sich um einen analogen Vorgang. Die an den eigentlichen Verdichtungsstellen der Kultur herausgearbeiteten Verhaltensweisen und Denkformen funktionalisieren sich dann, wenn sie gewohnheitsmäßig, damit von den Inhalten abhebbar und wieder aus beiden Gründen auf beliebige neue Inhalte anwendbar werden: wie in konzentrischen Kreisen breiten sie sich aus. So hatte der Ritus im Vollsinne sicher zwei ursprüngliche, zentrale Inhalte: das Jagdwild und die menschliche Leiche. Hier sind Wesenheiten konzipiert worden, hier transzendierte man ins Diesseits, hier haben die großen imitatorischen Riten das Selbstbewußtsein hochgetrieben, hier hat man in Denkmalen, Bildern und Steinsetzungen den sympathetischen Zusammenhang stabilisiert. Aber von hier aus hat sich auch diese Weltanschauung verdünnt und ausgefächert, sie hat auf dem Rücken des Wortes noch an der Peripherie des Wahrnehmbaren alles das erreicht, was als eindrucksvoll, ungewöhnlich oder beunruhigend diesem Komplex auch nur ungefähr entgegenkam. Was an ursprünglicher Wucht und Erlebnisstärke verlorenging, wurde in Systemzwang, Pedanterie und Breitenausdehnung übersetzt, denn es ging um einen Wert par excellence: die Stabilität.

Fast vollständig ist diese Weltansicht aus unserer Gegenwart verschwunden: Realität ist für uns in erster Linie die Faktenaußenwelt, von der wir unsere subjektiven Vorstellungen mühelos getrennt halten. Einer der Schwerpunkte unseres Welterlebens liegt darin, daß wir diese Trennung durchhalten, unser Handeln auf die sachlich erreichbaren Veränderungen in der Außenwelt *eingrenzen* und die »Wunschbilder« des so nicht zu befriedigenden Herzens in besonderen Konfliktsformen verarbeiten. Das archaische Weiterleben dagegen hat seine Verdichtungsstellen im Ritus, in dem uralte Auslöser-Automatismen und sehr elementare vitale Bedürfnisse ebenso zur Geltung kommen, wie gesteigerte Bewegungszustände, die ihrerseits wieder imitatorisch, d. h. reflektiert sind und hohe Grade des Selbstbewußtseins provozieren. Außerdem werden durch gemeinsames, gestaltgleiches Verhalten die sozialen Instinktresiduen erfüllt. Alle diese Bedingungen gehen in den rituellen Tanz ein, in dem eine Wesenheit entweder in vivo dargestellt wird, oder der vor ihrem Bilde erfolgt. In dieser Verhaltensform ist sozusagen »alles darin«, und das Bewußtsein zieht sich wie in einem »Kompressionsmoment« (Bürger-Prinz) auf das Bewußtsein der Wesenheit zusammen, um die herum die ganze Verhaltensmasse aufgebaut wird: alle vorgegebenen

Umstände »verdichten und vereinfachen sich«. Wir halten die Überlegung nicht für abwegig, daß diese sozusagen hypnotische Bewußtseinsmitte als physiologisches Korrelat gerade die im Gehirn zweifellos »vertretene« Ganzheit und Fülle des Gesamtzustandes hat: es ist ein sehr guter Gedanke v. Bertalanffys (Theoretical models in biology and psychology, Journ. of Personality, 20, 1951, p. 29) hier einschlägig: »Die Tatsache, daß nur eine Erfahrung im Brennpunkt (focus) des Bewußtseins ist, weist darauf hin, daß ihr physiologisches Korrelat sich über das ganze Gehirnfeld erstreckt« – denn wenn die Mosaiktheorie korrekt wäre, würde jede beliebige Zahl von Erregungen und entsprechenden Erfahrungen koexistieren können. Das Bewußtsein kann also nicht nur ein Feld subjektiver Abläufe sein, sondern als »Kompressionszustand« höchst komplexe und dynamische Situationen »vereinfachen«, sozusagen in einen zentralen Inhalt extrapolieren, und das ist die »Wesenheit«. Eben diese Gesamtsituation, sagt Rothacker (Die Wirkung d. Kunstwerks, Jahrbuch f. Ästhetik u. allg. Kunstwissenschaft II, 1954, p. 6f.) ist ein sicheres Zeichen dafür, daß es dem psychophysischen Gesamt »Ernst« ist mit dem Begegnenden, d.h. daß das reagierende Gesamt das Begegnende schlechthin als wirklich nimmt.

Psychologisch ist dabei zu beachten, daß auch wir noch unsere Gedanken und Vorstellungen im unmittelbaren handelnden Erleben in der »Außenlage«, d.h. als immanente Bestandstücke der Situation erleben: erst in der Reflexion, im Bewußtsein des Bewußtseins, erscheint ihre Subjektivität, und diese Reflexion ist als chronische Ichhelligkeit allerdings weitgehend habitualisiert. Wenn dagegen der indische Tantrismus lehrt, daß jede rituelle Handlung alle drei Seiten unseres Daseins einschließen soll, nämlich Körper, Sprache und Geist, so führt er sehr wahrscheinlich hocharchaische Bestände in dieser Lehre mit.

35. *Urtümliche Seelenbegriffe*

Philosophisch folgt aus dem bisher Beschriebenen, daß der Ansatzpunkt einer Stabilisierung der Naturerfahrung nicht aus dem unmittelbar Begegnenden selbst, sondern nur aus dessen *Darstellung* gewonnen werden kann. Dieser Satz gilt allgemein und auch heute: das

Experiment der Naturwissenschaft besteht in der Isolierung, also Reindarstellung von Naturprozessen unter kontrollierten Bedingungen, und die aus diesen Experimenten gewonnenen Begriffe definieren die physikalische Wirklichkeit. Die Versuche der idealistischen Philosophie, aus den bloßen Bewußtseinsdaten allein durch Reflexionsarbeit die »Wirklichkeit« herauszuspinnen, konnte daher nicht gelingen.

Die zweite Grundthese besteht in einer Behauptung über die Ausgangsformen dieser Darstellung, daß nämlich unter hohem Affektdruck und an den Verdichtungsstellen der Existenz auftretende prägnante, dramatische Ereignisse und Gestalten vermittelst eines biologisch uralten, beim Menschen spezifisch veränderten (§ 29) Automatismus einen Verhaltenszwang provozieren, der als unbestimmte Verpflichtung ins Bewußtsein tretend, sich in der Darstellung dieses Eindrucks artikuliert und absättigt. Das Bewußtseinskorrelat dieses Zustandes nannten wir die Wesenheit – das Tierwesen, Mondwesen usw. –, und in ihr decken sich Subjekt und Objekt. Es ist eben schlicht hinzunehmen, daß die mimische Darstellung in vivo eine Versetzung des Menschen in dieses Wesen ist, eine Identifikation, die plastisch und handelnd durchgeführt wird. Noch vollendeter gibt das *Bild* die Wesenheit wieder, das Bild eines Tieres ist die zur festen Außenwelt gewordene Darstellung, in ihm wird zwingend die dauernde virtuelle Erfüllung dauernder virtueller Bedürfnisse anschaulich, also die Stabilität der sympathetischen Zuordnung von Welt und Mensch. Das ist das Generalthema der archaischen Metaphysik.

Kategorial gesehen, sind die Wesenheiten zweifellos ganz hohe Gebilde, in die viel eingeht. Sie artikulieren die wahrscheinlichste Ontologie des instinktnahen, sympathetischen Zusammenhangs um so zwingender, als die Alltagserfahrung auf Schritt und Tritt sinnvolle, aber unverstehbare Zuordnungen sichtbar macht, angefangen bei Tag und Nacht, Wachen und Schlaf, Mutter und Kind. Endlich kommen Geister, Dämonen, halb oder ganz personifizierte Wesenheiten jeder Art dem apriorischen Bedürfnis des Bewußtseins entgegen, den »notwendigen Zusammenhang« hinter den Erscheinungen zugleich zu verstehen und irgendwie zu lenken. Insofern sind »Wesenheiten« bei den gegebenen Erfahrungsbedingungen und bei dem gegebenen Entwickelungszustand der Bewußtseinsstrukturen die vernünftigsten und geistig produktivsten Setzungen überhaupt.

Bei Wesenheiten gibt es keinen Schöpfer, nur einen Finder, denn es treten nicht subjektive Fähigkeiten ins Spiel, sondern die bedeutendsten Kategorien des Bewußtseins und Verhaltens. Auch muß jede Wesenheit notwendig einen *undeterminierten Teilinhalt* haben, sie muß über das Definable hinausgehen, und diese Unerschöpflichkeit der archaischen Wesenheiten ist in ihrer Belebtheit schon mitgegeben. Diese Teil-Indeterminiertheit bleibt auch dann erhalten, wenn sie wieder teilweise bestimmt wird, nämlich durch die mythischen »Erzählungen«, die das Handeln und Leiden der Wesenheiten oder ihre eigenen Ursprünge beschreiben, und für die es gar keine andere Grundfigur gibt, als die endlosen Metamorphosen und Verwandlungsgeschichten des archaischen Mythos: denn aus dem Sichverwandeln des Menschen in der mimischen Darstellung entspringen sie ja in der Tat, und hierin werden sie festgehalten. Werden sehr archaische Kultformen bis in späte Bewußtseinszustände hinein konserviert, so kann es, nach E. Conze (Der Buddhismus, 1953, p. 178), zu der ziemlich einzigartigen Vorstellung des Tantrismus kommen, daß die Gottheiten vor ihrer Erschaffung durch den Yogi im objektiven Sinne nicht existiert hätten – »nur die ägyptischen Priester haben sich selbst ähnliche Fähigkeiten zugesprochen«. Übrigens bleibt auch in jenen mythischen Metamorphosen eine letzte Indeterminiertheit erhalten, die derartige forcierte Einsichten verhindert und die notwendig ist, wenn die Wesenheit zugleich *Motiv* bleiben soll, andernfalls sie sich in eine bloße Vorstellung ändern würde, von der man sich jederzeit distanzieren kann. So weltweit entfernt moderne Ideologien und archaische Mythen sind, man kann sie unter den vorzüglichen Begriff »idée directrice« (Claude Bernard) bringen. Eine idée directrice muß anschaulich symbolisierbar sein, in Handlungen entwickelbar, sie muß teil-indeterminiert sein und nur im sozialen Zusammenhang evident, »subjektiv« gar nicht echt vollziehbar. Und sie muß einen »Endgültigkeitston« haben, also einen reellen oder auch nur ersehnten Stabilisierungseffekt.

In diesem Zusammenhang fehlt aber noch eine sehr bedeutende Frage. Wird eigentlich die *Seele* auf demselben Wege konzipiert, wie die Wesenheit eines Tiergeistes, eines Mondwesens usw.? Welches sind überhaupt die archaischen Wege der Selbsterfahrung und Selbstinterpretation des Menschen und wie steht es um die Stabilisierung dieser Interpretationen?

Der erste Blick auf die reichen Quellen zeigt, daß es viele Wege zur Seele gibt, und einer der wichtigsten führt über den Tod. Sehr oft werden Hauch und Blut als Seelenstoffe und als das bezeichnet, was den Toten verläßt. Dies ist nun keine bloße rationale Erklärung (dies übrigens auch), sondern mehr: die Seele, die den Toten verläßt, entspricht einem *Vermissungserlebnis,* denn die menschliche Kommunikation mit dem Anderen, die Sprache und die tiefe emotionale Antworterwartung, kann nicht ins Leere fallen, wenn er tot daliegend sich nicht äußert, sie setzt sich fort, und die abgeschnittene, gehemmte Kommunikation ist ihrerseits das *Bewußtwerden des eigenen Selbst im vermißten Selbst.* Es gibt also einen sehr besonderen Weg der Selbsterfahrung, und der geht über den toten Anderen, und der Hauch, das Blut, das diesen verläßt, ist zugleich die eigene innere Lebendigkeit. Man sieht, wie auch diese Selbstinterpretation nichts Unmittelbares ist, wie sie der Außenstütze bedarf, und auf diesen Weg verwiesen wird nun zur eigenen Seele alles das, was jemals als undeutbare, aber ichbezogene Außenerfahrung das Selbstbewußtsein provoziert hat: das Spiegelbild im Wasser, der Schatten, der Schatten im Schatten (Kernschatten). Schließlich ist aber die Seele des Toten auch das Traumbild, in dem er erscheint und spricht, und auch der Name ist die Seele, weil er weiter genannt werden kann, wenn jemand tot ist: das Vermissungserlebnis des Anderen erfüllt sich ebenso in seinem Namen, wie das Bewußtsein des eigenen Selbst im eigenen Namen.

Das ist dieselbe Situation, die wir vorhin anläßlich der personifizierenden Automatismen der Wahrnehmung untersuchten – die Vielzahl der Anlässe und Ausgangslagen, die es erst zu interpretieren und zu stabilisieren gilt. So verschiedene Quellen des Seelenbegriffs können natürlich nie seine Eindeutigkeit hergeben, die überhaupt erst der Monotheismus vollziehbar macht, und daher ist die Vorstellung mehrerer Seelen so alt wie plausibel.

Es gibt bei den Maori eine sehr komplizierte Seelentheorie (Radin, Gott und Mensch in der primitiven Welt, 1953). Der Mensch und jedes Lebewesen besteht aus folgenden »Substanzen« oder Wesenheiten: zunächst aus einem ewigen Element, das Toiora genannt wird, und diese Toiora enthält ein materielles »Mauri«, das ist die sichtbare Lebenskraft, die mit einem zugeordneten Außending identifiziert wird, z.B. einem bei der Geburt gepflanzten Baum. Doch gibt es auch ein nichtmaterielles Mauri. Ferner enthält die Toiora noch den Atem und die Belebtheit, Hau genannt. Die Seele besteht ferner neben dieser komplizierten Toiora noch aus einem erst in der Unterwelt sichtbaren Geist (Traumbild!), der uns an die Außenwelt bindet, etwas wie Bild (»wenn wir auch weit weg sind, so sind unsere Wairua doch mit dir«) oder Vorstellung von sich selbst (»Mein Wairua ist sehr bedacht, daß diese Arbeit gelinge«). Endlich besteht die Seele aus dem Körper, in dem sich alle diese Substanzen befinden, und wieder aus dem Körper als dem Inbegriff der Organe, so wie Gewissen und Denken in den Eingeweiden sitzen, die Gefühle im Herzen, andere Gefühle und Wünsche sowie das Gedächtnis im Magen. Wieder andere Aspekte der Seele sind noch Verkörperungen der Ahnen.

Das ist natürlich, wie Radin mit Recht betont, »Philosophie«, und zwar eine verwickelte, hier ist systematische Denkarbeit am Werke gewesen, doch sieht man gleich, wie kaum eine dieser Substanzen ohne Außenhalt bleibt, jede hat irgendeinen anschaulichen Bezug, so das nichtmaterielle Mauri am materiellen und dieses wieder an einem konkreten Ding. Das Bemühen der Philosophen war offensichlich, alle diese Aspekte zu kombinieren und äußere und innere Erfahrungen zur Deckung zu bringen. Die uralten Außenprovokatoren des Selbstbewußtseins werden in eine »Theorie« eingearbeitet, und noch im Ägyptischen übrigens wurde der Spiegel mit dem Wort Leben oder einem davon abgeleiteten benannt, auch im Hethitischen hingen beide Worte zusammen.

Solche Theorien können von sich selbst her nicht stabil bleiben, es sei denn unter verschiedenen Bedingungen: sie müssen entweder durch die Schriftform stabilisiert sein, der Text muß als heiliges Buch außer Veränderung gesetzt werden; oder sie müssen einen »inneren Weg« öffnen, der selbst obligatorisch wird, d.h. die Chance einer aktiven Durcharbeitung des eigenen Inneren muß mit dem Ziel freigelegt werden, dessen Habitus mit der Theorie zur Deckung zu bringen. Der Indianer zieht sich solange in Hunger und Einsamkeit zurück, bis er sein »alter ego«, seinen Schutzgeist halluziniert, und daß er einen habe, sagt ihm die Lehre. Drittens kann auch die Magie, als stereotype Praxis, mit ihr verbundene Seelenbegriffe verfestigen, und schließlich sind recht bedeutungsvoll irgendwelche stabilen Institutionen, wie Kulte oder soziale Institutionen, welche ihrerseits die Seelenmetaphysik stützen. In dem Maori-Beispiel weist darauf der letztgenannte Aspekt der Seele als Verkörperung der Ahnen hin. Nur unter solchen Bedingungen kann die Theorie soweit invariant bleiben, daß sie den Menschen dazu dienen kann, sich selbst sagbar zu machen, d.h. von sich zu anderen und von anderen zu sich zu sprechen: unser Wairua ist bei dir. Ähnlich haben die ebenfalls reichlich verwickelten Theorien der Psychoanalyse in den Kreisen, in denen sie kanonische Geltung haben, den Menschen die Möglichkeit eröffnet, in akzeptierten Formeln von sich selbst zu sprechen. Und so wie früher die Schatten und Spiegelbilder usw. den Theorien entgegenkamen, so jetzt die allverbreitete leere Konfliktsbereitschaft. Aus der Art, wie der Mensch von sich spricht, darf man nicht ohne weiteres schließen, wie er sich unmittelbar erlebt, es sei denn, wie gesagt, eine irgendwie stabilisierte Theorie werde soweit selbst obligatorisch, daß man sie auf dem inneren Wege, in gerichteter Ausarbeitung sich anzueignen, sie also in sich *darzustellen* habe. Wenn man aus den Formulierungen auf die Erlebnisweisen schließt, kann man sich sehr irren. Es ist uns z.B. unwahrscheinlich, daß im ägyptischen Neuen Reich, einer hochzivilisierten Epoche, noch »das Geistige im Sinnlichen war«, von ihm »umfangen und unlösbar«, so wie Schrade (Der verborgene Gott, p. 129) aus der Inschrift Ramses' II. schließt: »Du bist Re in deinen Gliedern und Chepre in seiner wahren Gestalt. Du bist das auf Erden lebende Abbild deines Vaters Atum von Heliopolis. Der Gott des Geschmacks ist in deinem Munde und der der Erkenntnis in deinem Herzen. Der Thron deiner Zunge ist ein Tempel der Wahrheit und Gott sitzt auf deinen Lippen.« Das alles ist Philosophie und Hochsprache über das Seelische, und der Schluß ist nicht erlaubt, daß die Ägypter des Neuen Reiches die Begriffe Wahrheit und Zunge »unlösbar« verknüpft hätten, wogegen einfach der Gebrauch verschiedener Worte spricht.

Wir unterscheiden also das primär von außen her provozierte Erlebnis der Selbstentdeckung von den Theorien über dieses Innere und diese Theorien wieder von den Faktoren, denen sie ihre Stabilisierung verdanken. Allen archaischen Kulturen eignet offensichtlich die Überzeugung vom Fortleben der Seele und von irgendeiner Art Unsterblichkeit. Die Erfahrungsquellen für diese philosophisch stets irgendwie ausgebaute Theorie liegen z.B. in der Unmöglichkeit, die Kommunikation und emotionale Bindung an den Toten ins Leere hängen zu lassen: er ist in ein Seelentier verwandelt, oder (wie bei den Maori) in seinen Lebensbaum eingegangen, man träumt von ihm usw. Aber die Dauer und Gültigkeit der Theorie, in die man diese Erfahrungen umgießt, wird in den schriftlosen Kulturen nicht von ihr selbst garantiert, sondern von dem *Totenkult,* von invarianten Riten, die sich um den Toten und seine Seele gruppieren. Auf das Dasein solcher Theorien ist schon dann zu schließen, wenn überhaupt ein stereotypisiertes Verhalten zum Toten erscheint, also eine Bestattung – und das gibt es schon altpaläolithisch, im Moustérien (La Ferrassie) und in der Riß-Würm-Zwischeneiszeit (Karmel).

Die Evokation oder Provokation von Grenzerfahrungen geht in allen Fällen über die Außenwelt, ihre Stabilisierung über den Ritus (oder die mit ihm zusammenhängenden Institutionen), ihre Veralltäglichung, Ausfächerung und Ausspinnung als tour d'horizon geht über die Sprache und das Bild. Die archaischen »Philosophien« haben Dauerchancen, sofern sie am Rituellen oder Institutionellen festgemacht werden können, aber damals so wenig wie heute allein in der einzelnen Seele. Man kann diese Wahrheit auch so ausdrücken, daß die sich verselbständigenden und zur Eigengeltung umschlagenden, dann aber habitualisierenden Institutionen die in sie eingegangenen »Ideen« *mitverselbständigen* und sie im Bewußtsein zu einem als »natürlich« empfundenen und vertrauten *Hintergrund* machen. Aber sobald die Institutionen verunsichert werden, bedürfen die noch stehenden Anschauungen und Verhaltensbahnen der sekundären Bewußtseinssicherung – das leisten die »Ideologien«, deren Sinn es ist, die ins Leere hängenden Überzeugungen durch bewußte Motivationen und begriffliche Ausbauten sekundär zu stützen.

Den eben erwähnten Zusammenhang zwischen theorienartigen, philosophisch durchgearbeiteten Seelenvorstellungen auf der einen Seite und Institutionen auf der anderen derart, daß sie sich wechselweise abstützen, kann das anscheinend schon reichlich ideologische Maori-Beispiel nicht klarmachen. Wir belegen ihn mit einem ziemlich reinen Fall, wie er bei den Akan (Goldküste) vorliegt (E. L. R. Meyerowitz, Concepts of the soul among the Akan of the Gold Coast, Ztschr. Africa XXI, 1951, p. 24ff.). Bei diesen besteht die Seele aus drei Elementen: dem kra, dem honhom und dem sunsum. Kra wird von der bisexuellen Mondgöttin Nyame dem Kinde mitgeteilt, ist Blut und Lebenskraft, erscheint auch im Traume und ist eine Art

Doppelgänger des Menschen. Doch ist kra auch Wasser und Spiegelbild (like the figure of a person in a mirror). Andererseits wird aber das Kind aus dem Blute des *mutterseitigen* Familienverbandes (matrilineal clan) geformt, die Rolle des Mannes bei der Erzeugung und Beseelung des Kindes wird hier ignoriert. In einer Version gibt bei einer Initialzeremonie im Nyame-Himmel ein mutterseitiger Ahne dem künftigen Kinde sein eigenes kra.

Das honhom ist mit dem kra verbunden, während aber dieses nach dem Tode in den Bereich der Mondgöttin zurückkehrt, fliegt honhom als Vogel weg. Es ist außerdem Atem.

Sunsum wiederum ist die persönliche Seele, sozusagen das Ego, nichtgöttlich und solange lebend, als die Person einen Schatten wirft. Es wird aber von einem Verwandten aus der *Vaterlinie* in der Unterwelt erworben und steht in Beziehung zu Lebenslauf und Schicksal. In einer anderen ähnlichen Version wird sunsum vom Vater beim Zeugungsakt übertragen.

In seltener Vollständigkeit sind hier die Außenwelt-Auslöser des Selbsterlebens (Schatten, Spiegel, Atem, Blut) im System konserviert, aber die »Theorie« stabilisiert sich zugleich durch die Beziehung auf die beiderseitigen Familienverbände. Nun ist hochbedeutsam, daß die verschiedenen Seelenwesenheiten ausdrücklich durch besondere Institutionen, durch Kulte im Zusammenhang *gehalten* werden. Im Falle des Königs und der Königin-Mutter geschieht dies durch Rituale, von denen es heißt, daß sie zu geschehen haben, um die Seelenkomponenten vereinigt zu halten (have to be again united in the rituals for their souls). Bei den »Bürgern« dient demselben Zweck ein spezieller Ntoro-Kult. Es gibt nämlich über die Vaterlinie laufende Kultverbände mit Totems und eigenen Gottheiten, die der väterlichen Zeugungskraft gelten und die »auf den Begriff der verschiedenen Komponenten der menschlichen Seele aufgepfropft zu sein scheinen«. Der Ntoro-Geist wird nämlich ebenfalls wie sunsum vom Vater beim Zeugungsakt übertragen, andererseits aber stehen diese Verbände in alter Beziehung zu je bestimmten Flüssen, also zu dem »wäßrigen« Element des kra.

Die Geschichte der Akan-Seele verwebt sich hier mit der Stammesgeschichte. Nach alter Tradition waren die mutterseitigen Clans mit Flußgottheiten assoziiert und erst König Takyi Kwaame (1431–1463) habe den Vaterkult eingeführt: nach Annahme der Autorin einleuchtend im Zuge eines Wechsels der Residenzregel vom Mutterhaus in das Vaterhaus. Alle großen Riten — Geburt, Ehe, Tod — sind seit dieser Revolution Sache der Ntoroverbände, die aber doch die Beziehung zu den alten mutterseitigen Flußgöttern in sich aufnehmen mußten, soweit sogar, daß der uralte Komplex der Verkörperung von Totemwesenheiten erhalten blieb: die Männer des nach dem Pra-Fluß genannten Verbandes (Leopard-Totem) müssen sich so zäh und ausdauernd verhalten wie dieser Fluß (oder der Leopard), die des Twe-Verbandes (Krokodil-Totem) wieder so ruhig und apathisch wie der Twe-Fluß oder das Krokodil.

Das moderne Bewußtsein steht verblüfft vor solchen Tatsachen. Was will man da noch »verstehen«? Nur die anthropologische Analyse kann einiges sicherstellen: hier ist offenbar, und zwar ohne merkbare zweckmagische Zutaten, eine beträchtliche systematisierende Energie am Werke gewesen, und angegriffen hat diese an hocharchaischen Elementen. Die uralten Gleichungen der Seele sind überall eingelagert, und sogar die Darstellung in vivo aus der Welt des Totemismus (§ 38) ist noch erhalten. Auf eine »Vereinheitlichung« des Seelenbegriffes hat man klar verzichtet, aber die verschiedenen Komponenten (und mit ihnen die ganze Theorie) werden durch Stammesstrukturen stabilisiert: jene Blutslinien-Verbände mit ihren Totems müssen also mit der Selbstauffassung des Menschen in einem innersten Zusammenhang gestanden haben, sonst versteht man ihre Funktion nicht. Offenbar sind aber mindestens die alten mutterseitigen Verbände, denen kra zugeordnet war, durch eine patrilineale Revolution geschwächt worden, und nun wurden durch die neugegründeten Ntoro-Kultverbände, die jenen mutterseitigen superponiert wurden, deren alte Beziehungen zu Wasser und Spiegelbild konserviert, zugleich aber halten die neuen Institutionen ausdrücklich die Elemente der Seele zusammen. Die Einheit der Teile der Einzelseele liegt zuletzt in der Integration der Stammeseinheit. Nur honhom = Atem ist mehr ein »Mitläufer« im System, wie der Wille in der Psychoanalyse, wo er auch nicht recht unterzubringen ist.

Jetzt können wir eine Frage stellen, die nur aus unserer Betrachtungsart hervorgehen kann, die allerdings an der Grenze des zu Beantwortenden liegt: inwieweit eine sehr lange stabile Geschichte der Institutionen und der in ihnen festgehaltenen Theorien über die Seele imstande ist, diese Theorien zu funktionalisieren, sie also zu unmittelbaren Erlebnisbefunden zu machen. Wir glauben, in sehr hohem Grade. Hiermit treffen wir natürlich unser altes Problem der Veränderung der Bewußtseinsstrukturen wieder, und wenn wir nach W. Köhler die Außenwelt so wahrnehmen, wie es die Theorien unserer Vorväter behaupteten, dann ist es auch wahrscheinlich, daß die Art, wie die Seele von sich spricht und wie sie sich selbst interpretiert, zu ihrem eigenen Vollzugsmodus werden kann, zumal dann, wenn die »Selbstverständlichkeit« und »Natürlichkeit« dieser Auffassung von den vorhandenen Institutionen selbst reflektiert wird, die man dauernd um sich sieht und die das Verhalten des Menschen zur Natürlichkeit der Gewohnheit entlasten.

36. Kultische Tierhege

Ein letztesmal müssen wir zu dem ursprünglichen Jagdritual zurückkehren, um den Gedankengang darüber hinauszuführen. Die von der Bindung an das Triebziel befreiten Affekte und Emotionen werden vom Ritual sozusagen vorwegverarbeitet, und gerade darin begegnen sich die Bedürfnisse mit sich selbst. Von der Fälligkeit im einzelnen Menschen abgelöst, werden die virtuellen gemeinsamen Bedürfnisse bewußtseinsfähig, und zwar gleich im Zustande der »Hintergrundserfüllung«, angesichts der *dauernden* Gegenwart der dargestellten Wesenheit des Tieres.

Wenn aber die Triebinteressen und Affekte auf diese Weise in ein vorentwickeltes Sollverhalten eingehen, dann werden die *realen* Objekte *distanziert*. Erst diese Distanzierung macht das möglich, was wir die »Entscheidung zu ihrem Dasein« nannten. Es ist ja keineswegs selbstverständlich, daß ein Lebendes in seinem »Selbstwert im Dasein« (§ 4) erscheint, also jenseits der Indifferenz des Uninteressanten *und* der Triebsetzung als Bedürfnisziel. A. R. Evans (Der Zug der Rentiere, 1952) beschreibt eindrucksvoll die Mordgier, mit der die Eskimos besinnungslos über die Rentiere herfallen: gerade sie sind kultarm und in ihrer Enthemmtheit und Unberechenbarkeit gute Beispiele für das, was aus dem Menschen wird, wenn die ärgste Daseinsnot die Herausformung jeglicher höherer Institutionen verhindert.

Die Freilegung des Daseinswertes und im nächsten Schritt des

Daseins-Selbstwertes des Belebten leistet übrigens auch die Sprache an der sehr frühen Stelle, wo sie dichterisch wird. Aber das Wort verweht und das Bild bleibt, es hält daher diese Kategorien dauernd im Ansatz fest, an der Grenze der Aktualisierung, und so erreicht es ganz andere Tiefen der Seele. Die ungemein lebensnahe Darstellungskunst der Eiszeitjäger ist auch eine hohe moralische Leistung gewesen: die Hingabe an das Eigendasein der Dinge liegt darin, die Entscheidung zu ihnen, eben dasjenige, dessen Fehlen die abstrakte Kunst heutzutage so subjektsüchtig und arbiträr macht.

Wenn man glaubt, daß unter diesen Voraussetzungen der Mensch zum Tier ein »ambivalentes« Verhältnis gehabt haben müsse: teils blieb es Nahrung, teils Daseiendes in seinem Selbstwert, so ist das nur richtig. Diese Ambivalenz wird in gewisser Weise dadurch bereinigt, daß der Jagdkult neben der Jagdpraxis einhergeht – sie interferieren nicht. Tiefer gesehen neutralisiert sogar der Kult die Wirklichkeit in gewissem Grade, indem er deren Affektbesetzung vorweg verarbeitet, aber er neutralisiert sie niemals soweit, daß er sie als bloße Faktizität und Stofflichkeit den beliebigen Zwecksetzungen auslieferte. Die entwickelte Götterwelt der polytheistischen Stufe läßt diese Götter für ihre Gebiete nur sehr »im allgemeinen« zuständig sein, aber doch blieb der Bär der Artemis heilig, auch wenn man ihn jagte.

Wenn das ursprüngliche Ritual den »Selbstwert im Dasein« des Tieres artikuliert und sich ihm zu verpflichten jederzeit bereit ist, indem Opfer, Versöhnungs- und Dankeskulte anwachsen, dann ist schließlich das, was im Jagdritual *dargestellt* wird, das Bewußtsein des Zusammenhangs von Mensch und Tier im Dasein, also der übergreifende Zusammenhang des Daseins selbst, der keiner Zweckfrage mehr untersteht. In der *gesteigerten Gegenwärtigkeit* des Rituals dringt ein unbestimmtes Bewußtsein dieses übergreifenden Zusammenhangs des Daseins an die Oberfläche, wo es sich sofort in einem einzelnen Gegenstand niederschlagen und verdichten muß – der Wesenheit des Kulttieres. Dies ist der Grund, weshalb die Kulte sich multiplizieren: so wenig ein einzelnes Wort den Sinndruck aushalten kann, so wenig vermag dies eine einzelne Kultwesenheit, und nur in dem gesteigerten Zustand des Ritus selbst, im Vollzug, ist der sympathetische Zusammenhang voll erlebbar. Will sich die archaische Metaphysik stabilisieren, d.h. veralltäglichen, dann müssen die Rituale multipliziert werden, und außerdem ins Unendliche verdünnt und ausgesponnen: der Mythos setzt den Ritus fort.

Und nun müssen wir zu einer sonderbaren Konsequenz fortschreiten. Wir haben in unserer Analyse des Ritus sozusagen den produktiven Kern freigelegt, behaupten aber nicht, daß er in Reinheit über lange Zeiten hin festgehalten worden sei. Ja es ist wahrscheinlich, daß sich umgekehrt seine reine Form erst aus einem Hof von inneren und äußeren Zufälligkeiten und Randbedingungen heraus entwickelte. Der Mensch hält nämlich ein zweckloses Verhalten von sich aus nicht durch, auch nicht als rituell kultisches. Daher sehen wir zunächst, wie unvermeidlich sich eine *sekundäre Zweckbesetzung* einschiebt, die in zwei gleich ursprünglichen Formen erfolgt: einmal als »Umkehr« des Ritus, im Sinne seines Vollzuges als *Anlaß* zur Enthemmung der Erlebnisseite, wenn man will des Sozialrausches. Und ebenso nahe liegt seine Instrumentalisierung zum »Zauber«, seine Zweckbesetzung zur praktischen *Magie*. Beide Möglichkeiten sind in uferloser Breite ergriffen worden. Auch wenn man sich vorstellt, daß beide Abgleitungen von vornherein im Ritus mitgeführt wurden, und daß er sich erst in dem Grade zur Reindarstellung erhob, in dem Rausch und Zauberei sich von ihm weg verselbständigten, auch dann entsteht die Frage: wie wurde denn dieser Quellpunkt aller Stabilisierung selbst stabilisiert, wie konnte er festgehalten, sogar weiterentwickelt werden, dabei einen Bodensatz magischer Praktiken aus sich entlassend und ablagernd, ohne aber in ihm zu ersticken?

Wir sahen zwar, welche hohen Möglichkeiten des Bewußtseins im Ritus beschlossen sind, aber es widerspricht jeder menschlichen Erfahrung, daß dies allein genügt hätte, ihn festzuhalten. Es liegt hier anders als bei den Institutionen, die wir im Teil I aus der Werkpraxis heraus sich feststellen sahen – der Ritus vermag die Welterfahrung zwar in erstaunlicher Breite zu stabilisieren, an den Grenzen schließlich noch mit sprachlichen Verspannungssystemen – aber er ist schließlich doch in Hinsicht auf das Handgemeinwerden mit der Außenwelt nicht physisch effizient: das bildet sich bloß die Magie ein. Ja, im Ritus liegen noch spezifische Gefahren. Er ist eine Art Hohlform, die gerade, weil sie zwecksetzungsfrei ist, alle möglichen Inhalte aufnehmen kann. Der oben erwähnte Neumondtanz der Pygmäenfrauen hat schon etwas fast Poetisches, Abgeleitetes, und schließlich wird »bei jeder Gelegenheit getanzt«, wie dies Ruth Benedict von den

Zunji (Neumexiko) beschreibt. Man kann auch ein solches Wuchern der Rituale Religion nennen, aber dann verlieren sie den düsteren, wuchtigen Ernst des Archaischen, was man schon den Beschreibungen von diesen Naturschutzpark-Wilden entnehmen kann. Gerade diese Fesselung im Ritual, die Überprägnanz und artistische Durchstilisierung darin, beweisen eine Stauung, eine Entwicklungshemmung. Die Religion sitzt dann nicht mehr in ihrer feurigen Produktivität an den Brennpunkten der Lebensnot, sondern wird »Kultur«, weil die Lebensnot verschwunden ist. Geht man mit unserem auch schon reichlich entlasteten kulturellen Empfinden an diese Formen heran, so wird man durch sofortiges Verstehenkönnen bestraft.

Wir stehen also jetzt vor der Frage, die keine andere Methode gefunden hätte: was hat den Ritus entwicklungsfähig gehalten, was hat ihn selbst stabilisiert und verhindert, in seinem eigenen Bodensatz oder in seiner eigenen Selbstgefälligkeit zu ersticken? Warum wurde die Religion eigentlich nicht, was sie bei den Eskimos wurde, ein zwangshafter Glaube an Geister, unter dem man sich verhalten kann, wohin einen die Mordgier, die Faulheit, der Hunger und die Angst treiben?

Wir beantworten diese Frage mit der Annahme, daß es eine indirekte, nichtgewollte und nicht angestrebte Zweckmäßigkeit von dennoch kapitaler Bedeutung gewesen sein muß, die den Ritus verhinderte, sich in Magie und Rauschkult sozusagen aufzulösen, die ihn damit also auf der Höhe seiner eigenen Entwickelbarkeit hielt. Diese Zweckmäßigkeit kann, wie schon mehrfach angedeutet wurde, nur in der Geburt fundamentaler Dauerinstitutionen aus dem Ritus gesucht werden, deren Thema nach allen unseren Analysen nur darin bestanden haben kann, den »Selbstwert im Dasein« des Belebten in das eigene Verhalten hineinzunehmen oder, um eine präzise Formel zu wählen, den *Naturzweck zum eigenen Zweck zu machen*. Wenn ein in diesem Sinne *moralisches* Verhalten zur Natur doch wieder von handgreiflicher Nützlichkeit war, dann konnte der Ritus an seiner Herzstelle, dem Verpflichtungserlebnis, stabilisiert und von der Abgleitung in das Egozentrische der Magie und das Soziozentrische des Rausches bewahrt werden. Gerade dann, wenn diese handgreifliche Nützlichkeit ungewollt und unerwartet als »Lebensprämie« anfiel, mußte die Religion selbst zu höheren Formen durchdringen, um die »generosity of the world« zu erreichen.

Die Zwecke der Natur, die der Mensch zu eigenen Zwecken machte, haben in der Ernährung und der Fortpflanzung bestanden, deren Stabilisierung zu Institutionen also ein Nebenerfolg des Ritus gewesen sein muß. Wenn das Eigenleben der Tiere zum Thema des Handelns wurde, so konnte die Kultur von der Jagd zur Hegung, von der Hegung zur Züchtung vorschreiten. Und auf einer ähnlichen Linie sind die höchst kunstvollen archaischen Sozialordnungen entstanden, in denen eine Gruppe ihre *eigene Kontinuität in der Zeit* zum Gegenstand obligatorischer Regelungen machte, indem sie den biologischen Vorgang der Fortpflanzung selbst institutionalisierte: das ist das Problem des Totemismus, das entweder diese oder keine Lösung erwarten kann.

Wir wollen uns zunächst mit dem Fragenkreis des Ursprungs der Tierhege befassen, der uns mindestens in neolithische, wenn nicht in noch ältere Zeiten zurückführt. Hier hatte E. Hahn (Die Entstehung der Pflugkultur, 1909) schon den unvergessenen, im Kerne gültigen Gedanken ausgesprochen, daß die Tierzucht kultische Ursprünge hat, wenn er auch seine Theorie durch allzu spezielle Annahmen über die zu Grunde liegenden Kultformen überbelastete. Doch stellte er zuerst die Frage korrekt: zu erklären ist nicht der Ursprung der Haustierhaltung überhaupt, da gab es verschiedene Zeiten und Anlässe. Nach Ch. A. Reed (Ztschr. f. Tierzüchtung und Züchtungsbiol. Bd. 76, 1, 1961) ergaben Ausgrabungen in Nord-Irak (Zawi Chemi, 1960) für das Schaf ein Alter von 11 000 Jahren, nicht viel jünger sind Reste von Hunden in Fundplätzen der Natufien-Periode im Irakgebiet. Dagegen ist anscheinend der Hund in Mitteleuropa das älteste Haustier, seine Domestikation im Mesolithikum ist wahrscheinlich, nach M. Degerbol (dieselbe Ztschr. Bd. 76, 2/3, 1962) hatten die Hundeknochen von Star Carr (Yorkshire) in der C 14-Bestimmung ein Alter von 7538 ± 350 Jahren.

Der Hund ist übrigens zuerst als Fleischtier verwendet worden und man kann sich vorstellen, daß die Wölfe und die wilden Schaf-, Ziegen- und Schweinearten durch salzhaltige Asche und Abfälle an menschliche Lagerplätze gezogen wurden, so daß sich eine Symbiose anbahnte. Eine ähnliche parasitäre, stabilisierte Symbiose erwähnt E. Werth (Grabstock, Hacke und Pflug, 1954) aus Neuguinea, wo heute noch Zuchtsauen gehalten und im nahen Busch von wilden Ebern gedeckt werden.

Von den Herdentieren wiederum bildet das Ren einen Fall für sich: hier ist es wohl denkbar, daß mit den langsam wandernden Renherden mitziehende Jägergruppen durch Schonung der Muttertiere und Fernhaltung der Konkurrenten, zumal des Wolfes, diese Herden allmählich in Bewirtschaftung genommen hätten, wobei das Ren halbdomestiziert blieb, wie heute noch.

Dagegen sind die großen Tiere, vor allem Pferd und Kamel, später als das Rind domestiziert worden, ihre Zähmung und Züchtung wird also nach den dort gemachten Erfahrungen vor sich gegangen sein, so daß als Hauptfrage der Ursprung der Rinderhege übrig bleibt. Historisch liegt es so, daß die Kultur von Qualat Jarmo (Mesopotamien, um 4700 v. Chr.) sie schon kannte, Ch. A. Reed nennt für Funde im Nordirak ein Alter von etwa 7000 Jahren.

A. Rüstow (Ortsbestimmung der Gegenwart, 1950, I, p. 45/6) stellt sich den Vorgang nach Analogie der Bewirtschaftung des Ren vor. Dagegen spricht aber, daß große Herden wehrhaften Großwildes, wie des Urrindes, im Umherziehen gar nicht begleitet werden können. Die Prärieindianer waren erst nach dem Erwerb von Pferden von den Spaniern imstande, den großen Bisonherden zu folgen, auch nur zu Jagdzwecken. Aus ihren früheren, östlich gelegenen Jagd- und Seengebieten verdrängt, spezialisierten sie sich sehr schnell auf die völlig neue Lebensform der berittenen Großwildjagd — wohlgemerkt, nachdem sie das schon gezüchtete Pferd übernommen hatten (v. Eickstedt, Rassenkunde und Rassengeschichte der Menschheit, 1934, p. 820). Wir geben daher einer Autorität wie A. L. Kroeber (The Nature of Culture, 1952, p. 385) völlig recht, wenn er sagt: »The theory that all pastoral life commenced with the reindeer seems to be a turn of fancy more intersted in discovering the unexpected than the likely.«

Unser Problem hat eine sehr merkwürdige kulturtheoretische Tragweite. Nach Rüstows Theorie ist das Rind primär in Herden in Bewirtschaftung genommen worden, erst sekundär ein Haustier geworden — das ist die Theorie vom Urnomadismus, dessen »Entdeckung« durch P. W. Schmidt von Rüstow ausdrücklich als »universalgeschichtliche Offenbarung« (p. 286) gefeiert wird. Wir sind dagegen der Meinung, daß das Hirtentum als einseitige Spezialisierung am Rande der Hochkulturen aufzufassen ist, die das gezähmte Rind schon besitzt. Auch K. J. Narr (Historia Mundi I, 1953, p. 68) neigt zu dieser Ansicht, und Kern (Die Anfänge der Weltgeschichte, 1933) läßt (p. 124) eine Priorität der Bauernkrieger vor den Hirtenkriegern gelten. Dann aber liegt kein Grund vor, eine Herdenbewirtschaftung als Ausgangslage anzunehmen, sondern man kann von der Annahme ausgehen, daß zuerst einzelne Stücke in Gefangenschaft gehalten und zur Fortpflanzung gebracht wurden – nicht unwichtig, wie sich zeigen wird.

Das Problem enthält noch einen wichtigen Punkt: wie durchbrach man überhaupt die Gewohnheit der sofortigen Tötung des Wildes, sobald man es auf irgendeine Weise lebend in die Hand bekam? Dies kann nur die Kraft eines Tabu geleistet haben, und hier kommen wir wieder auf E. Hahns Vermutung eines ursprünglich rituellen Zusammenhangs, der auch E. Werth beitrat. Hahn hatte angenommen, daß die Hegung des Urrindes – die notwendige Vorstufe der Züchtung – mit einem archaischen Mondkult verbunden gewesen sei, und daß es als Opfertier zuerst planvoll gehegt wurde. Man habe im Mond das große Prinzip der Vegetation gesehen, und er vermutete, daß die Anhänger einer Religion des Mondes als des großen belebenden Prinzips alles Werdens und Vergehens in großen Gehegen Rinderherden hielten, um gleich die nötigen Opfer bei der Hand zu haben. Die Assoziation zwischen Rind und Mond aber liege in den gebogenen Hörnern, so wie überhaupt das Rind als Mondgott belegt ist, allerdings erst auch viel späterer Zeit, insbesondere in Babylonien.

Aber in dem Grundgedanken der Ableitung der Rinderhege aus dem Kult halten wir Hahns Theorie für die einzig vorstellbare, schon weil sie die Tabuierung des Tieres einschließt, und weil schließlich die enorme religiöse Besetzung des Rindes in allen Frühkulturen nicht gut sekundär sein kann. Wir verdanken E. Werth übrigens den wertvollen Hinweis, daß die ältesten der in Ägypten gefundenen Katzenmumien (die Göttin Bast hängt mit dem Löwen und der Falbkatze zusammen) keine Spuren von Domestikation zeigen. »Wir können so also an Hand der Mumien deutlich erkennen, wie hier aus dem Kulttier allmählich das Haustier wird« (p. 324). In gleicher Beziehung ist wichtig, daß Pferdekulte in Europa schon mittelsteinzeitlichen Alters sind, man fand in Schonen innerhalb der Kultur des nordischen Megalithkreises den Schädel eines jungen Pferdes, in der Stirnnaht steckten Reste eines Feuersteindolches (J. Huppertz, Die frühe Pferdezucht in Ostasien, dieselbe Ztschr. 76, 2/3, 1962). Wir werden hier in die religionsgeschichtlich hochbedeutsame Epoche versetzt, da die Tiergötter infolge der Tierzucht und der damit allmählich gegebenen Trivialisierung des Tieres am Beginn ihrer Götterdämmerung standen, bis sie schließlich menschenähnlichen Göttern Platz machten. Auch Schachermeyer (Poseidon, 1950, p. 85) kennt diesen Vorgang.

Jedenfalls kann man, was die Domestizierung des Rindes angeht, sich die folgende Vorstellung machen: nach unbestimmt langdauernder ritueller Hegung je weniger Bos primigenius – nach Herre als Stammvater der Hausrinder allein in Frage kommend – hat sich das Tier als zähmbar und dann züchtbar erwiesen, und endlich kann der Wechsel religiös-ritueller Grundvorstellungen es »neutralisiert« und für praktische Zwecke – zuerst des Milchverbrauches – freigegeben haben. Doch ist der Gedanke Hahns noch naheliegender, daß es von vornherein in rituellen Mahlzeiten verzehrt wurde. Wir ziehen diese Hypothese vor, nach der die kultische Hegung des Tieres als *sekundären* Erfolg die Stabilisierung der Ernährung mit sich brachte, so daß also der Kult selbst durch diese unerwartete »Lebensprämie« konzentriert blieb und vom Sichzersetzen in Magie bewahrt wurde.

Für die Kernfrage, warum eigentlich Einzeltiere in Hegung genommen wurden, bietet sich, wenn man die Assoziation mit einer Vegetationsgottheit des Mondes fallen läßt, eine viel urwüchsigere und der archaischen Bewußtseinsstruktur angemessenere Hypothese an: man hat noch auf der Stufe der Kultur der Großwildjagd dem gemalten Bilde das lebende Tier selbst substituiert, man hat versucht, die dargestellte Wesenheit, den Kern des ursprünglichen Rituals, leibhaftig vor sich zu halten. Diese Theorie hat folgende Vorzüge: sie knüpft nicht an einen hypothetischen Mondkult, sondern an die zahllosen vorliegenden Bilder alter Wildrinder aus dem Paläolithikum an. Und sie unterstellt nur ein Verhalten, das auch sonst belegbar ist: die Substitution des realen Objektes für das Bild. So kommt bei den Murngin (Australien) unter den stilisierten Kampfarten eine Nachtattacke wegen Blutrache vor. Der Attentäter, dem der Angriff gilt, wird vorher im Bilde dargestellt und dieses Bild mit Speeren beworfen. Wenn die Expedition erfolgreich ist, wird die Leiche des Opfers an die Stelle des Bildes gelegt (W. J. Thomas, Primitive Behavior, 1937, p. 495).

36. Kultische Tierhege

Nach unserer Vorstellung hat man diesen Versuch der Substitution durch unbestimmte Zeiten hindurch am Ende des Paläolithikums mit allem Großwild gemacht, bis durch »Versuch und Irrtum« sich herausstellte, daß zunächst nur das Wildrind sich als zähmbar, eingewöhnbar und in fernerer Folge als fortpflanzungsfähig erwies. Wir können zum Glück einen dieser Fehlversuche nachweisen: die Haltung des Bären ist in der Tat versucht worden, aber mißglückt – er erwies sich als nicht domestizierbar. Der Kult des Wildbären ist uralt, er gehört dem Moustérien an, liegt also vor 100 000 Jahren. Im Drachenloch über Vättis, in der Reyersdorfer Höhle sind schon die Schädel von Höhlenbären in Steinkisten oder Felsnischen beigesetzt worden, in der Höhle von Montespan steht die große Tonfigur eines Bären, aus dessen Umständen man erschließen kann, daß ihm ein Fell übergezogen und der Kopf mit einem Holzpflock befestigt wurde. Montespan ist jungpaläolithisch, die Figur beweist das Bedürfnis einer realistischen Verlebendigung der dargestellten Wesenheit. Und endlich fehlt nicht das letzte Glied einer idealen Entwickelungsreihe, die bis zur Substitution des lebenden Tieres selbst führt: Zotz (Die schlesischen Höhlen und ihre eiszeitlichen Bewohner, 1937) fand in der Hellmichhöhle bei Oberkauffung einen Braunbärschädel, dessen Schneide- und Eckzähne im Ober- und Unterkiefer bis nahezu an die Wurzel *künstlich* abgeschliffen waren, dabei hatten sich die auf diese Weise freigelegten Nervenkanäle noch bei Lebzeiten des Tieres teilweise durch Neubildung von Dentin wieder geschlossen! Dieser Fund beweist den Versuch, ein gefährliches, großes und kultfähiges Wildtier lebend in Gefangenschaft zu halten, und wir glauben, daß man in dieser idealen Reihe ein Modell vor Augen hat, wie die Zähmung anderer großer Wildtiere gelingen konnte, die im Falle des Bären trotz wahrhaft herkulischer Anstrengung nicht gelang. Im Falle des Rindes fehlen die Belege nur für das letzte Glied, da sich Wisent-Plastiken in der Höhle von Tuc d'Audoubert gefunden haben (s. Abb. 1).

Schließlich kann man die außerordentliche Rolle, die das Rind gerade noch in den alten Schichten der Hochkulturen in religiösen Zusammenhängen spielte, sich doch nur als eine Transformation noch älterer Kulte vorstellen. Dasselbe gilt vielleicht für das Roß, wenn seine Hegung unabhängig von der des Rindes erfolgte. Schachermeyer (Poseidon, 1950, p. 71) kam offenbar von sich aus zu ähnlichen Annahmen, wie sie E. Hahn vertrat: »ich halte es daher für das Wahrscheinlichste, daß man Pferde allein schon aus kultischen Gründen bereits in der indogermanischen Urzeit in Herden oder Hegungen hielt, auch daß man bevorzugte Exemplare bei den Auswanderungen mitführte«.

Ob auch die Pflanzenzucht eine kultische Herkunft gehabt hat, ist eine schwer entscheidbare Frage. Wenn wir von den Kulturpflanzen absehen, die wie Hanf, Mohn, Kartoffel sich infolge der Anhäufung von Stickstoffen, Asche, Phosphaten, Kali usw. an den menschlichen Wohnstätten aufgedrängt haben können, zieht sich das Problem auf die von Vavilov (The origin of cultivated plants, 1926) sogenannten »primären Kulturpflanzen« wie Weizen, Gerste und Reis zusammen. Die sekundären, wie Roggen und Hafer, sind nach Vavilov Weizenunkräuter gewesen, die sich selektionistisch an die Wirtspflanzen angeglichen haben: es wurden unbeabsichtigt vom Menschen diejenigen Unkräuter seligiert, die gleichzeitig mit den Wirtspflanzen reiften und den Samen nicht spontan ausstreuten. Die weitere These Vavilovs, der als die ursprünglichen Zentren der Formbildung für den Weizen Abessinien und das südwestliche Zentralasien (Afghanistan) annahm, wird jedoch von Elisabeth Schiemann (Biologie, Archäologie und Kulturpflanzen, in: Jahrb. Max Planck-Ges. 1955) bezweifelt, als die Heimat und das Genzentrum des Emmers, des ältesten Kulturweizens, spricht sie den Bogen von Palästina bis Persien an. Emmer kommt schon in neolithischen Hockergräbern des Nildeltas vor, im Irak (Jarmo) sind Reste bzw. Abdrücke in Scherben von Weizen und Gerste gefunden worden, die nach der C 14-Methode auf die Zeit um 4700 bestimmt wurden und morphologisch dem Wildgetreide nahe stehen. Sicheln aus Knochen mit Feuersteinsplittern als Schneide gehören der Kultur von Natuf (Palästina, um 7000 v. Chr.) zu (B. Hrozny, Die älteste Geschichte Vorderasiens und Indiens, 1943). Nun wäre kaum ein Zweifel an der einfachen Ansicht erlaubt, daß die wilde Ausgangsform (tr. dicoccoides) vom Menschen gesammelt wurde und sich an seinem Wohnsitz selber ausgestreut habe, wenn nicht auch hier ein Problem der primitiven Mentalität dazwischenträte. »Bei den Versuchen wohlmeinender Europäer«, sagt E. Hahn (Die Entstehung der wirtsch. Arbeit, 1908), »primitiven Stämmen den Ackerbau beizubringen, hat sich immer gezeigt, daß die größten Feinde der neuen Kultur die damit Beglückten selbst waren. Entweder wanderten die Sämereien und Wurzeln statt auf den Acker kurzerhand in den Magen, oder wenn das Feld unter Leitung Sachverständiger bestellt war, wurden die jungen Pflanzen halbgar abgerissen und verzehrt, aber nicht der geringste Vorrat für den Ackerbau zurückgelegt.« Diese Disziplinierung kann eigentlich auch hier nur die Kraft eines Tabu geleistet haben, aber es ist schwer vorstellbar, in welchem kultischen Zusammenhang das geschehen sein soll. Daß es sehr alte Pflanzenkulte gegeben hat, kann nicht bezweifelt werden. Wichtig bleibt der Fund von Ähren, die aus Rengeweih geschnitzt aus Espéluges bei Lourdes stammen und in die Würmeiszeit (!) datiert werden (Abb. bei G. Kraft, a.a.O., Tafel 10). An der kultischen Bedeutung von Plastiken und Gravuren aus dieser Zeit wird ja sonst nicht gezweifelt. Eine »religion végétaliste« versucht Przyluski (L'Evolution humaine, 1942) zu rekonstruieren. Werth (p. 74) erinnert an das von Joh. Reinh. Forster (1775) auf Tahiti bemerkte, mit Bananenblättern gefüllte »Haus der Gottheit«: »Hiernach könnte man glauben, daß die früchtespendende Pflanze auch schon in jenen Zeiten, in die wir die erste Inkulturnahme zu verlegen haben, göttlich verehrt wurde und als Gottheit auf Wanderzügen mitgenommen wurde.«

Wie dem auch sei, denkt man sich die Zähmung des Rindes in den westturkestanisch-iranischen Gebieten erfolgt und von da aus südwestlich verbreitet, so deckt dieses Gebiet die frühe Emmerkultur. Die Natur-Kultur war noch großtierlos, ebenso die von Hacilar (Anatolien, um 5500), die Weizen und Gerste kannte, man fand erstaunlich zahlreiche Frauenstatuetten (Ztschr. Time, 24. Febr. 1961). Qalat Jarmo war eine voll entwickelte Bauernkultur mit Ackerbau und Rind, die Datierung nach der C 14-Methode ergab einen Durchschnitt, der später als 5000 v. Chr. liegt (Rushton Coulborn, Der Ursprung der Hochkulturen, dt. 1962, p. 159). Schließlich stammen die von Röhrs und Herre beschriebenen kleinasiatisch-neolithischen (Kadiköy) Funde des Rindes aus dem 4. Jahrhundert (a.a.O., Bd. 75, 2, 1962).

Wir sind geneigt, mit Haeckel (Anthropos 47, 1952), H. Baumann (Das doppelte Geschlecht, 1955, p. 367) u.a. die eigentliche Hochkultur für ein einmaliges historisches Ereignis zu halten, jedenfalls soweit die ganze Landmasse von Europa bis zum Fernen Osten in Frage kommt. Die asiatischen Hackbauvölker bis Südostasien mögen ihren niederen Ackerbau von den Hochkulturvölkern erhalten haben (P. Laviosa-Zambotti, Ursprung und Ausbreitung der Kultur, dt. 1950).

37. Blutsverbands-Ordnungen

Jetzt stellen wir die Frage, wie der Mensch die durch ihn selbst hindurchlaufenden Naturzwecke zu Zwecken für sich gemacht hat: das ist die Frage nach den ursprünglichen sozialen Einrichtungen, welche die mit der Fortpflanzung zusammenhängenden Herausforderungen thematisieren, damit die Gesellschaft in dem Sinne durchordnend, daß deren eigene Kontinuität und Dauer zum Gegenstand einer Verpflichtung wird. Dazu müssen wir uns mit den dunkelsten Problemen der Sozial-Archäologie einlassen und die »Selbstverständlichkeiten« unserer eigenen Kultur besonders genau prüfen.

Man kann die Monogamie nicht mit P. W. Schmidt (Die Entstehung der Verwandtschaftssysteme und Heiratsregelungen, Anthropos 47, 1952, p. 778) als die einzige »natürliche« Eheform deswegen auffassen, weil es eine gleiche Anzahl von Geburten beider Geschlechter gibt, denn ebenso natürlich ist das Differentialalter der Mädchen, die überall früher in die Ehe eintreten, so daß auf n heiratsfähige Männer n + x heiratsfähige Mädchen kommen, noch ganz abgesehen von der ebenso natürlichen höheren Sterblichkeit der Männer unter riskanten Lebensbedingungen. In einer magistralen Untersuchung hat G. P. Murdock (Social Structure, 1949) 250 primitive Gesellschaften über alle Erdteile nach genauen Korrelationen durchforscht und in seiner echt repräsentativen Auswahl erscheinen 195 Gesellschaften mit Vielweiberei, 43 monogame und 2 »polyandrische« (mehrere Männer in Ehe mit einer Frau). Noch für Hochkulturverhältnisse gilt, daß »die Monogamie als Institution zuerst bei den Hellenen und den Römern durchgeführt worden ist, in der Epoche des Übergangs zur Herrschaft eines patrizischen Stadtbürgertums, dessen Haushaltsformen sie adäquat war. Alsdann hat das Christentum sie aus asketischen Gründen zur absoluten Norm erhoben, im Gegensatz zu (ursprünglich) allen anderen Religionen« (M. Weber, Wirtschaft u. Gesellschaft, 1922, p. 207). Hinzuzufügen wäre noch die Monogamie der Ägypter, die Herodot (II, 92) ausdrücklich notiert: »gleichwie bei

Hellenen«. Sie entstand wohl im Zusammenhang mit der frühen Brechung der Sippen durch den Fronstaat.

Was nun die Daseinsgründe der Ehe selbst betrifft, so geht die konstitutionelle, chronische und nichtperiodische Geschlechtlichkeit des Menschen nur als eine der Bedingungen ein, weitere naturale Voraussetzungen liegen in der extrem langen Pflegebedürftigkeit der Kinder und in der ursprünglich geschlechtlichen Arbeitsteilung, die Mann und Frau notwendig zusammenführt und -hält: die primitivste wirtschaftliche Einheit ist die zweigeschlechtige. Insofern ist eine »Dauerzuordnung« zwar natural nahegelegt, wenn nicht erzwungen, aber sie ist nicht notwendig monogam, denn die Ehe hat primär nicht das Hauptmotiv der exklusiven Regelung der Sexualität: erst im Umkreis von Hochkulturen wird die Geschlechtlichkeit bisweilen als solche reguliert, der Fortpflanzung untergeordnet und an die Ehe gebunden. Die archaische Ehe räumt zwar ein sexuelles Privileg der Partner ein, aber sie ordnet keineswegs den Gesamtbereich der Geschlechtsbeziehungen, die allerdings auch nicht formlos gelassen werden, deren Regulierung aber nicht allein von der Ehe aus erfolgt, sondern von *anderen* Sozialtatsachen her, von denen die wichtigsten die jeweils gültigen Stammes- und Verwandtschaftsstrukturen sind. Die hier vorgetragenen Gesichtspunkte lassen sich so zusammenfassen: »alle Stabilität der Geschlechtsbeziehungen scheint also wesentlich aus nichtsexuellen Tatbeständen zu stammen und abgeleitet zu sein« (Schelsky, Die sozialen Formen der sexuellen Beziehungen, in: Die Sexualität des Menschen, 1954, p. 259). Die Ehe institutionalisiert also die in sie eingehende Sexualkomponente nur sekundär, indem sie an dem Verhältnis Mutter—Kinder und an der geschlechtlichen Arbeitsteilung ansetzt, und sie institutionalisiert die Sexualität nur teilweise; zum anderen Teile erfolgt die Regulation über andere, wieder nichtsexuelle Tatsachen. Daher ist die primitive Ehe auch durchaus »säkularisiert«, wie Piddington hervorhob (An Introduction to Social Anthropology, 1950): es gibt in der Regel keine religiöse Schranke der Scheidung, nur die Wiederherstellung der Ausgangslage als Rechtsforderung.

Man muß sich ebenfalls von der Vorstellung trennen, daß die archaischen Gesellschaften notwendig aus kleinen Horden von Kern-Familien bestanden hätten. Diese Vorstellung ist von der u. E. grundfalschen Theorie ausgegangen, welche in den Pygmäen, Feuerländern, Buschmännern, Nord-Algonkin, Andamanern usw. Repräsentanten der »Urkultur« (Wiener Schule P. Schmidts) sieht. Es sind dies ausnahmlos in die unwirtlichsten und elendesten Randgebiete der bewohnbaren Welt abgedrängte Gesellschaften, deren *Kulturverlust* kein Mensch ermessen kann, bei den Feuerländern z. B. auf ihrer hypothetischen Wanderung von der Beringstraße bis zur Südspitze des Kontinents! Die Möglichkeit des Kulturverlustes wird ständig unterschätzt, trotzdem wir sie in der eigenen Zeit überall schlagend vor Augen haben. Auf Vate (Neue Hebriden) finden sich nur noch alte Topfscherben, in Neukaledonien gibt es Reste früherer Wasserleitungen, die Polynesier haben heute nicht mehr Pfeil und Bogen, zur Zeit Cooks gab es sie noch als Spielzeuge! Dasselbe muß man für soziale Gestaltungen annehmen, und die Ethnologie kennt genügend Tatsachen, ja ausdrückliche Traditionen, aus denen eine »Vereinfachung« früher reicher gewesener Sozialformen zu entnehmen ist. Notstandsgebiete erzwingen dürftigste Sozialformen, es ist absurd, gerade diese als Ausgangsphasen der Entwickelung anzunehmen, und insbesondere die Pygmäen sind seit unbestimmter Zeit Halbparasiten benachbarter Negerstämme, sprechen kaum noch ihre eigenen Sprachen, und ihre Institutionen sind für nichts beweisend. Umgekehrt: große Populationen sind uralt, bei urwüchsigem Wildüberfluß haben die eurasiatischen Mammutjäger der Würm-Eiszeit eine bedeutende Kulturhöhe gehabt, mit Resten gewaltiger Wohnbauten, sehr schönen Schmucksachen und Plastiken, so an den Fundorten von Kostjenki (nahe Woronesch), Timonovka, Mezin (Desna), Malta (nahe Irkutsk) usw. (F. Hancar, Zum Problem der Venusstatuetten im euras. Jungpaläolithikum, Prähist. Ztschr. 30, 1940). Ohne Bedenken kann man annehmen, daß ihre Sozialformen entsprechend reich waren. Hier eröffnen sich ganz andere Vorstellungen von Entwicklungsmöglichkeiten, als bei jenen Notstands-Gesellschaften.

Methodisch bleibt dann nur übrig, von einem Befund genügender Allgemeinheit und vermutlich genügend hohen Alters auszugehen und von ihm aus zurückzufragen, welche Bedürfnisse zu ihm hingeführt haben könnten, wobei allzu konkrete Annahmen über »Ausgangslagen« zu vermeiden sind. Dieser Befund liegt vor, und er besteht darin, daß, wie W. H. R. Rivers (Social Organisation, 1924, p. 38) klar heraushob, primitive Gesellschaften grundsätzlich die Regulationen in Bezug auf Blutsverwandtschaft, auf Partnerwahl zur

Ehe, auf Zugehörigkeit zur Obergruppe (Stamm) und zu ihren Untergruppen *kombinieren*. Und zwar knüpft man nicht an der Sexualität an, sondern an der *Geburt:* sie definiert die Blutsverwandten, die möglichen und verbotenen künftigen Heiraten, sowie die Zugehörigkeit zu einer Untergruppe (sagen wir kurz: Sippe) innerhalb des Gesamtverbandes. Anders herum gesehen: der Stamm ist durchgegliedert, er behauptet seine Kontinuität durch die stabilisierten Beziehungen seiner Sippen hindurch, und diese wieder werden durch normierte Abstammungs- und Eheregulationen in demselben Verfahren hervorgebracht, in dem sie in Beziehung gesetzt werden.

Dieser Befund ist von größeren Populationen her zu denken, er zeigt die enorme Kompliziertheit der zu lösenden Probleme und er entspricht der Forderung, daß Ausgangslagen komplex sein müssen: Vereinfachung ist sekundär und selbst ein Produkt kultureller »Rationalisierung«.

Überlegt man jetzt, welche Motive wohl zu diesem durch die Verflechtung der Materien so eindrucksvollen Befund hingeführt haben können, so ist vor allem zu bemerken, daß bei einer Jäger-Sammler-Gesellschaft weder der »Staat« noch eine perennierende, bodenbezogene Wirtschaft zur Stabilisierung beitragen konnten. An naturalen Daten, an die ein Interesse an zeitüberlegenen, gültigen Inhalten anknüpfen konnte, lagen also in der Tat nur die Geschlechts- und Fortpflanzungsverhältnisse vor, deren Institutionalisierung in ihrer Tragweite dann verständlich wird: der Sozialkörper mußte sozusagen seine eigene Physis zu Modellformen stilisieren. Das Kernproblem archaischer Sozialordnungen besteht also darin, wie bei Abwesenheit des Staates, ohne die Verbandsordnung kontrollierende Organe, bei sicher nur transitorischer und situationsbestimmter politischer Herrschaft und bei einer Wirtschaftsform, die keinerlei auf die Zukunft gerichtetes, vorbereitendes und auswertendes Handeln zuließ – wie bei allen diesen Bedingungen diejenige Stabilität und Kontinuität der Gesellschaft zustandekommen konnte, die schließlich die Bedingung aller Tradition und aller Kulturentwicklung ist. Die Durchordnung des sozialen Zusammenhanges an Hand der Motive, die er *allein* zur Verfügung stellt, bildet daher ein hocharchaisches und großartiges Feld menschlicher kulturschöpferischer Tätigkeit.

Diese schlechthin vitalen Probleme können nur im Sinne der Gesamtgruppe gelöst worden sein, die Familie ist also diejenige Gruppe, welche durch die *Institution* der Ehe (in ihrer jeweiligen Form) definiert wird, und diese wieder wird von der Gesamtgruppe nach dem Prinzip der »gleichen Chance« *normiert.* Hier tritt plötzlich die elementare Bedeutung der Institution des Inzestverbotes auf: es verhindert den »Umsatz« der Frauen innerhalb der Familie und bringt ihn unter Kontrolle der Gesamtgruppe, die keine selbstgenügsamen Zellen in sich zulassen darf. Das berühmte Exogamiegebot, die Forderung des »Herausheiratens« eines Eheteiles aus der Familie oder aus den Molekülen von Familien (Sippen) ist dann als bloße Kehrseite des Inzestverbotes verstehbar. Zugleich wird klar, daß eine geregelte Exogamie unter der Kontrolle der Gesamtgruppe nur nach dem Prinzip der *Gegenseitigkeit* vor sich gehen kann. Daraus folgt, daß die echt institutionalisierte, nichtinzestuöse Familie als Teilglied der Gesamtorganisation gedacht werden muß, die ihrerseits auf der Gegenseitigkeit der Exogamie ruht. Die Frage nach der »Priorität« der geordneten Familie oder der geordneten Gesamtgruppe ist daher sinnlos. Eine obligatorische Ausheirat ist also nur im Rahmen der Gegenseitigkeit denkbar, so daß zwei oder mehr Kleinverbände (Familien, Sippen) die Mädchen zur Heirat »tauschen« – dieses Wort im vorökonomischen Sinne der Reziprozität von Leistungen und Ansprüchen verstanden.

Hier kommt also dieses uns schon lange bekannte fundamentale anthropologische Motiv der Reziprozität zur Geltung. Man kann die archaischen Sozialstrukturen auf diese beiden Schwerpunktsmotive zurückführen: das der stabilen Kontinuität und das der Gegenseitigkeit, welche nun alle anderen mit der Geburt und Fortpflanzung gegebenen Daten in sich hineinziehen und organisieren. Die Gegenseitigkeit, als konkretes Verhalten gedacht, ist der vorökonomische bzw. metaökonomische Tausch, und auf die außerordentliche Bedeutung von Tauschbeziehungen in primitiven Gesellschaften, auf ihre rechtliche, soziale, religiöse, moralische und wirtschaftliche Allgegenwart hat M. Mauss (Essai sur le don, forme archaique de l'échange, L'Année sociologique 1924.) nachdrücklich hingewiesen. Man tauscht (§ 11) Waren, Riten, Tänze, Zauberformeln, Feste, Begräbnisdienste, Kinder (die Urform der Adoption) und heiratbare Mädchen. Nur dann versteht man die Ausbreitung des »do ut des« auch im religiösen Bereich, wo dieses notorisch urwüchsige Verhalten innerhalb der sonstigen Tauschrelationen wirkt.

Die Wissenschaft verdankt C. Lévi-Strauss (Les structures élémentaires de la parenté, 1949) den an abundantem Material und mit höchstem Scharfsinn geführten Nachweis, daß die möglichen normierten Tauschregeln heiratbarer Mädchen unter dem Gesichtspunkt der Gegenseitigkeit nicht nur die bisher unlösbar gewesenen Probleme von Inzestverbot und Exogamie klären, sondern daß eben die verschiedensten Formen von Verwandtschaftsbeziehungen herausstilisiert werden, und damit die Strukturnetze der Unterverbände. Wir sind auf diese Fragen in der Abhandlung »Die Sozialstrukturen primitiver Gesellschaften« (in: Gehlen-Schelsky, Soziologie, 1955) näher eingegangen und müssen uns hier unter Verzicht auf alle Details mit wenigen größeren Gesichtspunkten behelfen. Der Mädchentausch, d.h. die normierte Exogamie plus Inzestverbot, wird deswegen zur Schlüsselfigur, weil er die einzige Möglichkeit bietet, die Beziehungen zwischen mehreren Gruppen *langfristig* und rechtsverbindlich (nach Leistung und Gegenanspruch) auf Dauer zu stellen. Wird er obligatorisch, dann kann darauf unbegrenzt lange eine Beziehung von Rechten und Pflichten zwischen Mitgliedern von Gruppen gegründet werden, die durch stereotype Verwandschaftsbeziehungen verbunden sind. Alle anderen Relationen der Gegenseitigkeit – auch Totenkulte als Reziprozitäten zwischen Lebenden und Toten usw. – können dann entlang der so entstandenen Bluts- und Verwandtschaftsbeziehungen normiert und auf Dauer gestellt werden.

Eine notorisch archaische, in Australien und Zentralsüdamerika noch weit verbreitete Form ist die, daß zwei Männer, die irgendwelchen Unterverbänden desselben Stammes angehören, also irgendwie real oder fiktiv schon verwandt sind, die Schwestern zur Ehe tauschen. Dann muß die knifflige Frage akut werden, wohin die Kinder aus diesen Ehen zu rechnen sind. Gehören sie definitiv zur Herkunftsgruppe des Vaters oder der Mutter? Oder in welchen Verwandtschaftsbeziehungen stehen sie zu jenen Partnern, die selbst schon verwandt sind? Diese Frage muß trennscharf gelöst werden, denn danach entscheidet sich, wer das Recht hat, über die aus jenen Ehen geborenen Kinder zu verfügen, um gegen sie ein anderes Mädchen für die eigene Gruppe zu erwerben. Dieses Problem tritt wohlgemerkt gerade deswegen auf, weil die Kinder ja mit beiden Elternteilen gleichverwandt sind. Die »Unkenntnis des Zeugungsvorganges« wird noch heute gelegentlich unterstellt, aber M. Mead (Mann und

Weib, dt. 1955) ist völlig berechtigt zu sagen, daß es keine primitiven Völker gibt, die nicht irgendwie die Erkenntnis zeigen, daß die Kopulation mit der Fortpflanzung zusammenhängt. Man darf also die gelegentlichen Tendenzmythen der Frauengehirne, die die Rolle des Mannes bagatellisieren oder vernebeln, keineswegs wörtlich nehmen. Das eben beschriebene Problem tritt nicht nur beim Tausch von Schwestern auf, den wir der Einfachheit halber als Beispiel wählten, sondern es muß notwendig erscheinen, sobald überhaupt die geregelte Exogamie der »gleichen Chance« eingeführt wird. Diese Frage der *Zurechnung* wird noch durch einen anderen Umstand verschärft, auf den Murdock (a.a.O., p. 44) geistvoll hinwies: wird das Kind (wie bei uns) beiden Elternteilen als gleichverwandt zugerechnet, so hat seine Blutsverwandtschafts-Gruppe die doppelte Größe wie die jedes Elternteils und die vierfache jedes Großelternteils. In wenigen Generationen würden die Verwandtschaftsgruppen sich nicht nur ins Ununterscheidbare überkreuzen, sondern sie würden für jeden Einzelnen in einem nicht sehr großen Stamm mit diesem selbst zusammenfallen. Vor allem hat eine wie bei uns »bilaterale« Verwandtengruppe wegen der bei jeder Ehe neuverteilten Stammbäume keine Zeitkontinuität, sie kann auch nie als *ganze* in Aktion treten, so wenig wie bei uns. Diese reichlich verwickelten Probleme sind noch durch einen weiteren Faktor kompliziert: die Residenzgewohnheiten. Familien sind immer Residenzeinheiten. Wenn wir, schon im Zu-stande paläolithischer Jägerseßhaftigkeit, annehmen dürfen, daß sie über mehrere Generationen territoriumsgebunden zusammenbleiben, so muß sich eine sehr wichtige Erscheinung einstellen, auf die Titiev (The influence of common residence in the unilateral classification of kindred, Am. Anthropologist 45, 1943, p. 511ff.) hinwies: wenn z.B. die Mädchen zur Exogamie weggegeben werden, so muß sich dann eine Sequenz von Männern abzeichnen: Vater, Sohn, Enkel usw. Es sind dies »Linien« direkter Abstammung. Logisch und faktisch gleich möglich ist eine »matrilokal« ausgedehnte Familiengruppe, in der die Folge der Töchter gegen die ausheiratenden Männer stabil bleibt. Kommt es nun noch zu einer Vererbung von Jagdgründen oder Sammelterritorien, so ist diese überhaupt nur in einer solchen unilinealen Folge denkbar, so wie sie z.B. bei den Algonkinstämmen vom Vater zu den Söhnen erfolgt (R.H. Lowie, Primitive Society, 1921, p. 149).

Alle diese hier genannten Faktoren sind also den archaischen Gesellschaften als Probleme vorgelegt gewesen! Die Gebürtigkeit, die Exogamie und das Inzestverbot, die Blutsverwandtschaft und Residenzregel, die verbindliche Aktionsfähigkeit von Teilgruppen, die Ausräumung konkurrierender Verpflichtungen und die Erbgewohnheiten mußten sozusagen im Verhältnis gegeneinander definiert werden, und zwar unter den Gesichtspunkten der Dauer und der Gegenseitigkeit. Und dies natürlich bei einer Bewußtseinslage, welche die rationale »Organisation« oder »Planung« einer Gesellschaft nach Zweckgesichtspunkten vollständig ausschloß! Es gibt nur einen einzigen Weg, auf dem diese Kombination gelingt, und ihn müssen die archaischen Gesellschaften aller Erdteile unabhängig voneinander gefunden haben, er bildet geradezu das Meisterstück ihrer kulturellen Arbeit am eigenen Leibe.

38. Totemismus

Dieses Meisterstück besteht in der *artifiziellen*, nämlich einseitigen Zurechnung der Blutsverwandtschaft, der sog. unilinealen Deszendenz. Dazu muß eine privilegierte »Nächstverwandtschaft« so definiert werden, daß sie entweder nur über die Männerfolge (patrilineal) oder nur über die Frauenfolge (matrilineal) gerechnet wird, wobei die Blutsverwandten der anderen Seite jeweils »ausgeklammert« werden. Dadurch wird folgendes erreicht: jedes Mitglied eines solchen Verbandes gehört ihm lebenslänglich an, auch dann, wenn es die gemeinsame Familienresidenz verläßt. Die Zurechnung wird eindeutig, weil einseitig vererbt, was sich in der bei uns üblichen bilateralen Zurechnung nicht ergibt, denn jede Generation vererbt dann immer mehr Blutslinien. Die jetzt scharf umschriebene enge Blutsverwandtschaft gestattet präzise Inzestverbote und Exogamie-Regeln: bei patrilinealer Zurechnung darf z. B. ein Mädchen den Sohn des Vaterbruders nicht heiraten, der ihrer eigenen Linie angehört, wohl aber den des Mutterbruders, denn die eigene Mutter sowie ihr Bruder gehören ja dieser artifiziellen Einheit nicht an. Diese unilinealen Verbände schneiden also jede Familie quer durch, und gerade deswegen ist die Kontinuität eines solchen Verbandes ins Unendliche gewahrt: die Linie Vater (und Brüder), Söhne (und Brüder),

Sohnessöhne (und Brüder) resp. die inverse (Mütter, Töchter usw.) läuft ins Unendliche weiter und verzweigt sich nicht, weil die Kinder diesen Linien jeweils einseitig zugerechnet werden. Daher kann ein solcher Verband als ganzer in Aktion treten, ohne Loyalitätskonflikte, und die Konstruktion größerer Verbände, die mehrere Linien umfassen, bietet keine Schwierigkeiten. Die Erb- und Residenzgewohnheiten lassen sich in diese Ordnung reibungslos einfügen, die Linie behält ihre Identität auch bei Lokalzerstreuung, weil jeder seinen Status mit sich herumträgt. Und die vitalste Frage, die exogame Eheregelung, kann zwischen diesen Verbänden in klarer Gegenseitigkeit gelöst werden. Im Grunde zeigt sich hier, wie Lévi-Strauss sagte, ein fast mechanischer Prozeß, um eine Gesellschaft in parallele Verbände aufzuteilen, zwischen denen Reziprozität möglich ist, woraus sich wieder die Organisation der Gesamtgruppe ergibt. Die unilineare Zurechnung schafft also eine aus allen diesen Gründen evidente Institution, indem sie definierte Verwandtschaftsgruppen von der halben Größe der biologisch natürlichen durch Ausschluß definierter Mitglieder zustande bringt. Die Zurechnung bezieht sich auf die Mitgliedschaft in der so entstehenden Gruppe, sie leugnet keine bestehende Blutsverwandtschaft, überformt diese vielmehr zur Hälfte durch ein *Statusprinzip*.

Die aus allen diesen Gründen völlig überzeugende Regelung erscheint statistisch so, daß in Murdocks repräsentativer Auswahl von 250 Gesellschaften über alle Erdteile hin 175 eine der möglichen (evtl. kunstvoll kombinierten) unilinealen Verbandsformen hat. Nur 75 kennen die uns »selbstverständliche« bilaterale Zurechnung, die in vielen Fällen noch sekundär ist, wenn z. B. die Buin (Melanesien) zwar bilaterale Zurechnung haben, aber matrilineale Totemvererbung, die sicher älter ist. Unsere Darlegung vermittelt ein recht vereinfachtes Modell von Institutionen, die bei heutigen Primitiven großenteils verunklärt, durch die geschichtliche Lebendigkeit überwachsen und verwischt, durch rationale Reformen oft wieder vereinfacht und harmonisiert wurden. Dennoch ist es der bahnbrechenden Arbeit von Lévi-Strauss gelungen, eine zwingende Theorie der sozialen Strukturen über den größten Teil des asiatisch-hinterindisch-australischen Raumes herauszuarbeiten, und Murdock hat im Schlußteil seines wichtigen Buches sogar die Transformationsgesetze, d.h. die möglichen Veränderungsrichtungen solcher Systeme untersucht und getestet.

Die verblüffende Rationalität und selbst mit mathematischen Mitteln behandelbare Schematik der Lösungen, die sich ergeben, wenn primitive Gesellschaften ihre vitalen Probleme kombinieren, darf keineswegs dazu führen, ihnen diese Rationalität als *Motive* unterzuschieben. Hier kommt die Bedeutung der Trennung von Motiv und Zweck zur Geltung, auf die wir im ersten Teil hinwiesen: der Funktionssinn einer Institution, die sich herausstellende Zweckmäßigkeit ihres Funktionierens, die dann allerdings aufgegriffen und ausgebaut werden kann, ist nicht identisch mit den Motiven, die zu jener Institution hinführten. Die in illo tempore anzunehmende Bewußtseinslage hat mit Sicherheit ein »Organisieren« zweckmäßiger Sozialformen nicht hergegeben, was stets nur eine stabile und selbst schon hypertrophe *Herrschaft* erreicht hat. Scharf gestellt, ist die Frage die: wie hat ein an der *Außenwelt* orientiertes Bewußtsein den abstrakten, nichtsichtbaren Sachverhalt einer kontinuierlichen Blutslinie überhaupt erreicht, und wie konnte man diesen abstrakten Sachverhalt wieder in den *Status* des Einzelnen übersetzen?

An dieser Stelle setzt unsere Theorie den *Totemismus* ein mit der These von der Geburt der Blutslinie aus dem imitatorischen Tier-Ritual. Wenn der Totemismus etwas anderes sein soll, als »der Gegenstand eines nichtendenwollenden Streites« (van der Leeuw), dann muß er mit diesen Problemen in Zusammenhang gestanden haben. In erster Annäherung ein »sozialer Tierkult«, findet er sich zunächst in sehr mannigfachen Varianten bei den Primitiven aller Erdteile, die frühen Hochkulturen Mexikos und Chinas zeigen Erscheinungen, die man nur aus einem prähistorischen Totemismus ableiten kann, und wenn von den drei ersten Königen der 1. Dynastie Ägyptens einer Skorpion, einer Falke hieß (der Name des dritten: Narmer ist ungedeutet), so kann man diese Könige, wenigstens ihrer Tradition nach, als Chefs von Totemgruppen auffassen. Selbst in den Fundamenten der hochhumanisierten griechischen Kultur findet man beim Nachgraben die Spuren: Erinys war ursprünglich eine pferdegestaltige Gottheit in Thelpusa in Arkadien, und die aus der Unterwelt aufsteigenden verfolgenden Geister, zu denen sie sich wandelte, stehen ja offensichtlich in Zusammenhang mit der weitverbreiteten Vorstellung von der Bösartigkeit verstorbener Sippengenossen. Und wenn (Altheim, Römische Religionsgeschichte I, 1951, p. 131ff.) der Gott Faunus sich als »Wolf« erklären läßt, wer waren die »Faunigenae«, die wolfsgeborenen Rutuler? Was die Frage des Alters betrifft, so verweist Koppers (Der Totemismus als menschheitsgeschichtliches Problem, Anthropos 31, 1936) ihn in das Mesolithikum, und Hancar (Zum Problem der Venusstatuetten im euras. Jungpaläolithikum, Prähist. Ztschr. 30, 1940) hält Gruben mit begrabenem Mammutfuß, Vogelschädeln und Renwirbeln bei den Aurignacjägern von Malta (Irkutsk) für tiertotemistisch.

Es gibt oder gab also über die ganze Erde hin Gruppen, die sich mit bestimmten Tieren »identifizierten« und deren Namen trugen, das Totemtier galt meistens als »Ahn« dieser Gruppe, und für sie pflegte die Tötung und das Essen des Totemtiers verboten zu sein. Dieser Komplex Deszendenz (Gruppenahne) – Tötungsverbot – Speiseverbot bildet also den Kern des Phänomens. Entscheidend ist aber, was Murdock (p. 50) mit Recht betont, daß es sich um die Identifizierung von *Blutsverwandtengruppen* und *nicht* von Familien handelt. So haben, um nur ein Beispiel zu geben, die Yuchi (südöstl. Nordamerika) streng exogame matrilineale Totemclans mit imitativen Tänzen, strengen Tabus und dem Glauben an die Abkunft von mythischen Tieren (J. Haeckel, Totemismus und Zweiklassensystem bei den Sioux-Indianern, Ztschr. Anthropos 32, 1937, p. 839).

Maßgebend für eine Theorie des Totemismus ist nun die Entscheidung, ob man diesem Komplex eine echte Funktion zusprechen will, oder ob man in der weitverbreiteten heutigen Überzeugung von der bloß psychologischen (also folgenlosen) Qualität derartiger Erscheinung an sie herangeht. Wir stimmen sofort für die erste Alternative, dann kann aber diese Funktion nur in der Konstitution eben jener Blutsverwandten-Gruppen bestanden haben, die sich nach Tieren benannten. Oder, richtiger gesagt, mit ihnen identifizierten, denn wir wollen die große Symbolkraft der Hinweise nicht bagatellisieren, die auf eine plastische Verkörperung deuten: noch 1829 trugen die Sippenchefs der Winnebago die Häute ihrer Totemtiere an sich, ein inzwischen verlorener Brauch (Haeckel, a.a.O., p. 490). Die Osage-Mythen lassen das Totemtier sagen: Ich bin das Wesen, aus dem die Kleinen (= Menschen) ihre Leiber machen, und die Elchsippe der Winnebago hat folgende Ursprungslegende: der Erdmacher schuf Mann und Frau und fragte, durch was hindurch sie leben wollten (to live through!), und sie sagten: der Elch. Alle diese merkwürdigen Formeln weisen auf eine ganz plastische, direkte Verkörperung hin, so auch, wenn ein Murngin (Südaustralien) sogar auf dem Totenlager versucht, die Bewegungen seines Totemtieres nachzuahmen – so greifbar nahe ist ihm schon das Weiterleben im Tiere (R. H. Lowie, Social Organization, 1950, p. 178). Wir bezweifeln daher nicht, daß es sich um eine echte Kultform gehandelt haben muß: »Diejenigen Männer«, sagt Beth (Religion und Magie bei den Naturvölkern, 1914, p. 43), »welche das Totem darstellen und zu diesem Zweck mit Federn und Farben aufgeputzt werden, vollziehen wirklich religiöse Riten.«

Insofern beziehen wir den ganzen Komplex auf jenes Kernritual der archaischen Kultur, das wir als mimische Verkörperung von Tierwesenheiten kennen lernten. Man braucht als wahrscheinliche Ausgangsannahme nur die, daß irgendwelche nächstverwandte Gruppen je besondere Kulte appropriierten, sich dadurch voneinander unterscheidend und je ihre »Identität« ins Bewußtsein hebend. In weiterer Folge muß sich aber wieder eine unerwartete sekundäre Zweckmäßigkeit herausgestellt haben. Bisher wurde merkwürdigerweise die handgreifliche Analogie der »Tiergesellschaften« zu unilinearen, also artifiziell einseitigen Verbänden, und zwar zu nichtlokalisierten übersehen: alle Exemplare einer Tierart haben gemeinsame Deszendenz, sie sind lebenslänglich, was sie sind, und sie leben lokalzerstreut. Zum Selbstverständnis einer Gruppe, die über lange Zeiten des Experimentierens, der Rückschläge und Verworrenheiten hin im Begriffe stand, ihre oben beschriebenen vitalen Probleme in Zusammenhang zu bringen und allmählich von der unilinealen Deszendenz aus lösbar zu machen, gibt es kein einleuchtenderes Verhalten, als das Ritual der Tierdarstellung in dieser Weise weiter zu spinnen. Eine solche Gruppe, deren Mitglieder ein- und ausheiraten, die also ihre Zusammengehörigkeit vom gemeinsamen Wohnort her nicht dauernd vor Augen haben, die aber lebenslang und in der Kontinuität der Folge – also unilineal – ihre gemeinsame Abstammung festhalten wollen, und die sich endlich scharf von anderen, aber »ähnlichen« Gruppen unterscheiden müssen, hat eine objektive Strukturähnlichkeit mit den Exemplaren einer Tierart. Wir können sogar der Forderung verschiedener Autoren entsprechen, daß die Exogamie, also irgendein Verfahren des Mädchentausches, dem Totemismus vorauszusetzen sei, denn genau in diesem Punkte versagt die Analogie, und darf es, weil man sie nicht braucht: denn die Exemplare einer Tierart »heiraten« ja untereinander, was die Totemgenossen gerade nicht dürfen.

Unsere Theorie gewinnt an Wahrscheinlichkeit, wenn wir die Bewußtseinslage hocharchaischer Zeiten einrechnen. Der objektive Begriff »unsere Blutsgruppe« ist viel früher in einem mimischen Vollzug ins Bewußtsein gehoben, als abstrakt gedacht worden. Bei prähistorisch sicher gering entwickelter abstrakter Rationalität, bei einem von außen her erst provozierbaren Selbstbewußtsein kann ein so schwieriger Sachverhalt wie der einer »lebenslänglichen Zugehörigkeit zu einer nichtlokalisierten Gruppe von gemeinsamer Deszendez« nur mit so anschaulicher »Verhaltensunterstützung« realisiert worden sein. Denn das sich erst entwickelnde Selbstbewußtsein kann sich nur über die Außenwelt hinweg fassen, nur über das Sichidentifizieren mit einem Äußeren. Das Sichidentifizieren mit einem Linien- oder Sippengenossen in dieser ja hoch abstrakten Eigenschaft kann gar nicht in einem begrifflichen Sichverständigen bestanden haben, es mußte über ein Drittes gehen, mit dem jeder sich identifizierte. Das handgreifliche Sichverkleiden oder anschauliche Sichgleichsetzen mit einem Tier, aus dem Kernritual längst mit Verpflichtungen besetzt, war im prähistorischen Stadium *des sich erst entwickelnden Selbstbewußtseins* die einzige Möglichkeit, das Bewußtsein einer scharf definierten, *vereinseitigten* Gruppenzugehörigkeit zu erzeugen – und festzuhalten. Indem sich also die Einzelnen mit demselben Tier identifizieren, seine *Darstellung* gegeneinander festhaltend, kann sich die einseitig-kontinuierliche Blutslinie überhaupt erst herausheben, d. h. der Totemismus hatte eine Funktion, er war das Hilfsmittel, an dem festhaltend man die unilineale Folge herausgearbeitet hat. Eine bloße Symbiose, wie die Kernfamilie, braucht dieses dramatische Verfahren gar nicht, weil sie ihre Einheit und Konkretheit vor Augen hat. Im Totemismus wurde also die zeitüberdauernde Kontinuität einer Linie und von blutsmäßig unterscheidbaren Linien von der physischen Seite der Abstammung her institutionalisiert: der Zweck der Natur zum eigenen Zweck. Endlich enthält der Totemismus noch das Tötungs- und Speiseverbot des Totemtieres für die zugeordnete Gruppe. Wir wollen diese Seite keineswegs bagatellisieren.

An einem sehr alten Nahrungs-Kannibalismus kann nämlich kein Zweifel bestehen, und er geht bis auf die Australopithecus-Gruppe zurück, jene südafrikanischen »Vormenschen«, die z.T. wahrscheinlich doch in das ausgehende Tertiär zu datieren sind. Unter den fossilisierten Resten der Beutetiere fanden sich die Fragmente der eigenen Art, und Heberer (an mehreren Stellen, z.B. Ztschr. Stahl und Eisen, 73, 1953) läßt in düsterer Logik die eine Beobachtung *entscheidend* auf den bereits menschlichen Status der Australopithecinen hindeuten: sie waren Kannibalen, sämtliche Reste sind vor der Fossilisierung zerschlagen worden, man findet an Schädeltrümmern dieselben Schlagmarken wie an den Pavianschädeln. Natürlich steht diese peinliche Tatsache in nächster Beziehung zu dem Wegfall instinktiver Hemmungen, der die Kehrseite der Instinktreduktion beim Menschen ist (§ 28).

Viel später, beim Peking-Menschen, vor mindestens 300000 Jahren, besteht wieder kein Zweifel: alle Schädel waren in der Umgebung des Hinterhauptloches zerschlagen, um das Gehirn herauszuholen, und man fand einen zur Markgewinnung der Länge nach aufgespaltenen Oberschenkelknochen. Dasselbe auf Java: alle Schädel des Solo-Menschen (Neandertaltypus), mit Ausnahme von zweien, sind in derselben Weise beschädigt worden. In Krapina (Jugoslawien) erhob man die angebrannten und zerschlagenen Reste von etwa 40 Neandertalern. Die Funde in der Ofnethöhle (Magdalénien), nämlich zwei Nester mit 27 und 6 Schädeln, davon 19 Kinderschädel und 10 Frauenschädel, kann man wohl auch nur auf Kannibalen beziehen. In Küchenabfällen der Mittelsteinzeit hat man Schädelbruchstücke gefunden, aus derselben Zeit datieren die Ertebölle-Fundstätten in Jütland: große Mengen von Menschenknochen mit Schnittspuren. Es liegt wenig Grund vor, den Profan-Kannibalismus mit Volhard (Kannibalismus, 1939) in jedem Falle als eine degenerierte Spätform des kultischen zu erklären.

Dann aber hat der Totemismus noch eine sehr entscheidende Funktion gehabt: wenn die einzelnen Mitglieder der Gruppe sich je mit demselben Totemtier identifizieren, wenn sie darin einen gemeinsamen Konvergenzpunkt ihrer Gruppeneinheit finden, und wenn nun die gemeinsame Verpflichtung des Nichttötens und Nichtessens dieses Tieres die Form darstellt, wie dieses Bewußtsein sich in eine Verpflichtung, in ein asketisches Handeln übersetzen kann, dann hat dieses Tötungsverbot zugleich den Mord und das Fressen des Gemordeten in der eigenen Gruppe verhindert, weil ja jeder Einzelne sich gegenüber jedem anderen mit dem Totem identifiziert hat. Das heißt: die so vorstellbar gewordene Gruppeneinheit stellt sich tatsächlich her, in einem ganz physischen Sinne, der Totemismus ist daher als eine der Verhaltensformen aufzufassen, in denen die Menschheit die Anthropophagie überwand, und auch daraus erklärt sich sein ungeheueres Gewicht. Ein anderer Weg zu demselben Ziel lag wahrscheinlich in der Adoption von Rauschgiften, denn es ist beobachtet worden, daß Menschenfleisch selten durch andere Nahrungsmittel, wohl aber durch Rauschgifte verdrängt werden kann, so wie in Angola durch den Hanf (Volhard p. 404f.).

39. *Institutionelle Fiktionen I*

Auf den Wegen und Irrwegen der im Ausland als Führungsthema der Forschung fast allgemein abgelehnten Kulturkreistheorie wandelnd, hat die deutsche Ethno-Soziologie den Gebildeten die außerordentliche Bedeutung prähistorischer und primitiver Verwandtschaftssysteme nicht zum Bewußtsein gebracht. »Die Entdeckung der Verwandtschaft war offenbar von tiefer Wirkung in der menschlichen Entwicklung«, sagt Kroeber (a.a.O., p. 220), und er rühmt die geistvolle Einbildungs- und Erfindungskraft, die in den sozialen Strukturen der primitiven Gesellschaften zu Tage tritt. Hier interessiert uns aber weniger der eigentlich ethno-soziologische Aspekt, als der anthropologische. Nach unserer Auffassung hat das rational-experimentelle Verhalten nur in Verlängerung der vom Ritus erzeugten Verhaltensweisen und Denkformen sich an der Entwicklung der elementaren Institutionen beteiligt. Der bepflanzte Garten, das gehegte und gezüchtete Tier, die unilineale, durch Inzesttabu, Exogamie und Totemismus herausgearbeitete Blutslinie sind allesamt »nature artificielle«, es sind vereinseitigte, stilisierte, überwachte Gebilde, aus dem naturalen Substrat durch regulierende Eingriffe herausgehoben, die ihrerseits wesentlich aus der darstellenden Phantasie geboren wurden. Erreicht wird jedesmal, und nicht ohne Vergewaltigung der urwüchsigen Substrate, eine »Reindarstellung« von Möglichkeiten, die in der »nature naturelle« nur angelegt waren: in *jeder* kulturellen Gestaltung, auch heute noch, liegt ein »Adoptionsdefizit« von Tatsachen notwendig darin, irgendwelche Realitäten werden weginterpretiert oder ausgeblendet oder einfach ignoriert – das Produkt dieser Tätigkeit ist dem Menschen Natur. Aber hier liegt die letzte Legitimierung dafür, daß der Mensch sich über viele Jahrtausende hin in der Natur verstehen konnte, denn er selbst ist diese Unfertigkeit und Chaotik einer durch Vereinseitigung und Zucht, durch Stilisierung bis in die Affekte hinein erst ins Dauerfähige hinaufziehenden Potenz, er ist selbst »unwahrscheinlich« und von Natur Kulturwesen. Daher begegnen seinen Augen die Werke und Einrichtungen der pflegenden und züchtenden Hand mit einer Sollgeltung, die in seine eigenen dunklen Tiefen hinabreicht. So ist der Mensch das darstellende Wesen: er hat sich in die Dinge verwandelt, die seine Notdurft oder seine Phantasie bestürmten, er hat sich ihrer, hat sich seiner eigenen Natur im Bilde bemächtigt und sich und sie solange geformt, bis sie dem Bilde entsprachen, und jetzt erst waren sie ihm natürlich.

So ist die Frage beantwortet, wie das ursprüngliche prämagisch-rituelle Verhalten verhindert wurde, in Rausch und Magie unterzugehen: es hat eine überwältigende sekundäre Zweckmäßigkeit entwickelt, und zwar im Institutionellen – das eben deswegen von Anfang an in eine kultische Atmosphäre getaucht ist. Nach voller Ausbildung aller dieser Institutionen, die spätestens im Neolithikum beendet war, bedeutet dies aber notwendig und mit der Zeit eine Transformation des Kultes, denn indem man jene objektiven Zweckmäßigkeiten festhielt, die gefundenen Institutionen zur Basis des Zusammenlebens machte, konnte man die ursprünglichen Motivationen aus den jetzt eigenauthentisch und traditionell werdenden, ja sogar trivialisierenden Einrichtungen herausziehen und *neben* ihnen in »Reindarstellung« entwickeln. Die Religion setzte sich von der unmittelbaren Lebenspraxis erster Hand ab, die zwar noch mythisch interpretiert wurde, aber doch nur interpretiert. Sie tat den ersten großen Schritt in das Innere des Menschen eben damit, daß dieses Innere von dem überwältigenden Anprall der Natur freigesetzt wurde. Die Religion wird in der Entlastung vom selbst noch praxisbezogenen Ritus im Schwerpunkt mythologisch, und zugleich nehmen auch die Vorstellungen vom Göttlichen die Richtung auf das Menschliche: das domestizierte Tier trivialisiert die Tierwelt überhaupt, es ist kein deckendes Symbol mehr, nimmt menschliche Züge an, wie in Ägypten, oder wird Attribut einer menschenähnlichen

Gottheit. Diese Götter großer oder wandernder Bevölkerungen — die ägyptischen, polynesischen, asiatischen, altgriechischen — erreichen einen Zwischenzustand zwischen Sichtbarkeit und Unsichtbarkeit: sie beherrschen ihre Länder oder Gebiete »überhaupt«, können sich auch jederzeit durch Einzelaktionen geltend machen, sind aber mit Ausnahme ihrer Anwesenheit im Tempel zu X und gelegentlicher Hierophanien »unsichtbar« — auf dem Berge Olymp, im Meere, in der Sonne, im Mythos wohnend. Dies ist hochwichtig, denn es bedeutet, von der anderen Seite gesehen: die Neutralisierung ihrer Gebiete für die unbefangene Praxis. Bei Beginn der Seefahrt opfert man dem Poseidon einen Hahn, aber bei der Navigation wird er nicht zu Rate gezogen. Und zweitens werden spezifische, diesen Göttern zugeordnete, tempelgebundene und alltagsentfremdete Riten nötig, die sich von der Amalgamierung mit der Sachpraxis trennen.

Die neuentwickelten institutionellen Grundlagen aller höheren Kultur hatten noch andere entscheidende Folgen, denn die stationäre Durchordnung der Gesellschaft und der Ernährung setzen Dasein und Dauer beider Bereiche für den Einzelnen in die Gewißheit der Hintergrundserfüllung, und damit wird die Welt, die Natur zur »großen Heimat«, ihre »Ordnung« ist ihre Gültigkeit in dem Bewußtsein, daß man ihr moralisch gewachsen war. Um mit Hegel (Rechtsphilos. § 147) zu sprechen: die »Gesetze und Gewalten« sind von nun an »dem Subjekte nicht ein Fremdes, sondern es gibt das Zeugnis des Geistes von ihnen als von seinem eigenen Wesen, in welchem es sein Selbstgefühl hat, und darin als seinem von sich ununterschiedenen Elemente lebt — ein Verhältnis, das unmittelbar, noch identischer, als selbst Glaube und Zutrauen ist«.

Die in den Zustand der Hintergrundserfüllung gerückten, noch welthaltigen, noch nicht unsinnlichen Institutionen, die den Prozeß des Umschlagens zur Selbstverständlichkeit längst hinter sich haben und »natürlich« in dem großen Sinne geworden sind, daß ihre Sollgeltungen mit ihrer Tatsächlichkeit zusammenfallen, sind hier von Hegel gemeint worden. Dies gestattet uns das unentbehrliche Verständnis des Begriffes »*Status*«. Er kann seinen Ursprung nur da suchen, wo *Seinsqualitäten* in Institutionen gefaßt wurden, und insofern ist die Bemerkung Murdocks (p. 61) völlig zutreffend, daß eine »automatisch definierte Rolle« in unilinearen Verbandsformen erst zustande kommen kann: dort ist ein Vater zugleich Repräsentant einer Blutslinie, durch seine eigene Gebürtigkeit und Ehe zugleich der Repräsentant einer Heiratsregel zwischen Blutslinien und damit der Gesamtstruktur seines Verbandes. Er stellt also selbst schon physisch die »nature artificielle« seiner Institutionen dar, und diese Qualität hat er wieder in seinem Verhalten darzustellen: aus seinem Status folgen bestimmte Vermeidungsregeln im Verkehr, Nothilfe- und Blutrachepflichten, Tauschverpflichtungen in bestimmter Richtung usw. Und jeder hat die Vorstellung, die Andere von seinem Status haben, darzustellen und umgekehrt sich gegen jeden Anderen von dessen Status her zu verhalten, ihn in sein Handeln plastisch hineinzunehmen. Damit dies möglich ist, muß das stationäre Dasein und Funktionieren der Institution für jeden Einzelnen selbst in die Form der Hintergrundserfüllung eingegangen sein.

Wer so »mit Haut und Haaren« in seinen Status hineingeht, hat keine andere Wahl, als sich von den geltenden Institutionen konsumieren zu lassen, er findet außerhalb ihrer überhaupt keinen Punkt, wo er hintreten könnte. Diese Würde ist es, die unserer Zeit so weitgehend fehlt, wo die »Subjekte« in dauernder Revolte gegen das Institutionelle sind. Dies wieder ist möglich, weil moderne Institutionen, z. B. politische oder juristische, sich nur fallweise verkörpern, ihre Dauer hängt an der abstrakten Geltung gedruckter Normensysteme. Der Status im seinsmäßigen Sinne geht damit verloren, er weicht dem Begriff der »Rolle«, der mit abstrakten Rechten und Pflichten ausgestatteten Funktion, nur die Kirche hält ihn noch fest und, in Resten, das Militär: da, wo es schlechthin Ernst wird und die höhere Geltung der Institution gegenüber dem Einzelnen unter allen Umständen gelebt werden muß, kommt man ohne ihn nicht aus. Die moderne Übersetzung aller Seinsbegriffe in Funktionsbegriffe gilt sonst auch im gesellschaftlichen Bereich.

Die archaischen Institutionen, in erster Linie die Familien- und Verwandtschaftsregulationen, haben eine so außerordentliche Prägekraft gehabt, daß man an ihnen einen interessanten Vorgang erläutern kann: die zugeordneten Vorstellungs- und Verhaltensweisen greifen über das ursprüngliche Anwendungsgebiet hinaus, sie ziehen andere Tatsachen in sich hinein, die eben damit *kulturell legitimiert* werden. Bestimmte Einrichtungen wirken wie Gravitationszentren, sie bringen andere Tatsachen oder andere Einrichtungen unter ihre »Feldwirkung«, ein Vorgang, den man auch in modernen Gesellschaften beobachtet, wenn z.b. die geltenden demokratischen Vorstellungen aus dem ursprünglichen politischen Anwendungsgebiet herauswachsen und nichtpolitische Gebiete besetzen: es erscheint dann eine »Wirtschaftsdemokratie«, eine »Heeresdemokratie« usw. Notwendigerweise verleiht diese Expansion eines »Leitmotivs« jenen ursprünglich heterogenen Feldern einen fiktiven Anstrich, weil die Eigentöne derselben durch das Leitmotiv hindurchklingen.

Wir geben für archaische Verhältnisse einige Beispiele, ein erstes betrifft die »Verwandtschafts-Äquivalente«. Den oft sehr komplizierten und rigorosen verpönten, zugelassenen und obligatorischen Ehe- und Deszendenzregeln fügt sich die Wirklichkeit selbstverständlich keineswegs immer: eine Ehe bleibt z.B. kinderlos. Hier verleiht die Adoption irgendeinem Individuum den strengen Status eines Familien- oder Linienranges. Die Form der Adoption wird nun ihrerseits zu einem Leitmotiv, das es gestattet, alle möglichen Interessen in der Sprache der Verwandtschaftsregelungen auszudrücken: man muß für irgendwelche Bedürfnisse die Form eines Verwandtschaftsverhältnisses finden, oder es bleibt unerfüllt. Vorzügliche Beispiele dafür gibt W. J. Thomas (Primitive Behavior, 1937, Kap. 6). Wenn ein Eingeborener der Gilbertinseln Eigentumsteile auf seinen Bruder übertragen will, so kann er nicht die Form des Geschenkes wählen, weil dies zur Gegenseitigkeit verpflichten würde. Der Mann muß also seine Absicht in ein Statusmodell übersetzen, d.h. den Sohn des Bruders adoptieren. Er kann auch das Bedürfnis haben, mit einer anderen Familie Konflikte und Feindschaften zu beenden, und tut dies wiederum durch Adoption, weil zwischen den eigentlichen Eltern und dem Adoptierenden dem Status nach Feindschaft ausgeschlossen ist. Es gibt sogar Adoption ganzer Stämme. Die berühmten indianischen »Fünf Nationen« haben um 1726 den aus Nord-Carolina vertriebenen Tuscarora Asyl gewährt, und zwar in dieser Form. Es wurde sogar das Altersklassenschema streng beachtet, d.h. durch gesonderte Beschlüsse des Rates der fünf Nationen wurden die Tuscarora kollektiv nacheinander »Jungen«, »Junge Männer«, »Krieger« usw.

Wie juristische Fiktionen treten hier Statusfiktionen oder Verwandtschaftsäquivalente auf. So gibt es Adoptionen, die einen leer gewordenen Statusplatz fiktiv ausfüllen. Auf den Salomonen kann ein Mann einen kleinen Jungen im Namen und Status seines Vaters, Mutterbruders oder Großvaters annehmen, ein Mädchen im Namen und Status seiner Mutter oder Großmutter, eine Frau kann ein Kind im Namen und Status ihres Vaters oder von sich selbst (!!) einsetzen, wenn sie selbst eine Statusänderung erfährt. Dann werden konsequent alle früher geltenden Relationen abgeschafft und durch neu geltende Äquivalenzen ersetzt.

Ein anderes, weites Beispielsgebiet für die Möglichkeit stabiler Institutionen, ganz heterogene Realitäten in sich hineinzuziehen, bieten die sexuellen Abnormitäten. Diese Abartigkeiten haben über die ganze primitive Welt hin für die Betroffenen eine fiktive Statusänderung zur Folge, die mit erstaunlicher Konsequenz durchgeführt wird. H. Baumann (Der kultische Geschlechtswandel bei d. Naturvölkern, Ztschr. f. Sexualforschung, I/1, 1950) hat solchen Erscheinungen eine bedeutsame Untersuchung gewidmet. Bei den Tschuktschen und Kamtschadalen werden homosexuelle Neigungen im Jugendalter oder früh auftretende psychische Abartigkeiten, die zum Schamanismus prädestinieren, als Ausgang einer Statusumwandlung genommen, die im vollständigen Falle soweit führt, daß der junge Mann das Verhalten von Frauen annimmt, Lanze und Lasso mit der Nadel und dem Fellschaber vertauscht und sich endlich psychisch völlig verändert: er wird in Tiefenkonsequenz der Darstellung seiner Rolle fremdenscheu, schätzt Klatsch und Kindererziehen, sucht die Gunst der Männer und heiratet unter den gewöhnlichen Zeremonien einen anderen Homosexuellen, dem er das Haus besorgt. Durch Adoption von Kindern kann diese Quasifamilie komplettiert werden. In diesen Zusammenhang gehört ein Beispiel von Alarcon (1540), der von den Yuma berichtet, wie einmal einer von vier Männern im Weiberstatus nach seinem Tode durch einen Neugeborenen ersetzt wurde, der, als Weib gekleidet und erzogen, in seinen Status eintrat. Derartige »Ehen« werden seit dem 17. Jahrhundert aus Loanda, Uganda, aus Madagaskar, dem ganzen malaiopolynesischen Gebiet und aus dem zusammenhängenden nordamerikanisch-nordasiatischen Gürtel berichtet. Bei den Mohave-Indianern kam es vor, daß Frauen, denen der Stamm den Männerstatus zubilligte, sich mit anderen verheirateten und sich als »Väter« der von Dritten erzeugten Kinder erklären ließen.

In allen diesen Fällen bietet die Unwahrscheinlichkeit und Auffälligkeit des Verhaltens, seine Unheimlichkeit den Ansatz, um die Betreffenden durch Verleihung eines Sonderstatus in die geltenden

Ordnungen reibungslos einzufügen und jene Eigenschaften damit zu legitimieren, was übrigens mit und ohne Anerkennung einer übernatürlichen, magischen Qualifikation geschehen kann.

Diese fiktiven Statusdarstellungen haben keine geringe theoretisch-anthropologische Bedeutung. Die *obligatorisch gewordene Fiktion ist eine Realität eigenen Rechtes*. Und dies gilt vor allem nun auch im Bereiche des Bewußtseins. Man hat sich oft genug über die primitive »Verwechslung« der Vorstellung mit der Wirklichkeit gewundert, und dennoch sind die Primitiven keineswegs Paranoiker. Wenn sich daher »Vorstellungen« finden, die ohne Augenschein oder im Gegensatz zu diesem für Realitäten gelten, so hat man nach den Kernbeständen zu suchen, von denen her sie abgeleitet sind, und man wird auf Institutionen treffen. Die Vision eines Schamanen, seine Berufungsträume zur Geschlechtsumwandlung, die durch Askese induzierten Halluzinationen dessen, der seinen »Schutzgeist« suchen muß, die in Tieren weiterlebenden Ahnen usw. usw. gelten deswegen als wirklich, weil die zugeordneten Verhaltensweisen fest institutionalisiert sind: diese Bewußtseinsphänomene sind sozusagen selbst Statusabzeichen. Ganz allgemein erhalten diejenigen »Vorstellungen«, die institutionalisiert werden können, von der Realität, der Einseitigkeit und der Sollgeltung dieser Institutionen her ein Superadditum an Geltung, das sie der Möglichkeit des subjektiven Infragestellens enthebt, sie werden dann selbst als obligatorisch empfunden und streifen den Charakter der Subjektivität vollständig ab. So hat seit der französischen Revolution die durchaus ideologische, fiktive Vorstellung der »Gleichheit« sich zu einer Kategorie verfestigt, unter der die soziale Wirklichkeit wahrgenommen wird, im Gegensatz zum Augenschein.

Ähnlich versteht sich der Begriffsrealismus unseres Gelehrtenstandes. Von der selbstverständlich gewordenen Institution begriffsproduktiver Forschung her ergeben sich Bewußtseinsphänomene als professionelle Statusabzeichen derart, daß ein gewisser Platonismus (die Begriffe sind selbst in irgendeinem Sinne wirkliche Wesenheiten, in der philosophischen Fachsprache: ideales Sein) zur institutionseigenen Bewußtseinslage geworden ist. Mit der Folge, daß »nominalistische« Auffassungen (Begriffe sind variable ad-hoc-Kennzeichnungen) stets nur individuelle Abweichungen gewesen sind, die sich nie durchsetzten, ja die als moralisch nicht ganz einwandfrei empfunden wurden. Ebenso wird die Polemik gegen den Pragmatismus in Deutschland mit einem deutlichen Unterton moralischer Entrüstung betrieben, es ist dies eine standeswidrige Theorie. Umgekehrt ist z.b. die Vorstellung, daß es ein »Wesen des Staates« gäbe, unausrottbar, trotzdem es keine *inhaltliche* Merkmalskombination gibt, die sich auf ein Negersultanat, Sparta, Rom, das ottonische Kaiserreich, Byzanz und die Bundesrepublik anwenden ließe.

Institutionsrelativ ist weiter vor allem der moderne Subjektivismus selbst, er ist nämlich relativ auf *fehlende* Statusinstitutionen, er vertritt die »Selbstverständlichkeit« und »Natürlichkeit« eines institutionsunabhängigen Seelenlebens. Die Folge ist natürlich, daß »Persönlichkeit« zu sein, selbst schon ein Sollstatus geworden ist, und zwar ein mühsam zu erfüllender. Erst wenn das menschliche Verhalten insgesamt, im Innen- und Außenaspekt, von Darstellungspotentialen entlastet ist, die an der Außenwelt ihren Halt finden, entsteht der moderne Subjektivismus, wird die Subjektivität freigesetzt: in genauer Entsprechung zu der schnellen und passiv hinzunehmenden Veränderung der Außenwelt im Industriezeitalter.

40. *Institutionelle Fiktionen II*

Viele unserer Beispiele haben deutlich gemacht, wie der kulturelle Prozeß vereinseitigte Hinsichten aus den naturalen Substraten herauszüchtet, die bei genügender traditioneller Verfestigung als »einzige Möglichkeit«, d. h. als natürlich imponieren. Dieser Vorgang erstreckt sich bis in das Innere der Person hinein – schon durch den Vorgang ihrer Orientierung (§ 17) werden die Antriebe und Affekte präzisiert und begrenzt, unter Kontrolle genommen und stilisiert, und die gesellschaftlich ausformulierten Einstellungen werden endlich genau so als Sollverhalte vorgefunden, wie die Institutionen selbst, die jeweils bestehen. Dies gilt für alle Kulturzustände. Die Frau z.B. hat der Reihe nach religiös, rechtlich, politisch und wirtschaftlich eine »Gleichberechtigung« erreicht, die in einer nichtchristlichen, nicht formalrechtlich orientierten, nichtdemokratischen und nichtindustriellen Gesellschaft als »unnatürlich« empfunden worden wäre. Diese Gleichberechtigung der Geschlechter deckt ebenfalls Realitäten ab, die nach wie vor bestehen und auf die hinzuweisen zunehmend *moralisch* unmöglich werden wird, und eines Tages werden Virtuosen zu »verstehen« suchen, wie man jemals anders denken konnte. Und die Gleichberechtigung der Geschlechter setzt durchaus die Spannungslosigkeit und Unproduktivität im direkten menschlichen Kontakt voraus, die für eine industriellbürokratische Gesellschaft typisch ist, und die sie verhindert, gerade umgekehrt im Sinne jeder vorindustriellen Kultur den Unterschied der Geschlechter zu stilisieren.

Da der Mensch wesentlich Kulturwesen ist, seine eigene Natur bis tief ins Innere hinein eine »nature artificielle«, ja da er sogar die objektive Natur selbst theoretisch und praktisch in dem Grade vereinseitigt, in dem er sie überhaupt erreicht, so daß jedes »Naturbild« nur ein tendenziöser Ausschnitt ist, deshalb ist ein Moment des Künstlichen, ja Fiktiven ein Wesensbestandteil der Menschlichkeit. Die Realität »an sich« ist daher in ihm und außer ihm durchaus verborgen, und wenn und soweit man sie, wie in den Naturwissenschaften, doch irgendwie approximativ erreicht, weist sie ihre Unmenschlichkeit aus, so daß dem modernen Menschen die archaische Möglichkeit genommen ist, sich in der Natur zu verstehen. Es ist dann übrigens zu erwarten, daß der Fortschritt der Technik und der Naturwissenschaft die Religion komplementär verstärkt, im Unterschied zu allen Erwartungen der Aufklärung, doch so, daß beide Welten immer schwerer zur Deckung zu bringen sind.

Die ausformulierten kulturellen Gestaltungen haben, wie wir vorhin sahen, die Funktion von »Führungssystemen« in dem Sinne, daß sie heterogene Realitäten in sich hineinziehen. Dies deswegen, weil die gesamte institutionelle Struktur sich verselbständigt, auch gegenüber dem eigenen Inneren, so daß sie nun von innen her als Apriori auftritt. So geben die Statusprinzipien der archaischen Verwandtschaftssysteme die Modelle her, um sexuelle Abnormitäten sozial tragbar und für die Betroffenen lebbar zu machen, oder alle möglichen Motive bedienen sich der Adoption als Ausdrucksmittel – genau entsprechend bemerken wir heute eine Funktionalisierung technischer Denkmodelle weit über ihre eigentlichen Sachgrenzen hinaus. (Hans Freyer: Über das Dominantwerden technischer Kategorien in der Lebenswelt der industr. Gesellschaft, in: Abh. der Mainzer Akademie der Wissensch. und der Lit. 1960). Wenn sich die Energie einer Gesellschaft hinter die gefundenen Verhaltensformen setzt

40. Institutionelle Fiktionen II

und sie mit voller Kraft ausbaut, so kommt es zu Überspezialisierungen höchst imposanter Art. Die Australier haben ihre Verwandtschaftssysteme so extrem durchkonstruiert, ausgebaut und kombiniert, daß die moderne Forschung (Lévi-Strauss) sich zum Verständnis z. B. des Achtklassensystems der Murngin, das sich in fünf Generationen komplettiert und eine rotierende Struktur hat, schon dreidimensionaler Schemata und mathematischer Methoden bedienen muß. Die sonst arme australische Kultur hat hier eine beispiellose Produktivität entwickelt, sie ist in dieser Hinsicht in ähnlichem Grade überspezialisiert, wie wir in der Technik, oder wie es das frühe Mittelalter in der Theologie war.

Ein anderes Beispiel bietet die Übersteigerung der Tabusysteme bei Polynesiern. Man »versteht« heute das Tabu aus der »Ambivalenz« affektbesetzter Vorstellungen – aber aus den uns bekannten psychischen Mechanismen der Ambivalenz könnte man es nie ableiten, sie würden bei uns nie zur Institution des Tabu führen. Daher ist eine objektive Definition vorzuziehen: ein Tabu institutionalisiert eine »kritische Situation« im Sinne der Distanzabstufung bis zu einer absoluten Distanzgrenze: berühren verboten. So ist die polynesische Adelsherrschaft bis ins Extrem institutionalisiert worden, wodurch das gegenseitige Verhalten von subjektiven Motiven völlig unabhängig wurde. Wenn ein Adliger die Wand, an die er sich lehnte, tabu machte, wenn seine Speisereste an einem einsamen Platze versteckt werden mußten, damit sich niemand versehentlich durch Essen der göttlichen Substanz selbst töte, wenn er jedes Ding außer Verkehr setzen konnte, indem er es einfach als Körperteil bezeichnete (»das ist mein Kopf«), oder wenn sein Schatten, der über ein Gefäß fiel, dieses samt Inhalt unberührbar machte, so kann man dies zunächst als »arcana imperii« verstehen, wobei schon die Bestimmung bei den Maori charakteristisch ist, daß niemand den heiligen Chefs von hinten sich nähern durfte: die Rückseite war in besonders hohem Grade tabu. Anthropologisch dagegen ist die Überspezialisierung, der Ausbau ins Uferlose interessanter. Denn so hochgetriebene Institutionen können das Moment des Künstlichen, das von Anfang an in ihnen liegt, bis zum vollen Wert der gültigen Fiktion entwickeln. Es ist unmöglich, diese Einrichtungen abzuschaffen; andererseits stehen sie in ihrer ungemeinen starren Durchformuliertheit den Lebensinteressen selbst im Wege, so daß das Leben sich um sie herum neue Bahnen sucht. Auf der Karolineninsel Kusae besteht das Gesetz, daß alles Land dem König gehört – doch ist dies bereits Fiktion geworden, es ist Privatbesitz und persönlich vererbbar. Die Fidschi-Adligen hatten eine furchterregende magisch-religiöse Macht, aber im konkreten Falle konnte der Häuptling Thakombau im Jahre 1851 eine neue Steuer nicht durchsetzen, sie scheiterte am passiven Widerstand derselben Gemeinen, die nur durch abgestufte Chargen hindurch mit ihm reden konnten. Gerade »die fiktive Art der Autorität der Negerkönige hat es verhindert, daß wahre persönliche Autorität dort je hat feste Wurzeln schlagen können, und wahrscheinlich ist sie auch für die Tatsache verantwortlich, daß dort niemals Fälle von Tyrannei im griechischen Sinne vorgekommen sind« (Radin, Gott und Mensch in der primit. Welt, 1953, p. 246). Eine unilineale Blutslinie oder Sippe ist trotz ihrer außerordentlichen funktionellen Leistungsfähigkeit doch in dem Sinne fiktiv, daß die abgedeckten Realitäten sich dennoch umwegig auswirken und zu komplementären Institutionen führen, wenn z.B. in einer patrilinealen Gruppe sich die nicht honorierte Blutsnähe der Mutter so durchsetzt, daß der Mutterbruder eine dem Vater nahekommende Nebenautorität wird.

Derartige Fiktionen sind außerordentlich wichtig, weil im nächsten Schritt ihre *Instrumentalisierung* erfolgen kann: die lebensfern gewordene Fiktion wird rationalisiert, indem sich ihre praktische Brauchbarkeit zeigt, und gerade damit wird sie von einer anderen Seite her erneut stabilisiert. In Josua 6, 18 wird z.B. die bei der Eroberung Jerichos gemachte Kriegsbeute durch Tabuierung der individuellen Plünderung entzogen, wogegen sich jemand (Achan) vergeht. In wieder anderer Zweckmäßigkeit führte die Tabuierung des Herrschers, seine Einschnürung in exaltierte Rituale, zu seiner »Abschiebung nach oben«, so daß andere an seiner Stelle in die Macht eintreten konnten, wie in Japan, wo in der Zeit des Shogunates (1192–1867) die Kaiser machtlos, aber göttlich waren. Für unsere Kultur ist der überspezialisierte Ausbau der Wissenschaft charakteristisch, der als selbstverständlich gilt, sich längst von jeder eigenen Zwecksetzung (z.B. des »Beitrages zu einem Weltbild«) emanzipiert hat und damit sekundären Zweckbesetzungen offensteht, wie denn eine schnell zunehmende Politisierung offensichtlich ist, und zwar gerade bei erhaltener Fiktion des »Selbstwertes«.

In den Fällen, da der fiktive Charakter einer Institution, das voll entwickelt Artifizielle ihrer Natürlichkeit rein heraustritt, eine sekundäre Instrumentalisierung aber nicht zustande kommt, so daß sie im wesentlichen mit dem »Königsrecht des Geformten« (Jacob Burckhardt) kraft ihrer Eigenstabilität durchhält, wird die Kategorie der *unverbindlichen Maßgeblichkeit* erreicht, eines isolierten Fragmentes künstlicher Realität. Mit dieser Kategorie soll eine kulturelle Gestaltung beschrieben werden, die insofern maßgeblich ist, als niemand sie anstößt und viele sich beeindrucken lassen, die aber folgenlos dasteht, indem keine Impulse von ihr ausgehen, außer in der Richtung der eigenen Reproduktion, und niemand sich davon belebt und bekräftigt fühlt. Dann wird im echten Sinne eine Fassade konserviert, die eine Autorität behält und der auf der Seite des Publikums ein ebenso formalisierter Respekt entspricht: mehr geht nicht vor sich. In der Antike z.B. stand man keineswegs zu jedem Gott in einem religiösen Verhältnis. Es gab zahlreiche Götter von unverbindlicher Maßgeblichkeit, deren Dasein zwar niemand bestritten hätte, deren Kult jedoch ein bloß formell repetierender blieb, und selbst die Dörfer hatten ihre eigenen Heroen, »von denen niemand etwas anzugeben wußte« (Döllinger, Heidentum u. Judentum, 1857, p. 91). In den Eumeniden des Äschylos werden nach feierlicher Einsetzung des Areopags durch Apollo die Eumeniden von Athene ebenso feierlich »ausgegrenzt« und in ein unterirdisches Heiligtum ausgewiesen, ihre Macht wird auf den bloßen Kultanspruch eingeschränkt. Es wäre sehr zu bedauern, wenn die Vermutung zuträfe, daß im modernen Bewußtsein die klassische Antike überhaupt in die Kategorie der unverbindlichen Maßgeblichkeit einrückt, wenn ihr unter Gebildeten bloß noch eine Art folgenlosen, zeremonialisierten Respektes gewidmet würde.

Nächstverwandt mit diesen Erscheinungen ist die Zeremonialisierung von Konfliktslagen nach Verdampfung der eigentlichen Konfliktsstoffe. Bei australischen Stämmen wird ein ankommender Fremder einem Scheinangriff ausgesetzt: ein Rest der obsolet gewordenen Auffassung, die im Fremden schlechthin den Feind sah. Die ganze Verhaltensform ist aber fiktiv konserviert worden und dient jetzt als Begrüßungszeremonie. Hofstätter (Sozialpsychol. 1954, p. 121f.), hat, wie wir schon im § 9 erwähnten, die These aufgestellt, »daß sehr viele Wettkampfsituationen unseres öffentlichen Lebens bereits zu Zeremoniellen geworden sind, die zum Bestand von Rollen gehören, ohne daß wir dies im Einzelfalle stets durchschauten.« »Die heute noch aktuellen Spannungen zwischen Arbeitnehmern und Arbeitgebern entsprechen der Situation einer Gesellschaft, die zu wenig produziert, um sämtliche ihrer Mitglieder entsprechend am Genuß des Produktes zu beteiligen. Das Problem der vor uns liegenden industriellen Ordnung dürfte aber weit mehr die Expansion der Absatzmöglichkeiten und die Steigerung des Verbrauches schlechthin sein. Eine solche Situation aber böte nur geringen Anlaß zum Fortbestehen der traditionellen Gegnerschaft, diese selbst dürfte zur Lösung des neuen Problems auch kaum etwas beitragen. Wir erwarten somit eine ›Zeremonialisierung‹ des Labor-Management-Konflikts (nb. unter Beibehaltung der aus diesem Konflikt entstandenen Institutionen. Verf.)«. Wenn das Wort von den »great contemporary rituals of electioneering and parlamenteering« (D. Riesman, The lonely crowd, 1953, p. 84) für Amerika zutrifft, so wäre dort schon der Zustand erreicht, daß die bestehenden Parteien keine akuten gesellschaftlichen Gegensätze oder politische Konflikte mehr repräsentieren. Die »unverbindliche Maßgeblichkeit« ist eine bedeutende Kategorie für manche Kulturdaten in Epochen, die sich in tiefgreifender Umwandlung befinden: man will die überlieferten Gestaltungen nicht aufgeben, trotzdem sie nicht mehr von innen her erfüllbar sind. Sie erreichen dann einen Zwischenzustand zwischen wirklich und unwirklich, wahr und unwahr, und bemerkenswerterweise gerade darin eine erstaunliche Lebenszähigkeit. Wie der römische Senat in der Kaiserzeit können Institutionen »abgelebt, ohne politisch indifferent und streitunfähig geworden zu sein« (Immermann, Memorabilien, I, 1840, p. 252). Im Vergleich zu einem mehrfach gebrauchten Begriff könnte man bisweilen auch von »unwirksamer Gegenwart« reden, so vom Bilde der Klassik in uns. Die Kategorie ist mit dem Ideologie-Begriff nicht zu fassen. Die Integrationsformeln der Gesellschaften können stehen bleiben, von ihnen selbst unterlaufen.

Vielleicht ist es diese Situation, die dann umgekehrt den »Idealismus« freisetzt. Den archaischen Gesellschaften und den Hochkulturen in ihren glücklichen Epochen fehlt vollständig jener fanatische Idealismus, weil es kein Absolutes hinter den Ordnungen gibt, nur in ihnen. Die Idealhypertrophie wie in neueren Zeiten ist eine Bewußtseinsform, in die beliebige Inhalte eintreten können: Blut, Geist, Humanität, Existenz usw. Sie ist doch wohl das Korrelat entleerter, aber noch stehender Ordnungen. Der gemeinsame Nenner solcher »Ideen« ist stets ihre mangelnde Selbstverständlichkeit: trotz aller Lautstärke sind sie nicht recht einleuchtend. Diese Selbstverständlichkeit ist nur individuell erreichbar: für den Fanatiker wird alles problemlos, was in Richtung seiner Idee liegt, und schließlich diese selbst.

Aber auch der gewaltsame Eingriff in ein Sozialgefüge scheint ähnliche Erscheinungen hervorzurufen, er zerstört die kunstvollen formalisierten Systeme sich gegenseitig stabilisierender Affekte (die »Sitten«), in denen allein man die Affektivität leben kann, und schafft ratlose Problematiker und fanatische Idealisten. In der deutschen Philosophie begann der fanatische Ton mit Fichte, d.h. mit der französischen Revolution, im Gegensatz gegen die gelassenen, höfischen Abbreviaturen, in denen Leibniz seine großen Gedanken den Prinzen verständlich machte.

41. *Mythos*

In den Erörterungen der letzten Abschnitte haben wir die grundlegenden Institutionen sozusagen als »Nebenerfolge« des rituellen Verhaltens abgeleitet, wobei aber nicht zu vergessen ist, daß das rational-variable, experimentierende Verhalten gleichursprünglich von Anfang an nebenherläuft (Teil 1). Die außerordentliche sekundäre Zweckmäßigkeit der genannten Institutionen, die durch sie hindurch mögliche vergleichslose Befreiung und Anreicherung der menschlichen Lebensmotive schlechthin haben das rituelle Verhalten und mit ihm die Wesenheiten, an denen es orientiert war, *rückwärts stabilisiert:* die Religion wurde vom Versinken in Magie bewahrt, sie wurde als lebensschöpferisch begriffen und bekam eine geschichtliche Dimension. *Die Bewußtwerdung dieses Vorganges ist der Mythos.* In den archaischen, nicht hochkulturellen Mythen geht es um die Gründung gerade dieser Institutionen durch urzeitliche Wesenheiten, Dämonen und göttlich-tierische Verwandlungs-Heroen, ihr eigentliches Thema ist genau die Heraushebung des *epochalen*, daher als einmalig gefaßten Vorgangs der Kultivierung. Der Mythos enthält kein eigentlich historisches Bewußtsein, er wird von diesem, das gleichzeitig mit der Schrift und im Gegenhalt an ihr entsteht, vielmehr zerstört, sondern er drückt das Bewußtsein einer echten *Epoche* im gewichtigsten Sinne aus, einer Daseinsverwandlung und Daseinserhöhung, die er als *endgültig* ausspricht. Sein generelles Thema ist die »Gründung« der Institutionen durch ebendieselben Wesenheiten, die im Ritus verkörpert werden, die aber nun nicht mehr die unmittelbare Daseinsnot und Daseinserfüllung regieren, sondern eine neue, geordnete Fülle.

A. E. Jensen (Das religiöse Weltbild einer frühen Kultur, 1949, Mythos und Kult bei Naturvölkern, 1951) hat uns tiefe Einblicke in die Mythen und Kulte auf Ceram und bei den Marind-anim (Neuguinea) gegeben, bei denen es sich um »das göttliche Urzeit-Geschehen und seine dramatische Darstellung« handelt. Dabei erscheinen nicht eigentlich Götter, geschweige denn Hochgötter, und P. Wirz, der vorher ebenfalls diese Kulte erforschte (Die religiösen Vorstellungen in den Mythen der Marind-anim, 1922. Dämonen und Wilde in Neuguinea, 1928) spricht hier von »Dämonen« – kurz, es geht um Wesenheiten, Dema genannt, die in verwickelten Riten von grandiosen Masken (Bilder bei Wirz 1922) personifiziert werden und von denen die zugeordneten Mythen sagen, daß sie sich selbst töteten und dabei in die Nutzpflanzen und Tiere eingingen, als welche sie jetzt weiterleben. So entstand die Kokospalme aus dem Kopf eines getöteten Dema, es gibt einen Sago-Dema und tierische, den des Seeadlers, des Webervogels, des Hundes, Schweines usw. Am Ende der Urzeit sind die Menschen selbst aus den Dema hervorgegangen, die wiederum sich auch in das Tierreich verwandelt haben. »Die religiöse Haltung des Menschen besteht im wesentlichen darin, daß er sich des göttlichen Ursprungs dieser Ordnung bewußt sein soll, und das kultische Leben ist deshalb vorwiegend eine dramatische Aufführung der Urzeit-Vorgänge selbst« (Mythos u. Kult, p. 118). So gilt der Mayo-Kult den Kokospflanzungen: »gleichzeitig mit ihm ist eine Initiations-Zeremonie verbunden, bei der Knaben und Mädchen in die Geheimnisse der Urzeit eingeführt werden. Während der sehr umfangreichen Kulthandlung werden alle Einzelheiten der Mythen dramatisch dargestellt, insbesondere treten die Urzeit-Dema in phantastischer Verkleidung auf. Geschlechtliche Ausschweifungen sind damit verbunden. Am Ende wird ein Mädchen, die »Mutter des Kultes«, verzehrt, und ihre Knochen werden bei einzelnen Kokospalmen vergraben, während mit ihrem Blut die Stämme der Palmen rot bemalt werden. Der ganze Kult ist mithin zweifellos eine dramatische Aufführung jenes Urzeit-Ereignisses, das durch die Tötung das erste Sterben brachte, die Nutzpflanzen hervorrief und die Menschen in sich fortpflanzende Wesen (!) verwandelte« (Das relig. Weltbild, p. 49).

Sieht man dies unbefangen an, so bemerkt man die Zentrierung der Kulte und des auslegenden Mythos um drei miteinander verwobene Themen: die Nutzpflanzen und Tiere werden einbezogen, dann der Komplex Fortpflanzung – Initiation – Totenreich, mit anderen Worten das Stammesleben selbst, und schließlich erscheint der *überwundene* Kannibalismus hier und an vielen Stellen in dem Motiv, daß aus zerrissenen Dämonen die Nutzpflanzen entstanden – selbst das wird noch rituell dargestellt. Was den zweiten Punkt, die Beziehung zur Gruppe, betrifft, so kommt ein wichtiger Zusammenhang bei Wirz klarer heraus: die natürlich längst durchsystematisierten und zur »Aufführung« gewordenen Riten waren früher *gruppengebunden*, sie hingen eng mit der totemistischen Zuordnung von Tieren und Pflanzen zu den Unterverbänden des Stammes zusammen. Den Dema der Marindanim entsprechen nämlich die Yavar der Yee-anim, bei denen der Charakter jener Tier- und Pflanzendema als Stammväter der Clane besser konserviert ist. Doch gehören auch bei den Marindanim z. B. Hund und Sagopalme noch zu derselben Totemgruppe. Wirz (Dämonen und Wilde, p. 159) sagt aufschlußreich: »jede soziale Gruppe besitzt ihre eigenen Mythen, die fast ausnahmslos von ihren Vorfahren, den Dema, handeln und darüber berichten, auf welche Weise und unter welchen Umständen die mit der Gruppe verwandten Tiere und Pflanzen entstanden und hervorgebracht worden sind«. Von den Mythen sagt Wirz ausdrücklich: »es sollte von Rechts wegen ein jeder nur das wissen, was zu seiner Gruppe gehört, d.h. was von seinem Totem und seinen Dema handelt« (p. 236).

Diesen bedeutenden Gruppenaspekt berührt Jensen kaum, obgleich er den ohnehin wahrscheinlichen Schluß zuläßt, daß die Hegung bestimmter Tiere oder Pflanzen primär das Monopol, das rituelle Recht der von ihnen her definierten, sich mit ihnen identifizierenden Teilgruppen gewesen ist. So erscheinen auch an anderen Stellen, z.B. bei den Jatmül (Papua) oder den Osage-Indianern die Weltschöpfungsmythen jeweils in Clanversionen (Haeckel, Über Ursprung u. Wesen des Totemismus, Mittlgn. d. Anthropolog. Gesellschaft Wien, 69, 1939, p. 248).

Unsere Theorie versteht die von Jensen und Wirz beschriebenen Riten so: thematisiert wird offensichtlich die Geburt der Institutionen der Ernährung und Fortpflanzung, die ja doch selbst längst zur Basis des Bestandes dieser Gesellschaften geworden sind. Diese großen rituellen Szenarien enthalten durchaus noch Bestände der ältesten Riten, aus denen jene Institutionen entstanden sind, aber sie haben sich angereichert, sie bringen alle Daseinsmotive in sich selbst in einen darstellenden, von der Lebensnot entlasteten, üppigen Zusammenhang, dessen Ausfaltung im Bewußtsein der Mythos ist. Diese barbarischen und doch grandiosen Kulte feiern im Grunde die Daseinserweiterung, die Höherlegung des menschlichen Lebens, die »Wiedergeburt« im erweiterten Umkreis des beherrschten Daseins – dies ist der Vorgang, den wir Rückwärts-Stabilisierung des Urritus durch seine eigene institutionelle Fruchtbarkeit nannten, und diese Rückwärts-Stabilisierung ist zugleich die Erhebung der Religion über ihren ersten, wuchtigen Zustand der Handgreiflichkeit mit der Lebensnot, doch so, daß diese erste Thematik nun als eine belebende, bewältigte, darstellungsreife in sie eingeht. Wir gewinnen damit den großen Vorteil, die Dema-Riten und Mythen *wörtlich* nehmen zu können: sie geben wirklich das epochale und für immer verpflichtende Geschehen wieder, in dem die Menschen »in sich fortpflanzende Wesen verwandelt wurden«, d.h. in dem die totemistische Kontinuität der Blutslinien entstand, und wirklich das »Urzeitgeschehen«, in dem die Tiere und Nutzpflanzen »entstanden« sind, d.h. in ihrem Eigendasein ein Gegenstand ritueller Hegung und Pflege wurden. Für diese Interpretation müssen wir nur eine Voraussetzung Jensens umkehren: der Mythos ist *nicht* vorgegeben, der feierliche Ritus keine »Aufführung« eines Textes, sondern der Ritus ist seit Urzeiten primär, der Mythos ist seine Selbstinterpretation in dem freieren Zustand, in dem seine lebenssteigernde Fruchtbarkeit schon Resultat geworden ist und nun in seinen Inhalt eingehen kann, als Epoche ins Bewußtsein schlägt.

Jeder Blick auf primitive Gesellschaften zeigt, daß die Inhalte der Mythen nicht eigentlich Hochgötter sind, die offenbar in das schon fertige Schema erst im Umkreis der Hochkultur einrücken, sondern »Wesenheiten«, und zwar dieselben, die im Ritus verkörpert werden. Nach unserer anthropologischen Auffassung gewinnen diese Wesenheiten dann ein Eigenleben, verselbständigen sie sich dann in »aufführenden« Kulten und zugeordneten Mythen, wenn ihre primäre Funktion als die Mächte, über die hinweg die Lebensführung selbst stabilisiert wurde, beendet ist, wenn also die Institutionen der Ernährung und Fortpflanzung entwickelt sind. Sie entsprechen der dann erreichten Befreiung des Bewußtseins, das sich jetzt eben derselben Wesenheiten in einer reineren, spezifisch religiösen Auffassung bedient. Dies ist die Rückwärts-Stabilisierung der archaischen Kulte von der Lebensprämie aus, die aus ihnen folgte. Damit ist die Form der Religion, im Schwerpunkt Mythologie zu sein, und zwar eine solche, die eines sichtbaren Außenhaltes (der rituellen Darstellung) bedarf, für Jahrtausende festgelegt worden — erst für den Monotheismus ist es nicht mehr Daseinsbedingung, eine Mythologie zu haben, wie die jüngste seiner Gestalten, der Islam, zeigt.

Wir glauben daher, daß H. Kühn die jungpaläolithischen Tierbilder mit Recht in ein *vormythisches* Stadium verlegt: sie repräsentieren noch die Urrituale vor ihrem Symbolischwerden. Die Wesenheiten des Mythos dagegen sind zwar die alten Tierdämonen, aber doch schon als frei handelnde, ihr eigenes Leben führende.

Dazu muß man sich vor allem klar machen, daß dem archaischen Denken überhaupt eine Wesenheit gar nicht in der Form des durchdachten Begriffes zugänglich ist, so wie wir von einem Gottesbegriff sprechen; sondern aus ganz plastischen und dynamischen Situationen heraus benannt, von Anfang an in mimischer Darstellung festgehalten, kann sich die »wirksame Gegenwart« einer Wesenheit nur in Vorstellungen von ihrem Handeln und Tätigsein fortsetzen. Das hat P. Trilles (a.a.O., p. 14), einer der besten Kenner der Pygmäen, mit Klarheit gesehen: »die Erkenntnis des Gottes wird nicht in direkten Begriffen ausgedrückt. Manchmal scheint sie durch Bilder und Gleichnisse hindurch, viel öfter aber *nimmt sie die Form von Erzählungen an*. Die Erzählung, die Unterweisung in Form der Handlung, scheint für unsere Primitiven die einzige Form zu sein, die göttlichen Dinge zu verstehen«.

So erklärt sich noch ein anderer typischer Zug des Mythos. Die Wesenheiten, zuerst die Tierdämonen, werden ja durch ihre Darstellung hindurch, durch das Sichverwandeln der Menschen in sie selbst konzipiert. Und dieses Sichverwandeln, die *Metamorphose* als ihre Kategorie, werden sie nicht mehr los, so daß die Mythen der alten Schichten in monotoner Fülle von Metamorphosen berichten: in eine andere Form einzugehen, ist geradezu die Weise des Tätigwerdens, von dem die mythischen Erzählungen berichten: die Dema gingen in die Tiere ein, die Pflanzen, die Menschen, in die Totengeister usw. Dies ist eben die echte, uns nicht mehr nachvollziehbare archaisch-mythologische Bewußtseinslage: man kann das Göttliche nicht in den Begriff heben, sondern nur in die Erzählung, die Wesenheiten können die Beziehung zum Rituellen und zur Wiederverkörperung gar nicht abstreifen, und man muß an dem Verwandlungsthema festhalten, das sowohl die eigene mimische Verlebendigung beherrscht, als auch die mythischen Motive der Erzählung selber.

Auf diese Weise verschwindet auch das Verwirrte, geradezu Verrückte der primitiven Riten und Mythen, in denen Wildtiere, Haustiere, Totenahnen, Pflanzen, Initiationsriten usw. durcheinandergebraut werden. Zu Grunde liegen doch stets einfache Verwandlungsriten und Erzählungen von göttlichen Metamorphosen, die man im Kerne heute noch konserviert, so viel auch von den Zusammenhängen überdeckt, durch neue Bewußtseinsformen verdrängt, durch Sinngebungen und Derivationen ersetzt, von Philosophen zusammenassoziiert, im Laufe der Zeiten hier eingebaut und dort verwischt worden sein mag, in Wanderungen weggetragen und in Zuwanderungen eingeflochten, neukombiniert, dazuerfunden und weitergedichtet, bis endlich das Studium der Mythen heute oft genug eine erschöpfende, geisttötende Mühe wird. Allein aus dem jetzt vorliegenden Kontext heraus zu einem Sinn vorzustoßen, ist meist ganz unmöglich, wenn man nicht so drastisch vereinfacht, wie Jensen, der die notwendig zahlreichen Demawesen schließlich auf einen Demagott reduzieren möchte (Mythos und Kult, p. 123).

Die Religion wird sich fundamental ändern, wenn die urtümlichen Sozialbedingungen und Daseinshorizonte aufgebrochen werden, wenn die Völker in Wanderungen übergehen, sich friedlich durchdringen, sich erobernd übereinanderlegen, oder wenn spontan aus ihnen selbst heraus in größerem Rahmen Herrschaft entsteht. Einige typische Formen des letzteren Vorganges haben wir in der Abhandlung über primitive Sozialstrukturen (Gehlen-Schelsky, Soziologie, 1955) aufgezeigt. Nachdem Rüstow die Ausschließlichkeit der Entstehung von Herrschaft aus der erobernden Überlagerung behauptete, ist die Gegenthese nicht mehr überflüssig. Zu ihr sind neueren Datums zwei Nachweise für sehr frühe Hochkulturen: in den ältesten Schichten der sumerischen Stadtkultur findet man kaum etwas an »greifbaren Spuren einer Überlagerung einer herrschenden Schicht, etwa aus Rinder-Nomaden, über eine Schicht seßhafter Bauern, wie sie oft bei der Rekonstruktion des soziologischen Aspekts der Kultur angenommen wird« (A. Falkenstein: La cité temple sumérienne, Cahiers d'histoire mondiale, 1954, p. 811). Für die wichtige Chibcha-Kultur in Kolumbien, die bis zur Staatsbildung ähnlich der aztekischen fortschritt, gab Kroeber (Handbook of South American Indians, Bull. 143, Bureau of Am. Ethnol., 1946, p. 887) die Bedingungen einer Staatswerdung an, die spontan, »without import« entstand. Ähnlich kritisch gegen die »Überschüttungs-Theorie«, damals von Gumplowicz/Oppenheimer, war schon Hintze (Soziologische und geschichtliche Staatsauffassung, Ztschr. f. d. ges. Staatswiss. 86, 1929, p. 86f.). Die Theorie scheint zuerst bei dem polnischen Historiker F. Piekosinski (1881) aufzutreten, Oppenheimer stützte sich auf Ratzels Völkerkunde. In der Verallgemeinerung ist sie falsch.

Im Zusammenhang der Herrschaft können die Götter selbst imperialistisch werden, wie im alten Ägypten, oder mindestens gerade dadurch, daß sie den Zusammenhang mit ihren ursprünglichen Verbänden abstreifen, an *jedem* Orte kultfähig: eben damit rücken sie über die Blutsverbände heraus, an die die alten Mythen »von Rechts wegen« (Wirz) noch gebunden waren. Und der Vorgang ihrer Entwurzelung, der Emanzipation von der Enge des Stammes und des Milieus, ist zugleich der ihrer Humanisierung. »An dem bedeutenden Einfluß des Königtums auf die Vermenschlichung der Göttervorstellungen können jedenfalls kaum Zweifel bestehen« (Schrade, Der verborgene Gott, p. 16). Diese Humanisierung der Götter im Zuge der großräumigen Herrschaft ist in der ägyptischen Kultur greifbar: »auf Denkmälern der (dynastischen) Frühzeit sind die Symbole des Schreckens verschwunden. Die Königsgötter verlieren schnell ihre fürchterliche Gestalt und repräsentieren nun hoheitsvolle Macht und neue Ordnung. Neue menschengestaltige Götterbilder tauchen jedoch erst gegen Ende der Frühzeit auf, Göttergeschichten werden erst in den Pyramidentexten zitiert oder erzählt« (R. Schott, Ritual und Mythe im altägypt. Kult, Stud. Generale 5/1955, p. 289). »Im Göttersaal des Pyramidenkönigs Pepi II. sind die Götter — bis auf einige Affen — vermenschlicht und unterscheiden sich nur noch durch ihre Köpfe, die sie wie Masken als Reste ihrer einstigen Gestalt tragen.« Am Ende stehen dann die Obergötter der Großreiche. Bei den Chinesen hatte der Himmelsgott den Titel Chang-Ti: der Kaiser da oben. Und Mangu-Khan schickte dem Könige von Frankreich einen Brief mit den Worten: »So ist der Befehl des ewigen Gottes: im Himmel gibt es nur einen ewigen Gott, und es gibt nur einen Herrn auf der Erde: Dschinghis-Khan, Sohn Gottes« (M. Eliade, Traité d'histoire des religions, 1953, p. 66).

Der Mythos ist, von einer anderen Seite gesehen, Erzählung, er ist Rede oder das Gesagte, aber Erzählung nicht im Sinne eines situationsgebundenen Berichtes, der von einer bestimmten Person an eine andere ergeht, sondern sein Inhalt ist stereotypisiert und verselbständigt, der Mythos ist »Erzählung an sich«. Die Unabänderlichkeit seines Inhaltes, des erzählten Geschehens der Götterhandlungen und -verwandlungen kommt gerade dadurch heraus, daß der Inhalt jede Beziehung auf aktuelle Situationen, auf bestimmte Hörer und Redner abgestreift hat. Der in sich vollendete Vorgang in der Vergangenheit wird durch die Stereotypie hindurch endgültig. Insofern hat der Mythos dieselbe Struktur wie die Sprache (nicht das Sprechen): auch sie hat keinen bestimmten Sprecher oder Hörer. Der Mythos ist selber Logos, und was ihn tötet, ist nicht die steigende Rationalität, sondern das entstehende historische Bewußtsein.

Nun ist die Sprache *selbst ein Darstellungsfeld* mit der allgemeinen Tendenz, das Gesamtverhalten des Menschen von Darstellungspotentialen zu entlasten, sie in sich hineinzuziehen. Dies gilt schon für die Sprache in ihrer eigenen Ebene: alle Sprachhistoriker sind sich einig, daß die Frühzustände der Sprache aktionsbezogener, gestusnäher, in höherem Grade mimisch gestützt gewesen sein müssen, als die je späteren. Analog liegt im Verhältnis von Ritus und Mythos eine innere Tendenz zur Verschiebung des Gleichgewichts, eine Tendenz des Sichentlastens des Ritus vom vollen Eigenvollzug in das Sagbare hinein, die Neigung zur Transformation der einen Verhaltensform in die andere. Dies ist nur ein Sonderfall eines sehr allgemeinen anthropologischen Gesetzes: des Übergangs von leibnäheren in höhere, freiere, intellektuellere Vollzüge, also der menschlichen Entlastungs-Gesetzlichkeit überhaupt.

Andererseits wird dieselbe Verschiebung vom Ritus selbst erzwungen. Ursprünglich ist er ein wahrer Brennpunkt aller Lebensmotive, er bedeutet eine Selbststeigerung des Lebens in wahrhaft außeralltägliche Potenzen, eine volle »Transzendenz ins Diesseits«. Seine Institutionalisierung und Repetition läßt ihn dagegen an dem allgemeinen Schicksal aller Institutionen teilnehmen: an der Entlastung *von der Aktualität der Ausgangslagen* (§ 18) – er hält die Selbststeigerung nicht durch, gewinnt aber gerade damit die Kraft und Freiheit zur Elaboration, zur Motivanreicherung, zur Durchgestaltung und zur Freisetzung des eigentlich Darstellerischen. Mit anderen Worten: der urtümliche Ritus geht nach und nach mit der Erschöpfung seiner kulturellen Zeugungskraft unaufhaltsam in eine stilisierte und durchgearbeitete Darstellung seiner selbst über, und parallel damit rückt sein Schwergewicht in den Mythos, der damit neben seinem religiösen Gehalt eine zweite Funktion erhält: ist der institutionalisierte und insofern veralltäglichte Ritus nicht mehr von innen her jederzeit voll erfüllbar, dann findet er im Mythos seine Motivation, und zwar eine auf hohem Niveau des Bewußtseins stabilisierbare. Dann scheint das ursprüngliche Verhältnis, der Primat des Rituellen, sich umzukehren, der Ritus wirkt als eine dramatische Aufführung des Mythos bis zu der Grenze hin, wo er fallen gelassen wird und bloß noch dieser weiterläuft. In diesen Fällen ist es also die zunehmende Rationalisierung des Lebens selbst, die zur Mythenbildung drängt, ein Zusammenhang, der fast nie beachtet wird, weil wir selbst den »Mythos der Entwicklung« vom Mythos zum Logos haben. Je mehr nämlich das Handeln von der Einsicht in die objektiven Sachgesetze der Welt bestimmt wird, um so unvorstellbarer werden die doch noch von starken Instinktresiduen gestützten Kulte und konservativen Verhaltensweisen, die jetzt für die steigende Sachrationalität eine sekundäre Motivierung und Rechtfertigung erfordern: – gerade dann blüht die Mythologie, bis im Grenzfall der Ritus verschwindet und die Mythen ihrerseits in Poesie umschlagen, in »mythische Novellen« nach einem Ausdruck W. Spiegelbergs (Sitz.-Ber. Berliner Akad. d. Wiss. 1915, p. 888), die sich zum Mythos so verhalten, wie die historische Novelle zur Geschichte. »Sehr viele Mythen in allen Mythologien«, sagt P. Gordon (L'initation sexuelle et l'évolution religieuse, 1946), »sind Beschreibungen liturgischer Darstellungen (des représentations liturgiques), die im Laufe der Zeit den alten Riten überlagert wurden.« Sie wirken dann »explanatorisch«, weil sie den aus sich selbst nicht mehr evidenten Ritus vom Bewußtsein her motivieren.

Wir treffen so auf eine Übereinstimmung mit R. v. Ranke-Graves (Griech. Mythologie I, rde Bd. 113/4, 1960, p. 10): »Man könnte den echten Mythos als erzählerische Kurzschrift kultischer Spiele definieren, wie sie bei öffentlichen Festen durchgeführt wurden«. Nehmen wir als einfaches Beispiel den schon erwähnten Ursprungs-Mythos des Elch-Clans der Winnebago-Indianer (P. Radin, The Winnebago tribe, 37. Annual Report, Bureau of Am. Ethnol., 1923, p. 250). »Erdmacher (earthmaker) fragte die Menschen, durch was hindurch sie zu leben wünschten (what they would like to live through), und sie sagten: der Elch.«

Das ist eine »Erzählung an sich«, die im Elchclan kursiert, sie setzt natürlich den einstigen vollen Totemismus voraus und die Verkörperung der Elchwesenheiten (to live through) in dieser betreffenden Gruppe. Doch mag die Verkörperung schon spielerisch und aufführungsnahe geworden sein, mit einem alten Verpflichtungsgehalt, den man nicht mehr ganz verstand, denn die Erzählung ist schon explanatorisch, die Identifizierung mit dem Elch kann nicht mehr selbstverständlich gewesen sein, der Mythos antwortet auf die Frage, die schon ein Problem geworden ist — warum gerade sie Elche sind. Andererseits muß der Ritus der Verkörperung noch bestanden haben, denn der Mythos setzt ihn schlicht voraus. Jene Frage beantwortet er übrigens korrekt: sie haben es selbst gewollt. Daß nun ein solcher entleerter Totem-Ritus hier vorauszudenken ist, läßt sich in diesem Falle (was selten ist) zum Glück beweisen. Earthmaker ist nämlich in der Hand der Schamanen, die die großen Riten elaborierten, zu einer fast monotheistischen Gottheit ersetzt, »in älteren Clanmythen wird von ihm nichts erzählt« (Radin)! Gerade deswegen müssen die Elch-Leute wissen, warum sie dies sind, und der Mythos sagt es ihnen, und damit stabilisiert er die Claninstitution und die Verwandlungsriten vom Bewußtsein, geradezu vom Verstande her.

Wenn der Mythos eine solche Legitimierungs- und Stützfunktion hat, ist er »explanatorisch«. Radin (The Basic Myth of the North Am. Indians, Eranos-Jahrb. 1949) sagt nun sehr gut: »Dieses Erklärungsthema ist oft so vollständig herrschend, daß alles andere ihm untergeordnet wird, selbst das Ritual, mit dem er verbunden ist. Man hat dann oft den Eindruck, daß das Ritual hauptsächlich die dynamische Wiederverlebendigung (reenactment) des Mythos ist (also im Sinne Jensens, Eliades u. a.). Unter eingeborenen Stämmen ist dies nicht immer oder selbst häufig der Fall.« Kurz: der Ritus ist nicht die Aufführung eines vorgegebenen Mythos, sondern zunächst ist dieser umgekehrt die Transposition des Ritus in ein anderes Medium, in die dann der Mythos den sich entleerenden Ritus »erklären«, motivieren, oder in anderen Fällen ist er geradezu die Selbstentlastung des Ritus von sich selbst.

Man kann deshalb sogar an den meist schon Novellen gewordenen griechischen Mythen bisweilen den kultischen Kern ablesen. P. Gordon (p. 25) weist in diesem Sinne auf den folgenden hin: Melanippos liebte Kometho, eine Priesterin der Artemis Triklaria zu Patras, er überraschte sie im Tempel der Göttin. Um diese Profanation zu bestrafen, sandte die Göttin Epidemien und Dürre, und das delphische Orakel enthüllte die Gottlosigkeit der beiden, die geopfert wurden, und befahl, jährlich einen Jüngling und ein Mädchen von besonderer Schönheit zu opfern.

Der rituelle Kern dieses Mythos ist selbstverständlich ein uralter Menschenopfer-Ritus mit Fruchtbarkeitskult – die Dürre wird behoben. Dieser Kult muß, als er noch betrieben wurde, schon einer Erklärung bedurft haben, denn der Mythos von jenem Götterfrevel erklärt ihn ebenso wie der Erdmacher-Mythos den Totemismus. In dieser Form hat die Geschichte schließlich den barbarischen Kult überlebt, der schon zur Zeit der Redaktion der Novelle nicht mehr bestand, denn sie fährt fort: als später Eurypylos nach Patras kam, mit einem Kasten, der das geheiligte Bild des Dionysos enthielt, wurde dieses Opfer abgeschafft, seither feierten die Bewohner von Patras alljährlich die großen Feste zu Ehren des Dionysos Aisymnetes. Die ganze Geschichte enthält also noch ein historisches Faktum – es fand zu Patras ein Götterwechsel statt, Artemis wurde durch Dionysos ersetzt.

Der Erdmacher-Mythos ist noch nicht hochkulturell, er steht fühlbar den echten archaischen Mythen vom Typus der Dema-Geschichten nahe, die übrigens selbst schon explanatorisch zu sein scheinen. Die eigentlichen Hochgötter entstehen, wie die ägyptische Entwicklung ausweist, im Zusammenhang großer Ereignisse: wenn Herrschaft im hochgespannten Sinne, wenn weiträumige Wanderungen die alten Blutsverbandsordnungen und damit das totemistische Weltbild sprengen. Doch ist der Ausdruck »entstehen« nicht treffend – sie scheinen, virtuell längst vorhanden, dann erst aktuell zu werden, denn sie knüpfen doch wohl an eine urtümliche, weit verbreitete Konzeption an, mit der es eine besondere Bewandtnis hat. Man findet in sehr vielen, wenn auch nicht allen primitiven Gesellschaften einen Himmelsgott, der aber kultlos bleibt und in einer eigentümlichen Weise als »deus otiosus« (M. Eliade) oder »Gott im Hintergrund« (v. d. Leeuw) zwar als Schöpfergott überliefert ist, doch aber als fernstehend und nicht eigentlich wirksam erscheint. Auch Preuß (Glaube und Mystik im Schatten des höchsten Wesens, 1926) hebt die »Uranfänglichkeit und Weltenferne« dieses Sonnen- oder Himmelsgottes heraus. So gab es den aztekischen Tonacatecutli, den Schöpfer und Regierer von allem, aber die genaueren Schöpfungsmythen wurden vier anderen Göttern zugeschrieben. Der Sonnengott der Natchez-Indianer, zuletzt im Häuptling personifiziert, war kultlos. Der Himmelsgott Bundjil der Kulin (Australien) hat die Welt, die Tiere und Menschen geschaffen, aber sich von der Welt zurückgezogen, wie auch der Puluga der Andamaner, Olorun der Joruba, Ndyambi der Herero, Temenakel der Selknam (Feuerland) dem Weltlauf gleichgültig gegenüberstehen. Sie sind zwar Weltschöpfer, »aber nirgends (in Australien) beherrscht der Glaube an solche Himmelswesen das religiöse Leben, das Charakteristische ihrer Religion ist nicht der Glaube an ein Himmelswesen als obersten Schöpfer, sondern der Totemismus, die himmlischen Gottheiten finden sich unaufhörlich gegen die Peripherie des religiösen Lebens gedrängt, bis an die Grenze, in Vergessenheit zu geraten« (M. Eliade, Traité, p. 51). Dennoch ist der Schöpfergott des Himmels oder der Sonne erstaunlich verbreitet, aber in der Form, »daß das Firmament immer der große indifferente und vernachlässigte Gott ist, der Nyankupon der Tschwi, der Ansambe, der Nzam der Banturassen«. Der Ngai (= Regen) der Massai ist der unsichtbare Himmelsherr, dessen Söhne die Sterne sind, der Hochgott der Semang (Malakka) hat Erde und Menschen nicht selbst geschaffen, dies tat ein Untergott, und Nguruki der Wahehe ist zwar Schöpfer und allmächtig, aber nicht er, sondern die Totengeister kontrollieren die Weltereignisse. So auch bei den Dené-Indianern, wo der Kult der Geister und der Schamanismus blüht, es aber auch einen Gott gibt, dessen Name bedeutet »der sich oben hält«. Der Earthmaker der Winnebago ist »benevolent, but unapproachable«. Schon Ratzel (Völkerkunde I, 1885, p. 180) fiel auf, daß der Hochgott der Goldküstenneger »nicht im Fetisch vorgestellt wird«, da er den Menschen zu fern ist, und Rahmann (Gottheiten der Primitivstämme im nordöstlichen Vorderindien, Anthropos 31, 1936) gibt Auskunft über die Unbestimmtheit des Sonnengottes in dieser Region: »es ist vergeblich, eine eingeborene Autorität (bei den Gond) nach dem Charakter oder der Stellung dieser Gottheiten zu fragen« (p. 47), der Sonnengott Bura Pennu der Khond ist »der einzige Gott, der nicht notwendig mit Opfern verehrt werden muß, obwohl diese niemals unterbleiben«. Bei den Choctaw (Mississippi) heißt dieser Gott »kulminierende Sonne«, er hat Erde und Menschen erschaffen und diesen ihre Einrichtungen gegeben, dann »kehrte er zu seinem Platz da oben zurück, und man sah und hörte nichts mehr von ihm« (Swanton, Source material for the social and ceremonial life of the Choctaw-Indians, Bull. 103, Bureau of Am. Ethnol., 1931, p. 195).

Wir ziehen aus diesen eindrucksvollen Daten den Schluß, daß ein Himmels- oder Sonnengott zu den primären Beständen archaischer Religion gehört, es ist sehr wahrscheinlich, daß hier eine abgesonderte Quelle religiöser Inspiration vorliegt, die etwas sehr Geistiges hat. Noch wir können den Nachthimmel nicht ohne Erschütterung, nicht ohne Entrückung über die Dimensionen unseres Lebens und Den-kens betrachten, unsere Maßstäbe zerbrechen: das ist der Gott Hiobs, der in der Wüste regnen läßt, wo nichts wächst. Selbst wenn wir einrechnen, daß manche Primitive, wie die Weddah oder die Kai (Chaco), diesen Gott nicht kennen, bleibt seine Weltverbreitung doch bemerkenswert. Aber nichts weist darauf hin, daß dieser Himmelsgott die *erste* menschliche Religion bestimmte, alles darauf, daß zahllose andere Hierophanien gleichursprünglich waren, und erdhaftere, der Handlung zugänglichere. Was zu erklären ist, das ist seine Weltferne und Kultlosigkeit, und diese Erklärung leistet unsere Theorie: er war in die Sprache des Blutsverbandsdenkens und in die Sprache der Jagd, der Tierhege gar nicht zu übersetzen, *das* leisteten nur die Totengeister und Totemwesen. Erst als die Blutsverbände zerbrochen waren, konnten an der Grenze der Hochkultur jene uralten Hochgötter neu hervortreten, jetzt gespiegelt durch das Prisma des schon vorhandenen Polytheismus, oder umgekehrt: konnten die »Wesenheiten« in die Form hoher Götter eingehen. Schon in der 1. Dynastie Ägyptens war der alte Totem-Falke zum Sonnengott und Herrn des Reiches geworden. Die Sprengung der alten Sozialfesselungen und Verbandsmythen bedeutete eine neue Epoche – für den Einzelnen liegt darin die Möglichkeit der Einsamkeit, für seinen Weltaspekt aber die Möglichkeit des Universalismus. Die Götter folgen diesem Vorgang und rücken in derselben Bewegung nach innen, in der sie sich über die Welt erheben.

Daß jetzt eine neue Form der Mythologie entsteht, hatte Spengler (Untergang I, p. 516) wohl gesehen: die Götter*ordnung*, wie er sagte, oder das, was Schelling das »Freibewegliche der Götter« nannte – sie streifen den Daseinsmodus des ewigen Sichverwandelns ab. »Mit der Reichseinigung«, sagt Schott (p. 290), »ist die Königsfigur an die Stelle der Mächte getreten, die auf den Symbolbildern (d.h. den noch reichlich totemistischen frühdynastischen Paletten) und auf den ersten geschichtlichen Denkmälern selbst kämpften, nun aber ihrer Natur entsprechend über die Wüste an den Himmel oder in eine Unterwelt entrückt werden«. Ein so archaisch aussehender Mythos wie der, welcher die Trennung des Himmels (der Göttin Nut) und der Erde (des Gottes Geb) durch den Luftraum (den Gott Schu) beschreibt, ist hochkulturell – in ihm wird gerade dieser Vorgang der Erhöhung der Götter ausgesagt.

42. *Mythos und historisches Bewußtsein*

Ein Mythos der Leute von Rarotonga (Polynesien) gibt an, daß im Lande der Vorväter die Bäume nur während des halben Jahres grün waren, und daß man auf dem Wasser hätte gehen können (Eis). E. v. Eickstedt, der dies zitiert (Rassenkde. u. Rassengesch. d. Menschheit, 1934, p. 785), glaubt auch aus anthropologischen Gründen an eine Komponente der »aktiven Nordmenschheit« in den Polynesiern. Der Mythos nimmt also historische Erinnerungen in sich auf, so wie der von Europa und dem Stier die Meerfahrt der griechischen Einwanderer im 2. Jahrtausend aufbewahrt, unmittelbar vermischt mit Göttergestalten, ja diesen noch im Verwandlungsstadium. Diese Aufnahme großer Erinnerungen in den Mythos ist natürlich deswegen möglich, weil er die Form der »Erzählung an sich« hat, bei der alle Hinweise auf bestimmte Sprechende und Hörende abgestreift sind – die unwandelbare Stereotypie des objektiven, vergangenen Geschehens ist eine offene Form, in die auch historische Ereignisse eingehen und in der sie in der Erinnerung gehalten werden können.

Diese Amalgamierung des mythischen und des historischen Bewußtseins wird durch die Erfindung der Schrift langsam, aber unwiderstehlich aufgelöst. Um dies einzusehen, ist das Verhältnis von Sprache und Schrift kurz zu erörtern.

Die Sprache spinnt bekanntlich um den Menschen eine »Zwischenwelt«, eine bloß symbolische Gegenwart der Dinge, sie entlastet sein Handeln und Denken von dem »Situationsdruck« des wirklichen, gegenwärtigen Vorhandenseins der Dinge und gestattet ihm so, über die wechselnden äußeren und inneren Situationen hinaus die Intention seiner Handlung an nunmehr bloß »vorgestellten« Sachlagen durchzukälten. Zugleich entlastet sie den Menschen noch in einer zweiten, ebenso fundamentalen Hinsicht, nämlich von seiner eigenen inneren Erfahrungs- und Erlebnismotivation: durch Mitteilungen Anderer kann man von *deren* Erfahrungen aus handeln. Schon Bergson (Schöpferische Entwicklung, dt. 1921, p. 268/9) hatte diese Entlastungsfunktion dem Wesen nach gesehen, wenn er ausführte, daß die Sprache dem Bewußtsein zu seiner Verleiblichung eine Art immateriellen Körpers darbiete, ihm so den Zwang ersparend, sich ausschließlich auf die materiellen Körper der Außenwelt zu stützen, deren Strom es erst mitreißen und dann verschlingen würde.

Dem lautlosen Denken kommt übrigens gegenüber der Sprache eine analoge Entlastungsfunktion zu, wie dieser zur wechselnden Fülle der Wahrnehmung, und zwar in Fortsetzung der fortschreitenden Entsinnlichung. Denken ist inneres Sprechen, und feinste Innervationen des Mund- und Kehlkopfbereiches beim Denken sind experimentell nachweisbar (Belege bei Hofstätter, Einf. in die Tiefenpsychologie, Anm. 43 p. 245). So kommt auch die Sprachgeschichte um die Annahme nicht herum, daß in sehr ferner Zeit das Denken weit ausschließlicher als heute auf das Sprechen, auf seine Verleiblichung im immateriellen Körper der Laute angewiesen gewesen sein muß, in der Zeit nämlich, als es noch wesentlich in der Durchartikulation der Laute nach Sinnbezügen lebte, also in der Entwicklung seines eigenen Formen- und Bedeutungsreichtums. Das Nach-innenziehen der Sprache, die Rudimentierung des Sprechens im Denken ist ein notwendig anzunehmender prähistorischer Vorgang, den es vielleicht leichter wird, anzuerkennen, wenn man an seine merkwürdige und junge Parallele beim Lesen denkt. Denn die Gewohnheit, leise zu lesen, ist erst vor kurzer Zeit entstanden, und noch Augustinus (Conf. VI, 33) hielt es für einen Beweis großer Heiligkeit und Entrückung des Ambrosius, daß dieser leise zu lesen imstande war: vox autem et lingua quiescebant.

Das ist die Basis, von der wir ausgehen. In dieser Zwischenwelt der Sprache lebt der Mythos, er erzählt von endgültigen Urzeithandlungen der Götter und Dämonen, und dabei wendet er sich nicht an einen bestimmten Einzelnen, wie eine Mitteilung, eine Bitte, ein Befehl, es ist auch kein Einzelner mehr, der spricht, sondern er ist die »Erzählung an sich«, die von Namenlosen an Namenlose weitergegeben wird. Die somit gewonnene abstrakte Geltung ist der Grund, warum er die Übersetzung ins Bild verträgt, damit in den Herrschaftsbereich der Schrift eintretend. Als Bild, in Tausenden antiker Darstellungen, setzt er wiederum diese Abstraktion fort — er emanzipiert sich sogar vom Erzähltwerden. Die Schrift nämlich wie das Bild wenden sich in dauerndem Material an jeden, der sehen und verstehen kann, d. h. sie entlasten den Inhalt auch noch vom Erzähltwerden, von jeder konkreten Sprachsituation, sie abstrahieren, wie die Erzählung an sich, von jedem Sprecher der Mitteilung und jedem angebbaren Adressaten, darüber hinaus sogar noch von jedem beliebigen Zeitpunkt der Kenntnisnahme und Aktualisierung. Das in Stein geschnittene, in Stein geformte mythische Bild muß in seiner sichtbaren Unendlichkeit der Dauer und in seiner überwältigenden Indifferenz gegen das Zur-Kenntnis-genommen-werden für das archaische Bewußtsein von höchster Bedeutung gewesen sein. Daß also der Mythos sich in Ägypten, Babylonien usw. als Bild oder als Schriftdenkmal niederschlug, hat nichts Überraschendes, denn damit wurde die im Mythos angelegte Tendenz zur Endgültigkeit, zu Stereotypierung nur gesteigert.

Aber es besteht nur ein notwendiger Zusammenhang zwischen Mythos und Bild, keiner zwischen Mythos und Schrift. Denn die Schrift ist durchaus profaner Herkunft, in Griechenland blieb sie gerade deswegen aus dem religiös-kultischen Bereich ausgeschlossen, der Tempel ist schriftlos. Die älteste gefundene Schrift ist die sumerische in der Schicht Uruk IV (2. Hälfte 4. Jahrh.), sie ist ganz auf wirtschaftliche Texte, Rechnungen, Warenlisten eingestellt (A. Falkenstein, Archaische Texte aus Uruk, 1936. Über die Frage einer noch älteren »ostkaspischen« Schrift, s. v. Heine-Geldern, China, die

Schminktafel des Königs Narmer, ägyptisch 1. Dyn., um 3000 v. Chr.
Übergang vom Bild zur Schrift.

ostkasp. Kultur und die Herkunft der Schrift, Paideuma IV, 1950). Dieser Widerstand gegen die Schrift, außer im ägyptischen Einflußbereich, saß tief, in voller Breite sind die asiatischen Religionen der Alten Welt erst im 3. Jahrh. n. Chr. zu solchen des »Buches« geworden, doch wohl im Zwang der gegenseitigen Abgrenzung im Wettbewerb der Religionen.

Das entscheidende, diesmal aber mit der ägyptischen Schrift verknüpfte Ereignis ist aber die *historische* Überlieferung. Der archaische Mythos vermag historische Erinnerungen in seine Urzeiterzählungen einzuflechten, aber was ihm völlig fehlt, ist das historische Bewußtsein selbst. Dieses besteht, kurz gesagt, in der Fähigkeit, ein *gegenwärtiges* Ereignis als epochemachendes, also mit den Augen *künftiger* Generationen zu sehen. Das ist im Kern das historische Bewußtsein, und nicht das Sichvorstellenkönnen von vergangenen Begebnissen, und auch nicht die bloße Überlieferung des Gewesenen. Diese Fähigkeit aber ist gleichursprünglich mit der Entstehung der ägyptischen Schrift. Die Palette des Königs Narmer (Kairo, um 3000, Abb. 3) ist jenes Dokument ersten Ranges, in dem man ein Ereignis festnageln will: wie der König den Harpunengau (?) besiegt. Und dieses Dokument steht genau an der Grenze von Bild und Schrift, man kann es teils als Abbildung abnehmen, teils lesen. Der König, der mit der Keule einen knieenden Gefangenen erschlägt, der Königsstier, den Mauerring einer wehrhaften Stadt einstoßend – das ist Bild. Namen und Titel aber werden mit phonetisch zu lesenden Zeichen gegeben. Hier will man ein epochemachendes, denkwürdiges Ereignis für künftige Generationen festhalten.

Es ist diese Emanzipation des Historischen vom Mythischen, es ist die Entwickelung des historischen Bewußtseins, die den Mythos entmachtet hat, mindestens in dem Sinne, daß seine Neuentstehung in einem historischen Bewußtsein unmöglich wurde. Hier liegt eine Strukturänderung des Bewußtseins vor, das Zeitbewußtsein verändert sich offenbar in demselben Zusammenhang, in dem diejenige Abstraktionshöhe erreicht wird, die sich als Schrift ausweist. Jensen sagt in diesem Sinne (Mythos u. Kult, p. 43): »das unanschauliche Verhältnis zur Zeit, das unser historisches Bewußtsein kennzeichnet, ist nur durch die Entstehung und Ausbildung schriftlicher Aufzeichnungen entstanden« – es ist, wenn man diesen Sachverhalt nicht kausal beschreiben will, mindestens am »Außenhalt« der Schrift funktionalisiert, eingeschliffen und selbstverständlich geworden. Hochkultur ist Schriftkultur, und mit ihr entsteht das echte historische Bewußtsein. In der Antiquitäten-Sammlung der chaldäischen Prinzessin Bel-Shanti-Namar, der Tochter des letzten chaldäischen Königs (um 550 v. Chr., kurz vor der Eroberung durch Kyros) befand sich ein trommelförmiges Lehmstück mit vier Reihen von Schriftzeichen. Die ersten drei sind altsumerisch und uns z. T. von Ziegeln des Königs Bur-Sin von Ur (ca. 2200 v. Chr.) bekannt. Die vierte enthält folgenden Text: »Dies sind Kopien von Ziegeln, die in den Ruinen von Ur gefunden wurden, ein Werk des Königs Bur-Sin von Ur, der Statthalter fand sie bei der Suche nach den Fundamenten des Tempels (!) und ich (der Kopist) sah sie und schrieb sie auf zur Verwunderung der Betrachter«. Und heute, nach weiteren 2500 Jahren, kann der Archäologe Woolley besser sumerisch, als sein Kollege, der Kopist um 550 v. Chr., und er verbessert die Fehler der Kopie (aus D. und E. Rigby, Lock, Stock and Barrel, 1944.) Wie sich hier der Kopist selbst in die Zeitfolge einschiebt, seine Arbeit schon mit den Augen künftiger Betrachter sehend, das beweist ein echtes historisches Bewußtsein.

Wie hier das historische Bewußtsein am Gegenhalt der Schrift sich selbst faßlich wird, ist offensichtlich — ein gewaltiger Schritt auf dem Wege zur Rationalisierung, d.h. zur Entwickelung *derselben* Bewußtseinshaltung gegenüber der Überlieferung und gegenüber der Faktenaußenwelt. Daß die Schrift das Denken und Sprechen rationalisiert, hat Müller-Freienfels (Zur Psychol. und Soziologie der Schrift, Thurnwald-Festschrift 1950) noch in einer seiner letzten Arbeiten hervorgehoben: das rationale Denken ist gekennzeichnet durch die Lösung vom Konkreten und Anschaulichen, also durch Abstraktheit, wie die Schrift nach Überwindung der Bilderschrift; es löst sich vom Emotionalen und Subjektiven zugunsten größerer Objektivität, so wie auch die Schrift die emotionalen und musikalischen Elemente der Sprache fallen läßt, und es hat die Richtung auf überindividuelle oder konventionelle Allgemeingültigkeit, so wie die Schrift für »beliebige Leser« dasteht. Beide Seiten können sich nur an- und gegeneinander entwickelt haben, in einem Vorgang der Wechselwirkung, bei dem der Außenhalt der Schrift für die Funktionalisierung dieser Bewußtseinsstruktur unentbehrlich war. Wir stimmen Max Scheler (Die Wissensformen und die Gesellschaft, 1926, p. 239, 286) durchaus zu, wenn er, für traditionelles Philosophieren paradox, von der »Erwerbung von Aprioriwissen« und von »funktionalisierten Denkarten« spricht oder davon, daß man dem *Ursprung* von Denk- und Anschauungsarten nachgehen müsse, die dem »menschlichen Geiste« *keineswegs konstitutiv* seien. Dahin gehört auch das Zeitbewußtsein einer endlosen leeren Zeit, in die datierbare, objektive und unumstößliche Ereignisse einzutragen sind — folglich der Verlust der mythischen »Urzeit«.

43. *Magie*

Die weltweite Verbreitung der *Magie* in archaischen Kulturen läßt sich aus den Rudimenten des Aberglaubens, die man in unaufgeräumten Ecken der modernen Seele finden kann, nicht herleiten. Wenn man sich der Drastik magischer Praktiken und ihrer ungemeinen, erst vom Monotheismus überwundenen Lebenszähigkeit mit anthropologischen Begriffen nähern will, ist zunächst einzusehen, daß ihnen eine entwicklungsrelative Angemessenheit zukam, denn hier bewegte sich eine durchaus rationale, ja apriorische Vorahnung von *notwendigen Zusammenhängen* vor der Freilegung einer streng analytischen Experimentierpraxis noch in nichtpassenden Verhaltensbahnen. Die Vernunft ist nämlich selbst operativ, und mit innerem Recht hält sie sich zunächst im Bereich der *Handlung*; andererseits gibt uns die *Wahrnehmung* zweifellos gewisse Zusammenhänge, ja sogar in manchen Fällen unmittelbar die Kausalität der Erscheinungen, ihr Hervorgehen auseinander, aber niemals die Notwendigkeit dieser Zusammenhänge. Diese Notwendigkeit einzusehen, ist allein der in der Handlung wirksamen Vernunft vorbehalten, oder anders gesagt: erst wenn man tätig und praktisch einen objektiven Zusammenhang von Folgedaten aus der Raumzeitstelle des Erlebens ablöst und ihn frei *darstellt*, hat man darin zugleich die Evidenz von der Notwendigkeit dieser Zusammenhänge.

Man kann dies bei den Spielen der Kinder und bei jedem Aufgreifen eines zufälligen Sacherfolges beobachten: ein solcher Sacherfolg wird erst dann in seiner eigenen Ebene als notwendig im Sinne einer Folge »jedesmal dann, wenn...« frappant, wenn das Verhalten, aus dem zufällig eine bemerkenswerte Kausalität heraussprang, *um seiner selbst willen* wiederholt, also frei dargestellt wird. Erst mit dieser Extrapolation aus der einmaligen Geschehensreihe wird der Erfolg als notwendig, im Sinne einer strengen Sachgesetzlichkeit erlebt. Jeder Chemiker, dem im Zuge eines gerichteten Versuches eine unvorhergesehene Stoffreaktion begegnet, wird sofort seine Intention abbrechen und die Umstände des Versuches frei, um ihrer selbst willen wiederholen – ergibt sich dasselbe Resultat, so hat er nicht nur eine Kausalwahrnehmung: die hatte er schon das erste Mal, sondern er hat jetzt, beim zweiten, freien Handlungsgang, schon das »jedesmal – wenn«, also die Notwendigkeit des Effektes.

Daß man also einen beobachteten Erfolg durch »Reindarstellung« der Handlungskette, die zu ihm hinführte, herbeiführen kann, und zwar dann erst im Bewußtsein der zwingenden Notwendigkeit seines Eintretens, das ist der verhüllte Vernunftkern in der Magie. Generell glaubt sie, durch freie Darstellung eines Ereignisverlaufes ihn mit Notwendigkeit zu provozieren – das ist genau die Ratio des Experimentes! Diese Darstellung ist immer eine Ablösung der benutzten Mittel von den realen Situationsumständen der wirklichen Erfahrung, und K. Beth (1914, p. 93f.) sah richtig hierin ein wesentliches

Merkmal des »Zaubers« – so wirft man den Speer in der Richtung des unsichtbaren Feindes, um ihm magisch zu schaden. Hierbei kommt ein uns lange bekanntes (§ 12), sehr tiefes Bedürfnis des Menschen zu Worte: das Beisichbehalten eines Erfolges durch Ablösung des erfolgreichen Verhaltens von der unmittelbaren Erfahrungssituation selber. In der Magie wird z.B. die Jagd mit allen Einzelheiten dargestellt, und zwar mit der Gewißheit, daß man den Erfolg damit in der Hand hat. Vernünftig und apriorisch ist daran zweierlei: einmal dieses allgemeine und geradezu instinktartige Bedürfnis, die benutzten Mittel und Verhaltensweisen von der wirksam beherrschten Situation abzulösen und bei sich zu behalten, und zweitens die Überzeugung, daß aus der Extrapolation einer Handlungskette der Effekt *notwendig* herausspringt. Unvernünftig und für uns paradox ist nur die fehlende Differenzierung zwischen Erfolgsserien, die man damit wirklich wiederholt, und solchen, in die objektiv noch ganz andere Kausalitäten eingehen, die man mit dieser Verhaltensform nicht beherrscht – so ist es gerade im gegebenen Falle des Beispiels.

Was nun den archaischen Menschen hindert, diese Differenzierung zu machen, ist keineswegs seine nicht vorhandene »prälogische Mentalität«, sondern die durchdringende Gegenwart einer *anderen* Form der Notwendigkeit der Ereignisse in seinem Bewußtsein, nämlich der im »sympathetischen Zusammenhang« liegenden. Wie wir sahen, ist dies die »wahrscheinlichste« Metaphysik, konzipiert nach dem Schema von Hunger und Nahrung, Mann und Weib, Mutter und Kind, Licht und Schatten, Nacht und Nachttier, Vogel und Nest usw. – also die »antikantische« Synthesis a priori des Empirischen. An dieser Metaphysik wieder ist rational, daß uns in solchen Fällen die Wahrnehmung zwar die prästabilierte Harmonie bzw. Disharmonie gibt, die allgemeine Geltung dieser Zuordnungen, aber nicht die Ursachen hinter ihnen. Man muß also diese wahrnehmbaren Zuordnungen durch Gründe erklären, die über sie hinausgehen – eine an sich völlig richtige Annahme. Und diese Gründe findet man im Modell des eigenen Strebens und Widerstrebens, der erlebbaren Sympathie und Antipathie, der zwingend, mit dem Druck der Notwendigkeit gegebenen Bedürfnisse und Abschreckungen. Und die Verirrung der Magie ist nun die, daß diese Erfahrung des sympathetischen Zusammenhanges mit seiner »dynamischen« Notwendigkeit dauernd in das vorhin beschriebene andere Verhalten hineinschlägt, das, seiner eigenen Logik streng folgend, zu seiner »gefühlsasketischen« Kunst und Technik des Experimentierens mit bloßen Faktensachverhalten und kontrollierten Kausalketten führen würde — und im Laufe der Entwickelung geführt hat. Der darstellende Jagdzauber ist nur halbrational, weil die viel instinktnähere Überzeugung von der sympathetischen Zuordnung die Handlung kurzschließt: zwischen dem, was *ähnlich* ist, der Darstellung und dem Erfolg, *muß* eine »entente secrète« bestehen, die von der darstellenden Handlung »in Bewegung gesetzt« wird.

Der sympathetische Zusammenhang kann etwas paradox als eine Erkenntnisform des Instinkts beschrieben werden, und er interferiert dauernd mit jenem ersten notwendigen Zusammenhang des in freier Praxis Darstellbaren. Und natürlich wird der sympathetische Zusammenhang früh und schon von der Sprache aus verallgemeinert, rationalisiert. Das »Mana« der Polynesier, das »Orenda« der Irokesen sind das im Bewußtsein verallgemeinerte Substrat jeder besonderen »entente secrète«, ein recht gutes Analogon des Begriffes Kraft im Kausalgesetz der Mechanik. So führt das Orenda im Zirpen der Zikaden am Morgen die Hitze des Tages herauf. Der »Glaube« an eine allgegenwärtige, lenkbare Zauberkraft, ein weltverbreitetes Fluidum ist also nicht, wie Hubert und Mauss (Esquisse d'une théorie générale de la magie, L'année sociologique VII, 1902/3) annahmen, eine Voraussetzung, aus der magisches Verhalten folgt, sondern umgekehrt: er ist das schon rationalisierte, zur Theorie niedergeschlagene Selbstverständnis des magischen Handelns. Dieses dynamische Fluidum, das unter verschiedenen Namen auftritt, das die Welt durchwirkt und sich als »Qualität« in Göttern, Menschen, Tieren und Geräten verdichten kann, ist die verallgemeinerte dynamische Zuordnung selbst, und es hat bereits der menschlichen Interpretation unterlegen, wie dies Radin (Gott u. Mensch in der primit. Welt, 1953, p. 63) klar erkannte: »für den Denker ist es das Wesen der Gottheit im allgemeinen, das einem Gegenstand oder einem Menschen innewohnt, und für den Tatmenschen ist es das Bewirkende, das Tätige.« Und weil hier schon ein Philosophisches, Ausformuliertes vorliegt, erreichen die Algonkin einen echten Pantheismus: Manitu ist der große Geist, der alles Leben auf Erden durchdringt und in Bewegung setzt, zu ihm kann man in der Not rufen, und dann helfen die niederen Manitus, die Schutzgeister.

Mit den bisher beschriebenen Kategorien ist aber die Magie noch keineswegs ausdefiniert, denn ein darstellendes Verhalten im Medium des Weltbildes der sympathetischen Zuordnung liegt auch im rituell-religiösen Handeln vor. Es ist daher die Beziehung zwischen dem echten, produktiven Ritus und der Magie noch zu bestimmen. Dabei muß man zuerst diejenigen Erscheinungen aussondern, die nur eine äußere Ähnlichkeit mit der Magie haben: wenn der Pharao Meneptah (Herodot II, 111) bei einer gefährlichen Nilüberschwemmung den Speer mitten in die Wirbel des Flusses wirft, so handelt es sich eigentlich nicht um Magie, denn er ist selbst Gott, und der Nil ebenfalls, es geht ein Götterzweikampf vor sich. Oder wenn die Buschmänner während des Sturmes mit ihren Pfeilen nach dem Himmel schießen, wie schon die Thrazier Herodots taten (»sie schießen gegen Donner und Blitz mit ihren Bogen himmelwärts und drohen damit dem Gott«, IV, 94), dann kann man dies noch als unmittelbar panische Reaktion verstehen. Das Verhältnis von Ritus und Magie ist tiefsinniger, es bedarf zu seinem Verständnis noch anderer Kategorien.

Die wichtigste heißt »*Umkehr der Antriebsrichtung*«. Damit ist zunächst einfach das unvermeidbare Umschlagen eines als *Selbstzweck* entwickelten Handelns zu einem *Mittel* gemeint, d.h. wir haben hier die Gegenseite des im 1. Teil untersuchten Vorgangs, in dem das Mittelhandeln sich zum Selbstzweck überhöhte. Der uns jetzt näher interessierende Prozeß ist der, in dem die subjektiv-emotionale, die Erlebnisseite des Ritus zum eigentlich angestrebten Ziel wird, zum Zweck des rituellen Verhaltens. Der Ritus wird also instrumentalisiert, er wird vollzogen, um den Sozialrausch oder die mit ihm verknüpften Zustände der Selbststeigerung zu provozieren.

Hierauf haben zwei wichtige Autoren, G. Heard und A. N. Whitehead, hingewiesen. Wenn man weit genug in der Vergangenheit des Menschen zurückgeht, sagt Whitehead (Religion in the making, 1926, frz. Übers. Le devenir de la religion), kann man den Glauben im rationalen Sinne vernachlässigen, jedoch nicht das Ritual und die daran geknüpften Emotionen. Man wiederholt die Riten und arbeitet sie heraus, um die Emotionen hervorzurufen, die sich daran knüpfen. Es mußte eine wesentliche Entdeckung sein, wie man Emotionen für sich selbst erzeugen konnte, unter Absehen von gewissen herrschenden biologischen Bedürfnissen. Denn die Emotionen schärfen die Sensibilität des Organismus, und so reichert sich die Sensibilität auf eine Weise an, die die unmittelbaren Notwendigkeiten des Lebens nicht vorhersagen lassen. »In dem genauen Maße, in dem das Ritual das affektive Leben über die einfachen Antworten auf praktische Notwendigkeiten hinausriß, brachte die Religion eine Scheidung zwischen dem intellektuellen Leben und dem Leben mit sich, das in den Konflikten aufgeht, die der Druck der Umstände mit sich bringt« (p. 35). G. Heard (Social substance of religion, 1931, p. 91) sagt im selben Sinne: »Die Gruppe findet, daß sie das Ritual um seiner selbst willen genießt, daß es im Tanzgesang (chant-dance) einen Sinn von sonderbarer Wichtigkeit, von Wert und Wohlsein gibt«.

Diese »Abhebbarkeit« des Innenlebens und ekstatischer, emotional-sensibler Zustände ist von größter Bedeutung. In das reine, selbstzweckhafte rituelle Verhalten gehen sie als tragende Elemente mit ein, aber sie können *selbst zum Bedürfnis* und dann durch Umkehr des Verhaltens von diesem her angezielt und zur Reindarstellung gebracht werden. Der Ritus sinkt natürlich dann zum Mittel herab, der Zweck wird die Abhebung eines subjektiven oder kollektiv-subjektiven Zustandes. Bedeutend ist dabei die übrigens sehr langsam gemachte Erfahrung, daß diese Inversion nicht in jedem Falle entwicklungsfähig, stabilisierbar und ihrerseits mit den geordneten Verpflichtungen des gesellschaftlichen Lebens vereinbar ist – das ist sie nur in Form der Askese, nämlich dann, wenn der Ekstasezustand sich auf der willensmäßigen *Hemmung* der leibnächsten Antriebe selbst aufbaut. Die Umkehr der Antriebsrichtung, also das zum Bedürfnis gewordene Ansetzen eines Verhaltens nach innen hin, erfolgt zunächst und vorwiegend in zwei Formen, als Rausch oder als Askese, und nur die letztere Form erwies sich als stabilisierbar. Der asketische Ekstasezustand kann nämlich protrahiert werden, und er läßt sich gerade dann mit den Verpflichtungen der gesellschaftlichen Moral und Disziplinierung, auch in der Arbeit, vereinigen. Aber dies scheint Sache des Experimentierens der Menschheit mit sich selber gewesen zu sein, und zunächst ist wohl, wie Heard und Whitehead sahen, eine Steigerung der Affektivität und Sensibilität »for its own sake« erstrebt worden. Virtuell bleibt dann der Ritus in seiner eigenen darstellenden Gestalt als entleerter zurück, der gerade deswegen für Zwecksetzungen freigelegt, instrumentalisierbar wird – in seine Hülse kriecht die Magie, weil er einer sekundären Motivation bedarf.

Zunächst aber müssen wir der anthropologischen Bedeutung der Ekstase noch einige Worte widmen.

44. Ekstase, Rausch, Askese

In der Ekstase sind anscheinend zunächst rauschhafte und asketische Elemente noch ungeschieden. Tanz, Trunkenheit, toxische Exzesse, Selbstverstümmelungen usw. sind von außen nach innen angesetzte Handlungsreihen, und die in ihnen gewollte Übersteigerung und Hypertension der Affektivität und Sensibilität erreicht höchste Grade, weil die aufgelösten Hemmungsenergien in die Dynamik mit eingehen, so zu einer als beglückend empfundenen Befreiung und Entlastung des Menschen von sich führend. »Durch den Tanz wird der Mensch in gewissem Grade ›reiner Geist‹ und fähig, in dieser Eigenschaft zu handeln« (A. Varagnac, Civilisation traditionelle et genres de vie, 1948, p. 331). Es entstehen dann Handlungsbereiche und Techniken, welche in der übersteigert-befreiten Innenwelt enden, erstrebt und erlebbar wird »la vie à un degré plus intense«, und eine grandiose Umkehr des Lebensschwerpunktes wird möglich, ja geradezu eine Übersteigerung des Unterschiedes von Innen- und Außenwelt zum Gegensatz. In dem Beitrag »Zur Systematik der Anthropologie« (1942) haben wir bereits auf diese Verhaltens-Transformation hingewiesen.

Unangebbar früh hat man der Umkehr der Antriebsrichtung technisch nachgeholfen. Alkoholische, sexuelle und toxische Exzesse, Drehschwindel- und Tanzekstasen sind uralt, und »Übermenschliches und Untermenschliches mischt sich in ihnen« (Erwin Rohde). Die Einebnung der sozialen Normen und Statusgesetze, die notwendig folgt, ist teils gewollt, teils hingenommen, teils entschieden bekämpft worden – so hat man bekanntlich die Bacchanalien, die nach Livius ein »Graecus ignobilis« von Unteritalien her eingeführt hatte, in Rom durch Senatsbeschluß im Jahre 186 v. Chr. verboten. Was hier auf der Stufe polytheistischer Hochreligionen noch möglich war, hat seine Anfänge im Schamanismus. Wir stimmen K. Meuli (Scythica, Hermes 70, 1935) zu, wenn er den Schamanismus für eine hocharchaische Erscheinungsform des religiösen Lebens hält, insbesondere auch bei den Indogermanen, und selbst H. Kirchner (Ein archäolog.

Beitrag zur Urgeschichte des Schamanismus, Anthropos 47, 1952) scheint uns mit der Deutung eines Bildes aus Lascaux (Aurignac) als schamanistischer Séance nicht zu weit zu gehen (Abb. 2). Und man kann nicht bezweifeln, daß psychoneurotische Individuen und Paranormale die zunächst ekstasebereiten und zugleich die geborenen Usurpatoren sind – allzu deutlich schlägt immer wieder dieser Eindruck durch, auch in Richtung sexueller Abartigkeit. So schon in dem ältesten erhaltenen Bericht, dem Herodots über die skythischen Enareer (Unmännlichen), über die die Göttin die weibliche Krankheit verhängt habe. Bei den Araukanern, den Tschuktschen, bei den Thonga (Bantu), manchen Eskimos, bei vielen Indianerstämmen, wie den Illinois-Indianern, den Fox und Dakota, den Yuma, Cree, Yurok, Takelma sind die Schamanen Invertierte. Die männlichen Medizinmänner mußten bei den Patagoniern schon in früher Jugend Weiber werden, eine Päderasten-Kaste aus Inner-Borneo liefert die Sänger, Ärzte und Zauberer. Hierher gehört auch der »muliebris ornatus« des Priesters des Nahanarvalen-Heiligtums (Tacitus, Germ. 43). Andererseits aber gibt es weit verbreitete schamanistische Motive, wie das Zerstückelungs-Erlebnis, die typisch exogen psychotisch sind, also bei Deliranten vorkommen, und solche toxische Induktion von Ausnahme-Zuständen, angefangen bei der Tabakbrühe der aztekischen Priester bis zum Meskalin, gehört doch wohl zunächst in das Repertoire der Psycholabilen.

Die Umkehr der Antriebsrichtung ist allerdings eine anthropologische Kategorie schlechthin, aber es ist die Frage, wer bereit ist, diese Erlebnisrichtung zu forcieren und das aus der Hemmungsbefreiung entstehende Allmachtsgefühl auszuwerten – und das sind die Schamanen, die den inneren Kontakt mit der Erregungsneigung der Anderen und zugleich die Bereitschaft zur »großen Verantwortung« haben. In diesem Zusammenhang ist die Rolle der Krankheit in der Eigenideologie der Schamanen wichtig, und die neueren großen Spezialwerke (M. Bouteiller: Chamanisme et guérison magique, 1950. M. Eliade: Le chamanisme, 1951) gehen näher hierauf ein. Allgemein wird bei der »Berufung« ein Krankheitszustand erwartet, er ist geradezu obligatorisch, sei es, daß man aus einer vorhergehenden Krankheit (hysterischem Dämmerzustand, einer Depression, Vergiftung usw.) durch das Kommen der »Geister« erlöst wird, oder umgekehrt, daß man wie bei den Paviotso und Klamath-Indianern durch

44. Ekstase, Rausch, Askese 277

Verwundeter Bison mit Speeren, Mensch mit Vogelkopf, Seelenvögel auf einer Stange. Vielleicht auch schamanistische Trance-Vision (H. Kirchner). Malerei in Schwarz, Lascaux. Alter 15 500 ± (Fehlergrenze) 900 Jahre.

Krankheit »bestraft« wird, wenn man sich dem Rufe der Geister verschließt. In Indonesien war der Schamanismus früher von solcher Krankheit untrennbar, diese wurde erst später dramatisch imitiert – was übrigens unvermeidbar wird, wenn mit dem Schamanismus auch der Krankheitszustand institutionalisiert wird. Der Schamane der Niue ist Epileptiker oder extrem nervös, die Beispiele lassen sich beliebig häufen, aus Samoa, den Andamanen, Ecuador, Uganda, dem arktischen Bereich. Und jederzeit kann der Ausnahmezustand in asketische Formen umschlagen: »als ich beschloß, Schamane zu werden, wählte ich das Leiden durch zwei Dinge, die für den Menschen besonders gefährlich sind: Leiden durch Hunger und Leiden durch Kälte«, sagte der Caribou-Eskimo (Radin p. 83).

Der Schamanismus ist unter folgenden Gesichtspunkten zu beurteilen: erstens als Institutionalisierung und Status-Verleihung von paranormalen Befunden – insofern gehört er unter die oben (§ 39) untersuchten Erscheinungen, und als Institution operiert der Medizinmann, Regenzauberer usw. im Gruppeninteresse. Zweitens behaupten wir keineswegs, daß der Schamane die Magie »erfunden« hat, aber es ist zu fragen, wer in die bereitliegenden, anthropologisch verstehbaren Verhaltensformen der Umkehr und Selbststeigerung den Schwung und die Dynamik, die Allmachtsgarantie hineinbrachte. Er ist der Typus, der die Notstände usurpiert. »Mein weißer Bruder«, sagt der Schamane der Apachen, »du wirst es wahrscheinlich nicht glauben, aber ich bin allmächtig. Ich werde nie sterben, meine Kraft ist wie die eines Gottes« (Bouteiller p. 160).

Längst ist der schamanistische Zauberbetrieb Institution geworden, längst jene Berufung samt Krankheitszustand zu einer Sollregel mit komplizierter Geistertheologie, längst sind die Kompetenzen definiert – zunächst ist er überall Medizinmann, er hilft den sterilen Frauen, er leitet die Pubertäts- und Totenriten, kann selbst Tote erwecken. Er sichert den Jagderfolg, ist Regenmacher, er verkehrt mit den Tieren und Totenseelen, er unterstützt die »Weltordnung« bei den zyklischen Naturzeremonien. Er ist Prophet und Hellseher, findet Verlorenes, er ist der große Gegenzauberer, der die bösen Geister neutralisiert. Vor allem disponiert er allein über die Schutzgeister, wie Prospero über Ariel:

44. Ekstase, Rausch, Askese

Heil, großer Meister! Heil dir, weiser Herr!
Ich komme deinen Winken zu begegnen.
Sei's Fliegen, Schwimmen, in das Feuer tauchen,
Auf krausen Wolken fahren; schalte nur
Durch dein gewaltig Wort mit Ariel
Und allen seinen Kräften. (Sturm I, 2).

Bei allem ist nicht unwichtig, daß die Schamanen ursprünglich wohl keineswegs als Einzelerscheinungen zu denken sind, sondern, als »mad fringe« der Bevölkerung, in ganz respektablen Zahlen vorkamen, fast wie eine »Klasse« wirkend. Unter den sehr primitiven Paviotso-Indianern gab es zu Anfang des Jahrhunderts in einer Gruppe von 400 immerhin 90.

Es ist weiter wahrscheinlich, daß die Gesellschaft bestimmten Personen diese Rolle zuschiebt, und zwar denjenigen, die sie als irgendwie rätselhaft oder außergewöhnlich empfindet. Hubert und Mauss (zit. Pradines, p. 170) haben eine eindrucksvolle Statistik der typischen Magier und Zauberer aufgestellt. Das sind Fremde, Verbannte, Verrückte, Telepathen, Ekstatiker, Kataleptiker, Hypnotiseure, die »Ärzte«, Totengräber, Schmiede (also mit gefährlichen Substanzen Umgehende), die Hirten, die mit den Tieren reden, Henker, Bauchredner, Einäugige, Blinde, Verwachsene und Bucklige, und unter den Frauen die Nichtmütter: alte Frauen und Jungfrauen. Es handelt sich also stets um irgendwie provozierende Figuren oder Ausnahmefälle, die sicher in den meisten Fällen die Rolle des Zauberers weniger übernehmen, als daß sie in sie hineingedrängt und damit unter Statuskategorien gebracht werden. Die nicht mehr gruppendienliche Magie dagegen ist die egozentrische »schwarze« Magie, die Indienststellung der Geister für asoziale Zwecke. Wahrscheinlich entsteht sie dann, wenn in engen und definierten Sozialbeziehungen Konflikte auftreten, für die es keine institutionalisierte und anerkannte Form der Regelung gibt – der Konflikt hüllt sich dann in eine verdeckte Gewalttat. Dafür spricht die Analyse konkreter Fälle von M. G. Marwick (The social context of Cewa witch beliefs, Ztschr. Africa, 22/1952, p. 120ff., 215ff.). Es zeigt sich, daß gehässige Zauberei sich hier fast ausnahmslos im engsten Kreise der Blutsverwandten, in der matrilinealen Gruppe abspielt, wenn die Blutsbindung mit anderen, heterogenen Einrichtungen kollidiert, wie mit eingeführten europäischen Eigentumsregeln oder mit der politischen Führererbfolge. Es gibt dann bei Konflikten, für die keine eingewöhnten Regelungen zur Verfügung stehen, keine Möglichkeiten prozessualer Erledigung, und eine individuelle verdeckte Aufsässigkeit bedient sich der Magie in aggressiver Tendenz. Auch R. Benedict wies (Patterns of culture) mehrfach darauf hin, daß die Hexen und Zauberer sich unter den Leuten befinden, mit denen man täglich und stündlich umgeht – man hätte hier (auf Dobu) wohl nach ähnlichen Motiven zu suchen.

Unsere Theorie der Magie ist also sehr einfach: die Entleerung der großen Riten infolge der Umkehr der Antriebsrichtung (auf deren anthropologischen Sinn wir gleich noch eingehen) setzt sie in ihrer darstellerischen Form als Vehikel, als Instrumente einer Praxis frei, die sich des darstellenden Formalismus bedient, und einen vernünftigen, ja apriorischen Kern hat, den aber die Fiktionen des sympathetischen Weltbildes an der Entfaltung hindern. Daß Riten und Zeremonien so zur Magie »herabsinken« können, hatte schon Beth (p. 229) betont, wie neuerdings an mehreren Stellen Jensen. Umgekehrt liefert dieselbe Entbindung und Abhebung der Emotionen, technisch forciert oder pathologisch gesteigert, die »Visionen« und Allmachtsgefühle, die sich jenes Instrumentalismus bedienen.

Diese Theorie begreift also mit Beth und Jensen die Magie als den degenerierten Ritus, sie sieht jedoch in ihrer Praktizierung von »notwendigen Zusammenhängen« die Interferenz zweier Vernünftigkeiten am Werke und berücksichtigt die prominente Stellung der Paranormalen in ihr, ohne sie jedoch daraus zu verstehen. Die Kategorie der »Umkehr der Antriebsrichtung« erklärt uns weiter einerseits die Entleerung des Ritus, andererseits die Freilegung des ekstatischen »Weges nach innen«, den wir endlich noch anthropologisch zu erläutern haben.

Man muß dann diese Ekstasen zunächst unter dem Gesichtspunkt der Entlastung verstehen, sie sind Sprengungen des Alltags und der Alltagspflichten, Lockerungen von Ordnungsgesetzen und Zuchtgewohnheiten. So nahm die römische Regierung Anstoß daran, daß »matrones Bacharum habitu crinibus sparsis cum ardentibus facibus decurrere ad Tiberim«. Zustände dieser Art sind schon deswegen Entlastungen, weil sie ganz spezifisch *Gegenwart* sind, die Sorge vor der Zukunft, der Druck der Vergangenheit und des Gewissens schweigen. Energetisch gedacht, trägt die Umwandlung von Hemmungsenergien in Antriebsenergien sehr wesentlich zur Erhöhung des Glücksgefühls bei.

Näher gesehen, sind aber diese Zustände, eben im Abbau der Regulationen, selbst *Entdifferenzierungen*. Die Sensibilität wird verändert, teils abgedeckt, teils gesteigert, Hyperkinesen der Motorik und Sprache setzen ein, autohypnotische Konzentrationen besetzen sonst ungelebte Empfindungschancen, halluzinatorische »Erleuchtungen« werden möglich, kurz, die Entdifferenzierung und Desorganisation des Wachbewußtseins setzt einen Reichtum eindrucksvoller und unstabiler Eigenqualitäten frei.

Wir stellen nun die Hypothese auf, daß diese Erlebnisse in einem präzisen Sinne *Selbststeigerungen* sind, damit dieses mehrfach gebrauchte Wort festlegend. Sie treiben nämlich ein fundamentales menschliches Konstitutionsmerkmal weiter, oder anders gesagt, sie vermitteln dem Menschen wirklich eine neue Offenbarung über sich selbst. Denn die Entdifferenzierung und Entspezialisierung sind echte Wesensmerkmale des menschlichen Bewußtseins, schon in der Wahrnehmung (§ 27), und ebenso der menschlichen Instinktresiduen. Diese Wesensmerkmale werden in der Ekstase nicht nur bewußt, sondern artifiziell weitergetrieben, und erreichen dann die so schwer beschreibbare Qualität einer vereinseitigten, übersteigerten Endgültigkeit. Alle Formen des Rausches und der Ekstase, beginnend mit endlosen monotonen Tanzrhythmen in Begleitung ebenso endloser erregend-hypnoider Töne und endend mit beliebigen toxischen Nachhilfen setzen also ein wesentliches Merkmal des Menschen schlechthin fort, das nur in dieser Form bewußt wird. Und diese Hypothese bestätigt sich, wenn wir sie auf einer zweiten Linie wiederfinden.

Die Ekstase kann nämlich vom Negativen her ansetzen, und auf den niedersten Ebenen ist die Schmerz-Ekstase von anderen Stimulantien nicht unterscheidbar. R. Benedict (Patterns, 1934, p. 74) beschreibt, wie die Indianer der Western Plains Visionen suchen: sie schneiden sich Hautstreifen von den Armen, ziehen sich Stricke unter die Schultermuskeln, und schwingen sich so an Pfählen –: »have nothing and the spirits will come to you«, das kann bis zur Selbstmarter gesteigert werden. Auch scheint die Pointe mancher Orgien in der Überwindung des Ekels und der Übelkeit zu bestehen. Jedenfalls sind die orgiastischen und asketischen Elemente bisweilen kaum unterscheidbar, bis sich endlich das letztere herausarbeitet und schließlich in entschiedenen Gegensatz zu Rausch und Orgie tritt. Die *asketische Ekstase* hat gegenüber der orgiastischen den eminenten Vorzug der Protrahierbarkeit, es ist also ihre Stabilisierung als *Zustand* möglich, und vor allem in Indien wurden die Techniken hoch entwickelt, durch Unterernährung und andere Kasteiungen den Leib zugunsten dieser wahrhaft entschiedenen Umkehr der Antriebsrichtung abzutöten. Es war diese Technik, die Buddha durch die noch sublimiertere der methodischen Kontemplation ersetzte, doch galt auch im Bhagavadgita die leidenschaftliche und begehrliche Askese als verderblich. Die asketische Umkehr der Antriebsrichtung läßt im Gegensatz zur orgiastischen den Willen und das Bewußtsein intakt, ja sie konzentriert beide, und gerade weil hier keine Entdifferenzierungs-Sensationen vorkommen, ist der methodische Einsatz des Willens zu einer Steigerbarkeit der Zustände hin möglich, von der wir Europäer reden, wie der Blinde von der Farbe. Die buddhistische Konzentrations-Ekstase setzt natürlich eine gewohnheitsmäßige Askese im Sinne der völligen Ausklammerung aller weltzugewandten Antriebe voraus, ihre vier letzten Stufen sind selbst noch Entlastungen von der Hyperwachheit der Konzentrationszustände, es muß da eine Art Dauerstabilisierung der inhaltsleer gewordenen *Form* von höchstgespannter Bewußtheit erreichbar sein.

Im Sinne der vorhin dargestellten Hypothese ist die Askese als die Steigerung und Forcierung eines anderen fundamentalen menschlichen Wesenszuges zu verstehen – der Instinktreduktion (§ 26). Es kann kein Zufall sein, daß beide Arten der Umkehr der Antriebsrichtung sehr tiefe Wesenskategorien der Menschen thematisieren – die Entdifferenzierung und die Instinktreduktion. Insofern sind sie geradezu als bewußtseinsfähige *Fortsetzungen des Prozesses* aufzufassen, der *Menschwerdung* hieß – eine Tatsache, die sich von selbst als die Vorstellung ins Bewußtsein hebt, man lasse die bloß menschliche Daseinsweise zugunsten einer mehr als menschlichen hinter sich!

Von kulturell größter Bedeutung ist dabei, daß die Askese in ihrer nüchternen, willensmäßigen Form sich als vereinbar mit den Anforderungen einer rationalen Religion und Moral erwiesen hat, und sie wirkt dann nicht mehr in Fortsetzung ihrer rauschähnlichen Anfangsformen als Stimulans, sondern als disciplina und endlich als sacrificium. Pradines (Esprit, p. 327) hat überzeugend gezeigt, daß bei der Magie die positiven, darstellerischen Formen keinen moralisch entwickelbaren Gehalt haben, und daß die Beziehung der Magie zum moralischen Verhalten über die Versagungen (interdictions) geht, vor allem über das Tabu und die zahlreichen von hier aus gesetzten Antriebsverzichte. Daß die positive Magie trotz allen »Sturmlaufes der beleidigten Vernunft« (G. Heard) sich mit so ungeheurer Zähigkeit als Institution hielt, hat mehrere Gründe. Das Weltbild der sympathetischen Zuordnung muß es nahelegen, durch genaueste Repetition der magischen Zeremonien die Stabilisierung der *Wirklichkeit selbst* für möglich zu halten, weil man das innere Band ihrer dynamischen Notwendigkeit in der Hand zu halten überzeugt war. Umgekehrt mußte man dann vom Unterlassen dieser Praktiken unbestimmt weitreichende katastrophale Folgen befürchten. Auch war durch die Institutionalisierung der Magie eine soziale Rollenverteilung erfolgt, die ihrerseits aus dem Stabilitätsbedürfnis der Gesellschaft heraus die Magie zu einer Art Sozialkitt machte. Diese gewaltigen Motive genügten, um einen sekundären »Glauben« an ihre Wirksamkeit im Einzelfalle mitzuverpflichten, der durch die endlosen Mißerfolge unerschüttert blieb, zumal diese jederzeit als Folgen eines »Gegenzaubers« erklärbar waren. Die Magie systematisierte noch die Einwände gegen sie, wie die Psychoanalyse die Einwände als »Widerstand« in sich hineinnimmt.

45. *Magie in Hochkulturen*

Wir können jetzt in die Flut archaischer Spirits, Dämonen, Mächte und Götterwesen eine gewisse Ordnung hineinbringen. Zuerst gibt es, wie oben (§ 34) gezeigt wurde, ein »vorbereitetes Feld«: aus der Ansprechbarkeit der entdifferenzierten Instinkte für Auffälliges und Außeralltägliches, aus den aufgefächerten mimischen Auslösern, aus Träumen, Schatten usw., aus der Eigendynamik der zurückempfundenen Sprache ergibt sich ein vorpräpariertes Medium »wirksamer Gegenwarten«, aber von daher kein *direkter* Weg zu religiösen oder religiös-magischen Konzeptionen, die sich vielmehr in jenem Medium nur ins Endlose verflössen und kombinieren. Diese Konzeptionen selbst sind verschiedener Herkunft. Die um die Totenrituale herum organisierten Handlungen gliedern einen Komplex heraus, der sich als Seelen und Totengeister artikuliert, wobei durchaus kein Bedürfnis nach einer Vereinheitlichung dieser Vorstellungen besteht. Die großen Rituale, die nach aller spätpaläolithischen Überlieferung am Tier den Selbstwert im Dasein und die Transzendenz ins Diesseits entfalten, konzipieren zuerst Wesenheiten im Vollsinne, im Wege des Sichverwandelns des Menschen in die »große Realität«. Aus diesen Riten entwickeln sich die elementaren Institutionen der Ernährung und Fortpflanzung – der Zweck der Natur wird der eigene Zweck. Die Totemtiere, Demawesen, Totemahnen, Demiurgen und andere Dämonen haben als wesentlichen Inhalt die aus dem Ritus herausgestellte Kultivierung, diese Wesenheiten sind die Schöpfer und Urheber der Institutionen und des kultivierbaren Naturdaseins. Im Bewußtsein entfaltet, macht dies den echt mythischen Zustand der Religion aus, dessen anderer Schwerpunkt der Ritus bleibt. Das Verwandlungsmotiv beherrscht beide Seiten.

Im »Hintergrund« erwartet der Himmels- und Sonnengott, eine unableitbare, aber nicht kultfähige Wesenheit eigenen Rechts, die Stunde, bis er hervortreten kann und im Material einer sehr geänderten gesellschaftlichen Lage, der hochkulturellen, ausdrückbar wird und die große Herrschaft übernimmt. Keine dieser Gestaltungen ist im Zeitsinne früher als die andere, »sondern wir finden den Glauben, sagen wir an die Wirksamkeit eines Amuletts, und an ein höchstes Wesen, das die Ordnung in der Welt gewährleistet, auf der gleichen Stufe« (Preuß p. 20).

Die Magie ihrerseits lehnt sich ganz an die großen Riten an, der primäre magische Akt ist ein darstellender, sie ist *daseinsabhängig* vom Vorbestehen dieser Riten, aber sie enthält einen eigenen, apriorischen Vernunftkern im Technischen, Instrumentellen in ihr, in der Evidenz, daß der notwendige Zusammenhang nur von der Handlung vermittelt erscheint. Doch ist dies eine verhüllte, sympathetisch »kurzgeschlossene« Evidenz. Überhaupt ist die Magie wesentlich zweideutig, sie lebt insofern vom Verfall des Ritus, als sie seine Instrumentalisierung, seine Technisierung zur Erlebnisseite hin auswertet und sich der entleerten Hülse der Darstellung bedient. Aber indem sie so den »Weg nach innen« einschlägt, besetzt sie ihn zugleich mit den Exaltationen und Hypnosegeburten der Schamanen, die sich wie Bakterien verbreiten, und sie benutzt alle von ihr vorgefundenen (nicht erzeugten) Spirits und Wesenheiten als Hebel und verlängerte Arme, um eine ebenso artifizielle wie egozentrische (oder gruppenegozentrische) Stabilisierung der Lenkung des notwendigen Zusammenhangs zu erreichen. Nur die asketische Variante der Ekstase erweist sich als fruchtbar, als konzentrierend und als methodisch begehbarer Weg nach innen. Die Fähigkeit des Menschen zur Selbststeigerung hat einen konstitutionellen, kategorialen Grund, geradezu im Sinne der Fortsetzung des Prozesses der Menschwerdung, aber seine Freilegung ist eine mühsame Arbeit. Sehr lange wird diese Fähigkeit in die benommenen Allmachtsgefühle der Schamanen eingekleidet, zumal diesen die Monopolisierung der Magie zugeschoben wird: die Gesellschaft entlastet sich selbst, wenn die Angst, die Ignoranz, die Leichtgläubigkeit, die Faulheit und der Leichtsinn von den Schamanen in stereotype Regeln gebracht und verantwortet werden.

Die sterilen, zweckfremden Formen der Magie werden mitgeführt, weil sie eine Art von unvermeidlichem Bodensatz zu produktiven, kulturschöpferischen Entwicklungen bilden, die mit ihnen im Ritus eine *gemeinsame* Wurzel haben. Die Gesellschaft kann diesen Niederschlag gar nicht reformieren, weil ihr Eigeninteresse an der Stabilität an diesen stereotypen Formen einen Halt findet, und weil die Magie das Gesamtverhalten doch in der Richtung seiner fruchtbaren Wirksamkeit versteift – nicht umsonst sind gerade die frühen Pflanzerkulturen mit Magie überwuchert. Anderseits ist sie ein System bloßer Jetztbewältigungen, und insofern sind Vorzeichen und Orakel zu ihr zu rechnen. Entwickelungslos, tritt sie in allen Zeiten und Völkern mit überraschender Gleichförmigkeit auf. Eine Spezialstudie könnte die typischen Unterkomplexe, sozusagen die Vorzugsmotive entwikkeln. So haben wir in der Erzählung, wie die Wunde Siegfrieds zu bluten begann, als sich Hagen näherte, mindestens drei große Komplexe, deren jeder mit Hunderten von Varianten belegbar wäre: den Komplex »ans Licht bringen« (Vorzeichen, Orakel, Ordalien, Wahrsagerei, Rätsel), den Komplex »Gegenwirkung des Beeinträchtigten« (Rache, Strafe, Heilung, Reinigung) und den Komplex »Zauberkraft der Leiche«. Zu dem letzteren bringt Lévy-Bruhl (Die geistige Welt der Primitiven, Kap. 6) reiche Kasuistiken unter den Titeln »Direkte Befragung von Toten in verschiedenen Formen« und »Wahrsagung aus dem Schädel und den Knochen Verstorbener«.

Da unsere Studie nicht bis zu den gereinigten Götterwelten der Hochkulturen vordringen will, beschränken wir uns auf die Hervorhebung eines sehr bedeutenden Zusammenhanges, den Pradines erwähnt: die Magie ist grundsätzlich gruppenegoistisch oder gar egozentrisch, und sie bedarf für ihre Technik keineswegs humanisierter, anthropomorpher Wesenheiten. Gerade Vorzeichen sind fast immer nichtmenschlich, man bedient sich für Zauberei gerne tierischer Spirits, man holt Regen, Wolken, die Jagdbeute heran, die Embleme der Schamanen sind der Vogel, das Roß, der Lebensbaum usw. Erst auf der Stufe des Polytheismus wandelt sich dies — sobald die Götter menschliche Gestalt annehmen, werden sie erst wirkliche Götter, d. h. es wird sicher, daß *sie* regieren, daß also die egozentrische Umlenkung des Weltlaufes nicht gelingt, sondern daß sie es sind, die die »entente secrète« beherrschen. Der Schamane tritt an sie seine Allmacht ab. Der anthropomorphe Gott ist gerade der, der nicht mehr anthropozentrisch wirkt, er ist kein Ariel. Jetzt, in der Hochkultur, hört die Magie auf, im Zusammenhang der großen Herrschaft und da endlich das Tier seine Fascination verloren hat, weil die Kultur es trivialisierte. Jetzt tritt der Hochgott aus dem Hintergrund hervor, seine Muße abschüttelnd, und die Riten werden spezifische Kulte dieser Götter.

Besser gesagt: die Magie *könnte* aufhören, aber erst die absolute Schwelle des Monotheismus bringt sie an ihr Ende. Auf der polytheistischen Stufe dagegen bemerkt man etwas anderes: neben der Sublimierung alter Religionen steht als Schatten ihre Magisierung, neben der Wendung ins Ethische gerade der Rückfall in massive Zauberei. Das Bild ist so gleichförmig, daß hierin eine innere Gesetzlichkeit gelegen haben muß. Ed. Meyer (Ursprung und Anfänge des Christentums, Bd. II, p. 119) wies darauf hin: »Es ist die Entwickelung, die alle fortgeschrittenen Religionen durchgemacht haben, die ägyptische in stets anwachsendem Maße, seit dem Scheitern der monotheistischen Reformation Echnatons, aber ebenso die babylonische unter der Herrschaft der Astrologie, die persische der Magier, die indischen Religionen und in Griechenland die Mysterienreligion und die Orphik, und dann, seit der beginnenden Reaktion gegen die Aufklärung, der Neupythagoreismus und der philosophische Eklektizismus. Überall geht mit der ethischen Vertiefung der Rückfall in die primitivsten Formen der Religion, die schon völlig überwunden schienen, Hand in Hand«. J. Burckhardt (Die Zeit Constantins des Großen) hat derselben Erscheinung die ganze zweite Hälfte des 5. Abschnitts gewidmet – die »Dämonisierung des Heidentums«. Als unter Constantin die goldenen und silbernen Bestandteile der Götterbilder zum Einschmelzen weggenommen wurden, wunderten sich viele Heiden, daß im Innern der Tempel oder Bilder kein Dämon sich zeige, ja nicht einmal ein schattengleich vorüberhuschendes Gespenst. Spengler (II, 385) fügt wie zur Ergänzung Meyers hinzu, daß im Arabertum der Abbasidenzeit der ursprüngliche Islam von den Feen, Heiligen und Gespenstern, von Vorhölle, Weltgericht usw. ganz in den Hintergrund gedrängt wurde.

Im Anschluß an Max Webers (Wirtschaft u. Gesellschaft, p. 266) Interpretation ähnlicher Phänomene – Rückkehr des Tierkultes in Ägypten gerade dann, als die systematische Denkschulung der Priester wächst –, hat man sich gewöhnt, solche Vorgänge soziologisch zu verstehen: wenn die Religion sich spiritualisiert, kommen die Massen nicht mehr mit und fallen in Zauberei zurück. »Gegenüber dem auf den sublimsten Höhen vornehmer Intellektuellen-Kontemplation gewachsenen alten Buddhismus ist die Mahayana-Religiosität eine Popularisierung, welche zunehmend sich reiner Zauberei oder doch sakramentalem Ritualismus annäherte«. Man kann dieser soziologischen Erklärung ihr relatives Recht einräumen, doch liegt der Vorgang zweifellos noch tiefer begründet. Er hat sich nämlich nach unserer Darlegung schon in den frühesten Gestaltungen der Religion vollzogen. Der darstellende Ritus als zweckfreier, auf das Dasein gehender, ist in sich von hoher virtueller Spiritualität. Doch liegt unmittelbar in ihm schon die Tendenz zur Umkehr mit der Möglichkeit, ihn zum Anlaß einer Emotionsenthemmung einzusetzen, also die Neigung zur Instrumentalisierung – sofort wird die Darstellung zum Mittel verkehrt, sie wird zweckoffen, und die rationale Vernünftigkeit der Praxis sucht sie zu besetzen: Magie. Die Wege zur Abgleitung von einer erreichten Höhe sind immer die natürlichen, ihre Behauptung ist immer unwahrscheinlich, und nicht diese Abgleitungen sind zu erklären, sondern umgekehrt – wie überhaupt der Ritus in Reinheit festgehalten werden konnte. Und dies verstanden wir aus seiner Rückwärts-Stabilisierung, aus der Lebensprämie, die ihm in seiner institutionsschöpferischen Kraft zuwuchs.

Rein soziologisch erklärbar sind dagegen einige andere wichtige

Fälle. Im Umkreis schon völlig gereifter Hochkulturen kann die institutionalisierte Magie bewußt konserviert werden, weil sie aus offensichtlich politischen Gründen eine Seite der Brauchbarkeit zeigt. So ist das Auguralrecht der Römer eine Systematisierung von urtümlichen Vorzeichen-Praktiken, wie sie sich ganz ähnlich auf Borneo finden. Seine Konservierung erklärt sich zweifellos daraus, daß es sich politisch als manipulierbar erwies. Livius läßt im Jahre 293 die Tribunen einen Ausspruch der Duumviri librorum sacrorum (eine verwandte Institution mit magischen Texten) verdächtigen: id factum ad impediendam legem tribuni criminabantur. Was das Auguralrecht selbst anbetrifft, so muß es sehr früh, wohl schon bei den Etruskern, politisch durchdacht worden sein. Die Magistrate mit Imperium »hatten« die Auspizien, die Auguren nahmen sie nur wahr. Dann waren die öffentlichen, kollegialen Auguren von den privaten getrennt, die Auguren hatten keine Initiative, sondern durften nur nach vorheriger Stipulation mit den Magistraten beobachten, sie waren an deren physische Nähe (!) gebunden und von der Heeresfol-ge ausgeschlossen (!), und endlich durften die Magistrate notfalls allein beobachten (Rubino, Über den Entwickelungsgang der römischen Verfassung, 1839). Alles das sind klar erkennbare Indienstnahmen eines magischen Betriebes durch rationale politische Instanzen. Bemerkenswert ist dabei noch der Ersatz der eigentlich sichtbaren Vorzeichen durch eine Wortformel, welche sie »verifizierte«. Denn gerade der Vorzeichenbetrieb drängt zu uferloser Kasuistik. Aus einem Zeremonial aus Iguvium: »Ich bedinge (stipulo), daß du den Sperber zur Rechten siehst, die Krähe rechts, den Specht und die Elster links, daß du die Vögel von links fliegen siehst und daß die von links singenden Vögel günstig sind.« Antwort: »Ich sehe sie, den Sperber zur Rechten, die Krähe rechts, den Specht und die Elster links, die Vögel fliegen von links, und die links singenden Vögel sind günstig für mich, für das Volk von Iguvium und diesen Tempel.« Nun, eine so unwahrscheinliche Kombination von Unwahrscheinlichkeiten kann schlechterdings nur fingiert werden, und dies kann geschehen, wenn die Wortformel an Stelle der Inhalte tritt. Daher der Bericht des Livius (X, 40), wo der Konsul Papirius ungeduldig wird, weil man ihm sagt, das Auspizium sei erfunden. »Wer bei einem Auspizium teilnimmt und etwas Falsches meldet, nimmt es auf sein eigenes religiöses Gewissen (in semet ipsum religionem recipit).

Mir ist ein tripudium gemeldet worden, und das ist für das römische Volk und Heer ein ausgezeichnetes Auspizium.« Es genügt, wenn der Formalismus gewahrt wird, und man hütet sich zu fragen, wie er zustande kam, wie bei gewissen Wahlen.

In analoger Weise konserviert wurde ein ungeheurer Betrieb ominöser, wahrsagerischer, astrologischer und geomantischer Praktiken im kaiserlichen China bis in dieses Jahrhundert. Die Geomantik (feng-schui, Wind und Wasser) war die Kunde von der magischen Bedeutsamkeit von Bergen, Felsen, Bäumen, Gewässern usw., ein System, von dem der hervorragende Chinakenner B. Navarra (China und die Chinesen) noch 1901 sagte, daß es »ganz China in eisernen Banden hält«. Die ersten Telegrafenlinien der Regierung in den 70er Jahren wurden auf Veranlassung der Geomanten zerstört, viele Kilometer lange Umwege von Kanal- und Straßenbauten waren nötig, wenn irgendwelche Orte ungünstig aspiziert waren, eine falsch gewählte Begräbnisstelle konnte den Toten »erstarren« lassen und ihn veranlassen, sich zu rächen. Würdig daneben stand die Chronomatik, die Kasuistik der glücklichen und unglücklichen Termine für alle denkbaren Vorhaben. »Die Zahl der Wahrsager im Reich der Mitte zählt nach Legionen«, sagte Navarra, zu seiner Zeit betrugen infolge der übermäßigen Konkurrenz die Gebühren nur 2–10 Pfennige.

Man versteht diese sonderbare Lebenskraft magischer Praktiken, wenn man sie auf die uralte Institution des Beamtenstandes bezieht, des Mandarinats, aus dem seit Jahrhunderten die classe dirigente bestand. M. Weber (Konfuzianismus und Taoismus, Ges. Aufs. zur Religionssoziol. I, p. 479) bemerkt, daß die siegreichen Konfuzianer sich das Ziel der radikalen Ausrottung der Magie überhaupt nie stellten, sondern nur das der Monopolisierung der Amtspfründen. Die Mandarine waren selbst ethisch-literarisch gebildete Gentlemen, Vertreter einer ästhetischen Laiensittlichkeit und, wie Konfuzius seinerseits, religiös indifferent.

Die Wahrsager, Geomanten usw. rekrutierten sich nun aus der großen Menge derer, die zwar studiert hatten, aber bei den ersten Staatsprüfungen durchgefallen waren (Navarra p. 473), sie »gehörten zumeist der Literatenklasse an« (p. 493), also zu den nicht angestellten Intellektuellen. Dann wird klar, daß zu dem phänomenalen Studien- und Prüfungssystem der Mandarine die Fürsorge für diejenigen gehörte, die bei den Staatsprüfungen versagten, und das war eine gewaltige Menge. Man kann ihre Zahl ermessen, wenn man von Navarra erfährt, daß bei der großen Prüfung in Peking, zu der sich alle drei Jahre die Provinzial-Graduierten meldeten, etwa 6000 kandidierten, von denen nur 350 promovieren konnten, und zwar Kanditaten aller Altersklassen, bis zu 70jährigen. Auch in diesem Falle also wird, wie in Rom, eine bewußte Konservierung der Magie aus den Interessen der Herrschaft heraus deutlich.

In ähnlichem Zusammenhang ist es schließlich zu sehen, wenn den Königen eine exaltierte magische Macht zugeschrieben wurde. Wenn der Kaiser von Japan, seit 645 mit dem enormen Titel »menschgewordener Gott, der das Weltall regiert«, täglich ein paar Stunden unbeweglich dasitzen mußte, ohne auch nur die Augen zu bewegen, weil wo er hinsah Feuersbrunst oder Erdbeben entstand, dann konnten Leute mit mehr Zeit und größerer Beweglichkeit sich mit der Regierung befassen. Der Flamen Dialis in Rom, das Abbild Jupiters, wurde durch endlose Tabus vollständig politisch neutralisiert. Er durfte kein Pferd besteigen, keine Armee in Waffen sehen (!), unterlag den kompliziertesten Speiseverboten usw. Zur Zeit des Augustus war der Posten 75 Jahre lang nicht zu besetzen gewesen, er mußte die darauf lastenden Verpflichtungen mildern.

TEIL III
DREI HANDLUNGSARTEN UND DREI WELTANSICHTEN

46. *Naturreligion*

In den Institutionen der Ernährung und Fortpflanzung ist der Zweck der Natur der Zweck des Menschen geworden — eine Formel, deren anthropologisches Gewicht man aus dem treffenden Gegensatz zu der Feststellung Jherings (Der Zweck im Recht, 1877, Bd. 1, p, 28) ermessen mag: »Der Zweck der Natur ist nicht zugleich der des Tieres.« Das Vorhandensein tierischer Beute oder pflanzlicher Nahrung, ihr Nachwachsen, ihr Auslöserwert für die dann ablaufenden durchaus instinktiven, angeborenen Verhaltensweisen — das alles ist für die Selbst- und Arterhaltung der Tiere objektiv zweckmäßig, aber diese Zweckmäßigkeit besteht nicht für sie selbst. Nachdem jene Institutionen längst selbstverständlich und damit im objektiven Sinne, wenn auch nicht im subjektiven der Bedeutung für das Schicksal des Einzelnen, dem Bereich menschlicher Entscheidung entzogen sind, bedarf es einer gewissen Aufmerksamkeit, um die Frage nach dem Menschen gerade hier zu stellen.

Denkt man sich nämlich Ernährung und Fortpflanzung als dauernde und stationäre, den einzelnen Menschen übergreifende Gefüge, also als Institutionen, so ist zu beachten, daß diese sich weder aus den menschlichen Instinktresiduen, noch aus einer zweckpraktischen Intelligenz ableiten lassen. Jene beiden Begriffe meinen, als übergreifende und kontinuierliche Prozesse verstanden, sehr abstrakte, unsinnliche und nicht wahrnehmbare Tatbestände, die in dieser Form auch in keiner Weise instinktgestützt sind. Denn instinktiv repräsentiert ist nur die Geschlechtlichkeit, also die Begattung, auch gibt es bei der Frau wohl einen instinktiven Wunsch nach dem Kinde — aber sicher nicht nach dem Enkel. Der Begriff Fortpflanzung meint aber die nicht wahrnehmbare Kontinuität der Folge der Geburten über die Folge der Todesfälle hinweg, er kann zum Thema menschlichen Verhaltens erst gleichzeitig mit der erreichten Kontinuität der Blutslinie geworden sein, nämlich im Sinne der Verpflichtung, die Geschlechtlichkeit in den Dienst der selbst endlosen Verbandsordnung zu stellen. Aber eben diese Verbandsordnung kann keine rationalen Motive oder Ursachen gehabt haben, also nicht in Ausnützung einer beobachteten Zweckmäßigkeit entstanden sein – denn ihre soziale Zweckmäßigkeit konnte sich erst herausstellen, als sie schon vorhanden war, sie muß also sekundär gewesen sein. Mag auch die Ehe aus starken lebenspraktischen Interessen, wie der primitiven Arbeitsteilung, der langen Aufwuchszeit der Kinder, der Notwendigkeit der Vermeidung chronischer Konflikte innerhalb der Gruppen sich empfohlen haben, so geht doch aus solchen Überlegungen niemals die Blutslinie hervor – das Ordnungsprinzip der archaischen Institutionen der Ehe *und* der stationären Fortpflanzung. Dazu eben bedurfte es der prämagischen, darstellenden Identifizierung mehrerer Menschen miteinander in »einseitiger« Eigenschaft, die man über den Totemismus heranholte. Ähnlich liegen die Dinge bei der Ernährung: hier ist nur die Sättigung unerbittlich bedürfnisgefordert, und die Kategorie des Vorrats (§ 2) reicht nur bis zum Hunger von übermorgen. Weiter reicht aber auch zunächst die rationale Praxis nicht, und daß die Hege großer Tiere wieder nicht aus deren bloßer Beobachtung und aus praktischer Ausnützung von Beobachtungen folgen konnte, das beweisen die Eiszeitjäger selber: es gab niemals, wie ihre Höhlenmalereien ausweisen, bessere Beobachter, und gerade sie erfanden die Tierhege nicht, die wieder nur aus einem kultisch-darstellenden Verhalten heraus zu entwickeln war.

Das große Gewicht, das wir auf die Erforschung gerade dieser Themen legten, hat gute Gründe. Wir können uns heute nur noch Institutionen erklären, die aus Zweckverabredungen hervorgegangen sind, seit die Theoretiker der Aufklärung den Staat aus Verträgen konstruieren mußten, um ihn noch zu verstehen. Mit Recht hat man solche rationalistischen Erklärungen fallen lassen. Gerade Zweckeinrichtungen bleiben an den Maßstab der Nützlichkeit gebunden, sie erreichen also niemals vollständig jene Autonomie, die, in das Innere des Menschen hineingenommen, ihn über sich selbst erhebt und ihn von seiner eigenen Zufälligkeit entlastet, ihm eine Bestimmung gibt. Vor der Frage der Entstehung der fundamentalen menschlichen Institutionen stand dann die Kulturforschung ratlos, wenn sie sie überhaupt aufwarf und sie nicht aus ihrer heutigen Selbstverständlichkeit und Trivialisierung heraus übersah. Es wäre natürlich auch aussichtslos anzunehmen, daß metaphysische Konzeptionen, wie die »entente secrète« oder der »übergreifende Zusammenhang« erst gedacht und dann als Blutslinienordnung oder Tierhege »verwirklicht« worden wären, denn die großen menschlichen Ideen, zu denen jene allerdings gehören, können gar nicht bloß im Kopfe (oder gar im Buche, dem »Außenskelett« des Gehirnes) ihr Dasein führen, sie können dort nur überdauern, wenn sie von außen her gestützt und stabilisiert werden, und das leisten eben jene Institutionen selber, die man dann wieder voraussetzen muß.

Aus diesem Dilemma findet man nur heraus, wenn man die alten Mythen beim Worte nimmt: überall wird gesagt, daß die Ahnengeister, die Götter oder Dämonen die großen Einrichtungen geschaffen haben – das bedeutet doch mindestens, daß diese im kultischen Zusammenhang entstanden sind – und eben das haben wir durchgeführt. Was sich hier aber wieder dazwischenstellte, war unser eigenes religiöses Bewußtsein – durch und durch monotheistisch imprägniert, verhindert es zunächst durchaus jedes Verständnis archaischer Religiosität, das also selbst erst, wenigstens in Annäherungen, zu erarbeiten war. Und dazu war die hier vorgelegte Erweiterung unserer Kenntnis anthropologischer Kategorien unumgänglich, denn die »Psychologie der Primitiven« kann ohne tiefe anthropologische Analysen nur zu Modellen etwas skurriler Zeitgenossen führen.

So bleibt als allein denkmöglich nur die hier durchgeführte Theorie, daß nämlich im darstellenden Ritus ein *zweckfreies*, aber *obligatorisches* Verhalten vorlag, dessen *sekundäre*, unvoraussehbare Zweckmäßigkeit sich herausstellte, dann allerdings der menschlichen Vernünftigkeit ein unbegrenztes Gebiet neuer Anwendung eröffnend. Die rituelle Identifikation mit Tierwesen, den Hierophani-en der Jägerkultur, führte auf der einen Linie über das Bild und wieder über die Substitution des lebenden Tieres an Stelle des Bildes zur Tierhege, auf einer anderen Linie im Totemismus zur Elaborierung von Blutsverbands-Ordnungen. Erst so wurde der Mensch fähig, die stationäre Prozeßförmigkeit der Natur zu sich hinaufzuziehen und das aus ihr herauszuentwickeln, was rätselhafterweise an Möglichkeiten der Veredelung in der Natur beschlossen auf den Menschen zu warten scheint. Dies ist der Punkt, in dem Natur und Kultur zusammenfallen, und was auf ihn beziehbar ist, hat »Selbstwert im Dasein« – ein Verhältnis, das in den überall in die Fundamente eingelagerten Tabu-Vorschriften faßbar wird: man kann, das ist die Ahnung, den Realitäten des Lebendigen nur dann gerecht werden, wenn sie dem *unmittelbaren* Zugriff des Handelns nach Trieb- und Affektzuständen *entzogen* bleiben. Durch das Tabu hindurch sind die Tiere als Kerne des Rituals zuerst gehegt worden, das Tabu hat die selbstmörderische Selbstgenügsamkeit der Inzestfamilie verhindert, es hat im Totemismus die Anthropophagie unter Hemmung gesetzt. Die Natur im Menschen und außer ihm wurde jetzt kultivierbare, in der Distanz von Verbot und Zugriff ausgewogene, nur unter Bedingungen sich schenkende und in ihrem eigenen Daseinswert anschauliche Natur. In dieser »tension stabilisée« von Aneignung und Eigenwert entsteht diejenige Moral, die dem Belebten angemessen ist, und viele Jahrtausende der Kultur bis an die Schwelle der Gegenwart haben bewiesen, welche Möglichkeiten der Verfeinerung und Veredelung in der Natur erster Hand verschlossen waren. Und erst jetzt, da der Raubbau am Anorganischen, an Kohle, Öl, Atomenergie die Industriekultur trägt, entsteht die noch nicht dagewesene Lage, daß erstmals in der Geschichte die *Beschränkung der erlaubten Mittel nicht schon an der Grundproduktion einsetzt* — diese selbst ist unverantwortbar. Die inneren Folgen für die Menschheit sind noch nicht abzusehen.

Wir halten also an der alten Lehre von einer primären Naturreligion fest, der Widerstand gegen sie leitet sich doch immer von unserem entgötterten Naturbild ab. Die »vermenschlichte Natur« ist diejenige, der der Mensch sich von innen her nähern kann, deren Zwecke sich zu seinen eigenen hergeben: eine sehr hohe Auffassung dann, wenn es gerade noch um die Auseinandersetzung mit der urwüchsigen, wilden Natur im Menschen und außer ihm geht — das ist das Thema aller archaischen Metaphysik. Wenn das Mordgierige und Kannibalische im Leben, die endlose Vergiftung und Verwesung offen zu Tage liegen, dann wird das Pathos des Kultes der Wesenheiten verstehbar, die Wohlgestalt, Dauer, Ordnung und Fruchtbarkeit gewähren — der Urzeitdämonen als Schöpfer der Institutionen, der Totemgeister und Verbandsahnen, oder der regelhaften und lichten Mächte, der Sonne, der Gestirne. Alle Deutungen, die jene Vermenschlichung der Natur aus »anthropomorphen Vorstellungen« erklären wollen, bleiben an der Oberfläche — die Vorstellung ist nicht das Medium des Göttlichen.

Und es ist höchst eindrucksvoll, wie der Kult jener ritusgeborenen Wesenheiten sich aus dem Alltag heraushebt und verselbständigt, gerade weil er sich auf die grandiose Nützlichkeit der gefundenen Institutionen verlassen kann, und wie sich so deren praktische, soziale und wirtschaftliche Seite neutralisiert, aber doch in der »Rückbindung« in Führung gehalten wird. Der Kult überwächst und überwuchert die Faktenwelt nicht, wie die Magie, sondern er konzentriert sich aus ihr heraus, sie damit immer mehr den rationalen Motivationen freigebend, aber doch nur im Lichte der Leitideen, die er festhält, und sie nie ganz und vorbehaltlos dem rein experimentierenden Verhalten überlassend. Erst die anorganische Natur, die keinen moralischen Verpflichtungen Ansatzpunkte hergibt, drängt dem Menschen die Zweckmäßigkeit ohne Zweck auf – das unaufhörliche Neuerfinden und Bereitstellen von Mitteln, für die es Zwecke noch nicht gibt und für Bedürfnisse, die noch keiner fühlt.

Hier ist nun der Ort, eine schon mehrfach (S. 40, 74, 109) angedeutete Kategorie in ihren Zusammenhang zu stellen. Wird nämlich in den fundamentalen Institutionen der Zweck der Natur der eigene Zweck, so stellt man sich in den Dienst des übergreifenden Zusammenhangs: diese Formel wäre leer, fände sie nicht eine sehr faßliche Realisierung, indem nämlich die *Primärbedürfnisse* selbst und die ihnen zugeordneten Handlungen zu *Ausdrucksformen* eben dieses Verhältnisses werden. So sagten wir oben (S. 74), daß die Institution der Ehe erst den Innenraum für die sublimeren Regungen der Anhänglichkeit, des Zugetanseins, des Haltes aneinander schafft, so daß diese Gefühle jetzt ihrerseits nach Ausdrucksmitteln suchen und sie im Geschlechtsverhalten finden. Ähnlich liegt es da, wo jemand den Trieben des Besitzes und des Konsums nur dasjenige abgezirkelte Maß von Sorgfalt zuwendet, das ihnen in dem Interesse zukommt, für seine Aufgaben in Form zu bleiben: hier übrigens liegt der Kern des moralischen Widerstandes gegen die Verwandlung der Gesellschaft in eine Konsumgenossenschaft. In diesen Fällen kann man mit einem nicht ganz zureichenden Ausdruck von einer Instrumentalisierung der Bedürfnisse und instinktnahen Handlungen selbst sprechen, sie werden nämlich zu Mitteln im Sinne von Ausdrucksmitteln. Dies ist außerordentlich paradox und beweist, welche Tiefen im Menschen aufgerufen werden, wenn es darum geht, sich selbst zum Mittel eines überpersönlichen Zusammenhanges zu machen. Es treten also nicht nur die Daten der äußeren, sondern auch die der inneren Natur in die Form der Geltung ein, und wenn die eigenen Antriebe vom Menschen als »unbestimmte Verpflichtungen« erlebt werden können, so scheinen sie auf diese Art der Veredelung angelegt zu sein. Vornehm oder edel ist nämlich derjenige Mensch, dessen unmittelbare, unreflektierte Reaktionsform die Bereitschaft erkennen läßt, sich überpersönlichen Zwecken zu unterstellen; gemein der triebhafte, auch wenn seine Triebhaftigkeit sich zu geistigen Erscheinungsformen sublimiert, ja sogar gerade dann – die Ichbezogenheit hat in der Kunst, Philosophie und Literatur mit den geringsten massiven Widerständen zu rechnen.

47. *Aufgabe der Philosophie*

Am Ende einer langen Geschichte der Kultur und des Geistes ist die Weltanschauung der »entente secrète«, die Metaphysik der einverstandenen und streitenden Lebensmächte, zerstört worden, und zwar durch den Monotheismus von der einen, den wissenschaftlich-technischen Mechanismus von der anderen Seite her, für den seinerseits der Monotheismus, die Natur entdämonisierend und entgötternd, den Platz erst freigekämpft hatte. Gott und die Maschine haben die archaische Welt überlebt und begegnen sich nun allein. Es wird dann zu keiner geringen Frage, ob die Innenwelt göttliche Seele ist oder ein flüssiger Bereich subjektiver, um sich selbst kreisender Phänomene, die man schließlich nur so auf den Boden des Ernstes ziehen kann, daß man sie als Fakteninnenwelt auffaßt und den dahinter arbeitenden Mechanismus sucht (§ 23). Was sind in dieser Hinsicht z. B. Gefühle? Es sind »organisierte Systeme von emotionalen Tendenzen gegenüber Objekten oder Klassen von Objekten« (W. McDougall). Gut, aber was ist dann eine Emotion? »Simply an overintense and overgeneralized reaction to excessive Stimulation« (Shaffer).

Nun kann man sich mit Theorien, die in dieser Art innere Mechanismen, ja sogar vielleicht ihre verborgene Zweckmäßigkeit beschreiben, nur in der Vorstellung identifizieren, also handlungslos. *Zu Motiven* eines Verhaltens gegenüber sich selbst führen sie nicht, ja durch den bloßen Versuch, sich nach ihnen aufzufassen, wird ein solches Verhalten gehemmt – sie haben etwas Arretierendes. Auch geben sie keinen Weg nach innen frei und setzen der Seele kein Ziel, an dem sie über sich selbst hinauswachsen könnte. Nur die »Konfliktlosigkeit« bleibt als Wunschbild der maßgebenden, der Tiefenpsychologie übrig, d. h. die störungsfreie Konsumfähigkeit. Aber die Seele der Subjektivität, die kein Organ ist, mit dem man Erfahrungen macht, um sie in sich hineinzubilden und handelnd darzustellen, ist ganz mit Recht ein Objekt psychologischer Forschung, denn weder die »Erlebniswelt«, die von der Lebensersatz-Industrie herausgeholt wird, noch die »Individualität«, der Rang ohne Ränge, hat die Würde, dem Zugriff des rationalen Erkennenwollens sich entziehen zu können. Auch ein »Ideal«, von dem irgendeine Subjektivität behauptet, sie habe es, kann da keine Ausnahme beanspruchen: seit Nietzsche (Die fröhliche Wissenschaft, Art. 370) legt es »die verfänglichste Form des Rückschlusses« nahe, nämlich den Rückschluß vom »Ideal auf Den, der es nötig hat«. Denn mit einem einzelnen Ideal im einzelnen Kopfe kann die rationale Wissenschaft ebensowenig anfangen, wie mit einem isolierten Vorgang in der Natur – sie muß beide auf andere Fakten beziehen, und findet sie. Wenn aber irgendjemand eine idée directrice zwingend lebt, so tut er dies nicht allein, und dann läßt er sich von dem Sinn, dem geistigen Inhalt einer *Institution* bestimmen – er hat zugleich mit seiner eigenen Subjektivität die Kompetenz der Psychologie hinter sich gelassen.

Die Göttlichkeit der Seele ist mit den Mitteln der Psychologie natürlich unbeweisbar – es gibt für sie keinen Beweis der Existenz, nur den Beweis durch Existenz. Aber dieser kann in den Erlebnisformen der Subjektivität nicht geführt werden, trotzdem die Subjektivität jeden, also auch diesen Inhalt adoptieren kann. Zu diesen Erlebnisformen gehört sowohl die Diskussion, als auch die filmgeborene Rührung, als die endlose Geschäftigkeit: wenn es wahr ist, daß der Weg nach innen über die Askese führt, so ist nach einem wichtigen Gedanken Schelskys der zeitgemäße Gehalt der Askese nicht mehr der klassische, der einer triebschwach werdenden Menschheit kein heroisches Ziel setzt. Die Askese muß gerade in das kaum zu Leistende hineinführen, und das wäre heute der Verzicht auf die Vorteile der öffentlichen Meinung, auf die Montagen des Einverständnisses und die facilités des Schwachstrom-Lebensersatzes.

Es läßt sich doch ernstlich nicht bestreiten, daß der moderne Subjektivismus ein Produkt der Kulturverhältnisse ist: die Überschwemmung mit fremdgesetzten Reizen und die Affektüberlastung werden durch eine Innenverarbeitung und »Psychisierung« bewältigt, die außenprovoziert ist, ohne es zu wissen. Die Affekte können ja auch gar nicht mehr an der Außenwelt festgemacht werden, weil diese viel zu versachlicht und symbolentleert ist – dazugerechnet den fehlenden Widerstand der rohen Natur, die Stillegung der körperlichen Anstrengung: was sollte anderes folgen, als der »Erlebnisstrom«, der in chronischer Wachheit und Reflexion bewältigt wird? Jetzt beginnt notwendig die Subjektivierung und Aufweichung der Kunst, des Rechtes – aber auch der Religion. Überall schießen die »Ideen« empor, mit denen sich nichts anderes anfangen läßt, als sie zu diskutieren, die Diskussion ist die zugeordnete, angemessene Form der Außenverarbeitung. Dann bemächtigt sich mit der Zeit doch das Politische der geistigen Welt, in ihre Gebäude ziehen die Politiker als Zwangsuntermieter ein und bauen die Fassaden aus, so wie es schon Aschoka tat: »nachdem er große Eroberungen gemacht hatte, heißt es, bei denen viel Blut geflossen war, wurde er Anhänger und Förderer des Buddhismus«.

Das Geschäft des Philosophen wird dann schwierig und nicht unriskant, es wird wieder sokratisch. Sein Wille, die Wahrheit zu sagen, wird zu der Pflicht verengt, auf das durchdringend Zweideutige hinzuweisen, und daneben kann er nur noch auf das unversehrbar Normative zeigen, so wie es Hölderlin tat, als er über den Nomos des Pindar sagte: »Der Nomos, das Gesetz, ist hier die Zucht, sofern sie die Gestalt ist, worin der Mensch sich mit dem Gott begegnet, die Kirche und das Staatsgesetz und altererbte Satzungen, die, strenger als die Kunst, die lebendigen Verhältnisse festhalten, in denen mit der Zeit ein Volk sich begegnet hat und begegnet« (Werke ed. Hellingrath IV, p. 9).

Im Zeitalter des Subjektivismus wird die Philosophie sich auf jene beiden Aufgaben beschränken und wird, um ihnen von Grund aus gerecht zu werden, sich auf eine umfassende Sachforschung stützen, die das Unbekannte, das Vergessene, ja Verleugnete im Menschen betrifft. Sie wird daher keine neuen »Ideen« ausgeben. Auch wird die genaue Kontrolle der Begriffswahl selbst schon ein Programm. So hat der Leser vielleicht bemerkt, daß hier das Wort »Wert« nur in definierter Verengung gebraucht wird, im Sinne von Daseinswert u. a. Der bloße Begriff Wert dagegen, von Lotze aus der Wirtschaftslehre in die Philosophie importiert, ist tunlichst vermieden worden, im Gegensatz zu seiner weiten Verwendung in der gegenwärtigen Philosophie, wo er als abstrakter Stellvertreter für alles Nichtgelebte, auf das es ankommt, verwendet wird. Nicht so einfach ist ohne das Wort »Idee« auszukommen. Wir haben es durch die »idée directrice« ersetzt, und dieser Begriff muß unter doppeltem Gesichtspunkt verstanden werden: einmal meint er die »charter« einer Institution, ihren durchformulierten geistigen Sinn, der wieder nur aus der sachlichen Gestalt und dem ausgebildeten Gefüge zu verstehen ist, die er gewonnen hat. Von innen gesehen, ist eine idée directrice Norm, also bewegendes Motiv und geradezu Handlung im Initialzustand, und andererseits Konzentrationskern des Ich, und der Punkt, in dem das Selbstbewußtsein verwandelt heimfindet. Sie ist daher der einzige Inhalt des Bewußtseins, der *endgültig* bewußtseinsfähig ist, von der Reflexion also niemals ganz in »Vorstellungen« verfremdet werden kann, sondern der Motiv bleibt. Daraus folgt, daß ein solcher »Inhalt aller Inhalte« vor dem Verstande niemals zu rechtfertigen ist, denn dieser ist ja die verlagernde, umkombinierende, auflösende und neu zusammensetzende Instanz. Es steht sogar so, daß eine idée directrice diese Form der Ratio von einer bestimmten Grenze ab unter Hemmung setzt: daher ihre Nichtwiderlegbarkeit. Es ist nun zweifellos, daß diese eminenten Inhalte in Zeit und Raum, über Geschichte und Gegenwart hinweg, in der Mehrzahl auftreten und sich gegenseitig negieren, ja tödlich bekämpfen, doch so, daß sich diese Kämpfe neuerdings in den überraschendsten, unvorhersehbaren Friedensschlüssen und Verbrüderungen auflösen oder gar in deren Form ausdrücken. Dies geht im Medium der »Ideen« und öffentlichen Meinungen vor sich, in dem die Philosophie nicht leben kann. Sie verfiele sonst derselben Zweideutigkeit, in der die großen Leitideen der Kultur heute leben müssen – unabgrenzbar werdend von dem Meinungsbereich in seiner Abstraktheit und Halbgedachtheit, in dem Schulmäßigen und Propagandistischen, das ihm eignet. Diese Intellektualisierung einer vom Handeln abgefilterten Kultur ist das welthistorisch Neue, dies ist die Luft, in der wir atmen, sie gibt der Subjektivität den Spielraum, die Ideen zu wechseln oder auf ihnen zu bestehen. Sich hier asketisch zu verhalten, gehört zu den Daseinsbedingungen einer Philosophie, die noch an sich selbst glaubt und nicht nach einem Schlepptau um sich greift.

Und damit ist sie vielleicht schon bei den Problemen von übermorgen. Es ist, so scheint es manchmal, schon nicht mehr das aktuell, was Sorel noch vor sich sah: der Ansturm der Idealisten, der Intellektuellen, der von den überwertigen Ideen Benommenen auf die Macht, der Neofetischismus der Ideokraten, die den Massen Brot und Wunder geben. Vor den hinreichend bekannten Folgen ist die Menschheit so tief erschrocken, daß man sich von allen Seiten her in der Überzeugung zu finden scheint, daß das Leben der Güter höchstes ist. Auch dies ist natürlich eine Variante des Idealismus: Gott, sagte schon Herder, hat seinen Geschöpfen nichts Höheres zu geben gewußt, als Dasein (XVI, p. 541).

In einer Welt der Maschinenkultur und des steigenden, wohlverteilten Lebensstandards ist das keine geringe Entscheidung, und man sieht vor sich, wie die Millionenmassen Konsumierender es sich in der mechanisch gewordenen Natur gemütlich machen, sich gegenseitig in ihrer bloßen Menschlichkeit anerkennend. Das wäre der volle Triumph der tief in der Konstitution des Menschen angelegten parasitären Komponente, die Gesellschaft als Parasiten-Kolonie. Man muß dabei beachten, daß dieser Zustand mit der Intellektualisierung der Kultur, mit ihrem Übergang in den Kreislauf von Vorstellung (Idee, Meinung), Diskussion, Drucksache und wieder Vorstellung vollkommen verträglich wäre. Allerdings hört das große Thema auf, das wir nun von den frühesten Spuren und Anfängen aus verfolgt haben: der Kampf des Menschen um seine Selbststeigerung. Wenn der von der Überproduktion an Menschen und Gütern endlich gezähmte Riese Kapitalismus den Kulturkarren zieht, wird sich die Moral entspannen, denn es wird keine Machtverführung mehr geben, das durchschnittlich ordentliche und reelle Verfahren wird wie immer den Vorteil der Vermeidung aller Risiken behalten, die Anstrengung ist im »teamwork« ohnehin halbgedrosselt, und auf das bißchen Moral allein, das sexuell erfordert ist, läßt sich keine große Weltansicht bauen. Auch ist es leicht, noch diese Lebensform zu idealisieren, denn idealisiert werden kann alles.

Das menschliche Leben hat aber die paradoxe Eigenschaft, eingesetzt werden zu müssen, und von daher hatte schon der mühsame tägliche Kampf um das Brot, das Sichaufreiben um die elementare Fortsetzung und Dauer des Lebens selbst, seine eigene Würde. In der Welt der Maschinen und »Kulturwerte«, der großen Entlastungen, zerläuft das Leben wie Wasser zwischen den Fingern, die es halten wollen, weil es der Güter höchstes ist. Aus nicht lotbaren Tiefen heraus wird es in Frage gestellt werden: die Parasiten und Artisten der Makrobiotik werden geschlechtslos, und zu diesem Punkte ist das Umsichgreifen des Sports schon ein wichtiges Symptom. Bevor es aber soweit ist, sorgt die Lebensersatz-Industrie für die bereits als charakteristisch zitierte »ganze volle Wirklichkeit des gestaltlosen Seelenlebens«, die es den Römern und Griechen nicht vergönnt war, zu kennen.

Seit die Philosophie an der freigesetzten Subjektivität teilnahm, empfindet sie die eigene Erlebnisinterpretation ganz schlicht als »weltgültig«, so wie jener Schamane bei Bouteiller (p. 145), der sagte: l'univers qui m'environne a retrouvé son harmonie«. Sie hat sich sogar mit dem gefährlichsten aller Medien, der Reflexion, vertraulich gestellt, seit Dilthey jeden denkbaren Standpunkt durchnahm und sich vorstellte, wie es wäre, wenn man einen davon hätte und dann noch die anderen verstünde. Denn sogar die Reflexion, ursprünglich die hohe Kunst, die Zweideutigkeit zu stellen und zu zwingen, Flagge zu setzen, kann zur Funktionsform der Subjektivität werden: sie bezieht dann gelesene Ideen und Vorstellungen oder Meinungen nicht mehr sokratisch auf sich selbst, nicht mehr ironisch, sondern dieses Beziehen wird zur Form des »Erlebnisstroms« selbst.

Die Philosophie hat aber die durchdringende, substantielle Zweideutigkeit des unmittelbaren, nicht normunterworfenen Lebens in *allen* Rängen auszusprechen, und sogar die Religion, deren Symbol das Kreuz ist, findet sich der Verführung ausgesetzt, den Subjektivismus zu legitimieren, wenn er ihre Sprache spricht, oder sich vom »Sozialen« überfremden zu lassen oder auf der Klaviatur der Massenseele zu spielen, wie Billy. Und wenn sie sich in einer Zeit findet, in der wir, um mit Livius zu sprechen, weder unsere Verderbnis, noch die Mittel dagegen ertragen können, so deutet sie auf die Askese, zugleich die Inhalte angebend, auf die sie sich zu richten hätte. Und da gibt es mächtigere und schwerer zu stellende Gewalten als die alten Anfechtungen aus der Vitalität: sie liegen in der *Form* des Bewußtseins, die der Kulturbetrieb oktroyiert, nicht so sehr in einzelnen Inhalten, denn diese Form hat es möglich gemacht, die Destruktion der bestehenden Institutionen nicht mehr in offener, organisierter Aktion zu betreiben, sondern geräuschlos, von innen her, durch Aufweichung, und sogar – ohne es zu wollen.

Wir können jetzt gegen Ende unserer Untersuchungen die innere Gesetzlichkeit übersehen, welche die Merkmale einer Kultur des Übergangs aneinander bindet. Wird der soziale Zusammenhang von innen her oder über Außeneingriffe gestört, so verschwindet mit den abbröckelnden oder »sich anpassenden« Institutionen zuerst die gewachsene Sicherheit des Verhaltens. Diese Institutionen sind dann nicht mehr die einzige Weise, wie die eigenen Bedürfnisse jeden Ranges gegeben sind, wie sie sich verstehen. Die Hemmungswirkungen der Leitideen lockern sich und die Kritik wird freigesetzt. Es beginnt die Hyperidealität des Subjektivismus oder die Rache am Ideal, oder man sucht den Ausweg in die Vitalität.

Wenn man sich zu den Göttern und Institutionen der eigenen Gesellschaft »objektiv« verhält, sie in die »Vorstellung« nimmt und damit verfremdet, dann sieht man sie schon als vergangene. Wenn man mit den Anderen nicht mehr unformulierbar im Einverständnis ist, muß deren Glaube als subjektiv erscheinen, als Illusion, und da die Menschen im Grunde vernünftig sind, bringen sie auch das unter Regeln: man fragt nach der Zweckmäßigkeit solcher Illusionen. Nichts hindert dann mehr die Rückanwendung dieser Kritik auf die eigenen Überzeugungen. Die Verbreitung dieser Denkweise ist selbst destruktiv, sie läßt sich als eine bestimmte Form der Psychologie systematisieren und hilft, die eigene Welt und Gesellschaft zu einer vergangenen zu machen.

48. Zusammenfassung. Ausblick

Man hätte die ganze Disposition dieses Buches auch an den drei unterscheidbaren *Handlungsformen* des Menschen entwickeln können, die sich, für unseren Verstand nicht aufeinander zurückführbar, aufzeigen ließen: das rational-praktische Verhalten (Teil I), das rituell-darstellende (Teil II) und das mit dem Worte »Umkehr der Antriebsrichtung« beschriebene, von dem wir sahen, wie es aus Rausch, Ekstase und Askese sich herausarbeitet, einen inneren Weg finden und im Glauben an einen göttlichen Geist und Willen enden kann. Die Umkehr des Verhaltens »nach innen hin« hat mindestens soweit stets eine asketische Komponente, als seine unmittelbaren, leibnahen Formen ausgegrenzt werden müssen. Denn schon die gewöhnlichste

»consummatory action«, wie Essen und Trinken, kann in einem ausdrucksentleerten Sinne instrumentalisiert werden, um den subjektiven Zustand des Genusses herbeizuführen. Gerade auch dieses Verhalten hat seine eigene Expansionskraft, es verallgemeinert sich sehr schnell, und wenn die Theorie vom Menschen dieser Verallgemeinerung folgt, dann haben wir die im 19. Jahrhundert weithin gültige Behauptung, daß der Zweck *alles* Handelns die Vermeidung von Unlust und die Erregung von Lust sei, jedes menschliche Verhalten also in dieser ausdruckslosen Weise instrumentalisiert. Dies war auch durchweg der Standpunkt Freuds: »Dieses Prinzip (das Lust-Unlust-Prinzip) regiert die Vorgänge im Es ganz unbeschränkt« (Neue Folge der Vorlesgn. zur Einf., 1933, p. 26). Eine Formek, der man ohne weiteres ansieht, daß sie den Willen ausklammert, die aber anthropologisch doch insofern aufschlußreich ist als sie eine Art Hinweis auf das Bedürfnis der Ekstase-Protrahierung enthält, die nur auf dem leibnahen Niveau schwer herstellbar ist.

Die zweite Verhaltensform ist seit langem verkümmert, ihr Zurücktreten macht geradezu ein Hauptereignis der Kulturgeschichte aus. Übrigens ein folgenreiches: da es sich dennoch um einen Wesenszug des Menschen handelt, liegt hier eine der Wurzeln der *Kunst*. Die Sublimierung der darstellenden Komponente, ihre Wegentwikkelung von der archaischen Verbindung mit der unmittelbaren Lebenspraxis bedeutete zugleich die Freisetzung des spezifisch künstlerisch-darstellenden Bereiches einschließlich der Abschichtung eines Publikums mit nunmehr bloß passiver Rolle. Der Ausdruck »Sublimierung« ist in einiger Strenge definierbar: er bedeutet stets die *Transformation* eines formal gleichbleibenden (hier: darstellenden) Verhaltens derart, daß sein Schwerpunkt *unter Sinnänderung* in eine vorwiegend innere, vorwiegend bewußte und handlungsarme Verarbeitung übergeht.

Diesen Übergang zur »Kunst« haben selbst die heutigen, seit sehr langer Zeit unter direkten oder indirekten Hochkultureinflüssen lebenden Primitiven nie grundsätzlich erreicht oder erstrebt, deren darstellende Arbeiten den Zusammenhang mit der Lebenspraxis – meist der magischen – nicht abgestreift haben, die also als »Kunst« mißverstanden werden. Die Bildnereien der Primitiven haben eine überwältigende, undeutbare Ausdruckskraft, das Hautnahe, Gewalttätige, Leib-an-Leib-Ausgestandene und dennoch Durchgeformte darin gestattet nur sehr bedingt einen Vergleich mit dem, was für uns Kunst ist, geschweige denn mit den zerebralen Exaltationen der Moderne.

Die archaische Kultur, und noch in ihrer Abgelebtheit bei heutigen Primitiven, zwang alle drei Grundformen des Verhaltens in enge Verbindung zusammen, und deshalb hat das Hinstreben intellektualisierter Großstadtkulturen zu ihr zurück etwas tief Symbolisches. Gauguin hat auf Tahiti, Nolde in Rabaul mehr gesucht, als künstlerische Motive.

Diese drei Handlungsarten stehen nun je nach ihrem Vorwiegen in bestimmter Beziehung zu den drei großen möglichen Weltansichten (§ 33). Daß das Weltbild des Materialismus dem rational-experimentellen Verhalten zugeordnet ist, ist offensichtlich: es ist aus der Naturwissenschaft geboren, wie diese aus dem Experiment. Dabei darf sein übertheoretischer Gehalt nicht übersehen werden, diese Weltanschauung zielt auf ihrer Ebene die Ganzheit des Menschen an, Marx hat das in seinen Frühschriften deutlich genug gesagt. Dieses Weltbild nimmt den Einzelnen bis ins Innere, die Gesellschaft der Massen und die auf das Anorganische reduzierte Natur der Absicht nach in einen gewaltigen Kreisprozeß hinein: darin liegt durchaus die Idee einer neuen, noch nicht dagewesenen Moral, die Unterstellung des einzelnen Menschen unter dieses Gesamtgefüge, das hier die Wirklichkeit ist. Der die Welt trennende Gegensatz wäre unverständlich, wäre er nicht zuletzt ein moralischer und kein bloß theoretischer oder praktischer.

Die Metaphysik des sympathetischen Zusammenhangs wieder ist auf das rituell-darstellende Verhalten bezogen. Soweit dieses nicht in Kunst transformiert, ästhetisiert und folgenlos gemacht wurde, ist es heute weitgehend verschwunden, besonders seit der Protestantismus die in den Monotheismus hinübergeretteten Gestalten darstellender Symbolik und bedeutungsvoller Rituale noch völlig abgestreift hat, einen Grad der Vergeistigung voraussetzend, der seinem Einfluß auf die Massen viel nimmt. Sehr bemerkenswert ist, daß die Mechanisierung der Künste, ihr Übergang in massenhafte Re-Produktionen, Filme, in endlos träufelndem Musikabfluß die Funktion der Kunst als Ersatzreligion, die sie ganz deutlich noch bei Wagner hatte, endgültig unmöglich macht.

Die »Umkehr der Antriebsrichtung« schließlich hat, obzwar zunächst unter den barbarischen Formen des Rausches und der Ekstase verdeckt, doch von Anfang an einen inneren Weg in sich vorgezeichnet gefunden, der sich um so klarer abhob, je mehr er die Richtung zur Askese einschlug, bis der aus den vorhergehenden Formen der Religion, wie wir glauben, nicht ableitbare Sprung zum Monotheismus die Religion des Willens und damit ein Ziel des inneren Weges herausstellte, das mit *rein* inneren Mitteln erreichbar war: dem durch Wort und Willen schaffenden Gott entspricht in der Seele des Glaubenden die Aufnahme dieses Wortes in den eigenen Willen. Die Gefährdung dieser Religion liegt in ihrer Aufweichung im Zeitalter der Subjektivität, um so mehr, als diese der inhaltlichen Neuerung nicht bedarf. Die Aufweichung braucht nicht als Abweichung in Erscheinung zu treten.

Alle drei Weltansichten geben dem Menschen die Möglichkeit eines *indirekten* Selbstverständnisses. Sich mit einem Nicht-Ich, einem anders-als-Menschlichen gleichzusetzen und in der Gleichsetzung wieder zu unterscheiden, das gehört zu den Wesensmerkmalen — offenbar deshalb, weil der Mensch sich selbst in Weltbestände hineinnehmen muß, wenn er seine Selbstauffassung im Handeln festhalten und bewähren will. So enorm die inhaltlichen Unterschiede solcher Setzungen sind, so entschieden ihre historischen Differenzen und ihre Unverträglichkeit miteinander, von der Imitatio Christi bis zum l'homme machine und von da bis zum Totemismus, dieses genannte Merkmal läßt sich abstrahieren, ja es setzt sich sogar in den Versuchen direkter Selbstauffassung absichtslos durch, die stets darin enden, daß das Selbst vor sich selbst zurückweicht. Die hier mit der These vom *indirekten Selbstbewußtsein* abgehobene Einsicht hat die Eigenschaft, wahr aber steril zu sein, denn nur die *vollzogene* Gleichsetzung mit einer *bestimmten* Gestalt des Nicht-Ich ist praktizierbar, denn nur dann wird jene Gestalt zu einem Motivhintergrund und nur dann gehen die Handlungsarten in Ausdrucksformen über.

Das Unternehmen einer philosophischen Anthropologie könnte jetzt als widersprüchlich erscheinen, denn diese geht ja das Problem des Menschen in direktem Zugriff an, und ihre Fragestellung hätte allerdings etwas paradoxes, wenn die Philosophie eine Fortsetzung der Religion mit anderen Mitteln wäre, was sie übrigens in der Form des Idealismus sehr lange war. Nur die hier mehrfach ausdrücklich und in jeder Zeile implizit vertretene Auffassung der Philosophie als einer *empirischen* Wissenschaft bringt uns aus dem Dilemma, und man sieht, daß diese Auffassung inhaltlich und methodisch ausschlaggebend ist. Des Fragmentarischen ihrer Ergebnisse ist sich diese Wissenschaft ebenso bewußt, wie allerdings auch der Möglichkeit, über den Menschen auch heute noch auf Schritt und Tritt Entdeckungen zu machen und Kategorien ans Licht zu heben, die auf den konventionellen Zugängen der Psychologie und der halbmetaphysischen Philosophie im Dunkel bleiben mußten. Oft braucht man dazu nichts anderes, als das vorurteilslos schauende Auge und die einfache ruhende Objektivität, die übrigens selbst das Erzeugnis einer bestimmten Art Philosophie sind.

Wenn wir nun zum Schluß einige Linien unseres Gedankenganges nach vorwärts verlängern, sie sorgfältig hypothetisch haltend, dann sind vielleicht doch einige sehr allgemeine und sich in die Zukunft erstreckende Aussagen möglich. So hat man zunächst den bestimmten Eindruck, daß der Übergang zur Industriekultur, die Beherrschung des Anorganischen und zumal seiner Kernkräfte, ein neues Kapitel in der Geschichte der Menschheit aufschlagen. In diesem Prozeß befinden wir uns erst seit 200 Jahren, und diese »Kulturschwelle« hat eine Bedeutung, die sich nur mit der des Neolithikums vergleichen läßt. Das heißt: kein Sektor der Kultur und kein Nerv im Menschen wird von dieser Transformation unergriffen bleiben, die noch Jahrhunderte dauern kann, wobei es unmöglich ist, anzugeben, was in diesem Feuer verbrennen wird, was umgeschmolzen und was sich als widerstehend erweisen wird. Der klassische, in den Spätphasen der vorindustriellen Kulturen jedesmal entwickelte Begriff hoher, autonomer Kunst ist schon über Bord.

In diesen Rahmen tragen wir eine Vermutung ein, die Hofstätter (Sozialpsychologie p. 504f.) angedeutet hat. Nach ihr würden sich die transnationalen Fusionen und Überstaatsbildungen, die ja irgendwie anzustehen scheinen, nur in einem neuen, dritten Medium ergeben können, und als solches läßt sich zunächst das weltanschauliche finden. Dieser Gedankengang beruht auf einem Induktionsschluß. In der Geschichte der Institutionen haben sich die Konflikte gruppengleicher Ebene jedesmal in einer Institution höherer Ebene entgiftet, ausgeglichen, abgeschwächt oder zeremonialisiert. Die primitiven Sippenverbände und ihre Antagonismen regulierten sich in der Einheit des Stammes, und zwar sehr gern in dritten Institutionen, welche quer durch die Sippen hindurchschneiden und diese Stammeseinheit darstellen: Altersbünde, Kultgenossenschaften und dergleichen. Analog hatten im Mittelalter die Stände wie Adel, Klerus, Handwerk eine fusionierende Wirkung über die Stammesgrenzen hinweg und eine Art nationaler Mission. Wenn nun der Nationalismus der Staaten teils nach zwei Weltkriegen als problematisch empfunden wird, teils dem technischen Produktionsstand nicht mehr angemessen ist, dann könnte die Gemeinsamkeit der Weltanschauung das Medium werden, in dem sich die nationalen Gegensätze nivellierten oder bagatellisierten oder in bloße Reibungen abschwächten, in dem also über staatliche Organisationen, wahrscheinlich in der Mehrzahl, sich anlegten. Doch scheint, was Hofstätter nicht in Betracht zieht, sich auch unter den farbigen Völkern der Rassengegensatz gegen die Weißen als ein Medium übernationaler Verständigung herauszustellen, während man doch wohl die im vorigen Jahrhundert vertretene Annahme abschreiben muß, daß die industrielle und kommerzielle Verflechtung von sich aus eine überstaatliche Einigung hergeben könnte. Es ist also möglich, wenn nicht wahrscheinlich, daß eines der Themen der künftigen Geschichte in der Ablösung der nationalen Gegensätze durch die Konflikte von Weltanschauungen bestehen wird.

Andererseits bleibt eine Gesamtorganisation des Erdballs nach *einem* Prinzip unwahrscheinlich. Neben den großen weltanschaulichen Antagonismen, durch überstaatliche Gebilde repräsentiert, dürften sich an anderen Stellen nationale aus alten Traditionsbeständen konservieren und schließlich sogar Reste archaischer Kulturen halten, von den wissenschaftlichen Interessen der großen Mächte wie in Kulturschutzparks gepflegt. Quer hindurch scheint, wie gesagt, ein Rassengegensatz größten Stils, Farbige gegen Weiße, im Entstehen. Es ist ein sonderbarer, surrealistischer, doch naheliegender Gedanke, daß dieser Erdball seinen Weg weiter stürmt, umkreist von den neuen Monden, nämlich den Paketen des giftigen Atommülls, die man in die Stratosphäre hinausschießt, während irgendwo immer noch die Indianer den Tanz des roten Felsenhahns aufführen.

Aber die tiefste, noch nicht zu ahnende Veränderung wird doch, falls er gelingt, der ewige Friede mit sich bringen. Wenn internationale Atomkriege ebenso undenkbar werden wie Bürgerkriege im Inneren der Staaten, so wird das als ein wirklich epochemachender

Fortschritt zu begrüßen sein. Aber er wird bezahlt werden in einer Weise, die sich gerade eben erst anzukündigen scheint: auch vitale, zerreißende, nach Lösung schreiende Konflikte könnten unlösbar werden und ausbruchslos in den Menschen weiterschwelen. Auch im Innenverhältnis der Gesellschaften kann diese Erscheinung eintreten, und sie wird eine gewaltige, noch unmeßbare moralische Belastung des Einzelnen bedeuten können, eine neue, noch nicht dagewesene Form ganz tiefer Unfreiheit, mit wahrscheinlich keinen anderen Ausdrucksformen, als ebenso erbitterten wie folgenlosen ideologischen Kämpfen. Aus zwei Gründen kann man also eine erhebliche Intensivierung der weltanschaulichen Gegensätze und eine erhöhte Inpflichtnahme der Menschen durch ihre Institutionen erwarten: aus ihren Funktionen als Medium, in dem sich die Bildung von Übernationen ereignen kann, und aus Gründen des ewigen Friedens.

Den Philosophen wird man dann, mehr als bisher, an der Art erkennen können, wie er lebt, die Philosophie wird antike Züge annehmen, hoffentlich mit Resten ihrer Heiterkeit und Freiheit.

PERSONENREGISTER

Alarcon 243
Alkmaios 124
Altheim, Franz 233
Anouilh, Jean 129
Aristoteles 116
Armstrong, Edward A. 140
Augustinus 266

Bacon, Francis 72
Baumann, Hermann 223, 243
Bayle, Pierre 29
Becker, Howard P. 33
Beckett, Samuel 133
Benedict, Ruth 36, 215, 280f.
Benn, Gottfried 132
Bergson, Henri 16, 22f., 143, 158, 197, 265
Bernard, Claude 206
Bernard, L. L. 150
Beth, Karl 143, 235, 270
Blachowski, S. 49
Blondel, Alain 81
Bolk, Louis 144
Bossu, Jean Bernard 42
Bouteillier, M. 276ff., 301
Brecht, Bertolt 130
Breuil, Henri 140
Burckhardt, Jacob 249, 287
Bürger-Prinz, Hans 27, 83, 149, 168, 203

Churchill, Sir Winston 101
Claudius, Matthias 93
Conze, Edward 206
Coulborn, Rushton 223

d'Alembert, Jean Le Rond 71
Dalton 21
Degerbol, Magnus 217
Descartes, René 111, 114, 124
Dewey, John 93
Dilthey, Wilhelm 131
Döllinger, Johann Joseph Ignaz v. 249

Eickstedt, Egon v. 218, 264
Eliade, Mircea 117, 260, 262, 276
Epikur 29

Falkenstein, Adam 257, 266
Fischel, Werner 139
Freud, Sigmund 89, 132, 149, 303
Freyer, Hans 246

Gehlen, Arnold 21, 69, 108, 132, 229, 254, 256, 275
Gide, André 80, 93
Goethe, Johann Wolfgang v. 80
Goltz, Bogumil 127
Gordon, Pierre 259, 261
Grebe, Wilhelm 29
Guilleaume, Paul 32, 168
Gumplowicz, Ludwig 257

Haeckel, Ernst 223, 234, 253
Hahn, Eduard 217, 219f., 222
Hancar, F. 226, 234
Hartmann, Nicolai 79

Heard, Gerald 102, 121, 273f., 283
Heberer, Gerhard 237
Hegel, G. W. F 5, 18, 104, 153, 240
Heichelheim, Fritz 35
Heine-Geldern, Robert v. 266
Heisenberg, Werner 72
Hemingway, Ernest 129
Herder, Johann Gottfried 143, 300
Herodot 19, 50, 105, 113, 224, 273, 276
Herre, W. 220, 223
Hintze, Otto 257
Hofstätter, P. R. 29, 43, 87, 118, 249, 265, 306f.
Hölderlin, Friedrich 298
Holst, Erich v. 125
Holtei, Karl v. 132
Homer 53
Hrozny, Bedrich 222
Hubert, Henri 272, 279
Huppertz, J. 219
Huxley, Aldous 106
Huxley, Julian 143, 146, 150f.

Immermann, Karl 250

James, William 136, 197
Jensen, A. E. 116, 141, 178, 252f., 256, 260, 268
Jespersen, Otto 174
Jhering, Rudolf 9, 45, 74, 291
Joyce, James 133
Jung, C. G. 82, 149
Junker, Hermann 193f.

Kainz, Friedrich 165
Kant, Immanuel 104, 116, 185, 191
Kern, Fritz 136, 219
Kirchner, H. 141, 275
Köhler, W. 115, 134, 197
Koppers, Wilhelm 234
Kraft, Georg 35, 61, 65, 140, 175, 223
Kroeber, Alfred L. 218, 238, 257
Kühn, H. 255

Laum, Bernhard 53
Laviosa-Zambotti, Pia 224
Leeuw, Gerardus van der 52, 233, 262
Leibniz, Gottfried Wilhelm 29, 191
Leonardo da Vinci 112
Lesky, Albin 15
Lévi-Strauss, Claude 39, 44, 51, 229, 232, 247
Lévy-Bruhl, Lucien 161, 285
Leyhausen, Paul 125
Lichtenberg, Georg Christoph 131
Livius 288, 301
Lorenz, Konrad 49, 139, 143f., 146, 148, 152, 198
Lotze, Rudolf Hermann 298
Lowie, R. H. 116, 230, 235
Lyall, Sir Alfred C. 159

Machiavelli 76
Maday, André de 33
Malinowski, Bronislaw 69
Marc, C. G. H. 132
Marcel, Gabriel 126

Marwick, M. G. 279
Marx, Karl 36, 304
Mauss, Marcel 53, 228, 272, 279
McDougall, William 296
Mead, George Herbert 40f., 51, 168
Mead, Margaret 36, 51, 229
Menghin, Oswald 35
Metternich, Fürst von 78
Metzger, Wolfgang 197
Meuli, Karl 275
Meyer, Eduard 175, 286
Meyerowitz, E. L. R. 210
Mirsky, Jeanette 36
Molière 129
Muir, Edwin 122f.
Müller-Freienfels, Richard 269
Musil, Robert 106
Murdock, G. P. 84, 224, 230, 232, 234, 240

Narr, Karl J. 218
Navarra, Bruno 289
Newton, Isaac 107f.
Nietzsche, Friedrich 114, 133, 191
Nippold, Walter 58
Novalis 85, 169

Oppenheimer, Franz 257
Ortega y Gasset, José 126
Otto, Eberhard 193
Otto, Rudolf 158

Paget, Sir Richard 66
Pareto, Vilfredo 30, 53, 87
Parmenides 114
Parsons, Talcott 39
Petri, Helmut 184
Piddington, Ralph 37, 225
Piekosinski, Franciszek 257
Plutarch 47
Polybios 35
Portmann, Adolf 140, 146, 150
Pradines, Maurice 11, 191f., 195, 279, 283, 286
Preuß, Karl Theodor 16, 136, 262
Przyluski, Jean 88, 223
Pythagoras 114, 116

Radcliffe-Brown, Alfred Reginald 183
Radin, Paul 207f., 248, 260, 272, 278
Rahmann, R. 21, 263
Ranke-Graves, Robert v. 260
Rathenau, Walter 67
Ratzel, Friedrich 257, 262f.
Reed, Ch. A. 217f.
Rehfeld, Bernhard 53
Riesman, David 250
Rigby, Douglas 268
Rigby, Elizabeth 268
Rivers, W. H. R. 226
Rohde, Erwin 275
Röhrs, Manfred 223
Rothacker, Erich 86, 93, 99
Rubino, Joseph 288
Rüstow, Alexander 218, 256
Russell, Bertrand 40

Schachermeyer, F. 220f.
Scheler, Max 22, 115, 269

Schelling, F. W. J. 264
Schelsky, Helmut 57, 118, 132, 225, 229
Schiemann, Elisabeth 222
Schmidt, P. W. 58, 198, 218, 224, 226
Schmidtchen, Gerhard 132
Schmitt, Carl 89
Schopenhauer, Arthur 191
Schott, R. 257, 264
Schrade, Hubert 20, 111, 209, 257
Schumpeter, Joseph A. 11, 95, 97
Shaffer, Laurance Frederic 83, 296
Shaw, George Bernard 86, 143
Sokrates 105
Sombart, Werner 39
Spengler, Oswald 264, 287
Spiegel 192
Spiegelberg, W. 259
Staël, Mme. de 129, 180
Storch, O. 21, 147
Swanton, John R. 42, 263

Tacitus 276
Thales 113, 116
Thomas, W. J. 220, 242
Thukydides 78
Tinbergen, Nikolaas 146
Titiev, Mischa 230
Tocqueville, Alexis de 138
Toman, Walter 125
Trilles, R. P. 202, 255

Varagnac, André 140, 199, 275
Vavilov, Nikolai Ivanovič 222
Vierkandt, Alfred 168
Volhard, Ewald 18, 237f.
Voltaire 108

Weber, Max 224, 287, 289
Werth, Emil 217, 219, 223
Whitehead, Alfred North 273
Wirz, Paul 252f., 257
Woolley, Charles Leonard 268

Xenophon 105

Zotz, Lothar F. 221

SACHREGISTER

Aberglaube 98
Ablösung des Vorfindbaren, der benutzten Mittel vom Vorfindbaren 58, 60, 70, 103, 171, 202, 270
Ackerbau 61, 65, 222f.
Aktualität der Ausgangslagen 95, 259
Ambivalenz 88, 247
Angst 189
Animismus 200
Anreicherung 36, 101
Anthropophagie s. Kannibalismus
anthropomorph, anthropozentrisch 188f.
Antriebsorientierung 9, 12, 30, 52, 70, 76, 82ff., 103, 157, 245
Antriebsüberschuß 22
Appellqualität 156, 160, 162ff., 167, 169, 181, 191
Apriori, erworbenes 115
Arbeitsteilung 34f., 37, 55
Archetypen 7
Askese 17, 19, 64, 109, 137, 274ff., 285, 297, 301f., 305
Asyl 108
Aufklärung 113, 292
Auguralrecht 288
Ausdruck 92, 109
Auslöser, auslösen 9, 24, 27f., 46, 49f., 84, 144, 146f., 152, 154, 167, 171, 179, 198, 203, 211, 283

Außenhalt, Außenstütze (von Bedürfnissen, Ideen usw.) 27, 38, 44, 47, 50, 57, 59ff., 64, 70, 98, 102, 134, 151, 160, 164, 207, 255, 268
Automatismus 46

Bedürfnisorientierung s. Antriebsorientierung
Bedürfnisse als Mittel (Ausdrucksmittel) 40, 62f., 64, 75, 109, 295
Beisichbehalten 57f., 61, 83, 94, 101f., 117, 271
besoin de faire quelque chose 157, 171, 176, 179
Betrieb 38
Bewußtsein 22, 44, 46, 48ff., 52, 143, 149, 151, 156, 165, 168, 173, 183, 191, 205, 215, 268, 281, 284, 301
Bewußtseinsstrukturen (Änderung der B.) 8, 110, 115, 134, 165, 213, 268f.
bilateral 230f.
Bildbesetzung 82
Biologismus 102

Darstellung (darstellendes Verhalten) 16, 58, 61ff., 64, 92, 137, 139, 143, 152, 166ff., 195, 204, 238, 258, 270, 284, 287
Daseinswert 14f., 52, 102
Denken 22, 115, 265
Diesseitigkeit 136

Ehe 75, 224, 292
Eigentum 58
Ekstase 25, 109, 138, 275ff., 285, 302, 305
Emotionsentbindung 130
entente secrète 272, 286, 292
Entdifferenzierung (Entspezialisierung) 82, 108, 149, 152, 155, 159, 198, 281
Erbmotorik 21, 147
Erfahrung zweiter Hand 127
Erfüllungserlebnis 108f., 163, 173
Erfüllungszustand ohne Bedürfnis 91
Erwerbmotorik 21, 147, 150
ewiger Friede 307
Exogamie 228ff., 235, 238
experimentierendes Verhalten 11

Faktenaußenwelt 110ff., 115, 117f., 134, 203
Takteninnenwelt 122, 130, 138, 296
Familie 227, 234, 241
Feuer 56
Fiktionen 238ff.
Führungssysteme 246

Gefühlsstoß 147, 152, 157, 159
Gegenseitigkeit 49ff., 68, 79, 228, 231
Geist 100ff.
Gemeinschaft 54
Geomantik 289
Gesinnung 81, 89, 91, 101, 107f.
Gestaltpsychologie 155, 197

Gewohnheit 19f., 23, 26, 30, 33, 36, 66, 81, 182
Glaube 136
Gleichheit 54, 244
Gruppendisziplin 69

Hemmung 19, 79, 89f., 92, 153, 160, 299
Hiatus 33, 149
Himmelsgott 193f., 198, 262
Hintergrundserfüllung 13, 17, 36, 48, 52, 55ff., 58ff., 62, 70, 72, 75, 79, 83, 102, 108, 134, 171, 179, 190, 240f.
historisches Bewußtsein 252, 264ff.
Humanitarismus 25

Idealismus, idealistische Philosophie 205, 300
Idee 7, 45, 107, 109, 119, 181, 184, 200, 251, 298
idée directrice 86, 101, 119, 178, 206, 302
Identifikation 52, 73, 135, 138, 177, 205, 234, 236, 292, 296
Ideologie 25, 210
Imperativ 26, 30f., 183f., 186ff.
Indirektheit des Selbstbewußtseins 119, 135, 169, 199, 305
Innenstabilisierung 46ff.
innere Außenwelt 85
innerer Weg 128, 136, 138, 208, 280, 284, 296
Instinkt, instinktiv 24, 27, 33, 49ff., 54f., 75, 82, 88, 100,

107, 143ff., 154f., 176, 182, 186, 191, 283
Instinktreduktion (-residuum) 21, 103, 144, 152ff., 158, 185, 203, 237, 281f.
Instrumentalisierung 109, 248, 280, 284, 287, 295, 303
Integration 21
Intellektuellenkultur 49
Intelligenz 105f.
Inzestverbot 228f., 231, 238

Kannibalismus 18, 153, 236f., 253
Kapitalismus 132
Kategorien 6ff., 18, 38, 46, 50, 56, 72, 88, 98, 102, 115, 134, 179, 187, 249, 255, 273, 280, 293
Kompressionsmoment 188, 203
Kultur 25, 120
Kulturschwelle 17, 61, 103, 110ff., 117, 122, 306
Kunst 31, 34, 58, 61, 71, 73, 92, 99, 112, 126, 130, 141, 177, 214, 298, 303f.

Leitidee s. idée directrice

Macht 76ff., 84
Magie 48, 63f., 95, 106, 113, 141, 143, 159, 162, 168, 170, 190f., 208, 215f., 220, 251, 269, 271, 278f., 283ff.
Mandarinat 289
Meinung 48, 126
Menschheit 163

Metamorphosen 206, 255, 284
Mitverpflichtung 97, 107, 134
Monogamie 224
Monotheismus 17f., 64, 110f., 113f., 137, 159, 166, 182, 192, 207, 255, 269, 286, 293, 296, 304
Motive, motivieren 23f., 27, 30, 33, 37, 47, 67, 81, 84, 89, 92, 94, 161, 166, 185ff., 206, 233, 274, 296, 299
Mythos 71, 99, 163, 215, 251ff.

Nachahmung 167
Name 164f.
Natur, natürlich 110ff., 135, 137, 166, 239, 246
Naturreligion 291ff.
Neutralisierung 64, 113, 118, 125, 162, 188, 192, 240
Normen, Normierung (s. auch Sollen) 41, 47, 67f., 71, 79ff., 90, 121f., 299

objektiver Geist 6
Objektivität 13
Orgie 137, 281f.

Parasiten 300
Philosophie 71, 73, 92, 102, 208, 210, 296ff., 305, 308
Plastizität 21, 82, 100
Polytheismus 286
prämagisches Verhalten 65, 111, 122, 143, 166, 181f., 189, 239, 292
Protestantismus 304
Psychisierung 297

Psychoanalyse 124f.
Psychologie 75, 78, 122, 124f., 132, 302

Rassengegensatz 307
Rationalisierung 269
Rausch 216, 275ff., 302, 305
Reflexion 28, 45, 92, 106, 130, 204, 299, 301
Religion 45, 105, 123, 126, 136f., 141, 166, 178, 182, 189, 192, 216, 224, 239, 245, 254, 263, 274, 282, 284, 286, 298, 301, 305
Residenzregel 230f.
Retardation 144
Reziprozität s. Gegenseitigkeit
Rhythmus 167
Ritual, Ritus 61, 63f., 90, 101, 106, 137f., 170, 176, 179ff., 183, 186, 191, 201, 203, 210, 214, 233, 239, 254, 258, 260f., 293
Rolle 241
Rückwärts-Stabilisierung 251, 254

Säkularisierung 104
Schamanen 244, 260, 275f., 284
Schöpfergott 137, 193, 262
Schrift 63, 265
Seele 133, 166, 199, 204, 206f., 211f.
Selbstbewußtsein 52, 169, 173, 176, 179, 203, 207, 236
Selbstmorddrang 133
Selbststeigerung 259, 273, 278, 281, 285

Selbstwert im absoluten Sinne 17, 72, 91, 101
Selbstwert im Dasein 16, 18, 31, 39, 63, 67, 70f., 102, 190, 213f., 216, 248, 284, 293
Selbstzweck 31, 38, 41, 55, 68, 73, 105
Sicherheit 56f., 59, 79
Sollen 26, 41f., 50, 68, 84, 103, 162, 167, 169, 181f., 185, 187, 213, 239f.
Spiel 40
Sprache 47f., 51, 65f., 79, 85, 103, 147, 161, 163f., 168, 185, 200f., 210, 258, 265
Sprachmäßigkeit der Antriebe (der Bedürfnisse) 52, 85, 88, 103, 157, 160
Stabilisierte Spannung s. tension stabilisée
Status 28, 129, 138, 232, 240ff., 278
Stilisierung 90
Subjektivität (Subjektivismus) 8f., 23, 30, 48, 60, 69, 73, 80f., 87, 98, 125ff., 129f., 136, 138, 241, 244, 297, 301, 305
Sublimierung 303
Symbiose 102
Symbol 97, 167
sympathetischer Zusammenhang 190, 200, 205, 271, 304

Tabu 77, 94, 164, 219, 247, 293
Tausch 50f.
tension stabilisée 88ff., 97, 102, 134, 151f., 294

Sachregister 317

Tierzucht, Tierhege 61, 65, 181, 213ff., 293
Topoi 80ff.
Totemismus 18, 102, 111, 113, 119, 135f., 201, 211f., 217, 233ff., 238, 260, 262, 292
Transzendenz ins Diesseits 16, 18, 21, 62, 112, 118, 136, 203, 259, 284
Transzendenz ins Jenseits 17ff.
Trennung von Motiv und Zweck 33, 40, 57, 69, 74, 102, 105, 124, 233
Trivialisierung 70

Überdeterminierung 96
Überspezialisierung 247
Umkehr (Inversion) der Antriebsrichtung 106, 138, 173, 273f., 276, 280, 282, 302, 304
unbestimmte Verpflichtung 156ff., 162, 167, 169, 179, 186, 195, 205, 296
unilineal 231, 235, 248
unverbindliche Maßgeblichkeit 249
Unwahrscheinlichkeit 146, 152, 155, 162, 167, 239

Vereinfachung 183, 204
Vereinseitigung 20
Verhaltensklassen (Handlungsarten) 105

Verlagerung (der Antriebe, Motive) 27, 38, 83f.
Vermissungserlebnis 50, 149, 164, 207
Verpflichtungen (s. auch Sollen) 66, 81, 135, 164, 185, 188
Versachlichung 73ff., 76
Verstehen 98, 110, 131, 134
Verwandtschaftszurechnungen (-äquivalente) 121, 224ff., 242
virtuelle Bedeutung 159
Vorrat 56, 292
Vorstellung 126
Vorzeichen 98f., 160ff., 166, 285
Vulgärdualismus 103f., 125

Weltbilder 189ff., 304
Weltoffenheit 22, 82, 182, 191
Werkzeuge 9ff.
Werte 19, 298
Wille 93, 192, 212, 305
Willensfreiheit 29
Wissenschaften 32, 34f., 70f., 73, 248
Wort 171

Zeit 116, 184, 268
Zeremonialisierung 43, 250
Zweckfreiheit s. Selbstzweck
zwecklos – obligatorisch 179
Zweckmäßigkeit, sekundäre 34f., 95, 121, 141, 181, 215f., 239, 251, 292